高校数字化转型与教育治理

秦宏 宫海斌 田莺 著

延吉·延边大学出版社

图书在版编目（CIP）数据

高校数字化转型与教育治理 / 秦宏，宫海斌，田莺
著. -- 延吉 ：延边大学出版社，2024. 8. -- ISBN 978-
7-230-06998-4

Ⅰ．G640-39

中国国家版本馆 CIP 数据核字第 2024UV9397 号

高校数字化转型与教育治理

著　　者：秦　宏　宫海斌　田　莺
责任编辑：朱秋梅
封面设计：文合文化
出版发行：延边大学出版社
社　　址：吉林省延吉市公园路 977 号
邮　　编：133002
网　　址：http://www.ydcbs.com
E-mail：ydcbs@ydcbs.com
电　　话：0433-2732435
传　　真：0433-2732434
发行电话：0433-2733056
印　　刷：三河市嵩川印刷有限公司
开　　本：787 mm×1092 mm　1/16
印　　张：21.5
字　　数：403 千字
版　　次：2024 年 8 月　第 1 版
印　　次：2025 年 1 月　第 1 次印刷
ISBN 978-7-230-06998-4

定　　价：96.00 元

前　言

数字经济已成为中国经济稳定增长的重要引擎。在政策支持下，人才、资金、技术等各要素向数字经济领域快速集聚，数字经济发展正驶入"快车道"。在此背景下，中国共产党第二十次全国代表大会上的报告提出了"推进教育数字化，建设全民终身学习的学习型社会、学习型大国"的要求。

高等教育是教育强国建设的龙头，为中国式现代化强基赋能。在人工智能时代，教育数字化是引领高等教育转型升级和重塑高等教育发展优势的重要方式。教育数字化是推进高等教育高质量发展的重要突破口。

高等教育数字化不是一般的策略问题，而是影响甚至决定高等教育高质量发展的战略性问题，是实现高等教育学习革命、质量革命和高质量发展的战略选择。《高校数字化转型与教育治理》围绕当前数字化转型与教育治理两大热点问题，结合鞍山职业技术学院、鞍山师范学院、鞍山开放大学典型案例，通过建立数字化转型与教育治理框架体系，在数字化基础设施、数字教育科技、数字化与教育治理内容与规范、数字化转型与教育治理的策略等方面，探讨了教育治理赋能数字化转型的经验与方法。

全书分为七章，其中，鞍山职业技术学院宫海斌负责撰写第二章、第五章，共计 10.6 万字，基金项目 2021 年度辽宁省教育厅职业教育与继续教育教学改革研究项目"教育治理视域下鞍山市职教城智慧校园建设现状与对策研究"（主持人：宫海斌 351）；鞍山开放大学秦宏负责撰写第三章、第四章，共计 10.4 万字，基金项目辽宁省社会科学规划基金重大委托项目"服务基层社会治理的社区教育制度研究"子项目"鞍山开放大学举办老年大学实践研究"[主持人：秦宏 SQJY（I-01）]；鞍山师范学院田莺负责撰写第一章、第六章、第七章，共计 19 万字，基金项目辽宁省教育科学"十四五"规划课题"职业教育数字治理与数字资源建设研究"（主持人：宫海斌 JG24EB002）、"基于 PBL 的初中生自主学习能力培养研究"（主持人：田莺 JG22CB211）。

目　录

第一章　数字化转型的内涵与框架 ·································· 1

　　第一节　迈进数字时代 ·· 1

　　第二节　高校在数字化时代面临的挑战与机遇 ······· 4

　　第三节　高校数字化转型的内在逻辑意义 ············· 9

　　第四节　高校数字化转型的基本原则 ··················· 16

　　第五节　高校数字化转型的基本目标 ··················· 18

　　第六节　高校数字化转型的路径 ························· 21

　　第七节　鞍山市职教城共建共享型数字化校园实施方案 ··· 24

第二章　教育治理赋能数字化转型 ·························· 36

　　第一节　教育治理体系设计 ······························ 38

　　第二节　以教育治理推进高校数字化转型的举措 ··· 41

　　第三节　数字化赋能高校目标管理——以鞍山开放大学为例 ··· 44

第三章　数字化转型与教育治理经验 ····················· 52

　　第一节　国外数字化转型与教育治理 ·················· 52

　　第二节　智慧校园建设现状与对策 ····················· 58

　　第三节　教育治理视域下高校数字统战工作实践探索 ··· 65

　　第四节　教育治理下学生科学素养的培育与评估 ··· 73

　　第五节　数字化开放大学的实践探索 ··················· 83

第四章　数字基础设施与典型应用 ·························· 90

　　第一节　数字基础网络设备 ······························ 91

　　第二节　典型案例：Moodle 教学平台及其在高校的应用 ··· 111

第三节 典型经验：数字化教育模式推动老年教育发展 …………… 132

第四节 典型应用："鞍芯"智能养老机器人创新设计与应用 …… 137

第五章 数字教育科技 ……………………………………………… **158**

第一节 新一代 IT 技术 …………………………………………… 159

第二节 数字教育科技在高校中的应用 ………………………… 182

第六章 数字化与教育治理内容和规范 ……………………… **235**

第一节 智慧校园建设与教育治理实施方案 …………………… 235

第二节 混合式教学质量的保障与监控 ………………………… 250

第三节 师生数字素养培养 ……………………………………… 275

第七章 数字化转型与教育治理策略 ………………………… **285**

第一节 数字化转型与教育治理策略的制定与实施 …………… 285

第二节 软硬件建设与数字素养策略研究 ……………………… 296

第三节 专业数字化转型策略 …………………………………… 303

参考文献 ………………………………………………………… **336**

第一章 数字化转型的内涵与框架

第一节 迈进数字时代

中共中央总书记、国家主席、中央军委主席习近平指出,教育数字化是开辟教育发展新赛道和塑造教育发展新优势的重要突破口,要进一步推进数字化教育,为个性化学习、终身学习、扩大优质教育资源覆盖面和教育现代化提供有效支撑。中央政治局常委、国务院总理、党组书记李强强调,要把握新一轮科技革命和产业变革新机遇,促进数字化技术和实体经济深度融合。数字经济已成为中国经济发展的新动能和新引擎,根据2023全球数字经济大会公布的数据,2022年,我国数字经济规模达到50.2万亿元,同比名义增长10.3%,反映产业数字化水平的工业企业关键工序数控化率、数字化研发设计工具普及率分别达到了58.6%和77%;预计到2025年,数字经济总规模将超过60万亿元,年均增速约9%,数字经济增加值将占到GDP比重的50%以上。近十年来,数字化技术不断创新演进,与实体经济快速融合。当前,新一轮科技革命和产业变革深入发展——AI等新一代信息技术加速迭代,ChatGPT(Chat Generative Pre-trained Transformer,OpenAI发布的聊天机器人模型)等大语言模型取得突破性进展,由此激发新业态、新模式和新产品不断涌现,带动行业产业朝数字化、智能化方向发展。在数字社会中,数字化将是所有高等学校(以下简称"高校")和行业、企业的表达,包括基础设施数字化、社会治理数字化、生产方式数字化、工作方式数字化、生活方式数字化。数据成为关键的生产要素,而新一代互联网技术(Internet Technology,以下简称"IT"),如人工智能、物联网、虚拟现实、无人驾驶等应用加速落地,标志着人机协同的新时代正在到来,将带来更多的虚实融合的沉浸式教学方式和教学形态,数字素养也将成为公民必备的基本素养。在当今社会,几乎所有的职业都将与数字化相关。

国外在教育数字化转型问题上十分重视,2022年第三届世界高等教育大会召开,"超越极限""新路径""重塑"作为关键词，共同强调了数字化技术对高等教育的赋能与重塑，以及高等教育数字化转型的必然趋势。联合国教育、科学及文化组织（简称"联合国教科文组织"）是全球教育治理及教育数字化转型的重要倡导者和实施者。2022年联合国召开的教育变革峰会，着力推动数字化学习和转型，促进教育更具包容性、公平性、有效性、相关性和可持续性。中国作为该组织的重要一员，在深化教育治理体系和治理能力现代化、推进世界教育知识共享、推动世界教育转型等方面，作出了重要贡献。近年来，各国推进数字教育的行动更加有力。许多国家将数字化作为教育发展的战略任务，发布相关规划、倡议和行动，谋划建设国家级数字教育平台，注重法治规范、数据治理和网络安全。世界教育数字化转型的探索也更加活跃，围绕教师精准化教学、学生个性化学习这一目标，各国积极联通基础设施，发展数字教材，创新组织形态，提升数字素养，探索数字学分及学位互认，数字化变革成为教育改革最动听的合奏。例如，美国积极引入苹果公司（Apple Inc.）、谷歌公司（Google Inc.）、微软（Microsoft）等国际科技巨头进入教育市场，为教育数字化转型夯实牢固的软硬件基础与创造良好的建设条件。欧洲联盟（简称"欧盟"）也发布了《数字教育行动计划（2021—2027）》，强调数字化转型和绿色转型。

我国非常关注教育数字化转型问题，在 2024 世界数字教育大会上，中华人民共和国教育部部长怀进鹏在《携手推动数字教育应用、共享与创新》主旨演讲中提出联结为先、内容为本、合作为要的"3C"理念，认为中国将与世界各国共同探索、同向同行，着力深化教育数字化战略行动。具有公平、包容、开放、共享等优势的数字教育，为解答教育如何更好服务现代化、更好成就人的全面发展提供了全新路径。数字教育也是一扇希望之门，能够通往化育天下的千年梦想，让应用跨越国界的阻隔，让共享超越观念的分歧，让创新穿越思维的桎梏，以希望之门开启变革之路，以数字之光点亮前行之途，以教育之力厚植幸福之本，让所有人获得全面发展的动力和机会。国家开放大学从 2020年提出建设"一路一网一平台"，到 2023 年提出建设"链接世界的数字化大学"，以建设党建质量提升工程、数字化大学建设工程、教育教学创优提质工程、学生核心素养塑造工程、国家老年大学建设工程、产教融合协同创新中心示范工程"六大工程"为目标，在数字化转型中不断探索和迭代升级。

高等教育数字化不是一般的策略问题，而是影响甚至决定高等教育高质量发展的战略性问题，是实现高等教育学习革命、质量革命和高质量发展的战略选择。高等教育已快步迈进数字时代，意味着高等教育将更加注重数字化技术的应用和创新，以此提升教学质量、提高管理效率、优化学生体验。信息技术的不断发展，将为高等教育带来一系列的变革和挑战。在 2023 年举办的世界慕课与在线教育大会上，中华人民共和国教育部副部长吴岩在主旨报告中提出，教育数字化发展可分为"转化、转型、智慧"三个阶段：一是转化阶段，基础设施建设逐步完善，软件硬件逐步磨合，数字化技术整合应用到高等教育领域；二是转型阶段，高等教育实现自我转型与提升，大学通过数字化技术实现治理现代化，为教与学提供全过程、智能化、个性化服务，满足学生多元需求；三是智慧阶段，高等教育与社会之间的界限进一步打破，实现教育理念、教学模式、教育治理整体性变革，赋能学生全面发展，形成教育全新生态。

数字化技术在高等教育中发挥着重要的作用，主要体现在以下几个方面：

第一，数字化技术将改变传统的教学模式和教学方法。在线课程、混合式教学、个性化学习等新型教学模式的兴起，使得学生可以更加灵活地选择学习时间和地点，同时也能够获得更加丰富、多样化的学习资源。数字化技术还可以实现对学生学习行为的实时监控和数据分析，为教师提供更加精准的教学反馈和指导。

第二，数字化技术将提高高等教育的治理效率和教学质量。数字化技术可以实现学生管理、教学管理、科研管理的智能化和自动化，提高管理效率和服务水平。同时，数字化技术还可以实现教学资源的共享和优化，促进教师之间的交流和合作，提高教学质量和水平。

第三，数字化技术将优化学生的体验和服务。数字化技术可以实现学生服务的智能化和个性化，为学生提供更加便捷、高效的服务体验。例如，通过人工智能技术，学生可以在咨询、报名、缴费等项目上获得智能化服务；通过大数据技术，高校可以对学生进行画像和分析，为学生提供更加个性化的推荐和服务。

第四，数字化时代对高等教育的人才培养提出了更高的要求。在数字经济成为世界经济和社会发展新引擎的时代，只有具备创新思维、跨学科知识、实践经验等能力的人，才更具有竞争力。因此，高等教育需要加强数字化人才培养，提升学生的数字素养，提高学生的创新能力，以使他们能够适应未来社会的发展需求。

第二节 高校在数字化时代面临的挑战与机遇

一、高校在数字化时代面临的主要问题

据国家统计局统计，截至 2023 年末，全国人口为 14 0967 万人，出生人口为 902 万人，死亡人口为 1 110 万人，我国人口总量比 2022 年末减少了 208 万人，人口自然增长率为 -148‰。人口规模、结构、迁移和红利转型等变动情况，对高等教育的发展提出了新的要求和挑战。这意味着未来部分高校将面临严峻的生源危机，生源困境日益突出。AI 的发展对就业岗位产生了挑战，一些简单的、重复性的工作可能会被自动化取代，从而导致这些岗位的消失。例如，在传统制造业、零售业、金融业、医疗保健等行业，随着 AI 的发展，越来越多的工作任务可以由智能机器人和自主机器人完成，这可能会导致劳动者就业机会的减少，一些职业可能会消失或被自动化取代。另外，AI 的发展催生了一些新的职业和需求，创造出新的就业机会。例如，数据分析师、机器学习工程师、AI 产品经理等，这些都是当前市场上炙手可热的技术岗位。同时，AI 的发展也促进了跨学科的合作和对创新能力的培养，为未来的就业市场提供了更广阔的发展空间。《关于实施中国特色高水平高职学校和专业建设计划的意见》《中国教育现代化 2035》《职业教育提质培优行动计划（2020—2023 年）》《关于加强新时代高校教师队伍建设改革的指导意见》《深化新时代教育评价改革总体方案》《普通高等教育学科专业设置调整优化改革方案》等文件的陆续出台，倒逼高校构建高质量教育体系。虽然高校也意识到了数字化技术的重要性，但在实际应用中往往只停留在表面，在数字化专业升级与新专业建设上发展滞后，缺乏对数字化技术和教学方法的深度融合。因此，数字化转型与数字治理成为高校转型升级的重要任务。

（一）数字人才岗位需求激增与行业企业数字化用工难

新职业、新岗位的不断涌现，是数字化技术推动产业升级、加速产业变革进程的真实写照。数字产业化和产业数字化的发展，促使对具备数字化专业技能、具有"跨界、复合、创新"特征的人才岗位需求的激增。根据《中华人民共和国职业分类大典（2022 年版）》，新版国家职业分类大典增加了 158 个新职业，首次标注 97 个数字职业，占

新增职业数的 61%，占总职业数的 6%。新经济催生新职业、新业态，中华人民共和国人力资源和社会保障部的中国就业培训技术指导中心联合阿里巴巴集团旗下的钉钉发布《新职业在线学习平台发展报告》指出，未来五年新职业人才需求规模庞大，预计云计算工程技术人员近 150 万、人工智能人才近 500 万、物联网安装调试员近 500 万、电子竞技运营师近 150 万、工业机器人系统操作员近 125 万，数字化管理师已经超过 200 万，人才缺口近千万。因此，拥有数字化技能人才的企事业单位将大受追捧。

随着数字化技术成为行业、企业不可或缺的战略性资源，数字化转型成为各行各业必然的战略方向。但是，企业普遍面临数字化转型意识不足、数字人才获取成本高、在职人员数字素养和技能有待提升等挑战。企业数字化出现用工荒、用工难等问题，数量型短缺现象长期存在。调查显示，国内数字化技术人才供求比例严重失衡，信息技术和数据类人才已成为我国第三大短缺人才。结构型短缺现象加速显现。另外，我国数字化人才在产业结构、区域结构等方面也存在分布不均衡的问题，人才需求的变化倒逼教育系统进行全面转型和升级。建设以数字化技术为支撑的高质量教育体系，是应对新阶段人才培养挑战的必然选择。

（二）学与教的角色变化

数字化转型行动赋能高校教育创新突破发展。人工智能技术正在挑战传统的教育模式，近年来出现的混合式教学正逐步改变教育格局，助推教育数字化的持续性建构，并促进从教育理念到教育实践的深层次变革。新一代 IT 技术，如工业机器人、智能语音识别技术等，在不同行业的多模态应用中，改变了劳动力市场就业格局，也会对高等教育的人才培养模式、教学方式产生颠覆性的影响，尤其会在职业培训和技能人才培养方面带来巨大的变化。

人机协同教学将成为未来时代主流的教学样态。在这种新样态下，教师将更多地以"引路人""合作者"的身份出现。在课下，教师制定教学大纲，准备电子教案，通过教学平台和智能教学助手实现个性化教学；还可以在平台上快速检索或生成与知识点相关的教学资源，辅助设计与知识点相关的课堂互动、测试及作业，并进行智能评估和评分。人机协同教学促使人工智能根据学生的学习基础与特长爱好，向他们推荐更多的个性化学习资源，再根据个人目标，为其制定个性化的学习路径。在数字化课堂上，人工智能将构建沉浸式学习场景，帮助学生自主学习，与教师沟通，进行辅助知识点理解的启发式对话以及进行跨学科学习。在人机协同教学下，学生的数字素养、批判性思维能力和写作能力将得到大幅度的提升。

二、数字化转型带来的突破和变化

高校数字化转型是当前高校教育领域改革的一个重要趋势。新一代 IT 信息技术的广泛应用，推动我国高校在教育教学领域的创新和变革，在提高高校教育教学质量的同时，改革教学管理方式，优化并大幅提升管理效率。在高校数字化转型的具体实施过程中，教育治理是其中一个重要方面，它涉及数字化转型的目标、策略、实施过程及评估等。近年来，高校通过数字化校园、智慧校园建设逐步实现数字化转型，在教育公平的原则下，实现了教育教学资源的数字化、方法的智能化和内容的个性化。高校需要制定数字化转型的策略，制定理论模型框架，明确数字化转型的重点领域、关键问题、重要技术、整体计划和实施方案等，建立健全数字化转型的组织架构和规章制度，以确保数字化转型的顺利实施。

高校在数字化转型的实施过程中要重视各种数字化技术的创新和应用。例如，在课堂教学中，高校教师要有效利用大数据技术对过程数据进行采集、归类、分析和挖掘；利用物联网技术建立智能化的设施，提供智能化教学环境；利用云计算、移动互联技术、云存储等构建开放、共享的数字化教学空间，实现教学资源的共存、共享和共建。对教学质量的保障和有效评价是高校数字化转型取得实效的重要条件，其中，教学评价内容包括数字化转型的成果、社会与经济效益、家庭及社会影响等方面。高校可以采用定性与定量相结合的方法，夯实基础数据，加强动态智能调节，运用实时数据分析等手段，为教育信息化 2.0 行动计划下的高校数字化转型提供借鉴。

具体而言，高校数字化转型将给高校带来以下突破和变化：

（一）突破学龄——实现终身学习的目标

高校数字化转型打造了类型多样、渠道灵活的终身教育体系，推动了全民全方位学习和终身学习这一教学目标的建立。国家开放大学是在中央广播电视大学基础上组建，以现代信息技术为支撑，面向全体社会成员，是没有"围墙"的新型高校。国家开放大学的主要目标是推动全民终身学习，办学理念是"开放、责任、质量、多样性、国际化"，旨在为全民提供灵活、开放、终身学习的机会，促进教育公平和优质教育资源的普及。国家开放大学采用现代信息技术，如计算机网络、卫星电视等，通过纸质教材、音像教材、多媒体课件、网络课程等多种教学资源进行灵活教学，学生可以根据自己的时间和需求自由选择学习时间和地点，灵活安排学习进度。国家开放大学的开放教育包括学历教育与非学历教育，主要面向已经参加工作的成年人。它的学历证书在学信网终身可查，与普通学历享有同等效力，可以用于考研、考证、考公务员等，这使得更多的人能够在工作和生活中获得更好的发展机会。国家开放大学的招生突破了学龄限制，让学习不再局限于传统的学校教育，它以开放的态度接纳所有有学习需求的人，为每个人提供平等的学习机会。同时，国家开放大学还不断创新和改进教学方式，以提高教育教学质量和满足不同学生的学习需求。

（二）突破物理空间——改变传统教学组织

高校数字化转型以在线平台助力混合式学习，将真实工程项目情境与数字化教学系统相结合，使学习突破物理空间。以混合式教学为例，线上教育突破了传统教学的地点限制，使得学生可以更加自由地学习。这种新的教学方式不仅可以方便学生的学习，而且可以提高学生的学习效率和学习效果。同时，线上教育也为教师提供了更多的教学工具和教学资源，使得教师可以更好地进行教学。

（三）突破学科专业壁垒——形成跨学科专业的开放交流

高校数字化转型推动跨学科专业的研究与教学，实现了从学科专业孤岛到跨学科、交叉学科和专业集群的转变。以信息技术专业群的构建为例，通过搭建线上或线下的专业协作平台，高校可以将不同专业、不同领域的信息技术人才聚集在一起，促进他们的交流与合作。专业群平台具有提供学习资源、知识分享、问题解答等功能，可以为专业群成员提供全方位的支持与服务。高校在专业协作平台的基础上，结合各专业的特点和需求，制定共同的培养方案。培养方案应注重培养学生的综合素质和创新能力，强调基础知识与实践能力的结合，并结合行业动态与发展趋势。高校再以联合培养方案为指导，构建适合信息技术专业群的课程体系。课程设置应覆盖信息技术领域的各个方面，包括计算机科学、软件工程、网络技术等；还要注重课程之间的衔接与融合，形成具有连贯性和系统性的课程体系。

（四）突破教育本体——深化产教融合

高校数字化转型健全了产教融合的办学体制机制，促进了教育链、人才链与产业链、创新链、资金链的有机衔接，扩大了国际合作网络及规模。部分高校在"一带一路"倡议的指引下，通过加深与现有伙伴院校的合作深度和广度，不断深化教育国际化，培养了一批具有国际视野的人才。以鞍山职业技术学院与东软教育科技集团合作共建的东软数字产业学院为例，它旨在通过高等教育和职业教育的数字化技术人才培养及数字化创业教育，为鞍山地区培养数字化技术人才。

（五）突破体制机制建设——谋求可持续发展

突破体制机制建设，是实现高校数字化转型可持续发展的重要途径之一。只有创新教育理念、改革人才培养模式、加强师资队伍建设、推进教育信息化建设、拓展国际合作与交流，高校才能推动高校高效决策，拓宽多元经费渠道，开源节流。只有为高校数字化转型制定可持续发展的教育方针，加强跨学科教育，注重实践教育和创新创业教育，提升教师的数字素养，提高教师的数字化管理能力，高校才能实现可持续、高质量发展。

三、高校数字化转型面临的挑战

高校数字化转型在学校、专业、课程、教师、评价五个层面仍存在一定挑战。在学校层面，顶层设计不系统，数字化转型目标不明确，缺少集体认同感。部分领导及教师单从技术的角度来看待数字化转型，易出现"重硬件、轻软件""重建设、轻应用"的问题，如线上教学只是将线下的过程简单复制，或用技术固化教学的操作流程和管理经验，并没有重构新教学流程，仅仅是实现了"让数据多跑路"。在专业层面，专业体系建设不到位。专业设置需要与时俱进，人才培养方案需要及时修订与更新，但智慧教育平台与数字化教学资源建设较弱，并不足以支撑这些工作的开展。在课程与教学环境方面，教学形式和方法停留在传统教学阶段，还是以教师的"教"为中心的"填鸭式教学"，而不是以学生的"学"为中心，缺少数字技能专门课程及数字化融合课程。在教师层面，教师的数字素养有待提升，对于新平台、新手段、新工具，部分教师仍持观望、消极的态度，在教学中的数字化应用能力不足。在评价层面，大数据教学治理诊断难以实现，数据共享性差，数据质量不高，缺少形成科学化、智能化综合决策的基础数据和过程数据，导致基于大数据的智慧评价闭环难以构建。

以鞍山职业技术学院为例。首先，该校在推进智慧校园建设的过程中，由于智慧校园是在特定场景、特定需求的情况下打造的，受高校个性化发展需求、区域经济发展能力、产业结构特点等多种因素的制约，难以在应用与融合中形成可复制的标准模式，缺少必要的数据共享与协同管理。其次，教师数字化素养提升面临路径有限及能力瓶颈问题，教师难以深入实施数字化教学活动，无法满足教学活动对于精准化、个性化教学的需求。最后，高校缺少可以提供教育数据采集与挖掘、分析服务的复合型专业人才。高校普遍重视软件应用的结果数据，忽视业务执行与整合过程中对于中间数据的收集与分析。另外，专业资源及面向学科融合的工具与服务不足，也成为制约高校数字化转型的重要因素之一。

高校可以通过问题研究并结合项目实施，重点解决高校数字化转型过程中信息化软硬件设备"怎么用"、教育教学数据"怎么管"、智慧校园"怎么建"、权利与义务"怎么放"的问题。高校可以通过实施一定的策略，解决信息孤岛、黑暗数据、数据质量等问题，并规范数据标准，开展混合式教学，运用数字化技术管理固定资产、监督网络与信息安全。高校还可以通过开展智慧校园建设，构建高校教育治理模型与方法，探究教育治理模式与实施策略，从而实现教育事业的创新与教育治理能力的综合提升。

第三节 高校数字化转型的内在逻辑意义

一、解读高校数字化转型

高校数字化转型的目的绝不仅仅是"转型"，更无关学校类型的"转换"，而是学校主动对接和利用数字化技术赋能高质量办学的变革过程。中华人民共和国教育部部长怀进鹏提出，一体推进资源数字化、管理智能化、成长个性化、学习社会化，让优质资源可复制、可传播、可分享，让大规模个性化教育成为可能，以教育数字化带动学习型社会、学习型大国建设迈出新步伐。中国职业技术教育学会会长鲁昕强调，职业教育的专业升级和数字化改造要通过"4+1"方式实现一体化设计、一体化表述、一体化呈现，在专业名称、专业内涵、课程体系、核心课程和基础课程五个方面实现全面升级。武汉理工大学校长杨宗凯认为，教育数字化的关键在于"化"，也就是在数字时代对教育进行系统性变革，构建新型的教育生态，通过育人方式、办学模式、管理体制、保障机制的创新，逐步实现流程再造、结构重组和文化重构。华东师范大学的祝智庭教授概括了高校数字化转型的内涵，是指高校在教育生态系统中充分利用数字化技术优势，促进教育的系统结构、功能、文化发生创变的过程，使教育系统具有更强的运行活力与更高的服务价值。

数字化转型是高校改革发展的必然之路。部分高校以服务经济、社会发展需求为办学导向，与行业产业有天然紧密的联系，它们应该顺应数字时代潮流，积极主动对接数字化转型，深化产教融合，以培养适应数字经济发展、具备数字素养的高水平技术技能型人才。高校数字化转型受外部新技术、新经济、新职业、新业态的推动，要求学校的办学方向与办学内涵由传统的考研升学、理论教学向产教融合、面向应用、以职业为导向转变。

二、高校数字化转型的新范式

在高等教育的数字化转型方面，中华人民共和国教育部副部长吴岩提到"3C"理念和"四个坚持"。"3C"理念，即联结为先、内容为本、合作为要；"四个坚持"，即坚持应用为王、坚持服务至上、坚持简洁高效、坚持安全运行。高校数字化转型要紧紧围绕以下八个"新态"，利用数字化技术持续改进和构筑学校高质量发展新范式：

（一）学校办学"新格局"

学校办学"新格局"首先体现在教育理念的转变方面。现代学校越来越注重培养学生的创新能力、实践能力和综合素养，这意味着学校要从传统的知识灌输型教学转向以学生为中心的教学，要更加注重培养学生的自主学习能力和解决问题的能力。为形成学校办学"新格局"，教师要关注课程的设计和内容的变革，包括跨学科课程的开发等，以便为学生提供更多的选择，以满足学生个性化学习的需求；高校要关注教师的专业发展和培训，教师应掌握新的教学方法和技能，以适应教育改革的需求；高校还要重视教育资源的优化配置，包括提升师资队伍的教学水平，改善教学设施，并提供现代化的教育技术支持等。

（二）专业建设"新生态"

专业建设"新生态"是指学校通过构建新的教育生态系统，促进专业创新、可持续发展。这个概念强调了专业建设要适应新的环境和变化，并且要从整体的角度来考虑专业发展的各个方面，包括课程设置、教学方法、实践机会、师资队伍、校企合作等。为构建专业建设的"新生态"，学校要建立以职业能力为导向的课程体系，注重课程内容的更新和整合，加强理论与实践的结合，培养学生适应行业发展和变化的职业素养和能力；学校可以采用多样化的教学方法，如案例分析、项目实践、角色扮演等，鼓励学生积极参与教学过程，提高学生的学习积极性和主动性；学校应该加强实践教学，为学生提供充足的实践机会，通过加强实践教学与理论教学的结合，培养学生的实践能力和创新意识；学校要建立一支高素质的师资队伍，或聘请有丰富实践经验的行业专家和学者担任兼职教师，或鼓励教师参加培训和学术交流，以提升教师的专业素养和，提高其教学水平；学校要加强校企合作，与企业建立紧密的合作关系，共同制定人才培养方案，为学生提供实习、就业机会，促进产学研合作；学校还应加强国际合作与交流，引进国际先进的教育理念和教育资源，拓展学生的国际视野，提高学生的跨文化交流能力；学校应建立有效的评估和反馈机制，对教学质量、学生满意度等进行定期评估，以便及时发现问题并采取改进措施。

（三）教学环境"新智慧"

教学环境"新智慧"是指学校利用现代科技手段，构建更加智能化、个性化、高效化的教学环境，以适应新时代教育发展的需求。这个概念强调了教学环境的创新和改进，旨在提高教学质量和效果，促进学生的全面发展。为构建教学环境"新智慧"，学校要充分利用人工智能、大数据分析等现代科技手段，利用智能教学设备，如智能投影仪、电子白板、平板电脑等，实现教师与学生之间更加便捷、高效的教学互动和沟通。同时，学校要建立完善的教学质量管理体系，包括教学目标设定、教学过程监控、教学效果评估等。这样，可以确保教学内容、教学方法的科学性、有效性，确保教学质量和教学效果的持续提高。

（四）人才培养"新体系"

人才培养"新体系"是指学校构建一种新的、适应时代发展需求的人才培养模式和方法，以提高人才培养的质量和效果。这个概念强调了人才培养的创新性和系统性，旨在培养更多具备创新精神、实践能力和社会责任感的高素质人才。为构建人才培养"新体系"，高校要注重德、知、行并重，将道德教育、课程思政、知识传授和实践能力培养相结合，注重学生的综合素质和全面发展，培养学生的道德观念和社会责任感；学校应根据学生的个性差异和不同需求，通过制订学习计划，实行导师制、辅导制等方式，为学生提供个性化的学习方案和指导，帮助学生更好地适应学习环境和提高学习效果；学校应注重对学生的创新思维和实践能力的培养，鼓励学生独立思考、勇于尝试和积极创新；学校可以通过开设大学生创新创业课程、开展科研项目和提供创业支持等方式，培养学生的创新意识和实践能力；学校应加强与企业的合作，以开设校企合作项目、实习基地和开展职业培训等方式，共同制定人才培养方案，为学生提供实践机会，以培养更多具备实践能力和职业素养的高素质人才；学校应加强通识教育，为学生提供多样化的课程和活动，如开设艺术鉴赏课程、为学生提供社会实践的机会等，以满足学生的兴趣爱好和个人发展需求，拓宽学生的知识面和视野；在综合素质方面，学校可以通过开设团队拓展训练、冰雪项目等特色体育课程，开展心理辅导和社团活动等，提高学生的健康水平、心理素质和社交能力，从而培养更多综合型的高素质人才。

（五）科技研发"新方向"

科技研发"新方向"是指学校在未来的教育中，将创新科技手段及工具应用于教育教学，以提高教育教学的质量、效果和效率。这个概念强调了教育科技的持续发展和创新，旨在推动教育现代化的进程，适应时代的发展需要。为探索科技研发"新方向"，学校可以利用人工智能和大数据技术，实现个性化学习、智能辅助教学、学生行为分析等，以提高教师的教学效果、强化学生的学习体验；学校可以利用虚拟现实与增强现实技术，为学生提供沉浸式的学习体验，虚拟现实技术可以模拟实验、历史场景或文化体验等，让学生产生身临其境的感受和体验，帮助学生更好地理解和掌握知识；物联网和智能设备技术实现了教学设备的智能化和自动化管理，提高了教学效率和质量，学校可以通过物联网技术实现远程虚拟实验室操作以及对教学设备的远程监控和管理，还可以通过智能设备实现对教学过程的自动化记录和对学生表现的分析等；学校可以利用云计算和移动学习技术，实现教学资源的共享和高效利用，为学生提供更加便捷、灵活的学习方式，给他们带来随时随地学习和交流的体验；学校还可以利用区块链技术实现教育管理的透明化和可信化，提高教育管理的效率和公正性，如通过区块链技术记录学生的成绩、评价等信息，可以保证数据的真实性和不可篡改性。另外，学生可以利用创客工具进行探究式学习和创新实践，提高自身的创新意识和实践能力。

（六）教师发展"新机制"

教师发展"新机制"是指学校通过构建新的培养、培训和管理机制，促进教师专业发展和素质提升，以适应新时代教育发展的需求。这个概念强调了教师发展的创新性和系统性，旨在培养更多具备高素质、专业化和创新性的教师。"新机制"强调教师的专业化培养，包括教育教学理论、教学方法和教学技巧等方面的培训和学习。为构建教师发展"新机制"，学校要通过专业化培养，提高教师的教育教学能力和水平，以满足新时代教育发展的需求；学校可以针对高校教师开展多元化的培训，包括线上和线下培训、集中和分散培训、定期和不定期培训等，以满足不同学习风格的教师的培训需求，从而提高教师的专业素质和专业能力；学校可以鼓励教师参与实践活动，包括教育实践、社会实践和科研实践等，以提高教师的实践能力和创新意识，促进教师的专业发展；学校应鼓励教师加强学术交流与合作，包括参加学术会议、开展合作研究、进行学术访问等，以拓宽教师的学术视野和知识面，提高教师的学术水平，提升其专业素养；学校应建立科学的评价和激励机制，对教师的教育教学成果、科研成果、社会服务贡献等进行全面评价和激励，以激发教师的积极性和创造力，推动教师的专业发展；学校应加强校地合作与互动，包括与地方政府、中小学校及其他企事业单位的合作与互动，为教师提供更多的实践机会和社会资源，促进教师的专业发展和素质提升。

（七）大学文化"新境界"

大学文化"新境界"是指高校通过塑造具有时代特征的先进文化，提高大学的软实力和核心竞争力，推动大学实现更高水平的发展。这个概念强调了大学文化的创新性和先进性，旨在营造一种富有活力、健康向上、和谐有序的文化氛围，促进大学的全面发展。为达到大学文化"新境界"，高校要明确并弘扬社会主义核心价值观，如追求卓越、学术独立、思想自由、创新创造、诚信敬业等，以此凝聚师生共识，推动大学文化向更高层次发展；高校要注重学术精神的弘扬，鼓励师生追求真理、探索未知、创新思维，以此推动学术繁荣，提高学术水平和影响力；高校要营造尊师重教、亲师信道的良好氛围，促进师生互动，增强凝聚力和向心力；高校要打造优美、人文、和谐的校园环境，陶冶师生情操，提高审美水平和文化品位；高校要发挥大学的人才优势和科研优势，培养学生增强责任感和使命感，提高社会声誉和文化影响力；高校要加强国际交流与合作，推动跨文化交流和国际化发展，提高国际知名度和影响力，促进世界文化多样性和人类文明进步。

（八）教育治理"新架构"

教育治理"新架构"是指高校构建新的教育治理模式，以适应现代教育改革和发展的需求。这个"新架构"强调了教育治理的创新性和系统性，旨在提高教育质量、促进教育公平和优化教育资源配置。为建立教育治理"新架构"，高校要积极参与教育相关法律法规的制定和完善，建立科学、规范、透明的教育法律制度，以明确各级政府和高校的教育职责，保障学生的合法权益，规范教育行为；高校应鼓励社会各界力量参与教育治理，形成政府、学校、企业、社会组织等多方共同参与的教育治理格局，以促进教育决策的科学性和民主性，提高教育治理效能；高校应加强教育信息公开和信息披露，确保教育决策和管理过程的公开透明，以增强社会对教育的信任和认可，促进教育公平与公正；高校应加强校领导、教师队伍的专业化建设，提高教师的教育教学水平和教育管理能力，以提高高校管理和教育教学质量，推动教育事业的专业化发展；高校应建立科学、全面的教育质量评价体系，对高校的教育教学水平和质量进行全面评估，以推动学校改进教育教学工作，提高教育质量和效益；高校应加强家校合作和沟通，建立家长、高校和社区共同参与的教育管理机制，以增强家长对教育的参与度和满意度，提高家庭教育与高校教育的协同效应；高校要充分利用大数据和人工智能等技术手段，对教育数据进行挖掘和分析，为教育决策提供科学依据，通过数据驱动决策、教育数据治理，提高教育决策的科学性和精准性，推动教育事业的发展。

三、高校数字化转型的核心要素

高校数字化转型力求实现以学生为中心，强化学校办学特色，提高办学效率和办学质量。数字化转型是教育转型的重要实施路径和改革方向。高等教育中的职业教育是与地区经济产业发展联系最为密切，也是最为直接的一种教育类型，它把数字化转型与职业教育升级改造融合起来，把专业特色与地方经济社会发展结合起来。要想让职业学校的课程建设、人才培养能够更好地契合当前社会的数字赋能，我们要在理论中学习、在实践中不断探索。

（一）三全育人是高校数字化转型升级的根本

高校数字化转型以立德树人为根本，以学生为中心，主动利用数字化技术，以应用为导向，以内容为支撑，以数据为驱动，以质量为落脚点，全局性、系统性、深层次地优化办学过程中的关键环节、领域与要素，是保障高校高质量发展的变革过程。高校应紧紧把握数字化转型的核心与关键，架构起人才与产业之间的桥梁，利用数字化技术持续改进和构筑高校高质量发展的新范式，实现以学生为中心、强化办学特色、提高办学质量、赋能创新发展。高校应紧紧围绕教育教学的根本任务，利用新一代 IT 技术、大数据技术和网络新媒体，推进高校思想政治教育的改革创新，通过"一校牵头，多校共进"的模式，实现教育治理的管理体制和运行机制的创新。

数字化转型的关键是教育教学层面的转型，包括业务、资源、技术、制度转型。教学业务转型包括理念构建及教、学、管、评的全面转型；数字化资源转型是把传统的纸质教学资源数字化；以新一代 IT 技术为核心引擎的技术转型，包括知识图谱、大数据、人工智能、第五代移动通信技术（5th Generation Mobile Communication Technology，以下简称"5G"）等新技术的应用；推进教育治理制度的数字化转型，包括从学校层面制定管理制度，明确人才培养、产教融合、教师能力、社会服务等方面的目标和内容。

（二）智慧校园是高校数字化转型升级的应用基础

高校应通过智慧校园等项目的建设与对策研究，形成"教育全要素、全流程、全业务和全领域的数字化转型"，以形成组织和机构的数字化意识和数字化思维为目标，使师生信息化素养得到大幅提升，数据综合治理能力、服务治理水平及物联智慧安全管理水平得到加强，构建教育信息化 2.0 时代智慧高校新生态，初步实现院校治理体系和治理模式的现代化。

（三）制度与资源建设是高校数字化转型升级的关键

以鞍山职业技术学院为例，该校从现代化"治理"的视角出发，结合该校智慧园区实际情况，对标省内外其他智慧校园的发展规划，提出了鞍山职业技术学院智慧园区未来发展远景、具体建设目标及内容。由此可知，高校应以应用需求为导向，开展业务融合和教育治理，降低建设项目难度并化解风险，推动学校组织工作的创新与变革。

（四）治理与安全是高校数字化转型升级的保障

高校应通过制度治理，进一步健全网络和信息安全制度，逐步完善制度标准，提升安全防护水平。只有通过建立完善的治理体系、加强数据管理和保护、强化网络安全保障、推行实名制管理和访问控制、定期进行安全审计和检查等多项措施，才能形成覆盖职教园区、互联互通、开放共享、均衡发展、安全稳定的教育管理公共服务体系、资源共享体系和技术支持体系。

第四节 高校数字化转型的基本原则

高校数字化转型要坚守育人的本质原则，无论教育的形态如何变化，高校办学的初心与使命不变，为党育人、为国育才的本质不变，要始终坚守立德树人的目标不变，坚持社会主义办学方向不变；高校要坚持服务社会、服务区域经济原则，将数字化转型作为重要引擎，提高对外服务和引领水平，提高对外开放和战略布局能力，为区域经济社会发展提供人才与技术支撑；高校要坚定追求质量的原则，高质量的办学要全员参与、全程监测、全面保障，要分解并落实到每个专业、每门课程、每项活动；教师要牢记担负的使命，以人格魅力引导学生成长，以学术造诣开启学生的智慧之门，培养学生的知识、能力与素养，助力学生全面终身发展。

高校数字化转型应坚持"学生中心、成果导向、数字赋能、持续改进"，基于学校愿景、发展目标和战略规划，制定落实高校数字化转型的具体实施方案；应制定数字化转型的总体规划，明确各阶段的目标和任务，并根据实际情况分步骤实施；应推动全校各部门、各单位之间的协同合作，实现资源共享，提高数字化转型的整体效益；应以解决实际需求为出发点，体现数字化技术的适用性，应注重用户体验，确保所开发的数字化应用和工具简单、易用，避免给师生带来过多的操作困扰。在转型过程中，高校要注意数字化转型不仅是技术的转型，更是师生思维方式和行为习惯的转型，要注重各学科专业之间的深度融合，并培养师生使用数字化技术的意愿和能力；要鼓励创新引领，培养创新思维技术技能，推动新技术应用；要建立健全数据治理体系，保护师生隐私和数据安全，促进数据共享和利用，以师生的实际需求为导向，优化数字化服务，提高师生的满意度；还要对数字化转型的效果进行跟踪评估，根据评估结果持续改进，提高数字化转型的质量和效益。

一、实现以学生为中心的泛在学习

高校数字化转型可以真正实现"以学生为中心"，推动学生个性化学习、自主学习、随时随地学习、能力本位学习、项目式学习。制定以学生为中心的教学设计，在课程设计和教学计划中，高校要充分考虑学生的需求和特点，注重激发学生的学习兴趣和主动性，培养学生的创新能力和实践能力。根据学生的不同需求和兴趣，高校应提供多种形式的学习资源，如文本、音频、视频、动画等，让学生可以根据自己的学习习惯选择适合自己的学习方式。高校应构建智能化的学习环境，引导学生主动参与学习过程，积极思考和解决问题，培养学生的自主学习能力和终身学习习惯。高校可以采用多种评价方式，如形成性评价、过程性评价、终结性评价等，对学生的学习成果进行评价，关注学生的全面发展，还要重视学生的自我评价和互评，提高学生的自我认知、自我管理能力。

二、"教"与"学"的数字化转型牵引全局

"教"与"学"的数字化转型是高校实现数字化转型的核心环节、关键领域，是带动办学全领域加速数字化转型的重要支点。为实现"教"与"学"的数字化转型，高校要制定全面的数字化转型战略，包括数字化基础设施建设、数字化教育资源开发、数字化教学模式创新等方面，以指导数字化转型的全面推进。另外，高校还要创新数字化教学模式，强化教师培训，引导学生自主学习，建立数字化评价机制，加强校企合作，关注教育公平，持续优化改进。

三、是要素的系统性优化，而非简单增减

高校数字化转型不是对学校现有办学条件、教学资源等要素的简单叠加与删减，也不是小修小补，而是系统地统筹、系统地重塑与优化。这是一项系统工程，需要全员参与，让全体师生都能够轻松参与学校的工作。推行全员参与，可以促进高校各部门、各院系之间的信息共享和协同合作，提高学校的整体工作效率和教学、科研的创新能力。高校要根据本地的市场需求和专业特点，开发自定义功能和模块，这样可以更好地满足自身的个性化需求，提高数字化系统的灵活性和适应性。同时，高校还要不断优化改进数字化系统，及时更新和升级系统功能，以适应不断变化的社会人才需求和前沿技术发展趋势。数字化转型需要统筹规划、分步实施，要根据实际情况制定数字化转型的总体规划和实施方案，明确各阶段的目标和任务，并且在实施过程中注重每个环节的细节和质量，确保数字化转型的顺利进行和有效实施。

四、将数字化转型作为一个持续的过程

高校通过制定数字化转型战略、完善数字化基础设施、提高高校数字化社会服务功能、强化数字化治理能力等措施，提高办学效率与质量，优化专业建设与人才培养，改善学生学习体验，完善教育治理管理，丰富大学文化内涵。数字化转型是高校办学的持续追求。

第五节 高校数字化转型的基本目标

高校实现数字化转型基本目标，既要明确数字化转型的战略目标，又要提高学校的管理效率和服务水平，提升教学质量，优化资源配置等。制订数字化转型的行动计划，要明确时间表和路线图，明确各部门的责任，确保数字化转型能够有序推进。建立与数字化转型相适应的组织架构，要明确各部门的职责和分工，推动学校内部的数字化转型，促进各个部门间的协作和交流，确保数字化转型能够在全校范围内得到充分落实。

为实现高校数字化转型基本目标，高校应加强校园网络、数据中心、多媒体教室等基础设施的建设，提高数字化设备的覆盖率和性能；要注重保障数据安全和隐私保护，确保数字化转型能够在安全可靠的环境下进行；要建立完善的数据管理和分析体系，对学校的教学、科研、管理等方面的数据进行收集、整合和分析，以此为学校决策提供科学依据，提高管理效率和服务水平；要利用数字化技术推动教学改革和创新，营造一种勇于创新、不断学习、追求卓越的数字化文化氛围；要鼓励师生积极参与数字化转型的过程，包括设计网络精品课程，实行混合式教学，进行个性化学习等，以提高教学质量和效果，提高学生的学习体验满意度；要加强数字化技术在学生服务、教职工服务、科研服务等方面的应用，提高服务质量和效率；要加强数字化人才队伍建设，包括培养和引进具有数字化技能和素质的教师和管理人员，以推动高校的数字化转型和创新发展；要建立数字化转型评估与反馈机制，定期对数字化转型的进展和成果进行评估和反馈，根据评估结果及时调整数字化转型的方向和策略，确保数字化转型能够达到预期目标。

数字化转型是"一把手工程"，要"一张蓝图绘到底"。高校要对自身现状和内外

部形势有清晰认识，全面做好数据资产、系统资产和资源资产的梳理和盘点，明确数字化转型目标，分阶段、有侧重、一体化地开展数字化转型；要坚持学生中心、需求驱动、开放创新、数据赋能，建设无边界的、智慧化的、融合创新的大学；要明确战略规划，调整专业布局，优化治理管理，出台政策制度，营造文化氛围，加强基础设施建设，打造"校内+校外""专业内+专业外""课内+课外""学习+训练""讲师+工程师""线上+线下"六融合的智慧育人体系。

其中，战略规划的制定要基于高校高质量发展需要，明确高校数字化转型的专项规划。专业布局调整要适应数字经济发展要求，培养企业急需的数字化技术技能人才。高校要通过优化教育治理管理模式，出台相关政策和制度，增强师生数字意识，做好全体动员，营造数字化文化氛围等一系列措施，来引导和推动高校的数字化转型。高校招生就业、教学管理、思政学工、质量保障、教育研究、实验实训、组织人事、行政后勤等各部门都要做到全程参与、全程服务、全程支撑、全程保障。

高校还应深化产教融合、科教融汇，以数字平台、数字资源、数字化技术为抓手，加强学校系统的开放性，打破学校与企业及其他组织之间的壁垒，汇聚各类优质资源，加强校内校外一体、线上与线下融合，构建产教融合、面向应用的办学体制，完善校企合作、协同共赢的运行机制，构建"时时处处人人可学"的、开放的、无边界的办学生态，从而打造产教融合共同体。

一、学科专业与产业行业对接

为实现学科专业与产业行业的对接，高校要跟踪区域经济及产业发展，设立校企资源优势互补专业；深入调研产业发展的趋势和需求，掌握行业热点和新兴技术，为学科专业设置和人才培养提供参考；建立有效的产教融合机制，将产业界的意见和建议纳入学科专业建设和人才培养中，实现教育与产业的紧密对接；根据产业发展需求，调整学科专业结构和课程设置，加强实践教学和案例教学，使学科专业与产业行业需求相适应；与行业协会、企业合作，开展人才培养、实习实训、科研合作等活动，加强学科专业与产业行业的联系；引进具有产业背景和实践经验的师资力量，提高教学质量和教学的实用性，为学科专业与产业行业对接提供保障；开展产业研究、技术咨询、社会服务等活动，加强学科专业与产业行业的互动，推动教育和产业的协同发展；建立互动平台，促进学科专业与产业行业的交流和合作，实现信息共享、资源优化和协同创新。另外，高校的课程内容要与企业真实项目案例对接，将"以面向应用的课程体系反向推导校企合作内容"这一方法纳入培养方案。

二、教学环境与企业真实环境对接

为实现教学环境与企业真实环境的对接，高校应创设面向产业应用的柔性实践实训环境，基于行业背景，开发立体化的教育教学资源；引入企业真实项目进课堂，让学生参与项目的开发和实施，感受企业实际工作环境和要求；建立实践基地和实习基地，为学生提供真实的企业工作环境和设备，让学生在实践中掌握技能和知识；引进企业工程师来授课，让学生了解企业的最新技术和需求，让学生感受企业的文化和思维方式；利用虚拟、仿真等技术手段，在课堂中模拟企业的工作场景，让学生扮演不同的职务角色，体验企业工作的流程和要求；与企业合作开展课程设计和评价，将企业的需求和标准引入课程中，使课程内容更加实用和符合企业的需求；建立校企合作机制，实现企业和学校的深度合作，共同推进人才培养和企业文化的传承。

三、实践教学过程与企业运作流程对接

高校在进行实践教学时，其内容应该紧密结合企业的实际需求，以企业的运作流程为基础，选取典型的工作任务和案例进行教学，使学生能够全面了解和掌握企业实际运作的流程和要求。另外，校内实践教学形式应该尽可能地模拟企业的工作环境，采用企业实际使用的工具、软件和设备进行教学，以提高实践教学的效果和质量。高校在实践教学管理中，应该借鉴企业的运营模式，引入项目管理、质量管理、风险管理等理念和方法，建立完善的管理机制，确保实践教学的质量和效果达到企业的要求。实践教学评价应该遵循企业的标准，建立完善的评价机制，采用多元化的评价方式，包括学生自评、学生互评、教师评价、企业评价等，使实践教学评价更加客观、公正和实用。

以鞍山职业技术学院计算机应用技术专业为例，该专业以培养能够从事软件开发、万维网（World Wide Web，以下简称"Web"）前端开发、技术支持等工作，有可持续发展能力的高端技能型专门人才为目标，采取"1+3+3"培养模式，实施以网站建设和Web项目开发的构思、设计、实施、运行全生命周期为背景的工程教育。"1+3+3"人

才培养模式包括"1 个培养目标""3 个能力层面""3 条培养路线"。"1 个培养目标"指的是以培养能够从事软件开发、Web 前端开发、技术支持等工作,有可持续发展能力的高端技能型专门人才为目标。"3 个能力层面"包括专业能力、素质能力、工程能力。"3 条培养路线"分别指课内一条主线,旨在构建以项目为导向的工程教育模式的一体化课程体系;课外辅线一,旨在构建以学习小组、社团为基础,以专业、技能竞赛为纽带,以校内外实习实训基地等为锻炼手段的课外技能辅线体系;课外辅线二,旨在通过开展学团工作、党建工作、思想教育工作,着重培养学生沟通表达与团队合作的能力,加强对学生学习态度、责任感和价值观的培养。

四、学校教师与企业工程师对接

对于校企合作开展的项目,由教师和企业工程师共同参与,在对接项目时,教师可以了解企业的实际需求和最新技术,企业工程师则可以指导教师更好地完成项目任务。对于校内实习基地,如宁波万里东软数字工场基地,由企业工程师担任实习指导教师,为学生提供实践机会,学生从"学生"转向"实践者",实践空间也由单一模式转向复杂真实场景。数字工场基地能够将自主探究学习、情境学习和项目导向学习等多种学习方式融为一体,是一种能够深化产教融合育人理念的人才培养模式。同时,高校教师也可以到企业实习基地参观和学习,了解企业的实际运作流程和技术。高校通过与企业工程师合作开发课程,将企业的实际需求和技术引入课程中,使课程内容更加实用和符合企业需求。高校会定期组织教师参加师资培训,学习企业的最新技术和设备使用方法,以提高教师的实践能力和教学水平。同时,企业工程师也可以为教师提供实践指导和技术支持,校企以"双师、双岗、双薪"的师资队伍形式联合开展应用研发工作。

第六节 高校数字化转型的路径

高校数字化转型是在数字化思维与环境下,对大学的教育理念、组织形态、大学制度、学习方式等整个教育系统的结构性再造与重构。首先要推动核心业务的数字化转型,运用数字化手段提高传统大学的办学与管理能力，从而实现高校的数字化转型。除学习资源数字化、教学过程数字化、考试测评数字化、管理服务数字化之外，高校还要进一步与人才培养、教育教学和学习型社会建设等核心任务深度融合。

在建设智慧园区与智慧学校的过程中，高校要利用教育治理，实现高校的数字化转型，将数字化技术与智慧校园建设相融合，构建人性化、便捷、高效的管理服务体系，以系统化的管理思想，优化治理管理，为高校实现高效运营与智慧决策提供支持平台，控制办学风险，提高办学效率。关于高校数字化转型的路径，我们在学校层面划分出管理层面、运行层面、实践层面三大层面，以及包括数据体系和资源体系在内的两大支撑体系。

一、管理层面

高校的管理层面包括经验管理、制度管理和文化管理。其中，经验管理更多依赖于校长及其他领导者的个人素质和专业素养，制度管理是以规范化制度推动日常教育教学工作的平稳运行，而文化管理是最高级的管理。

教育文化管理是指运用文化管理的理念和方法，对教育组织内部和外部的文化进行规划、组织、指导和控制的一种管理方式。教育文化管理强调文化在教育管理中的作用，认为文化是教育组织的核心竞争力。构建温暖的、追求效益的、积极向上的文化氛围，可以提高教育组织的整体水平和竞争力。由于价值观的高度认同，高校团队形成了向上的自运行系统。

制度管理包括"双创"项目管理、教学质量管理、课程标准管理、"双创"活动管理、工程教育认证管理、校园行为管理、毕业设计管理、专业评估管理、实习实训管理等。高校通常采用数据驱动的评价方式，对学校管理层面的实施效果进行分析和评估，然后利用数据手段提高教育教学的效果。

二、运行层面

高校的运行层面是指高校内部的日常运作和管理，包括教学管理、学生管理、科研管理、财务管理、人力资源管理等。高校运行层面的管理是高校管理的重要组成部分，是整个教学生态的核心，对于保障高校的稳定运行和持续发展具有重要意义。其中，教学管理需要制订教学计划，组织教学实施，监督教学质量等；学生管理需要关注学生的生活、思想、学习等方面的需求，提供全方位的服务和支持；科研管理需要组织科研项目，管理科研经费，推动科技成果转化等；财务管理需要制定财务预算，监控财务收支，进行财务分析等。

三、实践层面

高校的实践层面是指高校在教育教学、科研、社会服务等具体活动中的实际操作和管理，包括项目讲解、综合实训、项目实践、环境部署、软件开发环境、过程管理、项目考核、岗位测评等内容。实践层面是高校运行的重要组成部分，是实现高校教育目标、提高教育质量的重要途径，可以更多地体现学校的专业特色。

四、数据体系

数据体系是高校信息化系统的重要组成部分，它包括中心数据库、各类专项业务数据库等，用于存储和管理高校的各种数据资源。这些数据资源包括学生信息、教职工信息、课程信息、科研信息、财务信息等，是高校运行和管理的基础。

在高校数据库中，数据的存储和管理要遵循一定的规范和标准，高校会提供数据访问和共享的接口，以确保数据的准确性、完整性和安全性。为方便其他应用系统和部门能够方便地获取和使用这些数据，数据库要具备强大的数据咨询服务功能，通过数据交换、数据存储、数据分析、数据服务来实现智慧化数据管理。

五、资源体系

资源体系是指高校在运行和管理过程中所需要和利用的各种资源，包括教师、学生、行政管理、后勤保障等人力资源，教学楼、实验室、图书馆、体育设施等物力资源，高校的教育经费、科研经费、捐赠收入等财力资源，各种电子图书、数据库、在线课程等信息资源，校友会、校企合作单位、社会团体等社会资源。

校园文化、学术氛围、教师的学术成果、学生的创新作品等文化资源是高校发展的核心，为高校提供了源源不断的创新动力，成为保障高校发展的重要支撑。高校要秉承开放、合作、共赢的理念，通过教育数据治理来实现资源开发、资源存储、资源系统管理，从而实现对各类资源的有效利用。

第七节 鞍山市职教城共建共享型数字化校园实施方案

本节以鞍山市职教城数字化校园建设为例，阐述其数字化校园建设方案相关内容。鞍山市职教城数字化校园建设工作遵循"急用先建、适度超前、统筹规划、合作共建，协同创新、交流共享"的原则，实施"四个要点"，即"承载政策的基本要求、融入先进的教改理念、融合众多的成熟经验、呈现先进的数字化标准"，贯彻职业教育数字校园建设规范，加强信息化全面执行的应用力，围绕"班班通"教室的建设理念，协同学校各相关职能部门加大推广、普及力度。

一、重点解决实施方面的问题

（一）全城网络综合布线，IP 地址统一规划

鞍山市职教城加快推进全城网络综合布线，统一千兆出口。中国联合网络通信集团有限公司（简称"中国联通"）利用原有的万兆网络交换设备作为临时网络中心，负责园区主干网络线路与设备维护，统一分配外网带宽，实现了六所直属院校间千兆教学局域网的互联互通，各校则负责校内"班班通"教室局域网的综合布线与网络管理。

随着各校加大信息化建设的投入，各直属院校，尤其是三所国家示范院校的计算机终端数量快速增长。2013 年，鞍山市职教城新建 140 个多媒体教室、5 个计算机实训室，新增 300 多个网络信息点（电脑 IP 和监控头 IP），各校原有的 C 类 IP 地址已不能满足要求，需要重新进行规划。

（二）数字化资源建设

《国家中长期教育改革和发展规划纲要（2010—2020 年）》提出要大力开发教育资源，同时要积极推动资源应用，建设国家级资源库。数字化资源建设作为国家示范性高等职业院校项目建设的重要内容、关键任务，成为专业建设、课程改革和教材开发，以及管理创新的重要成果体现形式。数字化资源共建共享和使用情况是国家示范性高等职业院校建设计划项目申报、规划、建设和验收的重要考核指标。

目前，鞍山市职教城直属高校、教师和学生获得数字化教学资源的主要渠道如下：高校购买教材提供的配套资源、辽宁省教育厅统一组织开发的供省内相关学校使用的资源库、由专门教学资源网站提供的资源下载和学校教师自发制作电子教案等。

数字化教学资源应以"班班通"课堂应用为核心，以建设教学资源中心和数字化教学资源平台为基础，推广利用已开发的 Moodle（Modular Object-Oriented Dynamic Learning Environment）网络教学平台，满足教师教学过程设计、教学管理统计分析、课堂教学实时监控等需求。高校应以鞍山市职教城内各专业教师为主，进行课程网站设计与开发、数字资源制作、动画脚本制作等，找专业软件公司解决相关的技术整合和数据资源备份问题，加紧推出相关的教师激励政策。

鞍山市职教城应统筹管理教学资源的存储、应用，对公共基础类资源和专业基础类资源，高校应集中购买，减少资源重复建设，节约建设成本，提高制作水平。各校尤其是国家示范性高等职业院校要加快数字化资源建设，以资源共享为目的，以创建精品资源为核心。教育教学资源库应由国家课程资源库、省课程资源库和校本资源库组成。

同时，鞍山市职教城要积极参与国家示范性高等职业院校数字化资源共建共享建设，兼顾辽宁省数字化资源建设，避免数字化资源的重复建设；对于国家和地方已建设完成的数字化教学资源，鞍山市职教城要积极参与二期建设升级改造，努力争取成为数字化资源建设自建课题项目牵头单位，扩大示范校的覆盖面与辐射面。

（三）数据中心机房实施方案

当前，在鞍山市职教城内，还没有统一的数据中心，导致数据及信息共享困难，无法为建设全面统一的、集中管理的、可扩展的数字化校园提供支撑。各类软件建设也缺乏统一规划，尚未形成有效系统支撑体系。应在鞍山市职教城内优选一栋楼建立互联网数据中心（Internet Data Center，以下简称 IDC）机房，统一集中管理。建设规划面积 300 m², 分为操作区与设备区两部分，其中操作区放置监控设备、操作台；设备区放置路由器、防火墙、核心交换机、服务器、不间断电源、空调等设备；统一规划设计校园网内部 IP 地址，集中管理鞍山市职教城内新建的 140 个"班班通"教室，规划涵盖 7 个实训楼多媒体实训室。机房装修主要包括抗静电全钢活动地板敷设、吊顶安装、高级乳胶漆装饰墙面、综合布线等，在设备区与操作区的中间用玻璃墙隔离，配备指纹电磁门禁。

当前，各高校的数据中心受场地面积、专业人才、技术规范、硬件设备等因素的制约，短期内无法形成有效的集中管理，为解决这些问题，可以将鞍山广播电视大学（公共管理中心、网络视频资源中心）、鞍山技师学院（虚拟仿真实训中心）、鞍山市信息工程学校（"班班通"教室视频监控中心，网络课程、教学资源中心）作为临时 IDC 数据中心，最大限度地利用各校现有的软硬件资源，节约综合布线成本。

（四）成立专门的信息技术中心，落实组织机构编制

鞍山市职教城原有的数字化校园建设都是受临时职能部门需求驱动的，缺少统一的顶层规划，信息标准不统一。应用系统独立运行，形成了资源孤岛、信息孤岛、应用孤岛，资源不能有效共享。鉴于数字化校园在建设过程中协调能力和执行力较弱，成立专门的信息技术中心是一种有效的解决方法，可以为建设数字化校园提供保障。

信息技术中心是鞍山市职教城公共服务体系的重要组成部分，负责校园网的规划、建设、运行与管理，负责鞍山市职教城内的教育信息技术培训、交流、竞赛工作，面向全体师生提供网络及现代教育信息技术服务。信息技术中心的主要功能是为数字化校园建设提供信息开发、网络运维、培训竞赛、系统集成、数字媒体技术应用等服务，从而加强信息化基础建设，维护校园网站建设，搭建一个高速、稳定的信息化网络平台。

按照鞍山市职教城数字化校园建设的初步规划，系统正式运行后，应成立专门的信息中心，以保障系统的运行。计划该部门的人员配置如下：综合管理人员 1 人、系统管理员 1 人、硬件设备维护人员 2 人、门户网站维护人员 2 人、数据库维护人员 2 人、信息数据审核管理人员 4 人，合计 12 人。

二、数字化管理平台招投标实施方案

根据业务需要，数字化管理平台需要构建技术系统和组织体系。鞍山市职教城数字化管理平台建设是一个庞大的系统工程，涉及计算机技术、网络技术、通信技术与网络

工程、软件工程、项目管理等多个方面，具有投资高、建设难、周期长、涉及部门和人员多等特点，在建设之前，应从整个鞍山市职教城园区的层面出发，做好项目分析和规划设计工作，整体考虑、统一规划，确保形成统一的信息标准、统一的技术路线、统一的基础架构和统一的组织管理。

在制定数字化管理平台招投标方案时，鞍山市职教城内的各院校应组织专家、教师集中讨论教育管理平台、教学平台一期建设框架，明确具体内容，并重新进行网络规划、硬件升级、软件更新；与专业软件公司进行商业洽谈、校企合作，共同开发教育管理平台和数字化资源平台；对建设内容进行认真梳理、比对分析，结合鞍山市职教城的实际需求，统一制定标准框架，确定三级目录的建设内容，即初定 14 个一级目录、93 个二级目录、208 个三级目录。总而言之，一期开发协同办公、招生就业、学生管理、网络教学平台、教学资源库五个模块，拟采用竞争性谈判方式公开招标。

鞍山市职教城数字化管理平台建设框架如图 1-1 所示。

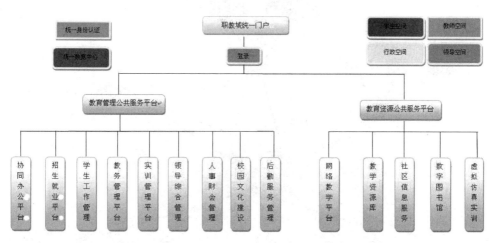

图 1-1 鞍山市职教城数字化管理平台建设框架图

三、网络布线建设规划

对鞍山市职教城进行网络布线建设规划，首先需要统一千兆出口。中国联通以原有的万兆网络交换设备作为临时网络中心（网络与数据中心拟建在新建的管委会办公大楼内），同时负责园区主干网络线路与设备维护，统一分配外网带宽，实现六所直属院校间千兆局域网的互联互通。

在进行网络布线的建设与规划时,各校负责校内局域网的综合布线与网络管理,采用私有云技术、各栏目设置用户权限、硬件防火墙技术等保障网络数据的安全,构建安全可靠的公共数据交换系统;通过服务器集群、虚拟化技术、负载均衡技术,提高职教园区的软硬件资源使用效率;通过全城综合布线、IP 地址统一规划、上网行为管理和视频监控,加强城域网的统筹管理与动态监管;整合职教园区的一卡通、"班班通"教室、Moodle 网络教学平台,提供对外的兼容接口,实现真正意义上的共建共享。

(一)数字化校园拓扑图

鞍山市职教城共建共享型数字化校园拓扑图如图 1-2 所示。

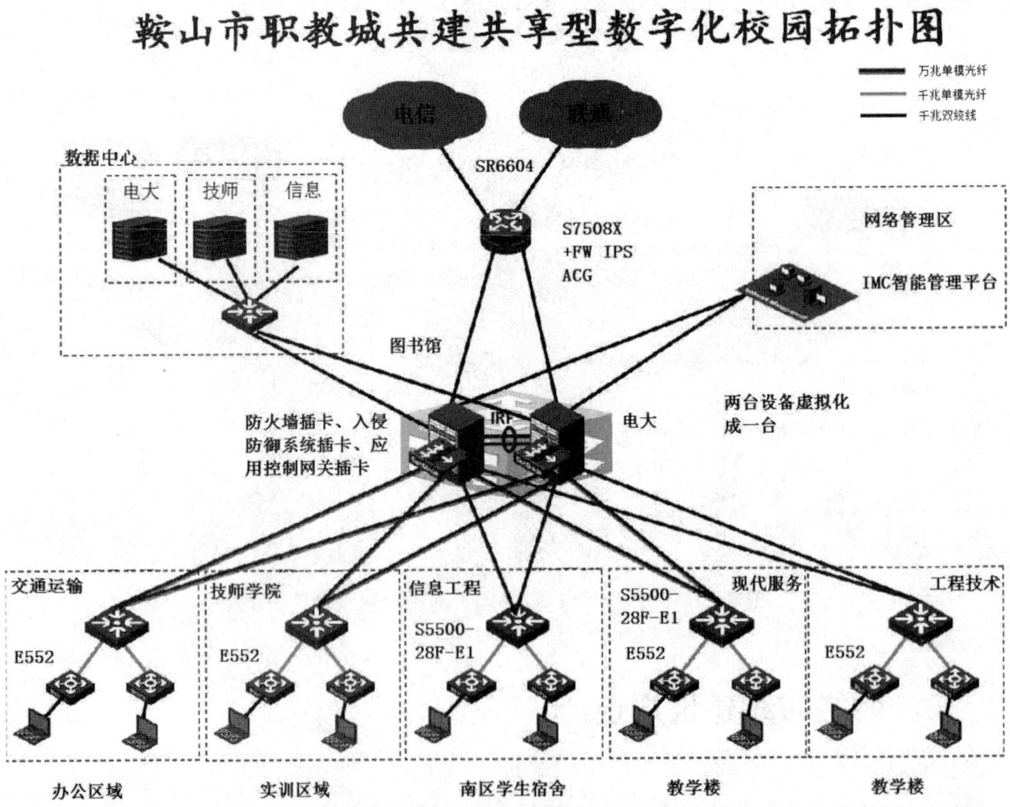

图 1-2　鞍山市职教城共建共享型数字化校园拓扑图

（二）各直属院校楼群分布及设备情况表

鞍山市职教城内各直属院校楼群分布及设备情况，见表1-1。

表 1-1　鞍山市职教城内各直属院校楼群分布及设备情况表

序号	学校名称	建筑	交换机型号	数量	备注
1	鞍山职业技术学院	9号教学楼	H3C 7508	1	千兆
2	鞍山师范学院 应用技术学院	4号教学楼	华为 S3300	1	千兆
3	鞍山开放大学	5号教学楼	H3C S5000 series	1	千兆
4	鞍山技师学院	3号教学楼	华为 S3300 2009	1	千兆
		1号实训楼			
5	鞍山市信息工程学校	8号教学楼	H3C 7508	1	十万兆
		7号实训楼	RG-S7606	1	千兆
6	鞍山市交通运输学校	1号教学楼	华为 S3300	1	千兆
		3号实训楼			
7	鞍山市现代服务学校	2号教学楼	华为 S3300	1	
		2号实训楼			
8	鞍山市工程技术学校	7号教学楼A座	以太网交换机	1	千兆
		5号实训楼			

（三）校园内部 IP 地址规划表（暂定）

鞍山市职教城校园内部IP地址规划见表1-2。

表 1-2　校园内部 IP 地址规划表（暂定）

VLAN 号	VLAN 名称	IP 网段	子网掩码	默认网关	说明
VLAN1	Server	10.10.1.0	255.255.255.0	10.10.1.1	服务器网段
VLAN2	Caiwu	10.10.2.0	255.255.255.0	10.10.2.1	财务网段
VLAN3	Lingdao	10.10.3.0	255.255.255.0	10.10.3.1	领导网段
VLAN4	Bangong	10.10.4.0	255.255.255.0	10.10.4.1	办公室网段
VLAN5	Tushuguan	10.10.5.0	255.255.255.0	10.10.5.1	图书馆网段
VLAN6	Shitang	10.10.6.0	255.255.255.0	10.10.6.1	食堂网段
VLAN7	Manage	10.10.7.0	255.255.255.0	10.10.7.1	设备管理网段
VLAN8	AP	10.10.8.0	255.255.255.0	10.10.8.1	无线 AP 网段
VLAN9	Jiankong	10.10.9.0	255.255.255.0	10.10.9.1	监控网段
VLAN10	yikatong	10.10.10.0	255.255.255.0	10.10.10.1	一卡通网段
VLAN11	Sushe	10.11.0.0	255.255.0.0	10.11.0.1	宿舍楼网段
VLAN12	Jiaoxue	10.12.0.0	255.255.0.0	10.12.0.1	教学楼网段
VLAN13	shixunlou	10.13.0.0	255.255.0.0	10.13.0.1	实训楼网段

四、高校使用的数字化教学资源的主要来源

目前，高校教师和学生获得数字化教学资源的主要渠道如下：在购买教材时由出版社提供的配套资源、各省行政组织统一开发的供省内相关高校使用的教学资源库、提供资源下载服务的专门教学资源网站及由高校教师自发制作的电子教案等。

（一）购买教材获得配套的数字化教学资源

目前，随教材附赠的光盘或网络课程是高校获得数字化教学资源的主要来源。这些资源主要是由各大出版社为配套教材内容而出版的，获取它们的方式主要有三种：一是以高等教育出版社、人民教育出版社为代表的，以教材附带防伪码作为登录准入条件，登录网站后下载；二是以机械工业出版社为代表的，由人工审核注册人员身份，注册成功后可下载；三是以电子工业出版社为代表的，通过登录网站、上传资源获取积分，从

而下载资源。简单地说，大部分出版社的网络资源都是为教材用户或者潜在教材用户服务的。

（二）各省行政组织统一开发形成的教学资源库

在一些教育较为发达的地区，由政府、教育行政部门牵头，通过组织、开展相关的教学资源信息化建设项目，从而形成供本地区学校使用的数字化教学资源库。这类资源的特点是制作力量和推广力量都较为强大，学校往往参与资源制作，既是资源的提供者，又是资源的使用者。在行政支持力度较大的地区，教学资源库的建设往往有较大的规模和资金投入，从而可以形成优良的教学资源。但是这类资源库的开发耗资巨大，在经济上收益很小，所以并不普遍。国内目前能形成地区教学资源库的省市主要有辽宁、江苏和上海。

2013年9月17日，中华人民共和国教育部网站公布了《关于实施国家示范性职业学校数字化资源共建共享计划（二期）的通知》，委托中国职业技术教育学会信息化工作委员会具体负责推进实施共建共享计划，修订并发布国家示范性职业学校数字化资源共建共享计划科研课题项目管理办法和技术规范，承担全国职业教育数字化资源共建共享联盟办公室的工作，受理课题项目的申报，组建并指导各专业协作组，并通过组织教学改革、数字校园和课堂设计培训，开展中期检查、项目质量监测、资源成果封装、资源平台搭建及经验交流等方式，统筹推进资源的开发、管理和共享。该通知明确要求，各地区要把共建共享数字化资源建设作为推进人才培养模式改革，提高专业教师和管理人员教育教学能力，加强专业建设、课程改革和教材开发，以及校企合作等管理机制创新的重要成果体现形式；要把数字化资源建设情况作为示范校建设项目质量监测、年度检查、成果验收和表彰评优的重要考核指标。

（三）高校开发的数字化教学资源平台

在高校开发的数字化教学资源平台方面，清华大学电化教育中心、中央广播电视大学（现为国家开放大学）等很早就建设了公共资源库和公共服务平台。当时，清华大学电化教育中心制作的数字化教学资源在校内基本能实现共享，很难实现校际间的共享。共享的主要瓶颈是知识产权问题，清华大学制作的教学资源质量很高，投入较大，有很强的知识产权保护意识。

对于不涉及学科前沿的、共享性强的专业基础课程实践教学视频，由当时中央广播电视大学主持开发的国家数字化学习资源中心上传并发布。该资源中心采用向共享院校征集共享基金的办法建设而成，参与院校既是资源的提供者，又是资源的使用者，一方面向参与的中职院校每年收取 5 万元的基金费，另一方面把获得的经济收益返还给资源提供者。明确共享者的权利和义务是实现资源共享的必要条件，国家数字化学习资源中心主要以教学单位为共享者来明确其权利和义务。

从美国、澳大利亚、英国等国家的数字化教学资源平台来看，资源的建设资金主要来自政府或基金，共享方式主要是对外免费、成员共享或向提供者支付一定费用。百度文库的资源共享方式也是职业教育数字化资源平台可以借鉴的，即可以通过免费和向版权所有人收费相结合的方式，实现资源的网上共享。

（四）经商业开发的数字化教学产品

以上三个层面的开发大多属于增值服务或者公益行为，目前还有一些专业的教育软件公司针对部分重点专业开发了数字化教学产品。这些产品以有较高技术含量的仿真软件为主，不容易复制、使用，需要经过一定的培训，售价较高，主要面向学校进行整体销售。但是由于商业开发的特性，这类软件开发的数字化教学产品往往集中在少部分热门专业，且由于国内在这方面的消费还没有形成习惯，所以销售该类软件需投入较大的人力和营销成本。

五、网络数据中心机房建设方案

网络数据中心机房建设位置优选地下室或一楼，相比于楼板，一楼地面可以承载重量更大的不间断电源（Uninterruptible Power Supply，以下简称 UPS）电池组，并且夏季温度较低，可起到很好的节能作用，但要注意防水防盗。机房必须使用独立空间，不应与网络中心办公室合用。数据中心机房施工图如图 1-3 所示。

（一）数据中心机房布线

布线采用开放式钢网桥架，可以减小施工及维护难度，有效解决承重和防火问题。对于采用上桥架布线的机房，可不用铺设防静电地板，不仅会使地面更加美观，而且可以节省装修支出。数据中心机房应该有良好的避雷措施，所有机柜应保证防雷接地。

（二）数据中心机柜

机柜建议选用 2 000 mm 高×1 000 mm 深×600 mm 宽标准机柜。在使用时，应关闭机柜门，可有效防尘。机柜风扇可以不打开，这样可以做到节能、降低机房噪音。机柜中的设备应保证 1～2 m 间距，便于通风散热。

（三）数据中心机房空调

机房空调选用两台 2～3 匹家用柜式空调，要有来电自动启动功能，空调温度设置为 24℃更加节能，建议冬天机房不开空调。

（四）服务器用 KVM（键盘、显示器、鼠标共享器）

在机柜内部，一般配备 8 端口数字式 KVM（Keyboard Video Mouse 的缩写，即键盘、显示器、鼠标共享器），最多 8 台服务器共享同一套键盘、显示器、鼠标，以便在现场对服务器进行配置管理。连接 KVM 的键盘、显示器、鼠标均宜选用尺寸较小、质量上乘的产品，宜选用 15 寸以下液晶显示器。

（五）网络设备管理软件

高校的网管交换机数量如果少于 20 台，建议安装厂商提供的客户端管理软件；如果超过 30 台，则建议购买专门的第三方网管软件，而不用交换机厂商的管理软件；建议禁用各种交换机的 Web 管理功能，以免出现安全问题。

（六）安防监控设备

对于安防监控设备，应采用全数字式设备，支持 POE（Power Over Ethernet）供电，就近接入交换机，降低投入成本，使用枪式、球式摄像头。对于监控视角比较狭窄的楼道，建议使用枪式摄像头，如需旋转，需加云台；对于监控面积比较宽的地方，应使用球式摄像头。CCD 摄像头优于 CMOS 摄像头，在弱光环境下尤其突出。

监控系统应使用独立的存储设备，专门用于存储监控数据，存储容量满足 45 天的监控数据即可。对于监控墙，可采用 6 个大屏幕液晶显示器，在安装时需要安防系统集成商根据学校建筑布局和实际要求，单独设计方案。

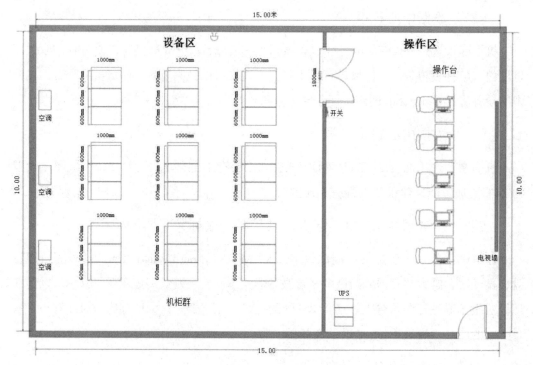

图 1-3　数据中心机房施工图

六、管理平台、教学平台建设技术规格

对于数字化管理平台与教学平台，应依据"总体规划、分步实施、标准统一、资源共享、重在应用"的原则，有计划、科学、合理地构建，实现数字化校园高起点、大规模、跨越式发展。鞍山市职教城立足于全局管理和服务的统一规划和设计，按照信息化建设标准，通过统一平台对原有系统和第三方系统进行高效集成和整合，可以实现职教园区内信息和资源的互联互通、统一共享，并可以根据各高校的实际需要，为其提供个性化服务。以鞍山职业技术学院为例，鞍山市职教城的数字化校园建设可以为其提供以下服务：

（1）鞍山市职教城可以满足鞍山职业技术学院对数字化校园建设、网络辅助教学、资源库建设与管理等方面的需求。数字化教学资源平台以资源共享为目的，以创建精品资源为核心，面向海量资源处理，集资源分布式存储、资源管理、资源评价于一体，实现资源的快速上传、检索、归档。同时，又能进行课程制作与管理，实现全校师生对网络教学资源的建设与管理、共享与应用。

（2）鞍山市职教城可以为教师提供简单、易用的课程建设平台，降低教师进行网站设计与开发的难度，并能提供一个成熟、稳定、易用、功能强大的教学支撑平台，满足教师教学过程设计、教学管理统计分析、课堂教学实时监控等需求，便于记录学生学习的全过程。

（3）鞍山市职教城能够依据"统一网络平台、统一信息标准、统一信息门户、统一身份认证、统一数据库中心"的建设原则，对鞍山职业技术学院的数字化教学资源进行总体规划，解决信息孤岛问题。

（4）接口开放。根据鞍山职业技术学院要求，应定制开发相应的接口，以实现与已有的应用系统如网络教学平台、一卡通系统等进行有效集成，实现单点登录、数据同步、数据共享。

总而言之，根据国家改革发展示范性建设目标及特点，结合各高校的具体情况，数字化管理平台投标系统至少要有示范专业教学资源库建设与展示平台、网络教学管理平台、精品课程建设平台和数字化学习门户平台四大子系统，并要与现有的数字校园系统进行无缝集成，同步系统中已有的课程。各个子系统之间必须无缝链接，课程数量与用户数量不限。

第二章 教育治理赋能数字化转型

　　《中共中央关于坚持和完善中国特色社会主义制度、推进国家治理体系和治理能力现代化若干重大问题的决定》为国家现代化治理指明了方向和行动目标。在国家治理体系和治理能力现代化中，教育治理占据了关键位置。高校要履行为党育人、为国育才、科学研究等责任，不仅承载了社会希望，而且承担了部分社会资源的管理工作。高校内部控制建设正是健全现代大学治理体系、提高治理能力的关键，是提升教育治理水平的有效工具，对强化高校内部体制机制建设、优化部门业务流程、提升教育公平等都起着非常重要的作用。高校应不断完善内部教育治理体系，定期开展内部风险控制、审计、巡察等检查评估工作，从而提高高校现代教育治理水平。

　　数字时代，教育管理与决策从"简单粗放式"的人治管理走向了"小快精准"的数据治理，以数据为中心的扁平化管理使教育治理更加高效、便捷和科学。传统高等教育伴随着科技进步、社会发展正在发生着深层次变革。这是一个数字的时代、信息化的社会，在数字生态背景下，高校应变革教育组织形式、教学模式、评价机制，以数字化技术优化服务流程，实现师生多维度、过程性、科学化评价模型，构建基于大数据分析的决策诊断体系，提升教育治理效能。

　　教育治理是指国家机关、社会组织、利益群体和公民个体，通过一定的制度安排进行合作互动，共同管理教育公共事务的过程。教育治理赋能数字化转型是指学校通过教育治理手段和治理机制的创新，为数字化转型提供全方位的支持和推动。在数字时代，数字化转型是教育领域发展的必然趋势，而教育治理则是实现数字化转型的重要保障。

　　近年来，世界各国相继出台关于数字化转型的政策，提出了各自的远景目标和战略重点。美国高等教育信息化协会发布的《2023 年十大 IT 议题：基础模型》报告描述了高校未来将如何发展的基础模型（Foundation Models），这些模型由领导力、数据、工作和学习三个主题构建而成，包括"从数据洞察到数据行动""IT 运维的新时代""在线、面对面还是混合？"等十个议题，并对其进行了描述。这些议题的提出旨在实现教育治理的简化、持续及创新，制定一个以学习为先、技术赋能的学习战略；将数据分析转化为行动计划，以提高学校绩效，增强运营效率，并提高学生的升学率；支持更新 IT 服务，以支持远程/混合工作模式等。在教育治理方面，学校往往将重点放在数据集成和技术创新上，用数据资源支撑科学决策。俄罗斯在《关于 2030 年前俄罗斯联邦国家发展目标的法令》中提出，要提高高等教育核心竞争力，以数字化转型应对全球化挑战，强调在教育治理中加强教学管理民主性及教学透明化。法国等欧盟国家也有相应的战略措施，教育数字化转型已成为各国高校向前发展的必由之路。

高等教育在中国发展规划中占据重要战略地位。高校要培养具有责任意识和勇于创新的卓越人才，数字化转型为高校教育治理下实现教学模式、育人方式、评价机制的现代化提供了技术路线和思想基础。当前，我国已建成世界上规模最大、人数最多、发展最快的高等教育体系。国家通过统一推进"互联网+"教育行动和发展规划，实现各领域全方位融入 5G 通信、云计算、大数据、人工智能等新兴技术，教育治理迎来了新的发展机遇。但要持续发展，建成教育强国，现有高校教育治理模式已难以应对世界大变局，难以满足国家、社会对人才的需求。现如今，面对迅速多变的社会，高校必须重塑高等教育体系，加快迈向转型之路。中华人民共和国教育部的数据显示，我国高等教育 2012 年毛入学率为 30%，而到 2024 年入学率已达 57.8%，高等教育正逐步从"精英化"转向"普适化"。同时，高校为国家多项重点领域提供了关键技术，全国 60%以上的基础研究、80%以上的国家自然科学基金项目都由高校承担。经济发展的战略需求倒逼高校学生具备与数字化社会接轨的能力，高校也要依托更完备的技术设备，利用互联网时时、处处的时空优势，整合更多的社会力量和教学资源，以提高教育治理的公平性、实效性、精准性。高校推进教育治理现代化进程，是在顺应信息时代对教育发展提出的需求。同时，我们也应该关注教育治理领域存在的教育治理效能低下、学校内部治理数据缺乏，课堂与实训室的信息化教学手段滞后、社会与用人企业等多元主体参与度不够、教育治理主体单一等问题。高校在实现教育治理现代化的同时，要坚持把党对教育事业全面领导放在首位，发挥政治引领作用，学习贯彻落实习近平总书记关于教育的重要论述，以更先进的治理理念，更智能、科学的管理流程，全面提升学生的数字素养，以适应社会的需求，应对时代的挑战。

"百年大计，教育为先"，教育是国家根基。在全社会数字化转型浪潮中，在国家与社会对高层次人才的需求下，要想实现高校数字化转型，就要使高校融入国家现代化发展战略规划，建立现代化高校治理体系是大势所趋。

数字化转型对现代教育治理产生了深远的影响：

首先，数字化转型推动了治理理念的变化，从传统的以管理为主转向了以服务为主。数字化技术使得治理更加透明和民主，强调多元参与和共治，注重调动各方面的积极性，鼓励各方面共同参与教育治理。数字化技术为治理提供了新的手段和工具。例如，大数据分析可以用于对教育数据的挖掘和分析，为决策提供科学依据；人工智能可以用于自动化处理和智能推荐，提高治理的效率和精准度。

其次，数字化转型推动了治理模式的变革，并对治理对象产生了影响。传统的层级式治理模式逐渐向网络化、扁平化治理模式转变。数字化技术使得信息传递更加迅速、高效，可以更好地适应复杂多变的环境。传统的治理对象是学校和教育机构，而数字化转型使得治理对象更加广泛，包括学生、教师、家长、社会各界等。同时，数字化技术也使得治理对象的行为和需求更加复杂和多样化。

最后，数字化转型对治理环境产生了影响。传统的治理环境是以线下为主，而数字化转型使得治理环境逐渐向线上、线下融合转变。同时，数字化技术使得治理环境更加开放、多元，但是在数字化虚拟环境中，学生也要应对更多的风险和挑战。

第一节 教育治理体系设计

在 2023 年中共中央政治局第五次集体学习中，习近平总书记强调，建设教育强国当以教育理念、体系、制度、内容、方法、治理的现代化为基本路径。其中，教育治理现代化是实现教育强国建设的基本路径之一。教育治理现代化作为国家治理现代化的重要组成部分，具有重要意义。教育治理体系的设计涉及学校的体制机制、规章制度、方法理念等诸多方面，有效的教育治理不仅能够提高高校的治理效能和治理水平，推动学校提质培优，而且可以有效整合校内外的资源、人才、环境、竞争力等多种要素。校企合作可以促进学校与企业共同发展，提高教育与产业发展的深度融合和有效的内外循环，提高学生在职场中的适应性和工作能力，推动高校的科技成果转化，提高高校的办学水平和社会影响力。

教育治理现代化是推动学校高质量发展的关键环节，也是实现教育强国建设的重要举措之一。实现教育治理现代化，需要制定院校治理现代化评价指标体系框架，加强制度规范，实行企业、社会、院校多元治理，实现校企合作共建师资，做好教育评价综合改革，并通过建立健全评价指标体系，提高院校的治理能力和水平。《中国高职院校治理现代化报告2022》提出了高职院校治理现代化的七大建设路径，分析了高职院校治理实践调研，初步构建了高职院校治理现代化评价指标体系框架，其中包括高职院校治理理念现代化、治理体系现代化和治理能力现代化3个一级指标，制度体系、组织体系、民主体系、生态体系、智慧体系、文化体系、质量体系等12个二级指标与32项主要观测内容。该报告旨在展示我国高职院校在治理过程中的特色经验与做法，为推动高职院校治理现代化建设提供参考。该报告提到，良好的治理模式是高职院校走向现代化建设的实践逻辑。为了实现教育治理现代化，我国高校要全面梳理与总结治理体系建设背景，系统勾勒高职院校在40余年发展中的现实轮廓与改革进路。同时，高校要探索治理体系框架及核心要素建设路径，并精选典型案例进行展示。该报告总结了我国高职院校治理体系建设的背景和历程，包括政策环境、教育改革等方面的变化；分析了高职院校治理体系框架的核心要素，包括组织架构、制度体系、运行机制等方面。此外，报告还从多个角度探讨了高职院校治理体系框架及核心要素建设路径，包括加强党的领导、优化内部治理结构、推进产教融合、加强师资队伍建设等方面。

我国已陆续出台了一系列文件，如《国家职业教育改革实施方案》（2019年）、《关于推动现代职业教育高质量发展的意见》（2021年）等，其中涉及一些鼓励行业组织参与职业教育治理的政策，突出了行业组织在职业教育治理中的作用。但高校仍要明确行业组织在职业教育治理中的目标定位、具体职责和工作方式等，尤其是要明确行业组织在专业设置、课程内容、校企合作、实习实训基地建设、就业指导、人才需求等方面的作用。在地方层面，相关部门要根据国家政策和地方实际，研究制定地方行业组织参与职业教育治理的实施方案和细则，增强政策的时代性和针对性；完善行业组织参与职业教育治理的相关政策内容，规范行业组织参与职业教育政策制定、课程开发和质量评估等活动的标准；出台各项政策保护行业组织的权益，提升行业组织在职业教育中的地位；为行业组织参与职业教育提供专项经费支持，设立行业技能培训基金，促进行业组织开展技术技能培训，提高劳动力的素质。

总之，教育治理体系设计是一个复杂的过程，需要进行多方面考虑，包括政府、学校、家庭、社会等层面。

在政府层面，政府是整个教育治理体系的主体，负责制定教育政策、投入教育资源、监管教育质量等。在教育治理体系的设计中，政府需要充分发挥其领导作用，制定明确的教育发展战略和政策，同时通过财政投入、政策引导等方式，鼓励和支持学校、家庭、社会等各方共同参与教育治理。

在学校层面，高校是教育治理体系的核心，负责实施教育教学活动，开展教育科研、管理学生行为。在教育治理体系的设计过程中，高校要明确自身的定位和使命，制定符合自身特点的发展战略和治理模式。同时，高校要加强内部管理，提高教育教学质量，推动学校的整体发展。

在家庭层面，家庭是学生的第一任教育者，扮演着培养学生品德和价值观的重要角色。在教育治理体系的设计过程中，家庭要积极参与孩子的教育过程，与学校、社会形成合力，共同促进孩子的成长。同时，家庭也要加强对孩子的监管和教育，帮助他们树立正确的价值观和人生观。

在社会层面，社会是教育治理体系的重要组成部分，包括企业、社会组织、媒体等。在教育治理体系的设计过程中，社会各方要积极参与教育治理，为学校提供支持和帮助。同时，社会也要加强对教育的监管和评价，促进教育公平和质量提高。高等教育的目标是为社会和地方培养各类人才，是一种服务于社会、行业企业和个体的教育类型。在高校中引入更多的社会力量，可以促进学校教育水平的提高。行业与企业不仅要参与学校教育政策的制定与咨询，而且要及时将岗位预测和人才需求等信息向社会和院校公布，充分发挥行业的决策咨询和社会服务职能。在高等教育特别是职业教育治理中，要建立市场化机制，尤其要凸显行业在职业教育政策制定、课程开发、技能需求预测等方面的引领作用，有助于职业院校根据行业组织发布的人才需求数量、行业和职业结构变化等数据信息，调整专业设置，提高人才培养的针对性和有效性，从而充分发挥行业组织在技能预测、人才需求和课程建设等方面的重要作用。

在机制层面，机制是教育治理体系有效运转的重要保障，包括信息反馈机制、协商机制、评价机制等。对于教育治理体系的设计，要建立健全机制，确保各方能够有效地沟通和协作，共同解决问题和应对挑战。同时，也要建立科学的评价机制，对教育治理的效果进行评估和反馈，以便及时改进。

第二节 以教育治理推进高校数字化转型的举措

一、营造软硬件基础环境

（一）信息化规划

以鞍山职业技术学院为例，该校通过学习国内外相关的理论知识与实践经验，以鞍山市职教城内八所独立的中高职直属院校为研究对象开展调研，制订了《鞍山市职教城智慧园区建设实施计划》。这一计划通过案例研究，比较不同治理模式对高校信息化建设的影响，提炼出不同类型高校信息化建设的理论模型，构建了信息化治理的层次模型，并结合职业教育信息化的建设经验与管理方法，提出数据治理对策。这一计划的实施，推动了教育大数据与智慧校园创新应用的深度融合，促进了泛在化的网络学习空间、智能化的管理服务、智慧化的校务治理，以及创新立德树人、工匠精神校园文化传承的需求发展。

（二）数据中台建设

鞍山市职教城通过统一身份认证平台、系统集成与单点登录，整合了城内各院校的数据中心，以建设数据中台。以数据为中心，在数据集成的基础上，以服务的方式构建业务平台，实现数字化技术贯通更多业务流程，师生可以在同一网络空间办理不同业务。例如，高校可以通过"超星学习通"微服务的方式，利用应用编程接口（Application Programming Interface，以下简称"API"）和超星系统内置事务管理，将师生的日常学习、教务管理、OA办公、在线考试等终端应用进行集中管控，再通过对过程数据的汇聚，整合分析结果，将实时信息以大数据图形的形式展示给师生。

数据中台的建设，有利于建设鞍山市职教城信息化公共实训基地，共建鞍山市职教城图书馆；有利于建设高速有线、无线网络及各种智能信息终端，提升智慧物联安全管理水平。通过建设数据中台，鞍山市职教城将在2025年实现双千兆统一出口、重点区域无线网络覆盖，从而扩大学校教学区域监控范围，提高监控设备数字化率和"班班通"教学设备保障率。

（三）微服务应用与信息安全

高校可以在教育治理中采用微服务的方式，实现网上的全流程应用，根据角色对不同群体进行个性化配置，让应用服务从程序代码实现方式转向以图形化编程实现方式，利用标准接口开发定制事务管理及自定义小程序，如进行每学期教师电子教案及工作计划的提交、听课计划及记录提交、教学工作量统计等。微服务应用以"应用即服务"为理念，形成完整、连续的业务流程服务，并为数据治理提供基础数据、标准接口、数据规范等。高校不仅能通过学习空间和移动端掌握各项数据，而且可以借助数据可视化技术，看到各项指标的大数据统计分析，全方位、多维度展现实时动态数据。

为加强网络安全管理，高校可以通过应急演练方式，提高数据中心的安防、消防水平，建立全方位立体防御体系，以规范门户网站、教育教学等信息系统的安全等级保护定级备案工作。

二、推进混合式教学应用

（一）推动课程体系和教学资源的数字化转型

为推进混合式教学应用，一方面，高校要着力于构建职业教育的数字化课程体系，做到"一课一平台"。部分高校通过超星学习通"课程评审申报数据"，从"累计页面浏览量""累计选课人数""累计互动次数"等方面，开展教学精品网络课评选，打造"职教金课"。高校要在规范课程建设基本标准的前提下，制定课程设计、课程建设、课程实施、应用效果、特色创新等评价指标。

另一方面，高校要建设符合职业教育特色的数字化教学资源。对于课程资源的建设，高校应以课堂应用为抓手，通过教学设计，自主开发界面友好、内容丰富的新一代数字资源，并体现本专业、本行业的前沿技术和最新成果。同时，应补充、完善原有的国家规划教材内容，满足高校教师教学和学生学习的个性化需求。

（二）构建混合式教学质量保障与监督体系

高校应构建并实施以"一平台、二监控、三主体、四评价"为基础的质量保障与监控指标体系，其中，"一平台"指超星学习通平台，"二监控"指教学督导、大数据分析两种监控方式，"三主体"指学院领导、教师、学生三个构建主体，"四评价"指资源建设评价、课程建设评价、教学过程评价、教学效果评价。构建混合式教学质量保障体系，可以促进高校专业建设由"规模"向"内涵"发展，课堂由线下教学向混合式教学转变，在转变过程中，学生专注度和师生互动探讨度显著提升，教育管理对象与受教育对象的信息化素养全面增强。在大数据背景下，建立混合式教学质量保障与监督机制，还可以帮助高校实现由外部被动监管向主动自我诊改转型。加强校、院、教研室三级线上教学监督工作，有利于保障混合式教学的实施与推进。

三、以数字化思维治理数字化教育

教育数字化转型需要硬件、资源、平台等物质要素，也要做到教学制度、规范、结构、流程的及时更新，达到人、财、物相统一。

高校可以通过分析高校信息化建设的典型案例，归纳高校信息化常"用"、常"管"的工作，分析需求，为下一步的"建"项目、"放"业务提供教育治理依据。

（一）应用治理

高校应研究信息技术，促进教育主体内部智慧课堂、智慧教育、智慧管理、智慧素养、智慧创新等业务的融合发展。例如，在信息化教学中，高校可以结合信息技术分析与归纳教学白板使用情况、手机应用软件（application，以下简称 APP）电子签到情况、智慧课堂视频监控应用情况、线上作业情况、教师与学生信息化能力提高情况等。

（二）数据治理

对于数据治理，高校可以通过研究门户网站、公共管理平台、教学资源平台的数据，分析各类信息化平台在高校教学、办公、管理中的访问率、使用率、下载率。对数据资源进行有效治理，分析信息化手段，能够直接或间接地为高校优化机制、明确管理权责、管理制度创新提供数据支撑。

（三）服务治理

服务治理指的是以高校数据中台为依托，运用互联网云计算技术，基于微服务思想，研究移动微服务平台及微信等新媒体平台。结合舆情监管、地址定位、数据统计等应用，服务治理工作可以帮助高校建立自主、开放、个性化管理的开放平台。

（四）治理制度创新

高校应积极推进教育治理制度的创新，探索教育治理现代化路径，探索以大数据为基础的应用解决方案，例如完善鞍山市职教城智慧校园的使用、管理、评价机制。创新治理制度，要实现四个转变，即学生学习从被动接受走向主动探究、日常管理从静态监管到动态治理、学习内容与目标从标准化走向个性化、教学评价从单一选拔转变为综合评价。

四、师生数字素养提升

为促进师生数字素养的提升，一方面，高校以国家"提质培优"及"高校数字校园建设实验校"项目为抓手，深化校企合作，开展信息化职业能力认证，促进教师信息化素养、学生信息素养不断提升，促进他们的实践创造能力不断提高，并推广"一平三端"智慧教学系统。例如，鞍山市职教城开展了各直属院校师生信息化素养及信息化职业能力认证，推进鞍山市职教城内师生参与信息技术类"1+X"证书制度试点工作。

另一方面，高校应培养并打造数字化教师团队，聚焦教育教学变革的核心地带，推进师生信息素养的全面提升。高校利用新一代 IT 技术加快推进人才培养模式、教学方法改革，探索泛在、灵活、智能的教育教学服务新模式，探索"元宇宙"模式，利用 ChatGPT 等新技术，推动智能教学助手和智能学伴的应用，以提高教与学的效率，减轻师生的负担。

第三节 数字化赋能高校目标管理

——以鞍山开放大学为例

在鞍山开放大学（原名鞍山广播电视大学）建校 40 周年之际，学校召开了 2018 年度目标管理总结表彰暨 2019 年学校目标管理签状大会，主要目的是统一思想、明确方向、提振精神，推动鞍山开放大学向更深层次、更高目标迈进。学校为 2018 年度目标管理获奖的集体和个人进行了颁奖，鼓励获奖集体和个人不负重托、再接再厉、再创佳绩。同时，学校与各部门签署了 2019 年度目标管理责任状、综合治理责任状和消防安全责任状，旨在督促各部门贯彻落实高校的目标管理工作。

一、学校的发展历程和取得的办学成果

（一）学校的主要发展历程

1978 年 2 月 6 日，邓小平同志批示在全国创办广播电视大学。1979 年 2 月，辽宁省鞍山市政府为了广开办学思路，加速培养四个现代化人才，振兴鞍山经济，根据中华人民共和国国务院、中华人民共和国教育部和辽宁省教育厅的指示精神，开始筹建鞍山广播电视大学。1979 年 7 月，经鞍山市教育局批准，成立辽宁广播电视大学鞍山工作站；1980 年 11 月，经辽宁省政府批准，其更名为辽宁广播电视大学鞍山分校；1984 年，经辽宁省政府同意，其改名为鞍山广播电视大学。1991 年 6 月，鞍山市教委将原鞍山大学和鞍山广播电视大学合并，成立鞍山高等职业专科学校，鞍山广播电视大学挂辽宁广播电视大学分校的牌子。1994 年 5 月，鞍山高等职业专科学校与鞍山钢铁学院联合办学，鞍山电视广播大学恢复独立办学，隶属鞍山市教委。1998 年 6 月，鞍山电视广播大学从鞍山高等职业专科学校中划出并独立建制，隶属鞍山市教委，2010 年 11 月，划归鞍山市职教城管委会管理。2011 年 11 月，鞍山电视广播大学搬入鞍山市职教城。2021 年，根据教育部《关于印发〈国家开放大学综合改革方案〉的通知》及《辽宁省教育厅关于做好辽宁省地方广播电视大学更名工作的通知》精神，鞍山市人民政府批复鞍山广播电视大学更名为鞍山开放大学。学校更名后，其隶属关系、管理体制以及原有的学历、非学历教育办学权等保持不变，业务接受辽宁开放大学的指导和管理。从以上可以看出，鞍山开放大学从成立至今，历经时光的变迁，分分合合、划进划出，这充分说明变化是永恒的，发展是第一要务。

（二）学校取得的荣誉与成绩

自建校以来，鞍山开放大学不断优化办学结构，增强办学活力，取得了优异成绩。其获得的主要荣誉如下：2009 年 3 月，被中华人民共和国教育部授予"数字化学习示范中心"，被中华人民共和国科学技术部授予"数字教育公共服务示范工程"；2010 年，被辽宁广播电视大学评为"辽宁电大系统示范性基层电大"，被中央广播电视大学评为

"深入学习实践科学发展观活动信息工作先进单位";2011年，被评为"辽宁电大系统宣传工作先进单位"，获得"第四届教学创新奖大赛优秀组织奖";2012年，被国家开放大学评为"全国电大系统优秀考点";2013年，被评为"辽宁电大系统信得过考点"。

鞍山开放大学的主要工作亮点如下：2013—2017年，在鞍山市铁东区、铁西区、立山区建成4个社区教育数字化学习示范点，通过以点带面、层层辐射作用，实现了社区教育的主城区全覆盖;2014年5月，由鞍山市委组织部主办、鞍山开放大学（当时为鞍山广播电视大学）承办的鞍山社区干部学院正式挂牌成立，开展全市城乡社区干部和村干部的培训，从成立至今已举办培训班69期，培训学员7000多人次。目前，鞍山开放大学已成为全市社区和农村基层干部的培训基地，为全省电大系统非学历教育增添了新亮点。

自2017年以来，鞍山开放大学的各项工作都在稳步推进，取得了很好的成绩。一是招生工作，学校筑底企稳、逆势而上，在开放教育方面取得了优异成绩。二是教学改革，学校在过去几年深入推行"1+3"教学模式，突出国家开放大学学习网的应用，以网上教学为主，以适当的面授辅导为辅，形成了完整的导、学、习、考等在线课程体系，有效提高了教育教学质量。三是考务管理，学校承担开放教育各级各类考试，所有考试无数据错报漏报，无考务纰漏、考场失控等事故发生。四是社区教育，学校持续开设计算机培训班和特色课程培训班，为社区工作者提供了相关的知识培训。

二、深刻认识学校面临的新形势、新挑战、新任务

进入新时代，新理论、新经济、新技术、新业态遍布我国大江南北，移动支付、物联网、人工智能和大数据等技术主导了人们的生活，甚至在很多方面都发生了巨大的变化。面对新时代、新任务、新挑战，鞍山开放大学要完成自我嬗变，只有这样，才能生存下去。

（一）学校面临的五大发展机遇

其一，中国共产党中央委员会、中华人民共和国国务院印发的《中国教育现代化2035》和中国共产党中央委员会办公厅、中华人民共和国国务院办公厅印发的《加快推进教育现代化实施方案（2018—2022年）》提出，要"构建服务全民的终身学习体系，开展多类型多形式的职工继续教育，加快发展城乡社区老年教育"，为鞍山开放大学建

设发展提供了强有力的政策支持。

其二，2023 年 9 月，习近平总书记主持召开了新时代推动东北全面振兴座谈会。这次会议的召开，既对鞍山市职教城的发展提出了新任务、新要求，又为鞍山开放大学提供了难得的发展机遇。

其三，国家开放大学东北片区非学历教育协作会的成功举行，为鞍山开放大学推进继续教育、社区教育、老年教育，拓宽培训渠道，提供了借鉴和参照。

其四，国家拟在鞍山市成立独立的高职院校，为鞍山开放大学的转型发展提供了动力和支持。

其五，"全面振兴全方位振兴钢都"战略部署的实施，特别是鞍山职业技术学院质量提升工作领导小组的成立，为鞍山开放大学高质量发展创造了有利条件。

（二）学校面临的五大困难挑战

其一，学历教育招生形势十分严峻，主要原因在于生源不足，学生、家长及社会对鞍山开放大学的学历认可度不高；非学历教育办学项目刚刚起步，未形成独特优势。

其二，学校内涵建设还需提升，转型发展任务艰巨，在有些方面无法适应快速发展的现代继续教育新形势、新要求。

其三，教师队伍的整体素质和能力还需进一步提高，以适应转型发展和全面提高教育教学质量的需要。

其四，高校管理处于粗放水平，对于有些制度的建立和监督力度不够，还需进一步加强。

其五，高校受事业单位改革的影响，涉及高校去行政化、内设机构合并重组的问题。

三、提高学校各项工作层次和水平的举措

面对各种办学形式竞争空前激烈、学历教育生源萎缩的严峻形势，鞍山开放大学转型发展的任务空前紧迫。这既是压力，又是动力。面对新时代、新挑战、新任务，学校师生必须树立新思想、强化新实践、实现新作为，坚决打好"转型发展"攻坚战。

鞍山开放大学要以中国共产党第二十次全国代表大会（以下简称党的二十大）精神为指导，深入学习与贯彻习近平总书记在深入推进东北振兴座谈会上的重要讲话精神，全面落实《鞍山职业技术学院质量提升三年行动计划》要求，围绕"学历教育强校，非

学历教育兴校"办学策略,加强学校内涵建设,完善办学标准和规范,提高办学质量和水平,促进学校高质量发展,为建设远程开放大学砥砺前进。为此,高校要重点要做好以下六个方面的工作:

(一)全面提高政治站位,全面加强党的建设

为全面提高政治站位,高校应从以下几个方面入手:

其一,高校全体教师要加强政治理论学习,学习贯彻落实党的二十大精神和习近平总书记在深入推进东北振兴座谈会上的重要讲话精神,开展"大学习、大检查、大规范、大提升"活动,充分利用好"学习强国"学习平台,开展扎实有效的学习提升活动。

其二,高校要加强干部队伍建设,突出政治素质和执政能力,落实党建工作和意识形态工作责任制,履行好主体责任和"一岗双责",营造良好的政治生态环境;坚持德才兼备、以德为先,注重培养干部队伍的专业能力和专业精神,建立"务实重行、担当作为"工作机制,打造负责任、敢担当、能干事的干部队伍。

其三,高校应规范支部党建工作,扩大党内基层民主,推进党务公开,畅通民主渠道,充分发挥党组织战斗堡垒和党员先锋模范作用,推进党支部标准化建设,着力提高服务党员、服务师生、服务中心、服务发展的能力水平,为推进党组织全面进步奠定坚实的基础。

其四,高校要加强监督问责机制建设,进一步完善作风建设的督促检查、考核评价、问题发现及查处等机制,注重抓早抓小,用好"四种形态",强化监督执纪问责;坚持每月召开一次党风廉政建设和反腐败工作专题会议,坚持中层以上干部月工作纪实上报制度,坚持上好廉政党课,做好节假日前有针对性的廉政提醒。

其五,高校要不断提高办学成果,以鞍山开放大学成立40周年校庆系列活动为契机,加大宣传工作力度;制定完善合理的宣传工作方案,积极筹建鞍山开放大学荣誉室、印制宣传画册、编辑出版《鞍山社区教育》专刊,总结、宣传高校的办学成果、办学经验和对社会所作的贡献。

(二)加大招生宣传工作力度,努力扩大招生规模

为加大招生宣传力度,高校可以从以下几个方面入手:

其一,高校要强化招生工作理念,把招生作为鞍山开放大学建设发展的"生命线",抢先抓早,提前谋划,积极扩大对外宣传,实现市内到校到人全覆盖宣传;严格落实招生责任制,将招生指标落实到科室和个人,与学校目标管理及各种评优等相关政策挂钩。

其二，高校要拓宽系统招生渠道，巩固、加强与鞍山市职教城内的中职院校的对接合作，及时宣讲招生政策变化；深入市区武装部、公安局、保险公司、公交公司、旅游集团等有潜在生源单位，针对不同的行业需求，进行有针对性的招生宣讲，最大限度地挖掘生源，扩大招生规模。

其三，高校要深度挖掘学校资源，围绕学校开放教育、网络教育、社区居民培训、社区干部培训、中短期培训等方面的资源，积极对内挖潜，创新宣传模式，让每个学员都能成为学校招生的宣传员，为学校的建设发展献计献策。

其四，高校应统筹优化招生环节，优化入学资格审核工作程序，确保高招生录入学生信息的准确性；完善招生工作流程，定期开展业务培训会和招生经验交流会，探索创新招生模式，强化招生团队建设。

（三）提高高校办学质量，深化教育教学改革

为提高高校的办学质量，高校可以从以下几个方面入手：

其一，高校要提高教育教学质量，树立"质量是安身立命之本，是学校生存发展之基"的理念，坚持以质量为核心的教育发展观，精心设计教学方案，及时更新课程资源，探索创新教学模式、方法，努力打造1门或2门有特色的省级精品课；以毕业实践环节的指导教师培训会和毕业实践环节的学生培训会为抓手，着力提高毕业实践环节的教学质量，力争学位论文答辩通过率达到60%以上。

其二，高校要提高网络平台使用效率，加大师生对国家开放大学学习网使用培训的力度，大力引导全校师生积极开展网上教与学活动，强化网上互动教学理念，将国家开放大学学习网打造成学校教学活动的"主课堂、主渠道、主手段"。

其三，高校要加强教师队伍建设，建立健全教师培养培训体系和机制，推动信息技术与教师培训有机融合，大力提高教师的专业素质能力；支持教师在职学历提升，培养一批学科知识扎实、专业能力突出、教育情怀深厚的高素质创新型教师。

其四，高校要推动教学科研工作，营造教学科研氛围，注重培养教师的科研创新能力；加大科研支持力度，及时发布国家开放大学、辽宁开放大学的科研课题信息，组织、发动全体教师积极申报各类课题，发表具有较高层次和水平的学术论文，编著专著和教材，拓宽研究领域，推进研究深度。

其五，学校要规范教务、考务管理，严格按照国家开放大学和辽宁开放大学的相关要求，加强教学计划、日常教学等环节的管理，依法依规组织各类考试，保证教务、考

务各项管理规范、有序进行。

（四）扎实开展高校内涵建设，提高学习服务水平

为促进高校的内涵建设，提高学习服务水平，高校可以从以下几个方面入手：

其一，高校要加强助学教师队伍建设，选聘业务精、能力强、有责任心的教师或企业职员担任开放教育和网络教育的学生管理工作，定期开展业务培训和经验交流；进一步完善助学教师量化考核指标体系和考核方案，对日常工作按月量化考核，健全、完善工作档案和考核档案，不断提高助学教师的素质、业务能力和服务质量。

其二，高校要扎实做好学籍精细化管理，及时、准确组织和完成学籍注册等工作，确保信息完整准确；按时完成毕业审核工作，确保办理毕业工作无差错、无遗漏、无疑义，杜绝损害学生切身利益的问题发生。

其三，高校要积极做好学生管理和服务工作，通过电话、班级微信群、QQ 群等，加强对学生从入学到毕业的全程管理，为学生提供优质的资源服务、学业管理和技术服务，及时解决学生在学习过程中遇到的问题，竭力为其排忧解难；开展奖（助）学金、优秀毕业生评选工作，积极组织适合成人学员的文体活动，提高学生的参与度，增强学生的认同感，使学生工作成为提高学校软实力、推动整体事业发展的驱动力。

（五）拓宽非学历教育途径，逐步实现转型发展

为拓宽非学历教育途径，推动高校的转型发展，高校可以从以下几个方面入手：

其一，高校要扎实推进社区干部培训工作，进一步完善教师管理制度，提高教学管理工作的科学化、规范化水平；拓宽渠道，不断补充、完善师资队伍建设，深度挖掘各级各类教学资源，拓宽现场教学渠道，优化教学资源建设；强化服务意识，适时开展业务培训活动，提升教学管理人员理论素养，提高其综合能力。

其二，高校要尽快成立社区教育指导中心，抓住辽宁省社区教育指导中心依托于辽宁开放大学成立的契机，加紧与有关部门进行沟通协调，尽快申请成立鞍山市社区教育指导中心，担负起社区教育统筹管理的职责；吸纳鞍山市职教城内退休人员组建老年大学队伍，创建老年社团，开展特色培训和主题游学等多种学习实践活动，为老年学习群体提供优质教学服务。

其三，高校要逐步扩大社区教育建设规模，以社区居民需求为导向，结合鞍山开放大学优质的教学资源，在现有课程的基础上，开发 3 门及其以上的新课程；发挥现代远程教育教学的优势，充分利用鞍山开放大学终身学习网络平台、微信课堂等信息化手段，

推送社区教育教学资源；大力推进数字化社区建设品牌项目，在现有的 4 个社区示范点基础上，力争新建 1 个示范点，并逐步延展至各区下设的街道办事处，将社区教育逐步由点向面扩散。

其四，高校应继续完善终身学习网站建设，总结鞍山市终身学习网试运行情况，在保证稳定运行的基础上，进一步完善各项功能，在社区教学中积极推广使用。

其五，高校要不断拓展社会培训领域和项目，积极开拓资格培训、证书培训、行业业务培训等社会短期培训市场，做好各类考试项目的承办工作，开发富有特色的非学历教育培训项目。

（六）依法依规治理学校，全面提高管理水平

为规范治理，提高高校的管理水平，高校可以从以下几个方面入手：

其一，高校要实施绩效考核，通过完善目标管理实施方案，量化考核指标体系，层层签订目标管理责任状，不断提高教职工的创新能力、勇于担当意识和业务水平。

其二，高校要完善规章制度，修改完善学校的办学制度、管理制度和教学制度，逐步形成公开、规范、健全的制度体系。

其三，高校要加强校园文化建设，大力加强校园净化、美化工作，弘扬中华优秀传统文化，促进以文化人、以文育人；着力改善学校的办公环境，全面提升师生的文明意识和文明素养。

其四，高校要强化综合治理，加强校园安全和网络安全监管，认真落实综合治理责任制，维护校园安全和网络安全；围绕重大节点和敏感时期节点，加强中层以上领导干部值班和网络舆情监控等工作。

其五，高校要加强财务管理，严格执行财务规章制度，遵守财经纪律，完善财务管理制度；准确完成各项费用的收缴、退费等工作，确保资金安全；及时、准确地完成预算、决算等工作，加强内部审计，提高财政经费的使用效益。

第三章 数字化转型与教育治理经验

第一节 国外数字化转型与教育治理

2007 年，国际大学协会（International Association of Universities，简称"IAU"）专门召开了主题为"高等教育治理"的国际会议。2008 年，联合国教科文组织（UNESCO）召开了"教育治理：透明性、实施性和有效性"的国际会议，并于 2009 年发布主题为"教育治理"的《2009 年全民教育全球监测报告》。2011 年，经济合作与发展组织（简称"OECD"）教育研究与创新中心启动了"治理复杂教育体系"研究项目。同一年，欧盟发布《职业教育与培训的领导力》工作报告。国际社会的相关探索和实践为职业教育治理提出了很多创新性的理念和实践思路，下面我们对联合国教科文组织、美国、欧盟、日本和澳大利亚等国际组织和国家的教育治理理念和实践进行梳理。

一、联合国教科文组织的教育治理理念和实践

联合国教科文组织在推动全球数字化转型方面发挥了重要作用，积极参与制定数字化转型的国际政策和标准。例如，该组织于 2015 年在中国青岛举行国际教育信息化大会，旨在促进全球范围的教育信息化发展，并推动各国在数字化转型过程中实现相互协作和共同发展。在数字化转型的应用和实践领域，联合国教科文组织通过实施一系列数字化教育项目，帮助发展中国家提高教育质量和学习效果；联合国教科文组织在全球多领域开展数字化培训和支持工作，提升世界教育工作者和学生的数字化素养，提高他们的技能水平，并推动各国的数字化转型和发展；联合国教科文组织还积极促进数字化合作和创新，通过实施国际合作项目，推动各国在数字化教育领域的交流和合作；以合作的方式开展研究和技术开发，推动数字化教育技术的发展和应用，以实现更加高效、智

能化和个性化的教育。联合国教科文组织在教育治理方面发挥了重要作用，通过倡导全民教育、推动数字化转型、加强能力建设和促进国际合作等，为全球教育的均衡、可持续发展作出了贡献。

二、美国的教育治理理念和实践

美国的数字化转型之路始于 20 世纪 90 年代初，至今经历了三个阶段。

在第一阶段，美国政府开始重视信息技术对经济发展的作用，并开始投资建设信息高速公路。这个阶段的主要目标是建设数字化基础设施，包括互联网、数据中心、云计算平台等，以提供更加高效、便捷的数字化服务。

在第二阶段，美国政府推动数字化转型的应用和实践。这个阶段的主要目标是实现数字化与工业化的融合，提高生产效率和质量。在这个阶段，美国政府和企业大量投资数字化技术，包括人工智能、大数据、云计算等，以推动数字化转型的发展。

在第三阶段，美国政府更加注重数字化转型的效益和影响。这个阶段的主要目标是实现数字化转型的普及和均衡发展，以促进经济的可持续发展。在这个阶段，美国政府制定了一系列政策和法规，以推动数字化转型的发展，包括数字化教育、数字化医疗、数字化交通等。

美国蒙哥马利县社区学院（MCCC）放射学专业的学生利用虚拟现实（Virtual Reality，以下简称"VR"）技术，开展虚拟实验，为诊断成像的职业岗位累积实操经验。学生通过佩戴虚拟现实护目镜 VR 设备，通过控制器连接终端处理设备，获得身临其境拍摄 X 射线图像的实践体验。VR 应用程序以练习模型为基础，包括评估模块，可以监控学生在模拟环境中的表现。如果学生犯了错误，系统不会直接指出他们做错了什么，而是会提出问题或给出提示，学生可以反复模拟练习其中的困难步骤。另外，学生会收到模拟的表现反馈，模拟的 X 射线图像将进行协作评审。每个学生的定量数据如总时间、患者辐射剂量、管旋转及检查室门是否关闭等，都会发送给教师，用于教师调整和补充课程内容。该试点项目成效显著，使得美国放射技术专家注册认证考试的通过率从 85% 上升到了 100%。

美国加利福尼亚州斯坦尼斯劳斯县职业灵感中心（CIC）由县教育办公室运营，与 10 个县学区合作，为县里 7~12 年级的学生提供用于农业、制造业、技术或健康领域等多种职业探索和实践的虚拟工具，包括 3D 打印机、机械、增强现实（Augmented Reality，以下简称"AR")和 VR 设备等。学生通过 VR 耳机练习焊接；在人体或动物模型上练习医疗程序；搭建虚拟电路板，学习低压电器原理等；在实时开发平台 Unity（游戏引擎）中探索游戏设计；练习机器人和无人机编程。

美国的教育治理体系主要由联邦政府、州政府和地方政府（包括学区）三个层级构成。在联邦层面，美国联邦政府设有教育部，但该部门的主要职责是制定教育政策，并不直接参与执行工作。此外，联邦政府还设有国家教育统计中心等机构，负责收集和分析教育数据，为政策制定提供依据。在州层面，美国各州政府都设有教育部或教育委员会等机构，负责制定和实施本州的教育政策。此外，州政府还负责监管地方学校，并受到各州议会制定的有关教育的法律约束。在地方层面，美国的地方政府（学区）负责直接管理和监督学校。这些学区通常由选举产生的委员会负责管理，委员会成员由社区居民选举产生。学区委员会负责制定教育政策，聘任校长、教师等教育工作者，筹集、管理教育经费等。

2020 年 6 月，全国教育统计论坛作为美国国家教育统计中心（NCES）建立的国家合作教育统计系统的一个实体，推出了《数据治理指南》。这份报告强调如何进行数据治理使教育机构受益，并为实施或更新数据治理项目的机构提供及时、有用、最佳的实践、案例和资源。该报告针对教育机构的各层面管理人员和使用数据人员，让他们认识到，当数据治理程序设计考虑了数据的高质量和数据安全时，所有数据过程将受益于清晰、可访问的信息。该报告旨在满足联邦、州和地方机构的需求，包括教育数据的管理、收集、使用和交流，有效、明确定义的数据系统，发展相关政策，以处理复杂的数据、进行必要的数据保护、在定期变化的数据环境中进行必要的持续监控和决策等。报告内涵丰富，理论与实践案例并存，从五个方面对如何进行数据治理进行了论述，分别为数据治理的定义与意义，一个有效的数据治理程序中需要的实践、数据结构和基本元素，如何设计数据治理程序来满足隐私和安全需求，如何识别和响应数据治理需求的变化，以及来自美国各州和地区的案例。

人工智能与大数据等技术快速发展，涉及数据收集、数据质量保证、数据安全保障及数据后续处理等方面，对教育数据治理的研究具有重要的意义，对于人工智能等技术的深入发展具有重要的现实保障意义。美国国家教育统计中心（NCES）的报告提出了新的观点及详细的案例，包括教育机构数据治理的挑战、成功和教训，特别是集中关注了这些教育机构如何设想、维护和改进他们的数据治理流程。其中，包括西弗吉尼亚州通过更好、更广泛的访问来提高数据质量，路易斯安那州鼓励通过数据系统开发支持数据治理，阿肯色州随着时间的推移发展数据治理，肯塔基州跨部门合作建立健全可持续发展的数据治理，内布拉斯加州在需求和结构发展时数据治理保持灵活性，明尼苏达教育数据系统保持跨部门管理和为变化做好准备，明尼苏达州儿童教育数据系统将早期儿童数据纳入纵向系统，田纳西州纳什维尔市为数据质量开发正式流程，华盛顿北岸学区通过数据治理加强莱亚与海洋之间的沟通，弗吉尼亚州劳登县创建数据治理结构，佐治亚州克莱顿县为数据请求建立一个清晰的系统，西弗吉尼亚州普特南县与国家教育机构合作提高数据治理效能。总之，不同的机构可能有着不同的教育数据治理路径。

三、欧盟教育治理理念和实践

欧盟制定了一系列数字化转型战略，包括《欧洲数字议程》《欧洲数据战略》等，以推动数字化转型的发展。这些战略明确了数字化转型的目标和路径，为欧盟各成员国的数字化转型提供了指导和支持。其中，《欧洲数字议程》是"2020欧盟战略"中提出的七大旗舰计划之一，也是第一个付诸实施的政策，于2010年5月19日由欧盟正式发布。这个数字议程的主要目标是实现一个全面的欧洲数字议程，以增强欧洲在数字化时代的竞争力。它强调了数字化技术的重要性，提出了如何利用这些技术来提高欧洲的经济、社会和科技发展水平。

《欧洲数字议程》的主要内容如下：建设高速的互联网和强大的数据中心，以提供更加高效、便捷的数字化服务；推广数字化技术应用，包括云计算、大数据、人工智能等，以提高生产效率、降低成本、提高生活质量等；加强数字化安全保障，包括网络安全、数据保护等，以确保数字化生活的安全和稳定；培养数字化人才，包括加强数字化教育、培训和科研合作，以提高欧洲在数字化时代的竞争力；促进数字化合作和创新，包括加强国际合作、推动企业与科研机构的合作等，以推动数字化技术的发展和应用。

欧盟的教育治理体系由多个层面构成，包括欧盟委员会、欧洲议会、欧洲法院等机构，以及各成员国的教育部和相关机构。在欧盟层面，欧盟委员会负责制定教育政策，欧洲议会负责审议和监督这些政策，欧洲法院则负责审查这些政策的合法性。此外，欧盟还设有多个专门委员会和教育机构，如欧洲教育协会和欧洲职业培训发展中心等，负责推动教育的发展和合作。在成员国层面，各国的教育部和教育机构负责制定和实施本国的教育政策，这些政策通常受到欧盟委员会的指导和约束，以确保各国教育政策与欧盟的整体目标保持一致。此外，欧盟的教育治理体系还强调跨国合作和交流，例如，欧盟委员会和多个成员国共同推动了"伊拉斯谟+"项目，旨在加强高等教育领域的合作和交流，提高欧洲高等教育的质量和竞争力。欧盟还设有多个跨国教育计划和项目，如"博洛尼亚进程"和"苏格拉底计划"等，以推动欧洲高等教育的改革和发展。

在高等职业教育阶段，"ZertEx 学位——证书补充卓越学位"项目是德国 InnoVET 创新竞赛资助的 17 个项目之一。InnoVET 创新竞赛由德国联邦教研部（BMBF）举办，旨在使职业培训具有与学术教育同等的吸引力。在工业标准时代，传统经验和管理方法难以适应新技术的全面挑战，而高等职业培训课程则涵盖了所需的数字化相关技能，包括培训软技能和沟通、管理复杂性、创造力或使用数字工具等。

ZertEx 项目向高校师生提供学习机会，他们通过兼职 IHK 证书课程，培养师生的数字化思维。该项目以定性访谈的方式，定时捕捉高校中层管理人员所需的核心能力，帮助他们实现数字化思维方式的转变，灵活地适应高校的实际需要，为在各自的工作岗位上进行数字化实践做准备。

奥托•隆美尔实业学校与百年灵电气有限公司合作开展"智能家居实验室"项目，在已安排的教学课程模块里，学生对智能家居进行安装调试、设计参数和编程，并将其连接到物联网。由校企合作搭建真实的工作环境，能够使学生深化在数学、物理和技术科目中学到的课程内容，熟悉家庭环境中数字化的技术要求。该项目激励高校利用物联网、大数据、IT 安全和数据保护等数字元素，推动了高校的数字化转型。

四、日本的教育治理理念和实践

日本的数字化转型正在加速进行。在政策层面，日本政府认识到数字化转型对于提高生产率和复苏经济的重要性，并着手解决国家数字化转型落后的问题。在基础设施方面，日本取得了显著进展。例如，日本在"企业对企业"（Business-to-Business，简称"B2B"）电子商务模式的产业数字化上处于领先地位，并开始推动"商对客电子商务模式"（Business-to-Consumer，简称"B2C"）的数字化转型。此外，日本政府通过加强数字化基础设施、推广数字化技术的应用等措施，推动数字化转型发展。然而，日本在数字化转型上仍然存在一些挑战，例如，基础设施水平滞后、数字化技术应用场景相对不足等问题制约了日本的数字化发展。此外，日本依赖老化的数字系统，部分原因在于它过去利用模拟技术成功达到了世界一流的生产效率，这使得日本在数字化转型方面落后于中国和美国等国家。

日本的教育治理体系相对完善，对教育治理的重视体现在多个方面。一是日本政府制定了《教育基本法》和《学校教育法》，明确了国家、地方公共团体和高校各方的责任和义务，以确保教育治理的规范化和法制化。二是日本政府通过设置各种委员会和审议会等机构，广泛听取各方意见，不断完善教育治理体系。三是日本的教育治理实行政校分离和大学自治。政府对高校的管理主要通过立法和监督来实现，高校则享有较大的自主权。这种治理模式有利于高校自主发展和创新，也能够保证高校的教育质量和办学特色。在日本的教育治理体系中，高校法人具有独立的法人地位，高校法人负责高校的运营和管理，具有较大的自主权和决策权。这种治理模式有利于高校自我管理和自我发展，也能够保证高校的独立性和自主性。

另外，日本大学内部治理结构完善，各委员会和审议会等机构职责明确、相互协作。同时，日本大学实行教授治校和学术自治，教授在学术事务中具有较大的决策权和影响力。这种治理模式有利于提高高校的学术水平和教学质量。四是日本的教育治理注重外部治理与内部治理的协同配合。政府、社会和高校各方在教育治理中相互协作、相互支持，形成了一个协同发展的教育治理体系。例如，政府通过各种政策和计划支持高校的发展，社会各界积极参与高校的建设和监督，高校则积极回应社会需求和政府要求，不断提高自身的办学水平和教学质量。

五、澳大利亚的教育治理理念和实践

澳大利亚在职业教育治理实践中积累了较为丰富的经验，制定了健全的与职业教育相关的法律政策和制度体系。澳大利亚行业参与职业教育治理有着健全的法律、政策和制度保障，由此确定了行业在整个治理过程中的主导地位。在法律层面，澳大利亚出台了与职业教育相关法律法规，为行业参与职业教育治理提供了明确的法律框架。例如，澳大利亚联邦议会于 2005 年出台了技术学院相关法案，明确了行业在职业教育治理中的主导地位，赋予行业较大的权利。在政策层面，澳大利亚政府制定了多项政策和战略，如《澳大利亚技能：职业教育和培训的新方向》和《国家劳动力战略》，以促进行业更多地参与职业教育治理工作。在经费层面，澳大利亚政府为行业参与职业教育治理提供经费支持，提高行业参与的积极性。2022 年 11 月，联邦就业和工作场所部指出，从 2022—2023 财政年度起，拨款 4.02 亿美元用于支持行业参与职业教育和培训，以强化行业在职业教育与培训体系中的作用，改善治理效果。

行业参与职业教育治理是一种社会权利，也是行使自主治理权的具体体现。国家和政府为行业参与职业教育治理制定、出台的相关法律和政策，保障了行业的权利，明晰了行业在职业教育治理中的地位、权利和责任，不仅有助于确保行业参与治理的有序性，而且有助于实现职业教育治理体系和治理能力的现代化。

第二节 智慧校园建设现状与对策

一、研究背景

在 2014 年中华人民共和国教育部全国教育工作会议上，"加快推进教育治理体系和治理能力现代化"被确定为深化教育领域综合改革的战略目标。近年来，教育治理能力现代化成为国内教育研究的热点问题。国内学者将信息技术广泛应用于教育治理领域，通过教育大数据、信息化服务模式，驱动教育模式改革创新，促进智慧校园、智慧教育健康发展。教育治理体系和治理能力的持续优化，促进了制度与管理方法的创新，提高了教学管理质量，推进了大数据辅助决策的运用。

在智慧校园顶层设计方面，国外名校针对校园信息化进行了不同的规划设计。美国斯坦福大学的校园信息化致力于利用物联网和大数据技术，节省能源成本，展示斯坦福大学的领导力。澳大利亚科廷大学则利用传感器收集学习模式和课程考勤数据，将视频数据、运作数据与跨校园设施相结合，改善课堂学习。

2015—2020 年，教育部教育技术与资源发展中心（中央电化教育馆）受中华人民共和国教育部委托，在省级教育行政主管部门和电教机构审核与推荐的基础上，在全国范围内遴选 428 所中高职院校，开展职业院校数字校园实验校建设，在智慧校园方面取得了丰硕的成果。鞍山职业技术学院于 2019 年顺利通过专家组验收，成为鞍山地区唯一一所国家级实验校。2020 年，中华人民共和国教育部等九部门联合出台《职业教育提质培优行动计划（2020—2023 年）》，以提高决策和管理的精准化、科学化水平为目标，系统设计职业院校信息化整体解决方案，制定规范标准，统筹建设信息化教学平台、管理平台与服务平台，并在全国范围内遴选 300 所左右职业教育信息化标杆学校。

二、智慧校园建设现状及存在的主要问题

鞍山市职教城是国家职业教育综合改革试点单位，现入驻院校 11 所。其中，鞍山职业技术学院为高职专科层次的普通高等学校，学院从 2020 年开始招生，首批设置计算机应用技术、护理等 8 个专业。通过"鞍职牵头，八校共进"，鞍山市职教城成立了鞍山市信息技术职业教育集团，城内直属 8 所院校共同制定《鞍山市职业教育改革实施方案》，统筹管理鞍山市职教城内鞍山开放大学、鞍山技师学院等院校，累计投入省、市专项资金 1 900 余万元，初步建成智慧职教城。鞍山市职教城现已实现有线宽带网络全覆盖，部分重点教学区域无线网络全覆盖，全城实现统一出口、外网带宽 1.5GB。截至 2021 年 9 月，全城共有信息点 2 044 个、"班班通"教室 353 间、计算机机房 58 间、教师及学生用电脑 3 653 台。统筹建设的"职教城云数据网络中心"软硬件设备投入总资产 629 万元，现已建成并投入使用的有鞍职院公共管理平台、教学资源平台、超星学习通移动教学平台。

鞍山市职教城的智慧校园建设，虽然在统筹管理模式下，但由于各院校数据平台较多、教育教学数据分散，导致信息孤岛、黑暗数据、数据质量等问题依然存在。在智慧校园建设中，软硬件设备存在重复建设问题，且由于各校信息技术人员匮乏，网络攻击与信息泄露等安全事件成为阻碍智慧校园发展与应用的主要因素之一。各校在信息化建设过程中往往以技术和管理为中心，导致顶层设计与体系建构简单且理想化、信息技术与核心业务应用耦合松散等问题出现。如何有效解决数据孤岛、缩小数据鸿沟、统一规范数据标准、科学管理固定资产、优化提高信息化教学质量、提高监督网络与信息安全水平等，是智慧职教城建设过程中需要解决的主要问题。另外，在开展智慧教学过程中，我们还要考虑如何为师生提供个性化服务，并为学校管理、教学等工作提供全面的感知环境，这些都需要信息技术与教育教学的深度融合、科研创新，要在理论中研究、学习，在实践中借鉴、探索。

三、教育治理下的智慧校园建设

（一）智慧校园建设的"四方面、五步骤"

在智慧校园建设方面，应重点做好"四方面、五步骤"工作，即以工作流程 E 化（即

业务流程和管理流程的电子化）为重点，从应用、数据、服务、制度四个方面，夯实园区内各院校信息化基础设施建设，吸纳信息化专家、正高级教师，建立鞍山市职教城信息化工作领导小组，形成教育治理三层管理体系。

智慧校园建设的五个步骤如下：一是通过调研论证、治理研究，了解现状并深入推进项目建设；二是通过校企合作，配套云数据中心等硬件设施，建设智慧校园；三是通过超星教学平台、教务管理平台、教学资源平台，实现教育教学数据、资源的共建共享，促进教学模式改革和师资队伍素质的全面提高；四是通过微服务管理平台、公共管理服务平台，建立健全组织保障体系，促进鞍山市职教城的统筹管理；五是通过智慧校园建设，提高院校治理体系和治理模式的质量和效率。

通过智慧校园建设，能够创新学校的人才培养模式，提高学科教育与专业群建设水平，提升教育管理对象与受教育对象的信息化素养。

鞍山市职教城落实《职业院校数字校园规范》，对标鞍山职业技术学院智慧校园建设方案，加快智慧物联网信息化基础设施建设，研究制定园区内智慧校园、智慧教室建设标准，促进了智慧教学和智慧管理的标准化、规范化。鞍山市职教城应根据各校专业及办学特色制定信息化建设中长期规划，从建设机制、能力素养、数字资源、应用服务、基础设施五个方面推进智慧校园的建设进程和应用，实现信息技术在学校管理、教育教学、师生发展和社会服务方面的广泛应用。

（二）智慧校园建设的主要做法

基于对鞍山市职教城内中高职院校的调研、论证和分析，并结合实证材料，相关研究者总结了职业院校信息化建设的经验做法。职业院校应以教育治理工作为推动院校信息化建设与教育教学管理的抓手，以提质培优行动计划为任务，以智慧园区应用需求为导向，开展教育治理，有效地降低项目建设的难度，推动学校组织工作的创新与变革；通过智慧校园项目建设经验研究，建立数据生态闭环体系，使信息化建设能够有效地应用于教学、科研、校务管理与科学决策的全过程，促使师生信息化素养得到大幅提升；分析职业院校信息化建设的典型案例，归纳学校信息化常"用"、常"管"的工作，分析需求，为下一步的"建"项目、"放"业务提供教育治理依据。

1.应用治理

在教育应用治理方面，智慧校园建设应将数字化转型框架体系应用于教育领域，通过系统集成各应用数据平台，定制开发客户端 APP，汇总平台 AI 数据分析等应用，提高数据综合治理能力，提高服务治理水平，加强物联网智慧安全管理，优化校内无线上网体验，形成"人人皆学、处处能学、时时可学"的教育信息化应用环境。

在构建智慧校园平台过程中，高校应关注社会与现代化技术的动态变化，以满足师生在教育、科研、管理及生活上的应用需求。例如，在课堂教学中，教师应以"班班通"教室应用为抓手，分析日常教育教学中的信息化应用，总结归纳教学白板使用情况、课堂电子签到情况、视频监控应用情况、考核评价作业情况、师生信息化能力提高情况等。

在教学治理应用中，高校应关注各项目的评价指标体系构建。以鞍山职业技术学院计算机网络基础混合型课程为例，学校为该课程设定了教学实施过程评价、教学资源建设评价、教学效果评价、课程建设评价四个方面的评价指标。教师利用超星学习通平台，选择"课程管理"，进行成绩权重设置。由于该课程为考察课，平时成绩占60%，期末考试成绩占40%，教师比较重视学生在课堂上的参与度。学生平时成绩的60分可换算为学习通成绩的100分，设置的比例如下：作业15%、课堂互动30%、签到10%、课程语音视频10%、章节测试10%、章节学习数10%（达500次即满分）、考试15%。教师应根据学科专业性质、教学要求和教学情景，对学分进行分类设定，如设计分组任务、直播、线下活动等指标。

鞍山职业技术学院教学治理混合式教学评价指标如图3-1所示。

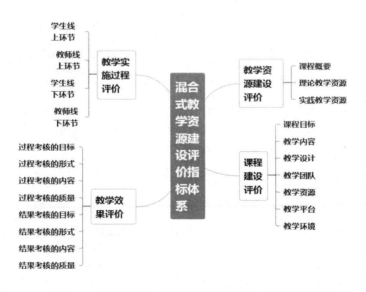

图3-1 鞍山职业技术学院教学治理混合式教学评价指标

2.数据治理

教育数据治理是指高校通过建立数据治理体系，规范数据的收集、存储、使用、共享、销毁等全生命周期管理，确保数据的合法、合规、安全、可靠，提高数据的质量和价值，为教育决策提供科学依据。教育数据治理是为了实现教育数据的共享与应用，促进教育信息化的发展。为实现这一目标，鞍山市职教城要通过制定统一的标准和规范，明确数据的来源和去向，确保数据的准确性和完整性；提高数据的可读性和可理解性，促进数据的共享和应用；制定教育数据标准，明确数据的定义、格式、内容、质量等要求，确保数据的规范化和标准化；建立数据收集和存储机制，确保数据的及时性、准确性和完整性；规范数据的使用和共享，确保数据的合法、合规、安全、可靠；建立数据质量评估和控制机制，确保数据的准确性和完整性；建立数据销毁机制，确保数据的彻底删除和不可恢复；建立健全鞍山市职教城数据安全治理体系，提高数据安全保障能力。

在具体应用中，鞍山市职教城应通过研究各院校门户网站、职教城公共管理平台、教学资源平台数据，分析各类信息化平台在学校教学、办公、管理中的访问率、使用率、下载率；对数据资源进行有效治理，通过信息化手段，直接或间接为学校优化机制、明确管理权责、管理制度创新提供数据支撑；通过数据建模与预测分析，挖掘与释放教育数据价值，提高鞍山市职教城各院校的行政工作效率及教师的教学效果，为鞍山市职教城综合管理提供有效、精准的数字支撑，辅助上级领导决策和统筹管理。

3.服务治理

教育服务治理是指政府和高校为提高教育服务质量而开展的一系列管理和改革工作，其目的是通过优化教育服务供给，提高教育服务质量和效率，满足人民群众对教育的需求和期望。教育服务治理包括如下内容：政府制定有关教育的政策和法规，规范教育服务的行为和标准，保障受教育者的权益；政府和高校优化教育资源的配置和整合，提高教育资源的利用效率，实现教育服务的均衡发展；政府建立服务质量评估机制，对高校、教师、课程等教育服务进行评估和监督，促进服务质量的提高；政府和高校公开教育服务的信息和数据，增强社会对教育服务的监督和参与度，提高服务质量和透明度；政府和高校鼓励社会力量提供教育服务，实现教育服务的多元化和灵活性，满足不同人群的教育需求；政府对高校、教师、课程等教育服务进行监管和改进，发现问题并及时解决问题，提高服务质量和效率。

高校在数字化转型过程中，在服务治理领域，要以学校数据中心为依托，运用移动互联、云计算技术，基于微服务思想，开发移动平台，创新应用抖音、微信等新媒体平台；要结合舆情监管、地址定位、数据统计等，帮助高校建立专业化、个性化的管理开放平台；要整合各类社会企业资源，汇聚各类人才资源，协助上级教育管理部门，以鞍山市职教城内各直属院校、高职院校为基本单位，整体设计和建设智慧校园；要统筹管理、资源共享，进一步优化职业教育信息化基础环境。

4.治理制度创新

教育治理制度创新是指在教育领域中，通过创新的方式，对教育进行管理和治理，以实现教育的高质量发展。教育治理制度创新的目的是更好地适应新时代的发展需要，提高教育治理的能力和水平，促进教育的公平，提高教育的质量和效率。为实现教育治理制度的创新，应建立完善的法规制度体系，明确各级政府和高校在教育治理中的职责和权利，规范教育行为和管理流程；建立多元参与的决策机制，鼓励社会各界力量参与教育治理，提高决策的科学性和民主性；建立信息公开机制，及时公开教育信息和服务数据，提高社会对教育的监督力度和参与度；利用数字化技术手段，提高教育治理的智能化和精细化水平，推动教育服务的数字化转型；建立完善的质量评估机制，对高校、教师、课程等教育服务进行评估和监督，促进服务质量的提高；加强对教育服务的监管和管理，发现问题并及时解决，保障教育的公平；通过共建共享共进的模式，实现教育治理的管理体制和运行机制的创新；依托行业、企业等社会力量，以校企合作的方式共建智慧园区，构建经费多元投入保障机制，汇聚信息技术专业人才，对接地区产业人才需求；通过"1+X"证书融通策略，拓展人才培养模式，对接国际国内技能人才评价标准，充分发掘数据价值；通过远景规划、理论创新，探索高等教育治理现代化的工作路径，探索以大数据为基础的应用解决方案，完善高校智慧校园的使用、管理、评价标准，建立高质量发展的教育体制机制。

鞍山市职教城智慧校园教育治理框架如图3-2所示。

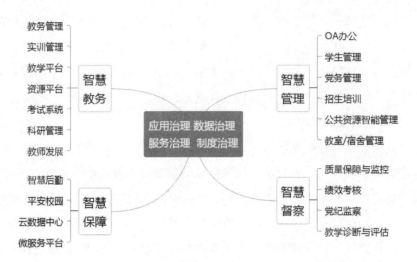

图 3-2　鞍山市职教城智慧校园教育治理框架图

鞍山市职教城进行智慧校园建设，应以提质培优项目为抓手，统筹鞍山市职教城内中高职院校，制订并完善鞍山市职教城智慧园区建设实施计划，提高院校治理体系和治理模式的质量效率；应加大资金投入力度，开展鞍山市职教城智慧园区、智慧学校基础设施、数字资源库及虚拟仿真实训基地建设；应创新人才培养模式，提高学科教育与专业群建设水平，提升教育管理对象与受教育对象的信息化素养；应在职教园区所有教学班级间实现"班班通"网络、"班班通"资源、"班班通"监控，实现信息化教学的学科覆盖率达到98%以上，学生学习通网络移动学习空间覆盖率达到100%，新建成混合教学改革课程100门，新增教学资源4万余件、教学题库的题量达到20万道以上，受益学生及培训人员约1万人。

通过教育治理，实施智慧校园建设，高校可以构建基于大数据的教学质量评价与监控体系，创新高校人才培养模式，提高学科教育与专业群建设水平，提升教育管理对象与受教育对象的信息化素养；可以利用互联网思维，激发中高等职业教育的核心竞争能力，促进学校专业建设由"规模"向"内涵"转变；可以形成政府、企业、院校三方合力，依托鞍山地区行业、产业集群，提高信息化服务区域经济的能力和水平，实现职教园区教育治理能力和治理体系的现代化，开启智慧时代职业教育的新征程。

第三节 教育治理视域下高校数字统战工作实践探索

一、研究背景及现状

中国共产党中央委员会统一战线工作部（简称中共中央统战部）、中华人民共和国教育部在联合颁布的《关于加强高校统一战线工作的意见》中强调，高校统战工作是党的特殊政治工作和群众工作，是高校党的工作的重要组成部分。做好新时代高校统战工作，需要"下好一盘棋"，不能单打独斗，要在"共同体"理念下凝聚发展合力。在数字化转型的大时代背景下，高等教育要提高培养人才的数字化综合能力，要进一步加强统战工作的方法和手段，汇聚高校及各方的力量和智慧，为"十四五"期间高等教育的高质量发展、破冰攻坚、提质增效保驾护航。

提升高等教育质量，首要任务在于凝聚人心、汇聚力量。党的统战工作最重要的一环就是高校统一战线工作。推进统一战线治理体系和治理能力现代化，是深化教育领域综合改革的战略目标，事关国家安全稳定、社会和谐发展、人才力量凝聚，具有重要的战略地位。

联合国教科文组织是全球教育治理及教育数字化转型的重要倡导者和实施者。中国作为该组织的重要一员，在深化教育治理体系和治理能力现代化、推进世界教育知识共享、推动世界教育转型等方面，作出了重要贡献。新时期高校统战工作面临的主要问题有如下方面：其一，近年来，高校大规模扩招，党外知识分子人数激增，在学生群体中少数民族、涉宗教信仰人数比例逐年增加，由于地区及文化的差异，使得部分学生间出现隔阂；其二，每年留学归国人员逐年增多，中西文化的融通带来价值观念的矛盾与冲突，其中有些人缺乏历史、辩证的分析视野，过度粉饰以美国为首的西方制度，以所谓的人权问题歪曲事实、抨击中国政府，成为新时代高校数字统战工作面临的主要挑战。

从文献层面来看，国内学者从不同角度研究、分析了数字统战的工作路径和实施方法。例如，唐良虎等人认为，应以大数据技术为支撑，大数据赋能综合治理工作的开展，提高统战工作治理体系与治理能力，建立"大统战"共建共治共享机制，开发多级联动大数据综合平台；马翠轩则在新媒体语境下，诠释数字统战的建设途径，探索新形式，塑造新平台，形成新的生态思维。

二、高校数字统战工作面临的问题

高校的数字统战工作面临以下几大问题：

第一，存在"重业务，轻数据"的问题，即线上业务只是将线下的工作过程进行简单复制，并没有重构新业务流程，仅仅是"让数据多跑路"。各高校在推进数字统战建设过程中，由于受校本课程个性化、区域经济发展能力、产业结构特点等多种因素的制约，导致在数字化实施应用与融合中难以形成可复制的标准模式。

第二，数字统战对象中的师生数字化素养提升路径与方法有限，无法满足统战工作的精准化、个性化要求。

第三，缺少面向统战工作，擅长数据的采集、汇集与挖掘、分析等工作的复合型专业人才。

第四，统战平台、工具与服务不足，也成为制约高校数字统战工作实施的重要因素之一。

在中国共产党第二十次全国代表大会的报告中明确提出"推进教育数字化"，标志着推进教育数字化已经成为全党、全国的普遍共识和重要战略目标。教育治理和数字化转型已成为当前高等教育改革的热点，也是实现高等教育可持续发展的研究重点。作为数字中国战略的一部分，建立教育统战治理体系、推进统战工作数字赋能，是强化对中华儿女提供非接触式服务的迫切要求。

高校学生正处于世界观、人生观和价值观的形成时期，统战工作要以数字化转型为契机，从政治、思想、文化、宗教、道德等方面入手，引导学生树立正确的价值观；要汇聚高校各方面统一战线成员，多维度、立体化完善相应的体制机制，在多元主体互动中丰富"三全育人"实践，以培养担当民族复兴大任的时代新人为目标，培养新时代全面发展的高素质人才。

高校的统战工作对象有如下人群：处于教育教学、科研管理的一线教师，他们是高校创新发展的源动力；学生群体，他们是受教育的对象，是持续深化"三全育人"综合改革的目标。相关部门要积极营造学会合作、学会工作、学会分享的时代氛围，要充分调动各级统战工作对象的工作动力和思想活力，激发时代青年的积极性和主动性，在"润物无声，春风化雨"中落实"尊重知识、尊重人才"的方针政策，不断推动高校高质量内涵式发展。

三、数字治理时代高校统战工作的实践探索

高校在开展统战工作时，要抓住"制度""人""平台数据"这三个关键性的核心要素，建立信息服务、媒体传播、事务管理、数据分析四大平台，加强软硬件基础设施建设，充分利用新兴技术拓宽联络渠道，创新各种联谊活动，提供全时空、全天候、线上与线下处处可学、处处能学的统战服务，使网络空间成为发布爱国主义教育和传达文件精神的新载体。

如何构建"大统战"工作格局，如何在高校统战工作中突出统战思想，是统战部门需要面对的问题。习近平总书记在中央统战工作会议中多次强调，要做好党外知识分子的统战工作。全国高校思想政治工作会议要求统战工作者，认真贯彻以更大视野、更广思维，科学调动一切可以调动的积极力量，为中国人民谋幸福，为中华民族谋复兴的宗旨。所以，在实践过程中，高校要将统战工作纳入党委工作通盘考虑，建设基于新一代信息技术、服务高校党建工作整体发展的平台。将统战工作端口前移、重心下移，是做好高校统战工作的必要保障。

高校统战工作的主要举措有如下方面：构建"1+4+N"数字化转型质量保障与监控模型；制定高校统战工作平台信息标准与规范体系；在等级保障制度下，构建师生个性化应用门户和学习空间。"1+4+N"数字化转型质量保障与监控模型指的是：一个平台即智慧统战大数据新平台，其中包含了信息服务平台、事务管理平台、媒体传播平台、大数据分析四大平台，每个平台又包括 N 个终端业务，它们共同构建了一个智能感知、VR 虚实融合的教学空间，形成高校智慧统战工作新生态。

以鞍山师范学院为例，该校数字统战大数据平台框架图如图 3-3 所示。

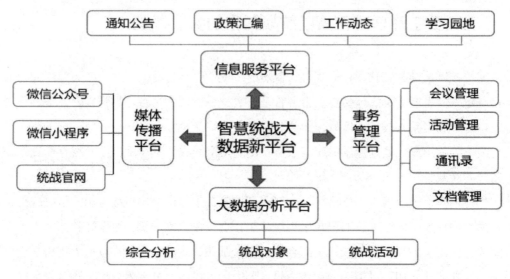

图 3-3　鞍山师范学院数字统战大数据平台框架图

（一）建立信息服务平台

高校应坚持"大统战"格局思维战略，细化项目、分解项目、归类项目；完善通知公告类栏目、政策解读、党史研究等内容，将统战工作纳入高校各部门履职述职报告；设置合理的考核评价体系，将高校统战工作具体指标分解为牵头单位与基层党委两级指标任务，将基层落实统战工作与基层组织建设结合起来，及时发布各项工作动态。

（二）用好事务管理平台

高校应规划好时间表，定期召开各项会议、活动；凝聚力量，多方联动，实时收集党外人士的建言献策，凝聚好的经验与做法，发挥党外人士在高校日常工作中的监督示范作用；做好统战人员的信息采集与工作文档存档工作，加强数据治理与监督，引导、规范信息传播秩序；加强线上与线下互动沟通，更好地满足新时代高校师生多元化、多视角、个性化的实际需求，形成一股合力。

在物联网与大数据时代，多数高校师生会通过智能手机、平板电脑等移动终端获取信息，因此开发移动学习平台是开展高校统战工作的重要实施路径。在网络，有海量的教育资源，师生可以在学校图书馆网上系统、超星学习通或中国知网上，自助查询海量的电子图书、数字报纸与文章、中外文献数据库等电子资源。可以在事务管理平台上设置活动管理模块，个人网络空间私密性将会更强，学生可以在群组或好友对话框里交流内心的真实想法；能方便学生进行借阅查询、资源搜索、下载等操作；还可以帮助高校准确掌握大学生的思想动态，使教育定位更突出、教育时效更显著。通过事务管理平台，实现课上与课下双线教育、线上与线下双向服务，有利于提高高校统战工作的影响力。

（三）融合媒体传播平台

高校应采用多种形式开发媒体传播平台，除广泛应用微信公众号和微信小程序之外，还可以大力推广并整合掌上 APP。超星学习通是高校师生普遍采用的一款基于神经系统原理打造的系统平台，被高校师生广泛应用于课程建设、资源搜集、主题创意、聊天互动等，支持 PC（Personal Computer 的缩写，指个人计算机）端和手机客户端，是一种可接受多种访问形式的知识传播与管理分享平台。

超星学习通融合了媒体传播平台，集教育、科研、服务、管理于一体，较少受时间、空间限制，且其传播速度快，因此部门、师生间可实现内容共建、资源共享、信息互动。超星学习通还拥有投票、发布通知公告、新建话题、问卷调查、课堂签到、抢答、选课、测验、多屏互动、分组讨论、后台数据统计及课堂报告形成等功能。

高校通过超星学习通定制微服务，可以促使全校各部门协同工作、数据共享。在高校层面，超星学习通能促进高校统战工作在校际间的交流与合作；在学院层面，超星学习通能实时汇聚党外优秀人才信息，推进各分院建设符合区域特色的专业群，实现专业升级与数字化转型。各学科老师可以通过超星学习通，开设网络课程；通过网络，实现对班级的管理；通过对班级进行管理，以大数据为基础，能够获得所教班级的教学数据，包括课堂积分、签到率、访问量、讨论区帖子数量等，从而为教学工作提供帮助和数据支撑。

（四）创新大数据分析平台

鞍山师范学院于 2018 年开始使用超星泛雅平台，该平台为新时代高校统战工作开辟了新路径。该平台通过使用资源监控、问卷反馈、学情分析等功能，多方式、多手段、多时空开展监控与诊断工作，实现了对一线教师、少数民族大学生、有宗教信仰的大学生等高校统战对象的精准画像，使舆情监控更加及时、有效。

在统战平台的开发与应用中，要保证个人信息和隐私安全。做好身份认证工作，有利于实现统战工作者与统战对象"点对点交流"和"多点互动"；开展混合式教学，满足了鞍山师范学院学生对于碎片化学习、个性化探究、多元化娱乐的需求。高校统战工作与教育教学的耦合，以快速、安全易用的特点，扩大了统战工作的覆盖面。

（五）健全保障体系

高校应承担统战项目的组织领导工作，用项目化思维，确定各阶段的统战目标。在高校党委的统一领导下，形成"院—系—班—员"组织形式，明确各部门、各层级的职责和任务，定期会商与协同检查，通过教育治理，形成合力，提高效率，推动统战工作顺利开展。

1.制度保障

高校应以教育技术专业牵头，实行校党委全程指导监督机制，制定相关的规章制度，以明确项目工作的内容、目标、原则和程序，规范统战工作的行为准则。

2.资源保障

高校应通过全天候的信息化平台，为师生提供个性化的服务，并提供及时、准确、全面的信息；应以教育治理为基础，借助数字化手段，统筹场地、设备等设施，汇聚高校、企业、社会资源，保障统战工作的正常开展。

3.安全保障

高校应通过制度治理，进一步规范、健全安全标准；应借助学校安全、稳定的教育管理公共服务体系、资源共享体系和技术支持体系，汇聚统战力量，以数字化转型，实现高校"三全育人"目标。

（六）资源配置

1.软硬件基础设施

以鞍山师范学院为例，该校具备良好的录播教室、"班班通"教室等数字化硬件资源，应用超星学习通、虚拟仿真教学平台等软件资源，以及会议室、图书馆、实验室等基础活动场所，这些基础设施有力地支持了新生统战工作的开展。

2.人力和社会资源

鞍山师范学院为统战工作配备了专业、高效的工作组织，如教务处、学生工作部门、校团委、学生会等。实行校企合作，学院与鞍山市大数据管理局等政府部门、鞍钢集团等大中型企业、郭明义爱心团队等社会组织开展合作，有利于促进师生参与社会实践和创新创业。项目负责人通常为教育技术专业学科带头人，主持或参与完成多项省市级教学科研项目。项目人员均拥有较高的信息素养与数字化转型经验。在项目建设过程中，要做到明确责任、合理分工，聘请专家进行跟踪指导。

3.经费支持

对于项目及科研资金的确定，应依据《课题经费管理实施细则》，确保课题研究资金足额到位。项目及科研资金包括数字资源制作费、材料费、奖励经费等，高校应做好课题经费保障工作，以使其按照建设进度顺利实施、优质完成。

四、教育治理赋能高校数字统战工作

建立并不断完善高校数字统战大数据平台，可以促进高校统战工作方法和实施路径的创新。利用网络新媒体加强和改进大学生思政教育工作，是新时代发展的要求，也是构建和谐校园的有力保障。高校统战工作的数字化转型不仅要进行软硬件设施、资源、平台建设，而且要进行制度、规范、结构、流程的不断更新，以达到人、财、物相统一。

（一）以数字化转型为契机，加强党对统一战线工作的领导

中共中央统战部应以数字化思维创新管理方法，深化高校体制机制建设，加强与民主党派的协调沟通，助力高校教育事业的创新与教育治理能力的综合提升；应结合具体业务与工作，开发校内思政教育"微平台"；通过新一代信息技术，如音频、视频等，将党建服务建在网上、学生思想连在线上、统战理论送到掌上，从学生服务、典型人物推介、党建学习、思想宣传等多个层面、多个角度，完善"微平台"模块建设；与党外人士建立全天候沟通机制，定期召开民主座谈会、政策通报会、重大事项征求意见会等；准确收集师生信息、了解其思想状况，采用大数据技术等加强数据综合分析能力，在与党外优秀人才的互动交流中，汇聚专业特长，做好人才库的人员储备；不断总结吸收党外人才优秀的工作方法，开创新思路，在工作中不断提高统战工作的质量和效率。

（二）利用新媒体，创新高校统战管理模式

在新媒体时代，信息传播具有高速性、双向性。校内新闻事件可以在几秒钟内就以指数级的速度传播开来，这对高校把控突发事件、焦点事件、社会舆论提出了更高的要求。高校应建立快速反应通道，及时处置突发事件。同时，也需要"微时代"党建工作者们不断创新和完善工作方法，以迎接新的问题与挑战。

高校应利用新媒体技术，通过开办线上与线下学习班、举办云端报告会、编发数字媒体学习资料等多种形式，加大宣传工作力度，努力实现统战工作对党外知识分子（如

有影响力的教学名师、学科带头人等）的全覆盖；应联合担任学校及各分院中层以上领导职务的党外知识分子，积极开展综合能力拓展训练及联谊等富有特色的活动。

（三）建立全天候伙伴关系，助推师生民族、宗教工作

随着信息技术的高速发展，国家及地区间的合作与交流越来越便捷，可以全天候、高效地实现大数据的传输、存储、统计与分析。但在海量数据面前，也要警惕一些可能给高校师生统战工作带来挑战的、具有负面影响的文化输入。

高校数字化转型升级要紧紧围绕"三全育人"目标要求，构建线上、线下全天候智慧学习环境，及时解决学生在学业和生活上的问题；深挖本土非遗文化，以全体高校师生共同体意识为主线，建设同心教育实践基地，在假期及公休日精心组织少数民族学生参加"网上同心圆"等主题教育和社会实践系列活动。

在具体实施中，高校统战工作采用的方法包括网站问卷调查法、行动研究法、文献综述法、调查分析与比较法等。高校党委工作部应依托各分院、各系的学生党支部，开设各类统战微服务专栏；通过微信、QQ、抖音等，实时发布正面、主流信息，抢占网络舆情主阵地，汇聚力量，以提高统一战线的战斗力、凝聚力、创造力；在干部队伍中设置统战宣传岗位，在各分院、各系发展学生统战宣传队伍，设置舆情监督员，定期开展业务培训，不断提高统战队伍的综合素质。

（四）加强数字治理，提高服务治理水平

高校统战工作者要立足本职工作，提高自身的数字化水平，以数字化的思维促进服务保障与学科融合发展。一方面，高校统战工作者应推动党外知识分子在社会服务与参政议政工作上的融合开展，依托高校智库的建设，形成体系；另一方面，高校统战工作者应将统战工作融入教育主体的智慧课堂、智慧教育、智慧管理、智慧素养、智慧创新等活动。例如，在思政教学中，教师可以将民族团结教育融入其中，形成校、院、系、班四级工作亮点，以"数"为媒，让民族团结的种子在师生中生根发芽，让民族团结教育之花在高校的各个角落绽放。

把"互联网+统战+大数据"作为高校统战工作的重要载体。在具体实践中，高校统战工作者应把在不同院系、多种媒体渠道、多个系统平台收集的实时信息，通过云计算与大数据技术进行建模，实时分析数据并开展精准画像，动态地了解统一战线成员的情况及统战工作的进展情况；针对舆情热点及时反馈，提高统战工作的针对性，通过新媒体正向传导价值观；通过对数据资源的有效治理，直接或间接地为高校统战工作优化机

制、明确管理权责、管理制度创新，提供数据支撑。

高校统战工作者应以学校数据中台为依托，利用互联网云计算技术，基于微服务思想，创建高校统战移动微服务平台及高校统战微信群等；利用大数据技术定期存档、归类、分析，对党外代表人士提供的建言献策材料进行深入思考，并提交具有时效性的意见与建议；紧扣民生和社会热点问题，发挥师生的正能量；通过超星学习通平台提供的地址定位、数据统计等功能，利用便捷的信息技术，帮助高校快速建立一个可维护、可统计、实行个性化管理的开放平台。

（五）推进治理制度创新

高校应积极推进统战工作在教育治理理论领域的创新，探索高校统战工作治理现代化的实施路径和方式、方法，探索以大数据为基础的应用解决方案，推动数字化统战从标准化走向个性化、数字化管理从静态监管走向动态治理。

高校统战系统涉及的业务领域广、师生人员多，高校要充分认识到统战系统数字化转型的重要性和必要性，要坚持统筹规划、统一标准，把握统战规律，对标新时代需求及高校建设一流大学的目标任务，并结合兄弟院校的实际经验，实现统一战线工作高效协同、综合运维、数字管理；要加强沟通协调，科学设计、反复论证，充分交流意见和建议，做到数字建设服务于高校业务需求、精准辅助领导决策；要加快推进数字统战平台建设，关注信息安全及接口兼容，既突出重点，又讲求方法和细节；要确保实现统战资源的数据互通、流程运转的便捷高效。随着教育信息化 2.0 时代的来临，数字统战工作模式将更加独特，内容更加新颖，方法更加有效。

第四节 教育治理下学生科学素养的培育与评估

为深入贯彻习近平总书记"在教育'双减'中做好科学教育加法"的重要指示，全面落实中华人民共和国教育部等十八部门发布《关于加强新时代中小学科学教育工作的意见》（教监管〔2023〕2 号）的要求，推动科学教育高质量发展，助力教育强国建设，中华人民共和国教育部办公厅发布了《关于推荐首批全国中小学科学教育实验区、实验校的通知》（教监管厅函〔2023〕12号）。其目的在于，在全国范围内建设中小学科学教育实验区、实验校，在课程资源开发、教师队伍建设、教学方式变革、教育评价改革、场所场景构建、社会力量整合等重点领域和关键环节先行先试，破解难点、堵点，探索科学教育实施的有效途径和人才培养的创新模式，构建大、中、小学段纵向贯通，校内、校外横向联动的发展格局，形成一批可复制、可推广的典型经验和制度创新成果。

一、工作思路

（一）体制与机制建设

1.配合鞍山市教育局建立健全科学教育工作机制

鞍山市教育局应加强对各县区科学教育工作的组织领导，在地方党委和政府的统一领导下，统筹有关部门形成合力，充分利用教科研、装备、督导等多方面的力量，探索科学工作机制运行的有效方式，形成横纵贯通、协同配合的工作体系。

2.建立科学的教育统筹保障体系

各高校应成立学校科学教育组织领导机构，制定符合区域经济发展和具有地方特色的校本实施方案。

3.实施科学教育提质培优计划

高校应聚焦核心素养导向下的教学评一体化、跨学科学习、课程资源开发等重点、难点，探索区域科学教育的有效模式。

4.实施学生多元评价

科学有效的评价包括改进结果评价、强化过程评价、探索增值评价、健全综合评价。高校应落实新时代教育评价改革和国家课程标准的相关要求，探索改革评价的方法，形成学生实验能力和探究实践能力评价办法；重视过程性、形成性评价，将学生实验、探究实践能力表现纳入综合素质评价，推动教学评一体化设计与实施，促进学生核心素养的发展。

5.探索运行机制创新

在数字化转型的背景下，高校应探索如何实现专业资源共享的应用体制、学校治理体系和治理能力管理运行机制的创新。高校应构建多元化资金保障机制，探索破解保障难题，通过财政投入、社会募集、企业赞助等方式，拓宽资金来源。

（二）课程与资源建设

1.结合学科特色制订招生计划

高校应根据自身发展需要，结合学科特色、课程设置、师资条件、教学保障及项目竞赛所需人数要求等，制订、申报招生计划。同时，对于具备科技特长生和学科特长生招生资格的高校，要统筹考虑招生项目和招生计划，加强科学教育发展统筹规划，聚焦课程、教学、师资、考评、资源等方面的重点和难点问题，从而制定出切实可行的整体规划和实施方案。

2.校企合作开发复合型课程体系

校企合作建立研学职业体验基地，开发复合型课程体系，包括小学阶段的职业启蒙课程、初中阶段的职业体验课程、高中阶段的职业探究课程和针对企业白领及社区居民的生活品质课程，有利于打造定制化、个性化、弹性化、多元化、信息化的未来学习中心。高校对新一代信息技术，如大数据、人工智能、3D打印、VR技术、机器人等热点项目的应用，能够让学生在数字化体验中了解地区经济转型发展及新经济业态，从而提升他们的科学素养，提高他们的创新创业能力。

3.加强科学类课程建设

高校应开足、开齐、开好科学类课程，推进国家课程、地方课程和校本课程协同育人；立足学校特色，因地制宜构建学校科学类课程与资源体系，加强综合课程开发，形成内容丰富、领域宽泛、学段衔接、分层分类的科学类课程群；创新课程实施机制，开好必修课和选修课，打破固定的班级、学科和课时安排，对有潜质的学生早发现、早培养，满足学生的多样化学习需求。

4.强化实验探究教学

高校应该将实验和探究实践教学纳入教学基本规范，制作科学实验和探究实践教学手册，强化实践性教学要求，增加实验课比例，规范实验安全管理；针对不同学段，精心设计实验等实践性教学内容，注重与多学科融合教育、人工智能教育、社会实践等有机结合；创新教学方式，倡导启发式、探究式、项目式学习，提高学生动手实践能力、创造性思维能力和合作能力等。

（三）师资建设

1.提升教师的科学素养

高校可以通过聘任专家担任科学副校长、设立科技辅导员、聘请企事业单位科技人才或具有理工类硕士学位的人员担任科学类课程教师等方式，持续提升教师科学素养，提高教师的教学能力。

2.探索破解师资难题的方法

高校可以通过落实岗位编制、设置激励机制、开展教研培训等方式，壮大教师队伍，鼓励高校、科研院所组织专家担任教育导师，形成一批特色学校、名师队伍和优质课程等，以此形成科学教育发展的有效支撑，提高科学实验教学质量。

（四）科学实践基地建设

1.推进区域性科技学校建设

区域性科技学校，应建设科学探索实验室、综合实验室、创新实验室、科学活动园等，配齐、配好实验仪器设备和资源，为科学教育教学提供软硬件支持。

2.整合教育资源

鞍山市职教城整合了辽宁科技大学、鞍山师范学院、鞍山职业技术学院等院校的教育资源，建立职业体验基地。

3.拓展教育实践场所

鞍山市教育局鼓励鞍山科技类企业，如鞍钢集团，依托自身科技成果、研发资源、生产设施、研发产品，为高校学生提供科学实践场所。

4.充分提供实践服务

鞍山市职教城内的各院校应充分利用台安县等农业试验示范基地和"三农"类场所，为学生提供科学实践教育服务。学生可以通过种植、采摘等活动，学习先进农业技术和成果，了解农业教育科研设施等；还可以利用鞍山市千山风景区等自然资源类场所，为学生提供科学教育服务，帮助学生学习动植物、生态、地质地貌等自然资源知识；应统筹海城市、台安县、岫岩满族自治县等特色产业优势，建设区域性科学教育基地或科学教育中心、联合创新中心等。

（五）培养具有科技素养的高素质学生

1.出台政策，推进学生科技素养培养进程

高校应打通科技类学生升学绿色通道，使这类学生在中高考、评优评先中享受优惠政策。

2.建立学生科学素养评价模型，强化科学教育质量监测

高校应针对科学教育探索多元评价方式，建立学生科学素养评价模型、评价体系和评价标准，加强科学教育质量监测，形成校内科学育人的系统方案。

3.探索科技校园建设，培养特色人才

高校应引导学生在课后、节假日、寒暑假做课题、做项目、进团队、进实验室；探索建设科技校园，为具有科学禀赋的学生提供发展空间；加强高中与大学在人才培养方面的衔接，形成科技人才培养特色路径。

4.拓展科学活动资源，丰富教学内容

高校应广泛利用校外优质资源，将科学教育纳入课后服务，开展丰富多彩的校园科技社团与兴趣小组活动；与具有科学教育功能的机构（馆所、基地、园区等）建立常态合作，深入开展"请进来""走出去"活动；鼓励学生运用人工智能、大数据等技术手段进行学习，支持学生随时随地开展科学活动。

（六）创新家、校、社协同育人机制

各高校应打通教育链、人才链、产业链、创新链、资金链，把众多有相同格局的企业、学校聚拢在科学素养平台上，鼓励学生深度参与职业体验活动。企业与高校优势互补、资源共享，能够实现专业教学改革的边际效应最大化。

为创新家、校、社协同育人机制，高校应探索"学校+科学教育场馆（基地）共建""大中小学科学教育共同体""城乡科学教育联盟"等创新模式，建立校内外常态联动机制。

二、主要任务与工作目标

鞍山市职教城应利用智慧平台完成数据收集，这些数据包括如下方面：鞍山师范学院物理学院、化学学院、计算机学院、人工智能学院、教科院等的与科学素养相关的材料；教育局信息中心、教师管理信息系统中与科技与信息化有关的基本数据；教师进修学院下属的现代教育技术中心与信息技术相关的活动比赛数据；鞍山市科学技术协会相关的科技活动与竞赛数据；海城市、台安县、岫岩满族自治县等各市县教育局基础科技信息；重点学校，如鞍山市新世纪实验学校、鞍山市高新区实验学校等的科技信息。鞍山市职教城还要按对象、层级、类型等对数据进行汇总与分析，并进一步总结、凝练典型案例与成果。

（一）深化科学教育教学改革

1.开齐、开足、上好科学教育课

高校应推进国家课程、地方课程和校本课程协同育人；立足学校特色，因地制宜构建学校科学类课程与资源体系；加强综合课程开发，形成内容丰富、领域宽泛、学段衔接、分层分类的科学类课程群；创新课程实施机制，开好必修课和选修课，打破固定的班级、学科和课时安排；对有潜质的学生早发现、早培养，满足不同学生的多样化学习需求。

鞍山师范学院积极推进学校科学基础课程建设，加强科学素质在线开放课程建设；积极申报科学教育本科专业，要求本科学生修满科学教育课程 2 个学分；加大对学科教师的培训力度，实施乡村教师支持计划；深入开展"送培训到基层"活动，每年约培训 500 名科技辅导员。

2.推动科学教育课程体系一体化

教育有关部门应统筹安排各方力量，建设科学素养平台，构建小学阶段兴趣化、初中阶段多样化、高中阶段专项化、大学阶段通识化的大中小学一体化科学教育课程体系。高校应融通科学、数学、物理、化学、生物学、通用技术、信息技术等学科，形成协同推进的科学教育课程体系。

3.深化科学教育课程改革

高校应成立专家团队及区域科学教育组织领导机构，通过"互联网+大平台"的建设与应用，汇聚科学技术人才，打造特色品牌；发挥科学试点区域和高校的引领辐射作用，使科学教育教学过程融通思政与职业教育精神，加强对中华优秀传统文化的传承；探索与开展学科交叉融合教学实践，提高高校的科学服务能力，提高科学教育实效。

（1）以文化实践塑造科学信仰，努力学习科学知识

文化实践是指人们在日常生活中所采用的各种文化行为和文化习惯，包括语言、饮食、服饰、艺术、宗教、习俗等，是人类文化的重要组成部分，人们生活和交流的基础。科学信仰指的是人们对自然界和宇宙进行认识和理解的产物，是人们对科学的信任和信念，建立在科学知识和科学方法的基础上，强调理性和实证，反对迷信和盲从。

在不同的文化背景下，文化实践在潜移默化中影响科学信仰。高校会通过安排各类文化实践活动，让学生熟悉和掌握社会规则，形成社会认可的行为反应和生活习惯。教师在传统课堂上可能更倾向于使用经验主义和实用主义的教学方法，但在现代课堂上则更应倾向于采用科学的方法来引导学生分析问题和解决问题。例如，在学习如何提出问

题与解决问题的课堂上，师生进行互动与沟通，着力于问题的解决，这不仅塑造了学生的世界观，而且增强了学生对科学的信仰。在课堂教学与文化实践中，教师和学生均具有主体性与文化性。教师的"教"和"引导"，体现在由文化实践活动产生的教学价值中，学生的"学""思考与反馈"则表现为积极生成学习动机、自主构建知识体系与投入文化创造的过程。

（2）开展教育教学综合改革

在新一轮教育改革中，高校要紧紧围绕培养目标和培养规格，科学配置课程资源，合理调整课程结构，认真理顺课程关系，构建体现先进科学教育思想、开放兼容的教师教育专业课程体系。

以鞍山师范学院为例。该校在教育专业课程体系设置中，有通识教育、专业教育和教师教育三大课程教学平台，下设通识选修课、通识必修课、专业基础课、专业核心课、专业方向课、教育理论课、教育技能课、教育实践课、教师教育选修课等课程模块。

在通识教育课程平台，学校设置了通识选修课、通识必修课两个模块。具体按《鞍山师范学院 2017 版本科人才培养方案的指导意见》执行。在课堂教学中，教师鼓励学生开展探究式学习或者进行工程实践。

在专业教育课程平台，学校设置了专业基础课、专业核心课、专业方向课三个模块。

①专业基础课。专业基础课是按学科门类及相近专业打造的学科基础知识课程模块。设置专业基础课的目的是为相同或相近学科的不同专业，设置统一的学科基础教学平台，使学生能够在大学学习的初级阶段按学科进行培养，淡化专业方向，拓宽专业口径，为学生奠定深厚的知识基础。高校鼓励不同学院的同一学科或相近专业之间加强协调，共同组建专业基础课程模块，实现资源共享，提高教学质量。

②专业核心课。专业核心课程应依据人才培养目标与教学要求，紧密结合本学科的科技发展动态和专业特色进行设置。要体现课程内容精简优化、课程规格（学分和学时）小型化，最大限度地提高教学内容与社会实际需要的符合程度，为学生毕业后进行学科教学打下坚实的学科基础。

③专业方向课。专业方向课可以按 2～3 个方向进行课程设置，包括学科专业知识的深化课程、学科专业方向发展前沿的新知识与新技术及学科专业文献阅读等课程。学生可以根据自己的兴趣和自我发展需要，在任一方向课程组合中选择规定学分的修读课程。

总之，各专业在设计课程模块时，都要以人才培养基本规格为基础，既要围绕基本课程模块设计横向拓宽课程模块，为培养"宽口径"人才提供更广泛教学资源，又要设计纵向延伸的课程模块，为具有不同潜质、有更高要求的学生提供自由发展的空间。

（二）普及科学教育实践活动

高校应持续、深入开展科技活动进校园这类教育实践活动，将爱国主义教育融入校园文化建设和学校各类主题活动，充分利用校内橱窗、展示屏、校园广播、校园网等展示平台，发挥环境育人功能，建设科技教育育人环境；扎根时代生活，遵循科技特点，充分挖掘中国古今重大科技发明和非遗文化中的科技资源，将弘扬科学精神贯穿于育人全链条；积极培育各级科技社团、基地，推出一批典型案例，促进科学教育创造性转化、创新性发展。

（三）完善科学教育资源共享机制

1.探索科学教育教师共享机制

高校应与县域内中小学校共同探索科学教育教师共享机制，提高高校科学教育教学水平。高校可以与中小学、城乡学校共同建立"手拉手"相互学习交流和帮扶机制，帮助乡村地区学校统筹安排科学教育课程教学、实践活动和教师队伍建设，提供持续的、稳定的精准帮扶和志愿服务。

2.强化数字转型科技赋能

高校应以数字化技术赋能学校科学教育，依托国家智慧教育平台，充分利用优质科学教育中的数字教育资源，补齐农村等科学教育薄弱地区的资源短板，也可以将科学教育优秀作品集成数字资源，在学校科学教育实践活动中进行展播。

3.整合科学教育资源

高校、家庭和社会应共同对科学教育资源进行整合与联动共享，鼓励学生以生活实践领悟科学本质，本着善用资源的原则，开展家校共建活动、提供社会服务。

例如，鞍山市职教城整合了辽宁科技大学、鞍山师范学院、鞍山职业技术学院等院校的教育科学资源，建立职业教育研学基地，以文化实践塑造科学信仰；统筹全市各中小学实训室优质资源，建立了鞍山市中小学素质教育基地，定期向中小学生开放物理、化学、生物、信息技术实验实训室等。

（四）提升教师的科学教育素养

1.建立科学教育"教研一体化"机制

鞍山市建立了科学教育人才智库，以探索构建区域教师发展共同体，加强校本研修，开展理论研究与实践探索。智库的建立，鼓励科学教育教师进行跨学段、跨学科的一体化交流研修，鼓励教研员定期讲授示范课、公开课，开展专题教研、名师直播等活动，促使进修访学规模和学校覆盖面逐年扩大，长效机制逐步形成。

2.加强科学教育教师队伍建设

各地区要按规定组织开展科学教育教师年度招聘工作，对于未配齐科学教育师资的高校，更要结合实际申报科学教育教师招聘计划。相关部门应定期开展教育系统领导干部和教师科学教育专题专业培训，加大对乡村教师培训的工作力度。

高校要抓好教师源头培养，将科学教育课程纳入师范类专业学生人文素养课程；将科学教育教师承担学校安排的科技社团指导，课外活动、课后服务等第二课堂指导和走教任务，计入工作量。相关部门在开展职务职称晋升、教学科研成果评定等工作时，要对科学教育教师予以倾斜。

3.开展示范项目评选

各地区教育部门应开展培育科学教育骨干教师和名师工作室等示范项目，发掘学校科学教育工作典型，以评促教，发挥他们的引领示范带头作用；加强科学教育科学研究，每年遴选一批科学教育专项培育项目，强化成果培植与应用，开展科学教育示范区和示范校的建设，总结推广典型经验。

（五）完善高校公共科学教育课程评估机制

高校应落实教学教育课程基本要求，将科学教育课程纳入各专业本科人才培养方案；把科学教育工作及其成效作为高校办学评价的重要指标，纳入高校教学工作评估指标体系；利用大数据、人工智能等信息手段，通过数据挖掘，改进结果评价，强化过程评价，探索增值评价，健全综合评价；将学生的实验、探究实践能力表现纳入综合素质评价，推动教学评一体化实施。

三、主要创新点与经验总结

在数字化转型的背景下，鞍山师范学院有效实现了学科资源共享的应用体制、学校治理体系和治理能力管理运行机制的创新；通过打通教育链、人才链、产业链、创新链、资金链，实现产教融合。鞍山师范学院成立专家团队及区域科学教育组织领导机构，通过"互联网+大平台"的建设与应用，汇聚科学技术人才，打造特色品牌；发挥科学试点区域和高校的引领辐射作用，有利于各高校形成合力，发挥区域集群优势，提高科学服务能力，增加高校的现代化治理能力。

科技是第一生产力，人才是第一资源，创新是第一动力，科学素养是第一目标。鞍山师范学院对标《义务教育课程方案和课程标准（2022年版）》，与鞍山市教育局合作，组建专家团队，围绕核心概念，坚持立德树人，以生为本，即以全面发展的人为核心；关注课堂、社团、家庭三个维度，从文化实践、实习实践、生活实践、劳动实践和社会实践五个层面，以科学课程包含的13个核心概念为依据，对科学教育实践加以落实；在体制机制建设、课程与资源开发、师资队伍建设、科学实践基地建设、教学方式与教育评价改革、家校社力量整合等重点领域和关键环节，先行先试；指导鞍山市各中小学拓展科学课程模块的规划与设计，整合传统的物理、化学、生物、信息技术等分科学科，制订科学课程实施计划，提高学生的思维能力。

通过建立健全科学教育工作机制，鞍山市教育局形成了科学教育统筹保障体系与监督评估系统。鞍山市教育局在鞍山市成立科学教育实验区、实验校，致力于解决课程、教学、师资、考评、资源等方面的重点、难点问题，探索科学教育实施有效途径和科技人才培养创新模式；并凝练实验区、实验校的典型经验和创新成果，在全市中小学中复制推广，引领示范鞍山地区，构建中小学段纵向贯通、校内校外横向联动的发展格局，为辽宁省及全国科学教育提供鞍山模式及宝贵经验。

第五节 数字化开放大学的实践探索

一、研究背景

（一）教育数字化是国家战略需求

习近平总书记在主持中共中央政治局第五次集体学习时指出，教育数字化是我国开辟教育发展新赛道和塑造教育发展新优势的重要突破口；在党的二十大报告中提出，要推进教育数字化，建设全民终身学习的学习型社会、学习型大国。2023 年，中华人民共和国中央人民政府、中华人民共和国国务院印发了《数字中国建设整体布局规划》，为全面建设数字中国、构筑国家竞争新优势提供了重要指引。

当前，为贯彻落实党和国家关于全国终身教育发展的部署，以大数据和互联网为关键要素的职业教育，要将教育高质量发展作为主方向、新形态。尤其是伴随着新一代人工智能发展规划的深度推进和新课程方案的全面实施，开放大学数字化变革面临新的挑战。因此，开放教育系统以现代信息技术、云计算、"互联网+"为特征，构建开放教育的新型高等教育体系，推进教育数字化转型，为全民个性化学习和终身学习提供有效支撑，是开放教育实现转型升级和高质量发展的必由之路。

（二）教育数字化转型已成为全球共识

在数字化时代背景下，据中国信息通信研究院发布的《全球数字经济白皮书（2023年）》显示，2016—2022 年，中国数字经济年均复合增长 14.2%，是同期美国、中国、德国、日本、韩国五国数字经济总体年均复合增速的 1.6 倍。世界各国正在加快推动数字经济重点领域发展，在数字化技术与数字化产业、产业数字化、数据要素等领域积极抢抓发展机遇。以上表明，数字经济时代已经到来，国内外实现教育数字化发展是大势所趋。因此，开放大学要以建设一所连接世界的数字化大学为终身改革目标，积极落实国家战略，立足开放教育事业，主动拥抱变革，着力创新发展，以数字化技术赋能教学过程，以创新理念融合数字资源建设，以数字化学习推动终身教育不断迭代升级，将建设数字化开放大学实践研究作为推进学习型社会建设的"倍增器"。

（三）开放大学具备数字化办学基因

开放大学是一类具备数字化办学基因的大学。开放教育的发展历史可以追溯到 20 世纪 60 年代末，以英国开放大学的建立为标志。开放大学具有四项本质含义，包括教育观念的开放、教育对象的开放、教学时空的开放、教学方法的开放。这四个"开放"是开放教育理念的核心，被视为最早的关于开放教育理念的官方诠释。我国开放教育始于 1978 年，最初的办学模式充分借鉴了英国开放大学的办学模式，借助电视、广播等载体实现教育教学。随着数字时代的发展，开放大学逐渐从以互联网为载体的信息化教育模式过渡到"互联网+大学"的发展模式。开放大学的远程在线教育，在平台与技术支撑、资源开发与整合、应用与管理服务等方面的能力上，都有大幅提升。纵观 40 余年开放大学教学载体的演变，无不彰显出开放大学的数字化发展基因。因此，激活开放大学数字化基因是高校高质量发展的必然选择。

二、数字化开放大学建设的基本逻辑

（一）逻辑起点：传统开放大学的办学挑战

开放大学办学过程中面临的问题是数字化转型的逻辑起点。

一方面，数字化在线教育对传统广播电视大学教学手段构成新的挑战。随着数字化技术的快速发展和普及，在线教育逐渐崭露头角，1998—2009 年，开放教育与数字化在线教育并行发展。数字化在线教育采用多媒体、交互式教学等手段，具有更高的灵活性和便捷性。当时，开放教育的一些认识理念、互联网技术手段落后于同时期的数字化在线教育，开放大学未能及时作出顶层设计和经费投入，被"信息化"所桎梏，从而演变成开放教育"数字化"发展的"滞后性"。

另一方面，开放大学的学习主体非常广泛，服务对象包括各个年龄层次的成人，服务空间遍布乡村、社区、城市等，办学重心深入社会基层。开放教育承担着大规模终身教育的社会责任，而学生又具备多元化的学习需求，如何处理大规模与个性化的关系，是开放大学面临的办学现实和教学需求。在办学实践过程中，开放大学的服务能力跟不上社会学习需求的多元化发展，办学的社会认同度和办学技术手段不断受到挑战，且由于线上教育存在一些不足，导致开放大学虚实融合的数字教育体系发展出现困境。

因此，开放大学还要根据学生的学习需求和反馈，不断优化教学内容和形式，提高教学服务的水平和质量，只有不断创新和改进，才能在数字化教育的新时代保持良好的竞争力和生命力。

（二）逻辑关键：数字化赋能推动开放大学创新发展

面对开放大学建设中的种种挑战，数字化赋能推动开放大学创新发展成为高校建设的逻辑关键。

首先，开放大学的教育数字化使得教育资源更加广泛地分布到大众之中，增强了开放大学的普惠性意义，缩小了地域差异及教育发展不平衡造成的教育水平差距。

其次，开放大学的教育数字化有利于教学手段的创新发展，用数字化赋能"教师教"和"学生学"，倒逼教学改革。例如，通过探索建设"线上+线下"混合式教学，将传统教学手段与数字化教学手段有机结合，为学生提供更为丰富的学习体验，不断提高学生的学习效果和学习质量。

最后，数字化建设是新时代开放大学迈向高质量发展的战略选择，要求高校加快创新步伐，包括学生学习方式的创新、教师教学方式的创新和院校治理能力的创新；要求高校加强数字化教学平台的创新建设，整合优质教育资源，提高在线教学的质量和效果，不断探索、实现开放大学教育的泛在化、个性化、精准化发展，从而凸显开放大学数字化建设的个性与特色。

（三）逻辑宗旨：紧扣时代发展需求，服务全民终身学习

数字化开放大学建设的目标是服务全民终身学习，建设学习型社会。中华人民共和国教育部印发的《学习型社会建设重点任务》提出，要进一步完善学习型城市建设推进机制，搭建终身学习数字基座，构建跨平台资源整合与共享开放的终身学习公共服务平台。通过实现教育的数字化转型，开放大学不仅能够提供更广泛、更深入的教育服务，而且能够推动社会整体学习氛围的形成和深化。

首先，数字化开放大学致力于将优质教育资源普及到社会的每一个角落。通过数字化平台，开放大学可以突破地域限制，让更多人接触到高质量的教育资源。无论是在城市，还是在农村；无论是年轻人，还是老年人，只要有网络，就可以随时随地学习，从而满足社会不同群体的学习需求。

其次，数字化开放大学推动教育模式的创新，以适应学习型社会的需求。学习型社会强调终身学习和个性化学习，而数字化开放大学正是通过提供多样化的学习方式和个性化的学习路径，鼓励学生自主学习、终身学习。

此外，数字化开放大学的建设目标还包括参与社会教育和文化建设，推动学习型社会的全面发展。例如，开放大学与企业、社区、政府等各方合作，共同开展教育培训、文化交流等活动，提高社会整体的文化素质和学习能力。

总的来说，数字化开放大学建设的逻辑指向就是紧扣时代发展需求，服务全民终身学习。通过实现教育的数字化转型、普及化、创新化和社会化，开放大学为建设学习型社会提供了强有力的支撑，为社会的持续发展和进步注入了新的活力。

三、数字化开放大学建设初步探索

（一）抓数据治校建设

建设数字化开放大学的首要任务是着力提高数据治校水平，树立数据治理的理念，把数据治理摆在教育治理的突出位置，立足高校实际及战略发展目标，制定科学、合理的发展规划，明确学校数据应用与发展的构架。例如鞍山开放大学为满足教学科研管理等对数据治理的需求，建设了多媒体网络机房、多媒体教室、多功能报告厅、录播室、中心机房等硬件设施，配置了数百台高性能计算机，实现了学校无线网全覆盖，以夯实的硬件设施建设，打造数字开放大学。鞍山开放大学还依托国开学习网平台，按照一网通办、服务融合、数据融合、多端融合、业务流程再造的建设思路，让数据多跑路，让师生少跑腿。高校应通过大数据治理，促进各项工作的优化，在提高学校治理效率的同时，构建全员育人、全程育人、全方位育人的新模式。

（二）抓数字化教学资源建设

鞍山开放大学的数字化教学资源建设是一项涵盖多个方面的综合性工程，旨在通过数字化技术提高教学资源的丰富性、互动性和便捷性。以下是一些关于鞍山开放大学数字化资源建设的主要思路：

一是鞍山开放大学对图书馆资源的建设。鞍山开放大学为师生提供"线上+线下"双渠道图书学习资源。在线上，师生可以登录国家开放大学学习网，以获取该平台为师生提供的图书馆数字资源；在线下，鞍山开放大学共享了鞍山市职教城内的图书馆资源，学生可享受鞍山市图书馆及231个鞍山地区公共图书馆联合借阅服务体系的文献资源，还可免费浏览、下载近60 TB的数字资源等。通过这些渠道，鞍山开放大学为师生提供了丰富的阅读体验和较多的学习机会，从而提升师生的文化素养。

二是鞍山开放大学对智慧教室的建设。鞍山开放大学正在大力推进智慧校园建设，开展"互联网+智慧学习中心"基础项目建设，建设集计算机教学、多媒体教学、实验实训教学、考试等功能于一体的多功能教室，包括考试监控系统、机位自动追踪满足智慧考试场景和虚拟仿真实验的沉浸式教学需求，一室多用，形成"智慧"教室，为学生提供独具现代文化特色的学习资源。

三是鞍山开放大学对数字化资源课程建设观念的创新。随着新技术的出现，远程开放教育的学习媒体的利用方式和学习资源发生了重大变化。鞍山开放大学顺应这种变化趋势，创新课程建设观念，为学生提供集学习资源、学习活动、形成性评价和学习支持服务于一体的网络课程，以方便学生随时随地学习，实现远程开放教育的泛在学习。鞍山开放大学还建立了课程泛在学习资源体系，这一体系不仅关注单一资源的质量，更强调资源体系整体的优质性和优选组合。

通过以上方式，鞍山开放大学不仅能帮助学生更有效地获取和利用学习资源，而且有利于教师进行数字化资源的整合和建设。

（三）抓数字治理人才匹配建设

开放大学应提升教师的数字素养，以教师专业发展推动开放教育转型升级。高校发展离不开教师，具有国际化视野、数字化能力和专业化素养的高质量教师队伍是鞍山开放大学长足发展的支撑与依托。打造一支满足时代发展需要的教师队伍，是鞍山开放大学蓬勃发展的坚强保障。近年来，鞍山开放大学加大人才引进力度，其中包括具有较强的数据治理能力的计算机类人才。鞍山开放大学注重提升教师的数字素养，通过组织开展各类培训，提高教师教育技术的应用能力，推动教师将数据治理理念融入实际教学中；选派优秀教师参与《教师数字素养》教育行业标准解读培训、数字化赋能社区教育创新发展培训等。在培训过程中，鞍山开放大学引入优秀的数字化教学案例，可以让教师更加直观地了解数字化教学的应用效果，激发他们学习的兴趣和动力，也可以让教师在教学案例中汲取经验和教训，提高自己的数字化教学水平。在培训过程中，高校应建立反馈机制，及时收集教师的意见和建议，以便对培训计划进行调整和优化；还要对教师的培训成果进行评估和反馈，让他们了解自己的进步和不足，进一步激励他们提高自己的数字化教学能力。

数字化培训不是一次性活动，而是一个持续的过程。因此，在培训结束后，要持续跟进教师的数字化教学应用情况，给教师提供必要的支持和帮助，确保他们能够顺利地将数字化教学技术应用到实际教学中。与此同时，高校应继续抓数字治理人才匹配建设，引入先进的 AI 技术，开发基于人工智能技术的课堂教学评价系统，积极打造一批智慧教师实验室，以提升教师的数据思维、数据智慧和数据素养。

（四）抓数字化社区教育建设

数字化社区教育建设是一项以数字化学习理念和技术为支撑的系统工程，旨在以社区居民全面可持续发展为本，为他们提供开放、共享的数字化学习资源。鞍山开放大学积极开展学习型城市、学习型社区建设项目工作，建设了包括弘扬社区、三冶社区、曙光社区在内的 11 个数字化社区教育示范点，并向周边社区辐射，形成了示范引领和集聚效应，逐步打造覆盖全市的终身学习教育体系。

进行数字化社区教育建设，需要注重顶层设计，构建框架。也就是说，高校要制定相关社区教育数字化资源建设方案，明确建设的意义、目标、任务和措施，并分地区、按计划、分步骤实施；还要争取政府的支持，建立组织保障机制，确保数字化社区教育建设的顺利进行。

鞍山开放大学运用信息化技术和优质课程资源，选派优秀的专业教师授课，努力打造特色社区教育品牌项目。建设数字化社区教育，要探索政府主导，高校、社区和行业企业共建，以"互联网+"和数字化引领、打造居民"时时能学""处处可学"的学习场景，将社会主义核心价值观融入社区居民学习和活动中，以提高社区居民的生活品质，服务全民终身学习。因此，通过数字化社区教育建设，社区居民可以在数字化的学习环境中开展各种学习活动，满足他们的教育需求和发展需要。

（五）抓数字化老年大学建设

数字化老年大学建设是老年教育领域的一项重要举措，旨在利用数字化技术和资源，为老年学员提供更便捷、高效、个性化的学习体验。这种建设方式不仅有助于推动老年教育的现代化，而且能满足老年人在信息化社会中的学习需求。为探索老年教育新模式，助力地区养老事业新发展，鞍山开放大学支持各区域开放大学成立老年大学，将全民终身学习进行到底。其中，鞍山开放大学成立了鞍山老年大学，为进一步扩展老年教育的覆盖面，有效整合校内、校外优质资源，其积极探索、创建了"1+1+5+N"涟漪式、波浪式向外辐射的老年大学办学新模式。

鞍山开放大学"1+1+5+N"涟漪式、波浪式向外辐射的新模式，是相关专业教学点联动发展的延伸，为社区老年人老有所学创造了条件。鞍山开放大学针对老年学员特点编制校本教材，免费发放，并有计划地、系统地开展以计算机知识普及为主的义务培训活动；根据社区老年居民关心的热点问题、敏感问题和相关需求，开设法律知识、微信应用、礼仪等课程，满足社区老年学员日益增长的学习需求，让学习成为一种生活方式。

关于新模式中的"5"，鞍山开放大学建设了5个老年教育示范点，投入了130多万元用于数字教育资源设施设备的添置，以有效筑牢数字化学习示范点的数字底座，扩大终身教育数字化学习资源供给。

新模式中的"N"，指的是鞍山开放大学积极推进老年大学向基层延伸，推动乡镇（街道）、社区（村）老年学校建设，打通老年教育"最后一公里"，让老年人出家门就能进校门，积极探索"康学结合、养学结合、娱学结合"的老年教育发展模式。此举成为辽宁省开放大学办学体系及社区老年教育的一大亮点。

鞍山老年大学以数字赋能社区老年教育，创新"广播电视+互联网+新媒体+线下学习"模式；利用新媒体平台和技术，建设抖音"银龄学堂"，为全市老年人提供学习服务，打造老年人身边的集学习、风采展示、娱乐于一体的新媒体学习平台；用好国家、省老年教育公共服务平台，做好老年教育公共服务平台在各区、县、村的推广，参与辽宁省终身学习网、老年学习网的建设，打造鞍山特色板块；在有条件的社区，建设老年教育数字化学习场景，建设线上与线下互联互通的社区老年数字化学习体验中心。鞍山开放大学老年大学分校，采取"线上+线下"相结合的授课方式，为鞍山市养老机构的老年朋友提供了教学支持服务。这些举措拓宽了鞍山开放大学老年教育的办学思路，促进了鞍山市全民终身学习的学习型社会建设。

综上所述，在数字化时代背景下，开放大学作为具有数字化基因的新型高校，正处于数字化大学建设实践探索的新阶段。鞍山开放大学锚定建设服务全民终身学习的数字化大学目标，在数据治校建设、数字化教学资源建设、数字治理人才匹配建设、数字化社区教育建设、数字化老年大学建设五个方面开展了积极的实践研究并取得了较好的成效。未来，为加快建设数字化大学，鞍山开放大学应继续发挥办学优势，打造数字化办学新模式，持之以恒推进教育公平，为促进建设人人皆学、处处能学、时时可学的学习型社会贡献力量。

第四章 数字基础设施与典型应用

数字基础设施建设是指能够体现数字经济特征的新一代信息基础设施建设，涵盖5G互联网、数据中心等领域。具体来说，数字基础设施建设主要包括新一代通信网络基础设施，即5G网络、千兆光纤网络、移动物联网、卫星通信和国际通信网络等。这些设施是经济社会全面数字化所必需的，可以满足超高带宽、低时延、高可靠的网络性能要求。数字基础设施建设还包括云计算、大数据、人工智能等新一代IT技术，这些技术可以为高校或企业提供更高效、更智能的服务，从而推动经济发展和产业升级。随着计算机技术、通信技术和网络技术的飞速发展，单一的网络环境已经不能满足社会对信息的需求，往往还要将多个相同或不同类型的计算机网络连接在一起，组成规模更大、功能更强的网络，以实现更广泛的资源共享和信息交流。

教育数字基础设施是指在教育领域能够体现数字经济特征的新一代信息基础设施建设，在教育领域的应用包括数字化校园网络、智慧教室、智慧工厂、数字化教学资源、公共管理平台等。高校校园要建设高速、稳定、安全的校园网络环境，实现校园内各类终端设备的全面互联互通。网络技术实现了校园内部的资源共享，提高了内网信息的安全性，促进了院校的课程改革与教育革新，可以满足高校教学、科研、管理、服务等业务需求。高校数字化教室配备先进的多媒体教学设备，可以通过有线或无线设备的搭建，创建智能化的学习环境，实现教学内容的数字化呈现，开发互动教学和远程协作等功能。而数字化图书馆、数字化学习资源库等为广大师生提供了丰富的学习资源，充分满足了师生的个性化学习需求。高校要根据教学内容及业务管理需要，建设数字化校园管理平台、数字化科研平台，以实现高校各项业务的数字化管理和服务，提高管理效率和办学水平，提高科研人员的创新能力和研究水平。

信息技术与课程整合是当今课程改革的方向，而计算机网络技术是现代课程教学的重要组成部分。计算机网络技术可以最大限度地优化课堂教学结构，使课堂教学融入现代的教学理念与现代教育技术中。教育是人才成长的"立交桥"，是实现人才兴国的重要组成部分。教育必须服务于社会主义现代化建设，着力培养能够适应经济社会发展需要的高素质劳动者或技能型人才；必须满足城乡居民对于教育的多样化需求，为他们的就业、创业和成长创造条件。对于网络硬件和网络资源的合理配置，可以优化高校教育教学资源结构，充分发挥教育资源的潜在优势。

第一节 数字基础网络设备

高校校园网络间要实现信息交流与资源共享的目的，必须完全满足"互连""互通""互操作"这三个基本条件。"互连"是指在两个物理网络之间，至少有一条物理上连接的线路为两个网络的数据交换提供物质基础与可能性。但互连并不能保证两个网络一定能够进行数据交换，这取决于两个网络的通信协议是否相互兼容。"互通"是指两个物理网络之间可以交换数据。例如，在互联网中，传输控制协议/网际协议（Transmission Control Protocol/Internet Protocol，以下简称"TCP/IP 协议"）屏蔽了物理网络的差异性，它能保证互连的不同类型网络中的计算机之间可以交换数据，但不能保证两台计算机之中的一台可以访问另一台的资源。"互操作"是指在互联网络中，不同计算机系统之间具有透明地访问对方资源的能力。互操作性一般是由高层软件来实现的。硬件系统是计算机网络的基础，由计算机、通信设备、连接设备及辅助设备组成。硬件系统中设备的组合形式决定了计算机网络的类型，其中硬件系统主要包括网络传输介质、服务器、工作站、交换机、路由器、防火墙等网络互连设备。

网络中的服务器是一台速度快、存储量大的高性能计算机，是网络系统的核心设备，负责网络资源管理和用户服务。服务器可分为文件服务器、远程访问服务器、数据库服务器、打印服务器等。网络中的工作站是具有独立处理能力的计算机，它是用户向服务器申请服务的终端设备。用户可以在工作站上处理日常工作，并向服务器索取各种信息及数据，请求服务器提供各种服务（如传输文件、打印文件等）。路由器是互联网使用的网络连接设备，它可以将两个不同类型的网络连接在一起，连接成更大的网络，使其成为互联网的一部分。在互联网中，两台计算机之间传送数据的链接会有很多条，数据包从一台计算机出发，中途需要经过多个站点，才能到达另一台计算机。路由器的作用就是为数据包选择一条合适的传送路径。路由器具有路径的选择功能，可根据网络上信息拥挤的程度,自动选择适当的线路传递信息。而防火墙指的是一项由软件和硬件设备组合,能在内部网与外部网之间构造保护屏障,将内部网与外部网隔离,阻止来自外部网络特别是互联网上的非授权的访问技术。实际上,防火墙是一种重要的安全隔离技术。

一、数字媒体资源制作中心

以云计算、物联网、新一代移动通信技术为代表的新一轮信息技术革命,将现代教育带进"云"时代。中华人民共和国国民经济和社会发展第十三个五年规划纲要(简称"十三五"规划)期间,国家大力开展"一师一优课,一课一名师"活动,实现精品开放课共建共享,以提供优质的数字资源促进高校的"三通两平台"建设。数字媒体资源制作中心可以为高校教师提供经济、简单、易用的教学资源制作平台。数字媒体资源制作中心能够帮助师生从事平面设计、网页设计、影视编辑与影视后期制作等工作,为学生提供从前期拍摄到后期制作,包括视频、音频、舞台灯光与音响、虚拟演播、录音工程等在内的一站式技术服务。

数字媒体资源制作中心可以通过云录播模式,将整堂课真实、快速地录制下来,再采用云存储、云传输技术进行上传,为师生提供优质精品课资源、微课视频资源、校内新闻视频资源等;可以实现与高校教学资源平台、门户网站视频专区的无缝对接;可以为师生提供云视频会议功能;以云计算技术为核心,为各会议室、"班班通"教室提供视频直播、点播服务,实现即时且互动的沟通。

在具体的方案设计与实施中,教学资源制作中心分为"教学录播区"和"编辑监控区"两部分,中间以玻璃墙分隔。"教学录播区"以视频制作服务器为核心,辅以摄像机、拾音器及其他设备。地面铺静电地板,顶部做吸音吊顶,墙面贴吸音壁纸。为达到更好的录音效果,可以在教室后墙、侧墙 3.8 m 以下区域墙面上,安装可变吸声扩散单元或布艺吸声软包。"编辑监控区"以非线性编辑系统为核心,配备 2 台联想图形工作站、3 台液晶电视作为视频监视器,配套空调、安防、配电箱等辅助设备,搭建了一套完整的教学资源制作系统,以实现虚拟演播室和后期制作机房的双重功能,完全能够满足节目制作和日常教学的需要。整个平台配置功能齐全、性能稳定、通道技术指标高、操作简洁,其特点如下:

（一）无线覆盖、云端存储

数字媒体资源制作中心利用 3 个无线接入点实现无线覆盖，通过"极域"无线版教学软件，可以实现局域网内教学，在无外网连接的情况下，能保证 50 个用户直连。在课堂上，教师可以设置上网策略、应用程序策略，通过学生演示、视频直播、屏幕录制、电子点名、远程命令等方式，有序组织课堂教学。数字媒体资源制作中心共有联想计算机 44 台，每台计算机配置无线网卡，设置固定上网 IP。全部教学视频存储在云数据中心，通过虚拟化的两台应用服务器和 20 TB 网络硬盘，实现云端存储。

（二）翻转课桌、一键录播

在录播室内的一端，安放一套 LED 多媒体交互式一体机、集成无尘黑板、多媒体讲台和视频展示台。录播室为教师配备了计算机、视频显示系统、音频扩音系统等多合一设备。

在学生学习区域，则配备翻转课桌，可实现普通教室与计算机教室模式相互切换，也不会妨碍教师与学生的交流。当教师要使用显示器时，可轻拉键盘托板，将隐藏在桌子内部的显示器自动从桌子下面翻转到桌面上；当不使用显示器时，可手动按下显示器翻盖面板至桌面平整，显示器自动锁住隐藏在桌子内与桌面保持平整，可起到防尘、防盗、保持桌面平整、美观的作用。

在录播区域，设置三基色灯 4 套、高清摄像机 4 台、辅助摄像机 2 台、拾音器 6 个。教师可通过设置"一键录播"快捷操作，管理课室所有媒体设备，上课时轻按录制按钮，课件开始录制；下课时再轻按停止按钮，课件录制完成。同时，录播室具有直播和锁定视频图形阵列图像等功能。管理员还能通过网络中控，远程开启录播、跟踪等系统设备，并进行远程管理。

（三）智能切换、后期编辑

智能切换系统采用最先进的图像跟踪技术，能够判断教师和学生的每个动作，自动进行跟踪切换，教师与学生均不需佩戴任何设备，就能实现常态化授课。智能切换系统还可以在教师图像、学生图像、板书图像、两路场景图像与教师电脑图像之间进行自动切换，图像切换平滑，没有"跳动"现象。在正常情况下，当教师使用电脑时，智能切换系统能自动切换到电脑画面，在学生回答问题时，则能切换到学生特写画面；当教师离开讲坛走到学生中间时，摄像机又能切换到其他场景，并可实现多种画中画功能。

教师和学生的语音信号通过领夹话筒和吊顶拾音话筒拾取，输入数字音频矩阵处理器，经过均衡、降噪和混音处理后，最终所有的视频和音频均被传送到录播主机中进行编码处理，随后，师生才可通过平台进行实时点播。同时，在这个过程中会生成标准视频文件，保存在录播主机中，供后期再次编辑，或上传到平台进行点播。录播教室如图4-1所示。

图 4-1　录播教室

另外，在精品课录制过程中，应注意如下问题：上课时，教师的着装应尽量避免与黑板颜色相近，否则会影响跟踪效果；当光线较暗时，可开启前方 4 个三基色冷光；在每节课的演示文稿（PowerPoint，以下简称"PPT"）开头，需要加上本节课的课程名称、项目名称、主讲人等信息，PPT 中尽量不要有翻页声音、特效声音等；在录播室使用过程中，不能打开窗户、不能拉开窗帘；在录播室中，采用吊麦的方式，智能采集学生的声音，所以在上课期间，除了正常的发言、讨论等之外，学生应尽量保持安静；对于讲桌上的按钮，除了开始、暂停、结束三个按钮外，均不要按压其他按键；如果有学生多人互动的场景，请事先通知录制教师；对于包、水杯一类的物品，不要放在讲桌上，以免影响录制效果；除正常的操作之外，在讲课的过程中，不能随意触碰鼠标，因为每次触碰鼠标，录制的视频就会切换到课件；在播放音频、视频的时候，不要把电脑的音量调得过大，若音量过大，则会与教师、学生的声音形成较大的对比；对于说话声音较小的教师，可以考虑使用便携式扩音器，但过扩音器的音量也不宜调得过大。

构建基于视频应用的云教学资源平台，可以充分利用云录播教室的视频服务功能，以视频应用为基础，实现对高校设备、视频、用户（教师、学生、管理者）的集中管控。在云教学资源平台，教师录制的所有视频课程经过后期剪辑后，应按照专业、学科上传到资源网站，全部面向外网"晒课"发布。数字媒体资源制作中心投入使用后，有效引导了教师的专业发展，提高了课堂的开放性和资源共享的高效性。一线教师借助现代教育技术，实现了教学设计、教学内容、教学手段的突破和创新。

数字化资源的建设，实现了优质教学资源"班班通"，有利于快速形成丰富的校本同步教学资源，加强"翻转课堂"教学活动的环境支撑，深化教学模式改革与创新，拓展技能人才的培养渠道。"云课堂""名师风采"等活动的开展，进一步扩大了高校在区域内的示范与影响作用，使高校的教育教学信息化水平再上一个新台阶。

二、数据中心机房建设

机房是数据中心重要的基础设施，可以比喻为数据中心的"摇篮"。数据中心机房意味着在一个物理空间内实现信息的集中处理、存储、传输、交换、管理，计算机设备、服务器设备、网络设备、存储设备等是其核心设备。

云计算数据中心是一种基于网络的、支持异构设施和资源流转的服务供给模型，能够给客户提供可自治的服务，能够实现资源的按需分配、按量计费。云计算促进资源的规模化和分工的专业化，使得资源供应商和用户都更加关注自己的业务，有利于降低单位资源成本，促进网络业务创新。

数据中心机房建设是一项系统性工程，它由主机房（包括网络交换机、服务器群、存储器、数据输入/输出配线、通信区和网络监控终端等）、基本工作间（包括办公室、缓冲间、走廊、更衣室等）、第一类辅助房间（包括维修室、仪器室、备件间、存储介质存放间、资料室等）、第二类辅助房间（包括低压配电、UPS电源室、蓄电池室、精密空调系统用房、气体灭火器材间等）、第三类辅助房间（包括储藏室、一般休息室、洗手间等）组成。在主机房内，放置了大量网络交换机、服务器群等，是综合布线和信息化网络设备的核心，也是信息网络系统的数据汇聚中心，其特点是：设备24小时不间断运行，电源和空调不允许中断，对机房的洁净度、温湿度要求较高，机房在进行布局时应设置独立的出入口。

（一）数据中心机房设计基本要求

在 IDC 机房设计之初，要考虑以下四个方面的问题：

1.使用周期和可扩充性

网络数据中心设计使用时间须达到 5～10 年。其设计一般都不是一步到位，在规划设计时，必须考虑数据中心设备每 2～3 年就升级一代的更新速度，并确保系统设计适应能力强且易于改进。

2.可用性

系统工程应标准化，最大限度地减少人为错误，并具有全面的说明文档。

3.易管理性

具有相关的检测、报警功能，图形化的管理界面。

4.易于维护和维修

在网络接入时，需要做到双线接入。在设计时，应降低系统的复杂性，缩短故障恢复的平均时间。

（二）数据中心机房供电系统

1.对供电的要求

为保证机房供电，常见的做法是根据电力的总需求，提供两路交流供电系统设施的冗余或是配备发电机组，以解决较长时间的停电问题。在配置发电机组时，其容量应考虑不少于 UPS 电源额定输出功率的 2 倍，以保证发电机输出电压、频率正常。为估算机房的电力需求，要了解制冷系统、UPS 和 IT 负载所需的电量。

首先，要列出这些设备的信息，包括它们的额定功率、电压要求，并标明是单相设备，还是三相设备；其次，必须调整数据，明确预期的设备真实负载。在大多数情况下，额定功率将远远高于预期的运行功率水平，大多数 IT 设备的实际运行负载是在额定值的 75% 以内。如下几项数据，可以作为估算总功率的参考：制冷系统占总功率的 50%，关键负载占总功率的 36%，UPS 功率损耗为 11%，其余为消防、照明等。数据机房的负载不是一成不变的，由于统计信息处理工作量逐年增加，在数据机房的使用周期内，IT 设备的总功率一直上升，即便是使用刀片服务器、虚拟技术等节能产品，总供电能力也要有 1 倍以上的冗余。

2.UPS 容量的确定

一般来说，对于 UPS 容量的确定，主要看是否满足当前负载的需要，同时也要考虑以下两个因素：

（1）UPS 容量较负载不宜过大或过小。若负载过小，可能会在停电时造成电池组小电流过度放电，而影响电池寿命。若负载过大，逆变器处于重载运行，其输出波形将发生畸变，输出电压幅值抖动过大。一般来讲，UPS 负载量在 30%～80%较为理想。

（2）对于 UPS，最好采用柔性规划，并在选型中挑选可并机或多机运行的机型。

3.正确配置 UPS 后备电池

为保证停电时能利用 UPS 电源继续向计算机提供高质量供电，后备电池的配置尤为重要。当负载不允许被中断供电时，机房内 UPS 电池后备时间应大于从供电中断到恢复的时间或到发电机组正常供电所需的时间。在布置机房设备排列时，应尽量使电池组靠近 UPS 主机，缩短两者的连线长度。同时，对于电池的安置，要充分考虑楼板的承重，做到分散承重。

（三）数据中心机房制冷系统

保持 IDC 机房的温度和湿度，对于机器平稳运行至关重要，机房的设计温度应为 22℃～26℃、相对湿度为 35%～50%。关于空调的选择，一般的普通空调没有足够大的送风量及专用的加湿系统、过滤系统和控制系统，可能会出现高温、高湿情况而导致环境温度大范围波动；精密空调的制冷系统可以使温度、湿度变化维持在一个设定的范围内，从而提供敏感电子设备所需要的恒温、恒湿的环境，避免出现数据运行出错、宕机的问题。

另外，需要考虑的是高密度机柜和刀片服务器的散热问题。合理的机柜布局能使机柜内空气流通顺畅，避免局部温度异常，提高制冷效率。

选择空调系统的制冷容量要根据机房的发热总量来确定，这需要将机房的 IT 设备、UPS、配电系统、照明等发热都计算在内。对于中小型机房（400 m² 以内），可采用简化的计算过程。制冷系统在保证现有 IT 设备的发热量的同时，还要能够确保冷却新的负载。机房空调系统的额定功率是预期 IT 额定负载及冗余负载的 1.3 倍。

（四）数据中心机房的场地装修与消防

机房场地装修工程主要包括对照明、吊顶、隔断墙、门、窗、墙壁、地面的装修。其装修过程需要注意以下几点：

其一，根据机房具体情况合理布局，预留综合布线的出入口。

其二，出于防尘和节能方面的考虑，通常采用无窗结构形式。吊顶宜采用不起尘的静音材料。该材质还应具有阻燃的效果，并且自身可以承受一定的重量，用于安装照明设备、探测器、无线设备、铺设线管等。

其三，机房地板宜采用架空的活动地板，全钢材质，表面抗静电，离地高度为 300～350 mm，面积为 600×600 mm。地架基底应有接地线，将静电接地吸走。基地应涂防水涂料，如条件允许，还应覆盖防火、防尘、防水材料，并将该材料密封，目的是给空气分配系统、数据线传输场所、电源管线铺设、接地铜网铺设、铺设冷冻水或其他同类管道提供足够的空间。

其四，对有安全保密要求的机房加装防盗门，并在窗外加装金属防盗网。火灾是各类机房可能遇到的各种灾害中发生次数较多、危害较大的灾害之一。一旦机房发生火灾，将直接危害人员、设备、网络通信和数据资料的安全，会带来巨大的损失。水、泡沫、干粉、烟雾系统都不适用于机房灭火，二氧化碳灭火剂是当前性价比最好的灭火剂之一，其他灭火材料还有烟烙剂、七氟丙烷、气溶胶灭火剂等。

（五）数据中心机房的防雷与接地

根据防雷要求，配电系统可采用三级分流，在总电源进线口端设计安装一级电源浪涌保护器，以达到初步泄流的目的；在机房配电进线处安装二级电源浪涌保护器；在重点的服务器和网络设备端，设计安装三级精细保护浪涌保护器。

地线是机房建设当中非常重要的一个环节，良好的接地系统，不仅可以有效地抵制外来电磁干扰对计算机设备的侵袭，保证电子设备安全可靠运行，而且可以减少系统内部的相互干扰和对外界环境施放噪声污染。接地线的接地方式，主要分为工作接地、保护接地、防雷击接地和防电磁辐射接地等。如果是单独设备接地体，接地电阻应小于 4Ω。当设置单独接地体有困难时，也可以与其他接地系统合用接地体，接地电阻应小于 0.5Ω。需要强调的是，当采用联合接地方式时，保护地线必须采用三相五线制中的第五根线，与交流电流的零线必须严格分开。

（六）数据中心机房环境监控系统

现代机房监控模式完全改变了传统机房管理模式。机房环境监控系统由温湿度变送器、烟雾传感器、水浸传感器、红外探头及监控主机组成。传感器将机房各个点的温湿度、烟雾火警、水浸状况、市电停电告警、UPS 状态等环境信息输入监控主机。监控主机对各种告警信息进行分级、分类处理，通过现场声、光告警和远程无线（如手机短信、电子邮件）告警，可及时、有效、准确地通知相关人员进行处理，提高运维工作的效率。

三、网络机房搭建与维护

高校机房是学生学习计算机的重要场所，一旦机房出现了问题，将对计算机教学产生很大的影响。因此，从常规管理、机房维护、故障排除、病毒防治等方面做好机房的维护和管理工作，就显得非常重要。

（一）机房管理常识

电源问题是网络机房管理中需要掌握的常识。不稳定的电源会影响电脑的使用寿命，对机房的危害性很大。学校要添置必要的稳压器，设置其正常供电的电压为220V，电流为16 A，然后对电脑室供电。如有电压发生偏差，要及时检查供电情况，避免出现问题。灰尘是电脑的"杀手"之一。为了避免部分元件散热不好，造成显卡、CPU 烧毁以及电路内部在潮湿季节发生短路，要定期对机箱内部元件进行清洁，并且制定一系列规章制度来保障电脑室内部的清洁卫生，以避免灰尘对电脑造成侵害。电脑室里的光线不能太强，也不能太弱。若显示器长期受强光照射，则容易加速显像管老化，并且在强光照射下，显示器对学生的眼睛也会造成一定的损伤。为此，机房的窗户要使用较厚的窗帘，合理控制机房的光线。电脑的很多部件都要在一定的温度内才能正常工作，否则将会频繁出现死机、非法操作、元件烧毁等现象。机房内要添加立式空调，以适当控制电脑室的温度。

在对实训基地网络机房的技术维护中，要对计算机硬盘实行分区管理。在对硬盘实行系统分区时，应充分考虑网络管理问题。将工作站的硬盘分为2～4 个区，每个区进行不同的软件资源管理，应包含系统区 C、程序区或数据区，用于保存用户数据文档资源。工作人员应将系统分区和备份区始终设置为只读模式，最大限度地保护系统程序；当应用程序分区在进行程序安装时将其设置为读写模式，在其他时候则设置为只读保护模式；对数据分区可以设置为读写分区，供用户使用。在实际应用中，维护人员经常运用硬盘保护卡还原技术。还原卡，全称硬盘还原卡，是用于计算机操作系统保护的一种外围设备互联（Peripheral Component Interconnect，简称"PCI"）扩展卡。在每次开机时，硬盘还原卡总是让硬盘的部分或者全部分区恢复先前的内容，换句话说，任何对硬盘保护分区的修改都无效，这样就起到了保护硬盘数据的作用。这一点，对于维护公共领域的计算机有很大的价值，因此广泛应用于学校的计算机实验室、图书馆和网吧。安装硬盘保护卡能够保护系统。还原网卡的硬盘保护功能可提供两种工作模式（即保护模式、开放模式），同时提供三种特权操作（即系统设置、保存数据、复原数据）。还原卡能对互补金属氧化物半导体（Complementary Metal Oxide Semiconductor，以下简称"CMOS"）进行实时侦测和实时备份，并能在正常开机时瞬时恢复到原设定状态。还原卡还具有网络拷贝功能。

为提高高校实验室计算机的使用寿命，设备保养尤为重要。如果机箱电源内部有大量积灰，在开机时，其内部元件就容易发生短路，甚至烧毁电源。对于机房维护工作，一般应做到如下方面：一个月清洁一次计算机的外壳、键盘和鼠标器等外部设备和计算机桌面；一个学期清除一次机箱内部的灰尘。在清洁计算机的外部设备时，应使用较柔软的毛巾，向温水中滴入洗洁精，稀释后将毛巾拧干，这样能较好地擦去计算机外部的积灰和污迹。在清洁计算机机箱内部的积灰时，需要用到两种工具，即吹风机（或吹气球）和毛质较软但不易掉毛的刷子。打开机箱后，先用吹风机的冷风仔细地吹去机箱内各个部位的积灰，当有些积灰吹不去时可用毛刷子轻轻地掸，注意不要让毛刷子上的毛掉落在机箱内，否则容易引起接触不良或短路。

计算机病毒轻则影响计算机的运行速度，重则使计算机处于瘫痪状态，会影响正常的教学工作。所以要定期对计算机进行杀毒，并经常对杀毒软件进行升级和漏洞修补。有的病毒使用一个软件并不能查出来，因此就需要使用多个杀毒软件交叉扫描，这样一来，再隐蔽的病毒也无藏身之处。

（二）高校机房布线常识

对于高校机房双绞线的敷设，首先要进行槽道检查。在布放线缆之前，对线缆经过的所有路由器进行检查，清除槽道连接处的毛刺和突出的尖锐物，清洁槽道里的铁屑、小石块、水泥碴儿等物品，以确保这是一条平滑、顺畅的槽道。要做到文明施工：在槽道中敷设线缆应采用人工牵引的方式，牵引速度要慢，不宜猛拉紧拽，以防止线缆外护套因磨、刮、蹭、拖等造成损伤；不要在布满杂物的地面大力抛摔和拖放电缆；禁止踩踏电缆；当布线路径较长时，要多人配合平缓地移动，特别要在转角处安排人值守理线；线缆的布放应自然、平直，不得出现扭绞、打圈、接头等现象，以避免受外力挤压和损伤。要节约成本，做好放线记录。为了准确核算线缆用量，充分利用线缆，对每箱线要从第一次放线起，做好放线记录。线缆上每隔 2 英尺（1 英尺 ＝ 0.3048 m）有一个长度记录，一箱线长 1 000 英尺。在每个信息点放线时，要记录开始处和结束处的长度，这样才能做到对本次放线的长度和线箱中剩余线缆的长度一目了然，并将线箱中剩余线缆布放至合适的信息点。对于放线记录表，规范的做法是采用专用的记录纸张，简单的做法是写在包装箱上。线缆应有余量，以适应终接、检测和变更。对绞电缆预留长度，在工作区宜为 3～6 cm，电信间宜为 0.5～2 m，设备间宜为 3～5 m；有特殊要求的应按设计要求预留长度。

桥架及线槽内线缆绑扎要求，槽内线缆布放应平齐顺直、排列有序，尽量不交叉，在线缆进出线槽部位、转弯处应绑扎固定。线缆桥架内线缆垂直敷设时，将线缆的上端和间隔 1.5 m 处固定在桥架的支架上；当水平敷设时，在线缆的首、尾、转弯处及间隔 5～10 m 处进行固定。在水平、垂直桥架中敷设线缆时，应对线缆进行绑扎。对绞电缆、光缆及其他信号电缆应根据线缆的类别、数量、缆径、线缆芯数分束绑扎。绑扎间距不宜大于 1.5 m，间距应均匀，不宜绑扎过紧或使线缆受到挤压。在具体施工中，要注意拉绳速度和拉力，有经验的安装者通常慢速而又平稳地拉绳，而不是快速地拉绳，原因在于，快速拉绳会造成线缆缠绕或被绊住。若拉力过大，线缆变形，会引起线缆传输性能下降。当同时布放的线缆数量较多时，就要采用线缆牵引。线缆牵引就是用一条拉绳或一条软钢丝绳，将线缆牵引穿过墙壁管路、天花板和地板管路。在牵引时，拉绳与线缆的连接点应尽量平滑，所以要采用电工胶带紧紧地缠绕在连接点外面，以保证线缆的平滑和牢固。

四、实训室与办公室综合布线

（一）实训室布线

1.需求分析

计算机网络技术和多媒体技术的快速发展，影响着我们的学习方式、工作方式、交往方式和生活方式。科学技术是第一生产力，是最先进的生产力。信息技术已经成为科学技术的前沿，并引领全面而深刻的社会变革。目前，许多国家都把信息技术应用于教育，作为民族发展的重要推动力。我国在"科教兴国"战略思想的指引下，开始了一系列现代教育信息化改革。《面向 21 世纪教育振兴行动计划》等相关的信息化建设方案的部署实施，加快了教育改革现代化建设的步伐。现代化的教育需要现代化的校园网络作为支撑，为了让校园网发挥更好的应用职能，应该明确校园网络的各项需求，制定符合应用实际的方案，通过对互联网技术的整合，建立起一个具有较强应用性能且具有个性化特点的校园网络系统。伴随着现代教育技术的普及与发展，计算机网络技术、通信工程技术在高校中得到了广泛应用。但网络硬件环境的搭建与管理的专业性，以及综合布线施工的复杂性，极大地阻碍了校园网络的发展。

完善的高校校园网可以为高校教学提供稳定的数据平台，并保障各种应用系统能够良好运行。对于校园网的建设，应该在满足教学要求的基础上，考虑适当的扩展性。从目前大部分高校的需求角度考虑，校园网建设的目的是提高高校的教学水平和教育管理效率。我们可以从以下几方面考虑校园内部局域网的规划：

（1）基于综合布线技术与虚拟局域网（Virtual Local Area Network，以下简称"VLAN"）技术构建校园网络：通过 VLAN 局域网划分、IP 地址划分、交换机/路由器管理、布线施工管理，能够将现有的各种计算机课程和计算机专业教学的"计算机机房"连入校园局域网内。

（2）校园网络综合实训平台的建设与管理应用：基于 LAMP（指 Linux、Apache、MySQL、PHP）环境构建网站，即集教学、科研、管理于一体的网络综合实训平台的设计与开发。

（3）教学媒体资源库的建立、使用、评价：开发人员可以利用程序教学模式开发电子教学课程，并对相关的课程资源进行整合；利用网络教学平台，对网络教学的模式、教学内容、教学效果进行设计与实施，建立学生个体学习库和整体数据分析库，对学习效果进行反馈评价；利用统计软件，对教学内容的关注度进行筛选与整理，对教学效果与相关的学习状况进行动态分析。

（4）维护与管理：高校应培养一批既懂管理，又会使用计算机的管理人才和系统维护人才，对高校的敏感数据采取措施予以保护，对公网与私网间的连接采取有效的安全防护。

2.校园网中常用的传输介质

结构化布线系统是指在建筑物或楼宇内安装的传输线路，是一个用于语音、数据、影像及其他信息技术的标准结构化布线系统，以使语音和数据通信设备、交换设备和其他信息管理系统彼此相连，并使这些设备与外部通信网络连接。网络互联介质是连接各网络节点，承载网络中数据传输功能的物理实体。根据介质的物理特征，网络互联介质分为有线传输介质和无线传输介质两大类。

目前，常用的有线传输介质有双绞线、光纤等。双绞线是当前最普遍的传输介质，其电缆中封装着一对或多对双绞线。为了降低信号干扰，每对双绞线通常由两根具有绝缘保护层的铜导线组成，两根铜导线按一定密度相互缠绕在一起，可降低信号干扰的程度，每根导线在传输中辐射的电波会被另一根线上发出的电波抵消。并且，在每根铜导线的绝缘层上分别涂有不同的颜色，以示区别。光纤是光导纤维的简写，它是一种利用光在玻璃或塑料制成的纤维中的全反射原理传递光脉冲，实现光信号传输的新型材料。因为它携带的是光脉冲，不受外界的电磁干扰或噪声影响，在有大电流脉冲干扰的环境下也能保持较高的数据传输速率，并提供良好的数据安全性能，所以光纤是电气噪声环境中最好的传输介质，常用于以极快的速度传输巨量数据的场合。由于光纤的传输速率高、传输距离远，因此被广泛应用于远距离传输系统和各种计算机网络系统中。由于光纤只能单向传输信号，为了实现双向通信，光纤必须成对使用，一根用于发送数据，另一根用于接收数据。将多根光纤捆扎成一组，外面再加上保护层，由此构成的光导纤维电缆被称为光缆。在实际工程中，光纤是以光缆形式被应用的。

常用的无线传输介质有卫星、无线电波、微波和红外线等。卫星通信是利用同步卫星作为中继站的特殊微波通信，具有通信容量大、传输距离远、覆盖范围广等优点，因此适合于全球通信、电视广播等环境。例如，美国的全球定位系统（Global Positioning System，简称"GPS"）、中国的北斗卫星导航系统都是采用卫星通信的。中低频无线电波的频率在 1 MHz 以下，它们是沿着地球表面传播的。该波段上的无线电波很容易穿过一般建筑物，但其电磁波强度随着传播距离的增大而急剧递减。利用中低频无线电波进行数据通信的主要问题是通信带宽较低，传输距离较短，很容易受到其他电子设备的各种电磁干扰。高频、甚高频和特高频无线电波的频率为 1 MHz～1 GHz，这类无线电波传输距离较远，传输质量与气候有密切关系，存在很大的不稳定性，很容易受到其他电子设备的各种电磁干扰。微波是指频率在 300 MHz～300 GHz 的无线电波，是计算机网络中最早使用的无线信道类型。微波通信是利用微波进行信息传输的一种通信方式，其典型的工作频率为 2 GHz、4 GHz、8 GHz 和 12 GHz。红外线被广泛应用于短距离通信，例如家用电器的遥控器、移动设备的红外线传输器。虽然红外线传输具有方向性好、便宜、易于制造等优点，但是红外线不能穿过固体物质，这一问题的存在严重影响了它的发展前景。

校园局域网的安装是从电缆开始的。电缆是网络最基础的部分，电缆本身的质量以及电缆安装的质量都会直接影响网络的健康运行。电缆测试一般可分为两个部分，即电缆的验证性测试和电缆的认证性测试，常用的测试工具有局域网光缆测试仪、电缆测试仪等。光纤熔接是目前普遍采用的光纤接续方法，光纤熔接机通过高压放电将接续光纤端面熔融后，将两根光纤连接到一起成为一段完整的光纤。这种方法接续损耗小（一般小于 0.1 dB），且可靠性高。熔接连接光纤不会产生缝隙，因而不会引入反射损耗，入射损耗也很小，为 0.01～0.15 dB。

3.典型布线案例

在鞍山开放大学综合布线工程中（如图 4-2 所示），主干网采用光缆，内网采用超五类双绞线，呈星形集中布线的方案。针对目前网络数据的传输量和信息点数量的要求，光电混合为整栋大楼各楼层与配线间提供数据访问连接。在传统施工中，采用标准的综合布线系统，可以分为工作区子系统、水平子系统、垂直主干子系统、管理子系统、设备间子系统（机房）和建筑群子系统。我们对目前应用所涉及的工作区子系统、水平子系统、垂直主干子系统、设备间子系统（管理室配线间）、建筑群子系统五个系统进行设计，并为建筑群子系统提供良好的接口和扩展性。

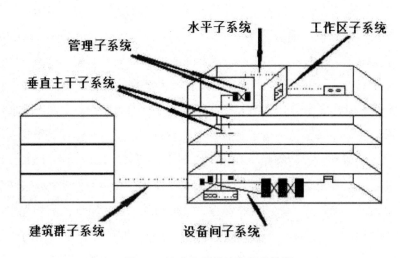

图 4-2　综合布线系统标准结构图

配线间位于每栋楼内，为方便管理与维护，提供足够的带宽，应采取可集中管理的星形集中布线；对于垂直电缆、水平电缆和工作区电缆，建议采用超五类双绞线，使桌面带宽达到线速 100 Mbps。考虑整座建筑的布局，其主要设施分布见表 4-1。

表 4-1 布线设施一览

设施	位置	功能
网络中心	实训教学楼 3 层	主要网络设备、服务器等的安置
配线间	教学楼	教学楼内部信息点
实训机房	1～3 层，共 34 间	计算机

对于布线子系统，其说明如下：

（1）工作区子系统

工作区子系统由终端设备和连接到信息插座的连线组成，它包括装配软线、连接器和连接所需的扩展软线、信息插座，并在终端设备与输入/输出（Input/Output，以下简称"I/O"）之间搭桥。

在本系统中，电脑通过 RJ45（Registered Jack 45，布线系统中信息插座连接器的一种）跳线，经信息模块实现与网络的连接。根据标准的综合布线系统设计，在每个信息插座旁边要有一个单相电源插座，以备计算机或其他有源设备使用，信息插座与电源插座的间距不得小于 20 cm。墙上的信息插座通常安装在离地面 30 cm 处。

（2）水平子系统

水平子系统实现了信息插座和垂直主干子系统间的连接。该系统从用户工作区信息插座开始，连接到垂直主干子系统，实现与各房间的连接和管理。对于超五类双绞线，一端在配线间的配线架处端接，另一端是在工作区的信息插座处端接。我们采用桥架作为主干进行水平电缆铺设，电缆从位于走廊顶部的桥架引出，通过水平镀锌铁管输送到事先预埋在墙内的铁管内，再通过镀锌铁管将电缆引至墙盒或墙表面的安装盒。具体的桥架的规格依据所在位置输送的电缆数量而定。

（3）垂直干线子系统

垂直主干子系统提供结构化布线系统竖向缆线连接，与设备间子系统中的网络设备互联，提供多种线路连接设施，从而实现多个单元互联。垂直干线子系统由缆线及与缆线连接相关的支撑硬件组合而成。垂直干线子系统是建筑物内部通信的主通道。通过干线子系统，与水平布线子系统连接起来，再延伸到工作区子系统与用户终端、PC 机连接。由于采用分布式控制方式，垂直干线子系统与水平子系统合在一起，即直接把非屏蔽双绞线（Unshielded Twisted Paired，简称"UTP"）从办公室经竖井敷设到设备间。

（4）设备间子系统

设备间子系统由主配线架和各公共设备组成，它的主要功能是将各种公共设备（如计算机主机、专用自动交换机、各种控制系统、网络交换设备等）与主配线架连接起来。该子系统还包括雷电保护装置。

一旦学校的网络与互联网连接之后，可能遭受到来自互联网的不分国籍、不分地域的恶意攻击。校园网与普通企业网络不同，企业网络主要是"防外"，即防止互联网上的黑客对内部网络的攻击，而安装在校园网上的防火墙，既要有"防外"的功能，又要有"防内"的功能。所谓的"防内"，是因为有不少学生是网络爱好者，在好奇心的驱使下，他们可能会从互联网上下载黑客工具，对互联网或者校园网内部服务器进行攻击。由于攻击者对网络结构和系统应用模式不了解，他们主要通过对应用服务器进行系统攻击，破坏操作系统或获取操作系统管理员的权限，再对应用系统进行攻击，以获取学校的重要数据。在现在通用的三层结构（数据库服务器—应用服务器—应用客户端）中，对数据库服务器进行重点保护，可以防止大多数攻击。根据内部网的安全需求，网络系统可划分为安全的网络拓扑结构、隔离外部 Web 服务器群和内部服务器群，以保证内部网服务器的系统安全。在互联网与网络中心的接口设置防火墙网关，保证内部网和服务子网的安全；在各重要部门的局域网与内部网的接口设置防火墙网关，保证重要部门的局域网安全。相关人员应在网络中心服务器子网中设置入侵检测软件，监视网络中心服务器的访问请求，及时发现并阻断攻击企图。

针对学校的内网防护，主要体现在对 VLAN 的运用上，而对 VLAN 进行划分的目的是保证系统的安全性。因此，可以按照系统的使用者来划分 VLAN，如学生 VLAN、教师 VLAN、管理者 VLAN，然后将学校中的管理服务器系统放入管理者 VLAN，如网管工作站、入侵检测系统服务器等；也可以按照机构的设置来划分 VLAN，如将领导所在的网络单独作为一个 Leader VLAN（LVLAN），将其他年级（或下级机构）所在的网络作为一个 VLAN，并且控制 LVLAN 与 VLAN 间的单向信息流向，即允许 LVLAN 查看 VLAN 的相关信息，而 VLAN 不能访问 LVLAN 的信息。VLAN 内的连接采用交换技术实现，VLAN 与 VLAN 间的连接采用路由链接。为了实现 LVLAN 与 VLAN 间的单向信息流动，需要在 LVLAN 与 VLAN 间设置访问控制列表作为安全隔离，并控制 VLAN 与 VLAN 间的信息交换。随着网络规模的扩大、信息流量的加大、人员的复杂化，给高校网络的安全性、稳定性、高效率运行带来一些隐患。为了便于对各教学实验室进行管理，应进行 VLAN 划分（见表 4-2）。各实训室可以访问局域网教学服务器，但相互间不能访问，以保障信息的安全，提高系统的稳定性。

表 4-2　端口对应表

实验室名称	VLAN NAME（教室房间号）	网关（教师机 IP）	连接端口
中小型网络实验室	323	192.168.0.252/24	2-1c
综合布线实训室	320	192.168.3.252/24	2-2c
多媒体实训室	218	192.168.10.100/24	4-1c
动漫实训室	220	192.168.20.100/24	4-3c
影视编导实训室	108	192.168.30.100/24	4-5c
安防布线实训室	114	192.168.5.252/24	2-6c
校园内部局域网服务器 IP 地址：192.168.0.240/24			

布线系统是建筑或建筑群内的网络，是实现智能化的基础。它不仅使建筑物内语音和数据通信设备、交换设备及其他信息治理系统彼此相通，而且是连接这些设备与建筑物外部的通信网络。现代化的办公环境要求通信时刻稳定、可靠。在某些情况下，例如，在新大楼修建前、修建中，在旧楼改造时，在企业迁入新址时；在学校、公司电话与电脑应用增加，而尚未采用综合布线时；在学校、企业以往的布线系统不能满足需求时，我们要谨慎考虑布线系统。

而办公室布线作为用户最终使用的信息点（信息插座），在墙上安放的位置、使用是否方便、信息点的多少，以及以后出现问题能否维护，是我们进行办公室网络布线必须考虑的因素。办公室里强弱电（电力电源和图像、数据、语音）线路的走向等也应在规划与设计的范围之内，因此办公室布线网络的"细节"决定成败。采用办公室布线系统标准进行实施，是其设计思路，这样便于治理和维护。系统设计应有一定的超前性，因为需要考虑今后的高要求应用。

（二）办公室布线

1.办公室布线原则

（1）信息插座的安装位置

对于专用办公室等大开间而言，信息插座应安装在地面、墙面及隔板上。

地面插座只适用于大楼一层办公室，要求安装在地面的金属底盒内。金属底盒应当是密封的，防水、防尘，并带有升降功能。此方法对于设计安装造价较高，并且无法事先预知工作人员的办公位置来说，灵活性不是很好。建议根据房间的功能、用途确定位置，然后做好预埋。地面插座不宜大量使用，会影响美观。

当信息插座要安装在墙面时，可沿大开间四周的墙面，每隔一定距离，均匀地安装RJ45 埋入式插座。RJ45 插座与旁边电源插座应保持 20 cm 的距离，信息插座与电源插座的低边沿线应距地板水平面 30 cm。

在隔板处安装信息插座，与墙面安装的方法相同。如果要在一块隔板的两面都安装信息插座和电源插座，此时信息插座和电源插座不能处于同一位置（正反两面），要将它们错开，并保持 20 cm 的距离。

（2）办公室布线、电缆走线方式

在大开间办公室，如果有地面密布信息出口，可先在地面垫层中预埋金属线槽或线槽地板。如果是一楼，用地槽布线比较安全；如果是二楼以上，应在隔板敷设金属线槽。办公室电缆可以直接走天花板架，放入线槽，埋入墙中，在接近连接的地方引入结合点。

①桥架方式

走吊顶的轻型槽型电缆桥架方式适用于大型建筑物。为水平线缆提供机械保护和支持的装配式槽型电缆桥架是一种闭合式金属桥架，安装在吊顶内，从弱电竖井引向设有信息点的房间，再由预埋在墙内的不同规格的铁管将线路引到墙上的暗装铁盒内。为确保线路的安全，应使槽体有良好的接地端。金属线槽、金属软管、金属桥架及分配线机柜均需整体连接，然后接地。如不能确定信息出口的准确位置，在拉线时可先将线缆盘在吊顶内的出线口，待具体位置确定后，再引到信息出口。

②地面线槽方式

地面线槽方式适用于大开间的办公间，如果有密集的地面型信息出口，应先在地面垫层中预埋金属线槽或线槽地板。主干槽从弱电竖井引出，沿走廊引向设有信息点的各房间，再用支架槽引向房间内的信息点出线口。强电线路可以与弱电线路平等配置，但需分隔于不同的线槽中，这样可以向每个用户提供一个包括数据、话音、不间断电源、照明电源出口在内的集成面板，真正做到在清洁的环境中实现办公自动化。

（3）配线架及网络设备的选用

为便于管理，对于大开间办公室，要设置配线管理设备。根据办公室大小，选择中间配线箱和配线柜两种方式。对于信息点数较少的办公室，可以选择中间配线箱墙面暗装或明装，安装可支持各类基本数据、语音传输的 FT-255 超五类卡接式配线架。对于信息点数较多的办公室，可选择将 6-12U 的配线柜置于墙角。数据可使用网络交换机扩展端口，在必要时引入带光纤接口的千兆交换机，以适应今后网络改造三网合一发展的需要。数据配线架可选择六类或超五类 RJ45 插座或插座排。在必要时，可配置光纤配线架。在语音方面，可使用 110 打线式配线架，对数据进行分配并管理，还可配置电话交换机等语音交换设备扩展电话功能。

（4）办公室布线

每个办公室布置的信息点（信息插座）应当和办公室的电源插座布置在同一个水平上，而且间距 30 cm 左右。用户的电源、电话线、网线等可同时连接，这样可便于以后的维修和维护。目前，布置每个信息插座最好能采用 4 口的布线面板，2 个网络接口布线（一个外网、一个内网）和 2 个语音点（一个内线、一个外线），并且确保网络数据与语音布线能够互换使用，也可预留光纤接口。根据高校的实际需要，在设计办公室的每个信息点时，应使其能够对应附近配备的电源插座。有时还要在办公室的合适位置布视频点、灭火系统探头及监控点等。数据布线要在办公室计算机装备数量的基础上，考虑 10%～20% 的冗余，避免出现网络建成不久因端口数量不足而使用集线器、交换机等级联，致使网络性能下降的情况。

（5）有线和无线的互补性

工作人员要根据大楼的具体建筑环境和办公要求，是长期使用网络，还是临时使用网络等情况，决定是采用有线的布线方式，还是采用无线的布线方式。一般来说，将有线布线与无线布线结合起来，发挥各自的特长，会更好地达到上网办公的目的。

如今，绝大多数办公楼都采用大间标准结构的集体办公方式，这样的办公方式有利于增强员工的舒适感。其综合布线系统联结了办公室内部与办公室之间的网络，是实现智能化的基础。它不仅使语音、数据通信设备、交换设备和其他信息管理系统彼此相通，而且可以连接这些设备与办公室外部的通信网络。好的综合布线系统，可以保证办公网络灵活、稳定，并且能够长期使用。

2.布线标准

（1）布线标准

办公室布线系统使用的产品必须要通过国际组织认证，布线系统的设计、安装、测试以《用户建筑物通用不限标准》（ANSI/TIA-568.C）及《综合布线系统工程设计规范》（GB/T50311-200）为布线标准，遵循国内的布线规范和测试规范。

出租办公楼与专用办公楼等大开间，由于对其出售、租赁或使用对象的数量无法确定，可以采用开放办公室综合布线系统，通常使用分隔板将大开间分成若干个小工作区。信息插座的选用、安装方法、安装位置会受到分隔板的影响，因为分隔板可能会时常移动。用户信息插座应当安装在墙面或柱子等固定结构上，需要预留适当数量的插座备用，工作区隔间不超过 12 个。另外，工作区跳线一般使用软电缆。

（2）缆线长度的计算

线缆耗材需求见表 4-3。

表 4-3　缆线耗材需求表

电缆总长度/m	水平布线电缆/m	工作区电缆/m	交接间跳线和设备电缆/m
100	90	5	7
99	85	9	7
98	80	14	7
97	75	17	7
97	70	22	7

各段缆线长度也可按下式计算：

$C = (102 - H)/1.2$

$W = C - 5 \leqslant 22$

式中，

$C = W + D$：工作区电缆、电信间跳线和设备电缆的长度总和。

W：工作区电缆的最大长度。

H：水平电缆的长度。

在设置配线架管理点时，配线设备宜安装在距离配线架不小于 15 m 的墙面或柱子等固定结构上，管理点配线设备容量宜根据 12 个工作区信息插座需求设置。管理点是水平电缆的转接点，不设跳线，也不接有源设备；对于同一个水平的电缆，不允许超过一个管理点或同时存在转接点；从管理点引出的水平电缆必须接在工作区的信息插座或多用户信息插座上。

对于大开间的办公间，也可采用地面线槽走线方式，但只适用于大楼一层。先在地面垫层中预埋线槽，注意防水。强电线路可以与弱电线路平行配置，但需分隔于不同的线槽中。可以向每个用户提供一个包括数据、语音、不间断电源、照明电源出口在内的集成面板。

（3）无线网络——"活动办公室"

建立无线网络，可以为移动办公人员提供网络接入；利用无线网络"布线"，可以使用户拥有一个可以随时移动的办公区域。对于需要随时增加办公节点而又需要网络连接办公区域的高校来说，建立一个"活动办公室"十分有用。"活动办公室"能使这些新增加的办公接入点使用办公室内原有的打印机、存储设备等所有共享设备，操作简单，只需要插入一块无线网卡即可。这样能够弥补有线布线的不足，将有线布线与无线布线结合起来，以满足办公人员的上网需求。

第二节 典型案例：Moodle 教学平台及其在高校的应用

一、Moodle 教学平台在高校教学中的应用

高校应该积极推进数字化技术在教育教学、管理服务等方面的应用，提高教育治理的效率和水平。例如，可以利用在线课程、远程教育、虚拟实验室等数字化技术，为师生提供更加灵活、个性化的教育服务。以职业院校自主运维的 Moodle 教学平台研究为例，Moodle 是一套基于"社会建构主义理论"设计开发的开放源代码的网络教学平台，通过 Moodle 教学平台，高校可以建立一个集知识学习、全面互动、知识分享、在线测试、学习过程回顾等功能为一体的网络教学或培训平台。整个平台的教学和管理工作按照权限，可分为教师模块、学生模块、管理用户模块。

（一）高校网络教学系统需求分析

网络教学平台的主要任务是由管理员通过后台管理各种资源，分配各类权限；教师与学生通过网络达到教与学的目的，但分别拥有不同的操作权限，分别享有各自的独立空间和统一的教学平台。

1.教师模块

经过系统授权之后，只有具有教师身份的用户，在登录时才享有教师权限。在教师空间里，教师编写电子教案，并根据讲课的实际情况，修改、删除和发布电子教案；为学生提供各类教学资源，布置作业，组织答疑讨论等教学活动，也可以发布消息、管理个人资料等，如建立个人博客。

教师用户模块如图 4-3 所示。

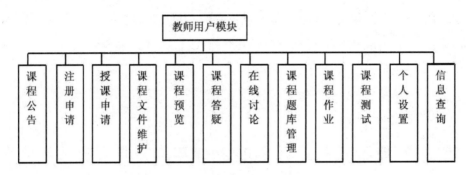

图 4-3　教师用户模块

2.学生模块

学生可以对管理员或教师提供的资源进行浏览、操作，但无权修改平台中的教学资料。在各自的独立空间里，学生可以进行课程讨论、提交作业等活动，也可以发布消息、管理个人资料等。

3.管理员模块

管理员是系统平台的建立者，具有最高权限，负责对系统公告、用户、论坛、教学与资源进行管理、备份和维护。

（二）教学中出现的问题及具体的解决方法

1.利用网络平台解决传统教学中出现的问题

以计算机教学实践为例，在传统的教学方式下进行信息化教学，可能存在以下几个问题：

（1）文化课、专业课教学形式单一，师生交互性差，每节课的信息量少；教师的信息专业化素养不高，不能有效地组织网络化教学。

（2）硬件资源、网络资源得不到充分的利用，设备大量闲置，形成众多信息孤岛。

（3）项目教学课时长，课程控制程度较高。机房里的计算机设置了还原保护功能，使得学生的作品不能得到及时保存；在每节课上，教师的上机教学内容是临时派发的，这会导致教学评价不及时。

（4）专业学科建设方向性差，课程资源分散。由于在几年时间内每个老师要教数门学科，导致一些好的教学经验无法得到及时总结、好的教学资源无法得到及时推广。

最早出现高校实践混合式教学理念（即资源共享、知识共享、经验共享、快乐共享）的平台就是 Moodle 教学平台，实行的是项目教学法。项目教学法以解决比较复杂的操作问题为主要目的，以生产具体的、具有实际应用价值的产品为任务，帮助师生共同实施一个完整的项目，是基于项目的研究性的教学方法。

项目教学法吸取了认知主义、建构主义、人本主义三种学习理论各自的优点，充分体现了教学以学生为主体、以教师为主导的现代教育理念。在项目教学中，人人参与创造性实践活动，重要的不是最终的结果，而是完成项目的过程。学生在项目实践过程中，理解和掌握课程要求的知识和技能，体验创新的艰辛与乐趣，提高自身的行为能力。

Moodle 系统主要采用 LAMP（即 Apache+PHP+Linux+Mysql）的架构，以联想万全 R520 为服务器，以确保 Moodle 教学平台的运行更加稳定、安全。鞍山职业技术学院以计算机应用专业 2020 级学生为实验对象，在 8 个教学班中选取了 4 个班级，对其开展项目课改实验，现已在 Moodle 教学平台上实施了 2 门专业课、1 门文化课的网络教学，另有 5 门专业课程正在建设中，初期课程使用总人数为 162 人。

通过近一年的实践教学，鞍山职业技术学院积累了 Moodle 网络教学平台开展项目教学的教学经验。通过 Moodle 教学平台，学生的信息化素养得到了很大提升，学生的相关的操作技能得到了很大提高。初期，鞍山职业技术学院在网络上开展了问卷调查，其结果显示：69.7%的同学喜欢网络教学方式，21.2%的同学感觉一般，只有 9.1%的同学不喜欢。

2.Moodle 操作平台的安装

（1）检查计算机是否启动因特网信息服务器（Internet Information Server，简称"IIS"），如已启动，点击停止服务按钮即可。

（2）点击 moodle 8 目录中的 setup_xampp.bat 文件，立刻会弹出一个窗口，表示初始化完成，该步是用于初始化 Moodle 安装的路径。

（3）点击 moodle 8 中的 xampp_start.exe 文件，如果弹出一个窗口，就表示启动了 Moodle 后台的 www 与数据库服务器，在运行 Moodle 的时候不要关闭该窗口。

（4）在 IE 浏览器输入 http://localhost/phpmyadmin 或者 http://127.0.0.1/phpmyadmin。

（5）在浏览器中输入 http://localhost 或者 http://127.0.0.1，可以看到安装界面，选择简体中文，点击 next，后面步骤相同，并按照要求完成相关参数的设置。在填写完成后保存，这样，Moodle 的安装就完成了。

（6）汉化步骤：将压缩包 zh_cn_utf8 解压后，拷贝到安装目录\moodle\lang 下即可。以后每次启动 Moodle，需要先启动 xampp_start.exe 或者该程序在桌面上的快捷方式，然后启动 IE 浏览器，输入 http://localhost 或 127.0.0.1，也就启动了 Moodle；应保证局域网中的计算机共用同一网段、网关相同；在 WIN 下通过"网上邻居"选项可查看；或可利用 Ping IP 地址来查看网络是否 Ping 通；查看服务器的 IP 地址，即 199.168.20.240，然后在 moodle\moodle 中打开文件 config.php，更改主机地址。

3.Moodle 教学平台的使用流程

学生在 IE 浏览器中输入 192.168.20.240，登录网站服务器，注册用户名与用户密码。注册姓名格式为真实姓名+班级，注册成功后等待教师确认。教师对申请用户进行批量有效验证后，会根据用户角色赋予不同等级的权限。同时，服务器会自动为每个用户划分一部分存储空间，并发送给用户确认信息。学生接收验证信息、申请登录成功后，选择项目教学网首页中的"3ds Max"课程。在左侧"课程管理"中选择"将我加入此课程"，同时修改个人注册信息，下次登录后就可以直接进入该课程进行学习。教师通过"下载课程素材"模块、"帮助信息"模块、"互动交流"模块、"评价反馈"模块、"理论测试"模块、"电子作业"模块，组织并实施网络教学。由于采用了"程序化"的教学方式，针对不同需求的学生，可以采取更为灵活的教学方式和教学手段。

系统应用框架如图 4-4 所示。

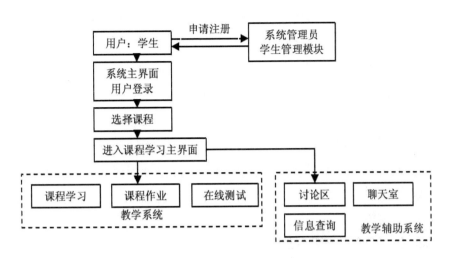

图 4-4 系统应用框架

4.Moodle 教学平台相关模块的功能

教师应确定项目内容，制订项目实施的计划，完善教学流程，并根据教学的实际情况，对每单元的教学设计进行及时、动态的调整。Moodle 教学平台主要分为以下几大模块：

（1）上传/下载课程素材模块

在"Photoshop 平面设计""视频编导""三维动画设计"等计算机专业课程中，在每节课前，教师都要准备大量的教学资料，这几门课对相同资源的重复利用率较高。鞍山职业技术学院以周为单位制订教学计划，把每周所需要利用的教学素材，如 Word 文件、jpeg 图片文件、max 文件、avi 视频文件等，以压缩包的形式提供上传与下载。学生可以通过网络很方便地下载或浏览，教师则可根据教学的实际情况进行实时更新和扩充教学资源。对于教学中的一些重要内容，教师可以单独设置文本或视频文件，方便学生在课堂上直接在线浏览。

（2）帮助信息模块

根据近一年的教学实践，鞍山职业技术学院总结了常用的三种帮助文件格式：

①文本格式，如 TXT 文本、DOC（Document 的简称，即文档），主要为教学活动提供一些相关概念的说明以及操作中的一些流程说明。

②图片格式，如 JPEG 格式（Joint Photographic Experts Group 的简称，即联合图像专家小组）、BMP 格式（Bitmap 的简称，即位图图像）等，图片的直观性最好，也是

计算机教学中应用最多的帮助信息。教师在课前制作的帮助图片主要针对教学中要利用的相关菜单、按钮，重要的参数设置通过抓屏和 Adobe Photoshop（简称 PS）软件进行后期处理（在图片上打上重要的文字说明，标注醒目的线条标记、圆圈标记等），然后按照操作流程进行统一制作，这样既方便了教师的课堂教学，又方便了学生的课前预习和课后复习。

③视频格式，如 AVI（Audio Video Interleaved 的简称，即音频视频交错格式），这种帮助信息最为直观，将操作步骤摄录下来，方便教学。但视频文件容量太大，网上浏览的速度较慢，只针对一些操作上比较复杂的教学内容，不宜多用。

（3）互动交流模块

Moodle 教学平台中教学活动的主要特点是能够激发学生参与互动。教师可以通过设计某一主题，利用以下几种互动方式，对相关问题进行探讨与交流：

①Wiki：学生可以利用 Moodle 教学平台的"Wiki"功能，进行协作探究式学习，通过网络交流互动的方式，完善对问题的看法。在这一过程中，学生可以提高自己的人际沟通能力和合作精神。

②讨论区：在讨论区中，学生可以自由交流，在学习、分享知识的过程中，还可将新的知识添加进去，真正做到了知识的共同建构；教师也参与讨论。

③聊天室：是指建立在 JavaScript（一种计算机编程语言）上的一个聊天室，功能简单。Moodle 教学平台中内置的聊天模块，具备同步的文本交互功能，允许师生参与讨论，而且系统会自动记录下所有发言的内容，以供教师查看，也可以设置是否允许学生查看。

（4）评价反馈模块

学生通过"投票"和"问卷调查"的方式，对教学效果进行反馈评价。

教师可以通过"投票"活动及时掌握学生对某一问题的看法以及对学习内容的掌握程度，学生也可以根据教师的提问对即将学习的内容进行"投票"。Moodle 教学平台的投票模块为教师提供了较好的了解学生的机会。教师设置一个想要了解的问题，输入提出的问题和所设置的各个选项，设置权限。教师可以查看学生的投票结果以及每个人的投票情况，但为了保障投票的公平性，将其设为匿名显示会更加合理。教师也可以下载"课程反馈单"这一教学模块，自己编制调查问卷。

（5）作业模块

作业模块分为"理论测试"模块与"电子作业"模块。教师会对学生上传的作业进行评分，并给出相应的评论与修改建议。

在理论测试模块中，教师可以在每一教学单元中自定义题库，并且在不同的测验里反复使用。题目已分门别类地保存，易于使用，并且这些分类可以"公布"，提供给同一网站中的其他课程使用。题目按照设置自动评分，如果题目更改，还可以重新评分。根据教师的设置，测验可以指定开放时间，可以被尝试多次，并能显示反馈，或者显示正确答案。测验的题目和答案可以随机显示，以减少作弊现象。题目可以包含超文本标记语言（Hyper Text Markup Language，以下简称"HTML"）和图片，也可以直接从外部文本文件导入，所选题目支持一个或多个答案，包括填空题（允许填词语、短语或数值）、判断题、匹配题、随机题、计算题（带数值允许范围）、完形填空题、简答题等。

电子作业模块允许创建者指定提交作业的截止日期和最高分。学生上传作业到服务器，所上传文件的格式不受限制，如 word 格式、BMP 格式、AVI 格式等，上传作业的时间会被自动记录下来，也可以迟交作业，但教师可以清晰地看到该作业迟交了多久。教师可以在一个页面、一个表单内，对整个班级的每份作业进行打分和评价。教师对作业的反馈会显示在每个学生的作业页面，并且通过发送电子邮件通知学生。教师可以选择打分后学生是否可以重新提交作业，以便重新打分；学生也可以通过"课程"信息，及时了解自己的作业完成情况。

基于项目教学法的学习和 Moodle 网络探究学习两种教学模式，在高职学生教学中使用较少，学生习惯了教师直接把知识传授给学生的教学方式，导致在教学中出现了一些问题。例如，在进行协作学习时，学生缺乏团队合作的经验、与人沟通和协商的能力，导致不能很好地给小组每个成员分配任务等；在时间的把握上，由于学生在网络环境下的自我控制能力较差，在网上搜索资料的时候，总在一些与学习无关的网站上逗留太长时间，即使有了活动安排，仍然有个别小组无法在规定的时间内提交作品；在进行学习评价时，由于学生较少进行自我评价和同伴评价，在评价时不以实际协作与学习过程为依据，而按照个人主观意志评价的情况有所发生。针对上述问题，教师应在教学前的课程设计中有所准备，提前告知学生基于项目教学法的协作学习和 Moodle 网络探究学习等教学模式的注意事项，如对学生进行旨在提高协作学习能力的技能培训，让学生学会倾听他人的意见，培养学生与他人沟通的技巧等；学生可通过 Moodle 教学平台课程中的"成绩"选项，了解教师的反馈评价以及每一单元的学习成绩，及时进行自我测评。

（6）学习效果评价模块

学习效果的评价包括教师评价、学生的自我评价和学习小组对个人的评价。评价内容包括自主学习能力、对小组协作学习作出的贡献、是否完成对所学知识的意义建构。

Moodle 教学平台为师生提供了非常方便的提交作业和评价作业的功能，不但教师可以评价学生的作业，并将结果公开反馈，而且学生也可以对其他同学的作业进行评价。学生可以结合自己的学习过程，给自己作出评价，也可以浏览小组其他成员的报告或其他小组的报告，结合自己在小组学习中对他们的了解，评价小组其他成员的作业。

以中小型网络的建构与管理课程中的综合布线项目为例，教师与学生项目小组的互动评价量表见表 4-4。

表 4-4　教师与学生项目小组的互动评价量表

项目阶段	项目内容	主要问题及经验
2022.4.9	提高训练强度，加大信息点的训练量	（一）问题 1.训练强度的问题，学生应加强上肢训练。 2.分工协作进一步加强，每个选手在实操上达到全能。 3.安全帽的适应问题。 （二）经验 确立两套实训方案，人员分工进一步细化。 （三）主要分工 1.一人负责作图和二层打线，此人为全能选手。 2.一人负责配线架的全部实训操作及一层布线、打线。 3.一人负责一至三层线槽、管的铺设及二层管的穿线
2022.4.27	槽管结合；配线架强化	（一）问题与经验 1.端接正确率太差。 （1）端口对应问题，应用"线标"规范。 （2）信息模块、配线架老化问题。 （3）端接顺序不合理（45361278），偏心、线序过长问题。 2.对槽管结合题的解答能力较差，对题的灵活处理不够。 （1）审题不细，槽管位置混乱。 （2）对于题上给出的弯头、直通、三通，用心观察、做好标注。 3.信息模块安装不熟练，适应长螺母的安装。 4.适应机柜。 （二）训练时间 3 小时 40 分钟

项目阶段	项目内容	主要问题及经验
2022.5.7	模拟试题三的训练 本次训练量较小，但理论强度加大，主要为提高学生的技能自信心	（一）问题 1.理论审题不细，对于 CAD2020 导入图形处理（附着）功能掌握不熟练。 2.图形输出问题较大，图形输出比例太小。 （二）经验 1.若配线架打线速度较快，学生在 3 个小时内可以轻松完成二层信息点。 2.审题要细，既有分工，又有协作。 3.将配线架拿下来打。 （三）完成时间 2 小时 50 分钟
2022.5.18	模拟试题四的训练 本次训练题型、难度有所加大；三层机柜，打印机全程环境模拟训练。 理论部分：结合了江苏、辽宁模式。 技能部分：二层管的难度加大	（一）问题与经验 1.理论部分审题不细。 （1）一个重要的图表未标识和输出。 （2）图上没有相应的文字说明。 （3）输出的表格和图形比例太小，不美观；VISO 与 CAD 的灵活应用变通性较差。 （4）对小组其他队员的理论指导不够。 （5）计时不准确。 （6）二层管穿线问题，破坏管结构。 2.（毛同学）墙体部分。 （1）对于墙体支架与图示矛盾问题，要灵活处理。 （2）墙体螺孔问题，要及时向教师反映，及时处理信息点。 （3）信息插座的钻孔问题，入线孔盖板的拔出问题（用钳子）。 （4）二层弯管问题，对管长度与弯管器的处理问题。 3.（金同学）打线部分。 （1）审题不清，对应端口端接错误。 （2）线标部分，概念不清，理论上要强化；模式为 11-1、11-2、06D22-1。 （3）模块、面板碰掉地 4 次。 毛同学和金同学均出现体力不支情况。 （二）训练时间 3 个小时未完成 2 层，差 4 个信息点，共用时 3 个半小时

续表

项目阶段	项目内容	主要问题及经验
2022.6.21	项目技能考试	问题与经验 1.现场适应环境不强，对突发性的问题处理不够及时。 （1）墙体攻丝。 （2）配线架端口问题。 2.工具准备不充分，专业性不强。 3.墙体的适应性与强度不够。 项目考核最终效果如右图所示

（三）主要成果及存在的主要问题

通过各项实验与研究，高校教师确立了网络环境下项目教学法的一般流程（以"计算机网络"课程为例）。

1.教学环境的设置

在中央财政的支持下，高校引进了教育行业第一品牌的锐捷网络实训设备，建造了先进的实训中心。实验室中使用者可以通过 RG-RCMS（锐捷网络实验室机架控制和管理服务器）同时管理、控制 8～16 台网络设备，不需要进行控制线的拔插，采用图形界面管理，简单方便。机房共有学生机 48 台，以环形分布共 6 组，每组 8 台计算机，每台计算机配备双网卡，分别为"板载网卡（线标分别为 01～50）"和"独立网卡（线标以字母开头、一位数字结束）"，其中，板载网卡中的连线通过 3 台交换机级联操作，连入汇聚交换机中，完成全网络的局域网设置；教师机 1 台，用于广播教学；锐捷网络服务器 1 台，提供 RCMS 平台服务，IP 地址为 192.168.0.253；联想万全 R5201 台，提供 Moodle 网络操作平台，IP 地址为 192.168.0.240。

2.教学团队的建立

教师可以把学生引入教学团队，让一部分计算机技能基础好、学有余力的学生承担某一部分辅助教学任务，对团队内的特定成员进行基础辅导，协助教师完成教学任务。在具体操作时，由每组成员推选一名组长（也可以称为项目经理），具体负责学习项目的计划组织和实施，也负责与任课教师进行沟通，以解决学习过程中遇到的难题。在这种教学模式下，学生也是一种教育资源，教师和学生成为相互学习的伙伴。每个学生都是一个特定的课程载体，学生原有的知识积累、生活经验，以及他的文化背景、情感、态度、价值观都具有了课程的意义，教学不再是单向的授受关系或双向的交流关系，而是教师与学生之间、学生与学生之间的多向互动关系。

3.设计与布置项目任务

（1）任课教师在全面、深入理解教学内容的情况下，将教学内容项目化，使之成为学生具体操作时的学习内容；在 Moodle 教学平台上发布项目内容及相关步骤，帮助各组同学进行网络资源浏览，并利用计算机辅助设计（CAD）等构建网络拓扑图。

（2）在实验前，教师将各组的组长召集在一起，向他们讲解将要操作的内容，特别是对教学内容中涉及的新概念、新技能着重进行讲解、示范操作。

（3）各组长在明确项目内容和实施步骤后，教师向其下达学习项目（学习内容），再由各组组长组织本组成员对项目进行分析，制订学习计划，给每位组员分配学习任务，强调学习要求。教学助理由计算机水平相对较高并有一定沟通、组织能力的学生担任，教学助理主要负责在实验教学中辅导其他团队成员，回答其他成员关于课程方面的疑问；根据每个成员的学习情况和特长，为其分配具体任务；负责反馈学习中遇到的共有问题，以帮助教师完善教学计划；负责反馈组员学习中遇到的疑难问题以及学习效果、反馈意见。

（4）为完成工作任务，每位成员都应该真正掌握所涉及的知识和技能，特别是要对学习内容反复练习，成员之间调换岗位，以使所有成员全面掌握知识和技能。在全部实验完成后，由组长完成相关的项目教学任务书撰写，通过 Moodle 教学平台所提供的"上传作业"功能，上交项目作业。

（5）在执行学习任务的过程中，如果遇到不能解决的问题，由组长负责与任课教师沟通以及对疑难问题进行解答。团队学习是充分开发学生自身资源的重要形式。

4.项目课程的评价

任课教师在对各组项目的完成情况进行检查之后，要对各组成员的学习情况进行客观的评价，以激发学生的竞争意识和进取心；要对各组上交的实验报告项目进行总结，分析学生在项目执行过程中出现的问题，并提出解决办法；应总结本次课程的学习要点、学生要掌握的知识技能和学生要注意的情感态度。

教师应提倡教考分离的考核方式，鼓励学生参加CCNA（思科认证网络工程师）或

HCNE（华三认证网络工程师）认证考试，在考核时，课程考核成绩=平时实训项目（40%）+期末实操考核测验（40%）+Moodle 网上理论考试成绩（20%）。

5.课题反馈调查

2022 年 6 月，专业教师利用网络平台随机抽取了 50 名参与实验的同学，进行电子问卷调查。其统计结果如下：63.79%的同学喜欢网络教学方式，但就网络的熟悉掌握程度而言，只有 15.52%的学生感觉掌握得较好。因此，相对于网络教学模式而言，学生对网络计算机的应用需要进一步加强。通过学期末的项目教学考核以及对实验与资料进行分析后发现，实验组与控制组学生的学习成效并没有显著差异，也就是说，在网络辅导教学与课堂复习两种学习方式上，学生的学习效果并没有显著的差异。

教师应通过对其他教师与受测学生进行访谈的方式，了解他们在使用操作平台系统及项目学习过程中的感受，并探讨学习成果无显著差异的原因，归纳出差异原因如下：

（1）教师意见

在这一项目课程中，共有 4 位教师参与并利用"广域网广播教学+Moodel 教学平台"模式，对参与实验的学生进行网络教学。总体而言，师生对系统的功能感到满意，认为该系统在教学过程中的交互性意义重大，极大地丰富了教学内容，拓展了教学模式。同时，相对于传统的教学方式而言，网络化教学可以在系统内部实现"管教管导"的教学方式，有利于提高教学效率。

（2）接受网络学习试验的学生意见

学生对"网络平台+项目教学"这种方式比较感兴趣，认为平台丰富了以往的教学内容，项目分模块、有任务，每节课、每单元都有清晰的任务说明，学生对自身的学习状况及相应的学习进度可以有大致的了解。学生能在网络中通过聊天室等方式参与互动，体会新的互动学习模式。有些同学在网上建立博客、开设论坛，或利用 Moodle 教学平台的"问题讨论区"功能，解决学习问题。大部分学生认为，虽然课程资源比较丰富，但还应该多增加一些课外选学内容。

从以上数据分析和访谈结果可以看出，开展网络教学面临一些实际的问题，而要想从网络教学中取得较好的教学效果，则还要克服更多的困难。

首先，在网络学习环境下，教师应该要求学生有较强的学习自觉性且具备一定的自主学习能力。网络教学在学习不够自觉的学生身上是没有效果的，而缺乏学习自觉性却是目前高职学生中存在的较为普遍的现象，因此在网络教学过程中，要有意识地提高教师的管控能力。学生自学能力不够、过多地依赖教师等涉及学生学习能力的培养问题，这是一个逐步养成的过程，可以通过教学方式的转变来解决。

其次，对于网络教学实施来说，网络平台教学内容的建设是其关键。在此次实验中，学生的学习时间不够充分、制作的课件不尽完善，导致网络教学没有发挥出综合效应，效果不明显。如何对教学内容进行合理的组织和编排，使其符合学生的学习习惯，充分体现适应化的特征，是教师要进一步研究的问题。

最后，从实验数据分析来看，网络教学中补救教学环节的实施，对学生有一定的作用，但考虑到环境的特殊性，所采取的概念相关指标法是否具有普遍意义，尚需做进一步验证。

（四）相关研究及其结论

高校建立了教学质量保障与监控模式，构建并实施了基于 Moodle 网络教育平台开展的项目课程设计。网络课程实现了 6 种教学功能：利用课程文件管理功能，实现课程资源的高度共享；利用聊天功能，实现在线实时同步教学；利用作业上传功能，实现异步教学；利用讨论区功能，实现小组协作互助学习；利用测验功能，实现教师对学生学习状况的考核；利用学习活动报告功能，实现教师对学生学习过程的监控。本次项目以 2022 届计算机及应用专业 4 个班级的 154 名学生为实验对象，以 Moodle 教学平台为实验平台，以项目教学法为教学模式开展课程体系研究，得出以下结论：

1.Moodle 教学平台是信息化课程设计的理想平台

目前，在职业学校中，各学科应用信息技术与课程整合的效果并不理想，文化课对信息技术的应用仅限于公开课及少数研讨教学课，在很大程度上是由于商业软件高昂的费用以及一线教师的计算机技能应用水平不高造成的。Moodle 教学平台的开源免费、易学易用，因此高校选择 Moodle 教学平台构建网络课程，可以节省大量购买商业教育网络平台的费用。网络平台管理员的维护与备份升级，可以让教师从编写平台代码、网络课程制作等繁杂工作中解脱出来，把更多的精力投入信息化课程的教学设计上来。教师只要掌握基本的计算机操作知识，就可以轻松地设计自己的网络课程。Moodle 教学平台是信息化课程设计的理想平台。

2.开展了基于 Moodle 教学平台的信息化课程设计理论研究

在本研究中，各位教师对基于 Moodle 教学平台的信息化课程设计进行了系统的理论研究。具体而言，教师从信息化课程设计的概念、理论基础，到具体的信息化课程设计要素，即课程目标设计、课程内容设计、教学模式设计、课程资源设计、课程活动设计、课程评价设计和课程管理设计等,进行了具体的理论研究和阐述,明确了基于 Moodle 教学平台的信息化课程设计的基本流程,开展了信息化课程设计的理论研究。

3.开展了基于 Moodle 教学平台的项目教学模式研究

在本研究的应用部分,课题组结合具体的计算机实践教学,基于 Moodle 教学平台,按照案例教学和任务驱动的全新教学模式编写课程内容。教学以项目单元形式呈现,教师将"用户需求—需求分析—方案设计—项目实施—项目测试"几个环节贯穿到每个项目中,将信息化课程设计理论研究成果应用到具体的课程设计实践中。由此,课题组开发出"中小型局域网的建构与管理""3DS MAX 三维动画设计"网上教学实践课程,形成了相对成熟的教学框架与教学流程体系。在教学研讨中,课题组以两个基于 Moodle 教学平台的教学案例即"计算机三维动画设计""英语学科"课程为例子。在这两个教学案例中,教师分别采用了基于项目的网络协作学习的教学模式和基于网络的探究学习教学模式,反思了这两种教学模式在 Moodle 教学平台应用时存在的问题,检验了这两种以建构主义为理论基础的教学模式在 Moodle 教学平台上的应用效果,丰富了使用 Moodle 教学平台的教学策略和教学模式;为计算机及其应用专业教师的教学提供了参考范例,也可以为其他学科进行信息化课程设计提供借鉴。

得出的实验结论是:其一,网络教材浏览与课堂复习两种学习方式的学习效果并无显著的差异;其二,实施网络教学,内容建设是关键,课题组要有意识地加强教师的管控作用。多数学生认为,基于 Moodle 教学平台的网络学习,可以使他们在知识技能、学习能力、情感态度等都有较大提高,喜欢这样的教学方式,并表示以后愿意使用 Moodle 教学平台进行学习。体验过网络化的教学之后,学生们普遍反映,他们的学习兴趣、自主性学习能力都提高了。实验教师们普遍认为,网络化教学、智能化分析和网络化课程管理将是未来教育的发展方向,师生参与的能动性也在提高。

现有的问题主要有如下内容:利用 Moodle 教学平台的教学只局限在专业课上,班级有限,实验教师有限,普及率不够;实验样本与数据较单一,不能形成科学、有效的评价。针对以上问题,课题组的教师将在总结本次教学实践经验的基础上,对网络化教学的课程设计进行完善与修改,然后进行较长时间和较大范围的教学实验,在选择课程科目时,尽可能使之覆盖较多的科目。在教学模式和教学策略的选择上,应该为课程研究、开发和实施提供更多的范例,课程内容的建构还有待完善,各学科知识与素材库的建设还有待充实。在课程评价中,高校应尽可能地实现评价主体的多元化,例如请一些课程专家来对信息化课程设计进行评价。教师还应加强对教学资源的分类与筛选,保障数据资源安全。

由于环境、课程的差异性在推广应用中会产生一些新的个性化需求，因此相关人员必须通过二次开发和设计来满足这些个性化需求。二次开发包括语言包、教学活动的设计、主题风格、功能模块及插件的开发。另外，系统网络集成环境的稳定性与扩容性也有待提高。

二、教育技术学研究方法课程微课的制作

教育技术学研究方法是教育技术学专业的核心、主干课程。教育技术学研究方法微课开发就是教师利用制作微课的相关软件工具，将教育技术学研究方法中的知识点重新梳理，制作成可供学生自主学习、精简的视频课程。这种形式可以使学生更好地掌握教育技术学研究方法课程的核心内容，适应翻转课堂的教学模式。

（一）硬件配置

在进行微课制作时，制作人员需要准备一个面积尽量小的房间，一般在 10 m² 左右，这样可以减少一些不必要的杂音与回声；要确保周边环境的安静，以免影响录制效果；在准备硬件配置时，一台计算机设备是必不可少的，用来展示所讲内容的相关课件，为了增强录课声音的清晰度，要准备耳麦类的装置。对于一些操作性很强，需要由讲授者亲自演示的内容，制作人员在使用计算机和录屏软件进行操作时，会用到手机、手机支架、便捷反光板、白纸等这类工具来完成。其中，对于智能手机，制作人员主要利用它的录像功能，现在智能手机的像素对于微课录制来说，其效果还是能够保证的；而且它的特点是比较小巧、便于携带，可以省去购买摄像机的开销。手机支架的作用是为了在进行内容录制时支撑手机，调节拍摄距离。在这里用到反光板是为了使手机投下来的光影或由灯光带来的阴影消失，也是为了保证微课录制的效果。用白纸则是为了书写向学生讲授或演示的内容，如果条件允许，也可以将白纸替换成电子白板。

（二）软件配置

微课是一种以视频为主要载体的课程资源，因此在微课制作的过程中必定用到很多与视频编辑相关的软件，还会应用到一些在未生成视频前制作微课的软件。在教育技术学研究方法微课制作中，用到的软件有 Focusky（动画演示大师）、PPT、Adobe Flash

（二维动画软件）、Photoshop、Camtasia studio（专业屏幕录像和编辑的软件套装）等。Focusky 和 PPT 都是演示文件稿的软件，其中，PPT 是师生非常熟悉的软件，在日常生活中会经常用到它。师生都能够掌握这款软件的基本功能，但是想要把 PPT 做好、做精，仍要下一番功夫。Focusky 是近年来兴起的软件，它的功能与 PPT 相似，只不过在一些方面要比 PPT 更为优化，换句话说，Focusky 弥补了 PPT 在制作微课上的不足，其优点体现在，Focusky 的画布相对而言是可以无限放大的，它可以通过画布的放大或缩小来模拟镜头的推拉，教师可以利用这种纵深感，将所讲的一些内容的逻辑关系进行可视化表达，而不是像 PPT 那样只能进行单纯的翻页。有些使用者认为，可以通过使用 PPT 中链接的方式，来表达所讲内容中各个知识点的关系，但 PPT 的链接方式给人一种跳转的视觉效果，远远没有 Focusky 表现得直观。Focusky 的另一个优势就是，它会提供很多现成的模板，从根本上减少了微课制作的工作量，教师只要找到合适的模板稍加修改，就可以把内容编辑进去。教师可以根据不同的教学内容和个人喜好，选择合适的软件进行编辑。Flash、Photoshop 这类软件则可以给微课制作一些符合内容的动态、静态图片，可以促进学生对教师讲授内容的理解，增强微课的趣味性，鼓励学生进行自主学习。Camtasia studio 录屏软件能够将制作好的微课与教师讲授的语音资源相结合，再进行后期制作加以完善，形成完整的微课视频。

（三）开发流程

为了使制作的微课更加标准化、系统化，并且能够更好地促进学生的学习，教师需要经过很多步骤，才能完成微课的开发与制作。通常来说，教师制作微课先要对所讲课程进行分析、研究，确定选题，了解学生的特点，然后进行教学设计、脚本编写、课件制作、后期处理等。

1.确定选题

教育技术学研究方法课程的教学内容经碎片化处理后，可以划分为若干个教学知识点。其中，大多数知识点都可以转化为图片、图表、视频等形象、具体的形式。最后，教师确定了 23 个选题，并将这 23 个选题通过微课制作软件生成微课视频。

2.学生的特点分析

教育技术学专业的本科生具有较强的自主学习能力，对与其相关的专业知识已经有所了解，因此教师可以根据学生的特定知识水平来确定微课内容的选取。本科生喜欢接受新鲜、新奇的事物，在未知的道路上有发现、钻研的意愿；具有基本的信息素养，能检索自己需要的信息资源，喜欢通过网络来寻求帮助，以解决学习和生活中遇到的各种问题；具有基本的科研探究能力，熟悉学术论文的基本格式，但在撰写论文时依然会出现各种问题，如格式不规范、文献整理分析不全面、不到位等，也就是说，从严谨性、科学性、规范性等角度来看，一些学生在功底方面存在一定的欠缺，这也是部分学生在撰写论文时很难跨越且感到特别痛苦的地方。

3.教学设计

教育技术学研究方法课程共生成 23 个微课，以其中"文献综述的撰写"为例，将教师的微课设计思路展示如下：

（1）微课题目：文献综述的撰写。

（2）学习对象：教育技术学专业三年级学生，要求其具备基本的科研能力，能独立撰写科研论文。

（3）教学目标：帮助学生了解什么是文献综述，通过学习微课，掌握文献综述的组成，并促使学生能够独立撰写文献综述。

（4）教学策略与方法：创设问题情境，引出文献综述的概念；利用文献综述案例，讲解文献综述的组成及撰写步骤。

（5）制作方式：主要采用"PPT+录屏软件"的方式，制作微课。

（6）特色与创新点：撰写文献综述是三年级本科生必须掌握的科研、写作能力。他们只有提高文献综述的撰写能力，才能为毕业论文的完成做好准备、打好基础。教师还可以通过微课声、形、图、画并茂的媒体表现形式，形象、直观地向学生讲述文献综述撰写的相关知识，帮助学生认识文献综述并能够撰写文献综述。

4.脚本编写

微课脚本是在微课视频还未制作之前，教师依据教学设计，将教学素材有效组织，以文字形式呈现出来的文本材料。微课脚本可以给后续微课的具体制作提供依据。脚本的具体内容见表4-5。

表 4-5 "文献综述的撰写"脚本

知识点	主要内容	素材形式	解说词
文献综述概念	导入	文献综述案例图片	本小节知识内容导入语
	文献综述概念	文字逐行呈现	文献综述概念
文献综述组成部分	通过案例讲解文献综述的组成部分：前言、主体、总结、参考文献	文献综述案例；文字动画呈现各组成部分	以日本泡沫经济研究文献综述为例，介绍文献综述的组成；从结构上看，文献综述分为"前言—主体—总结—参考文献"四个部分
文献综述撰写步骤	举例说明文献综述的撰写步骤：确定题目和关键词、查询文献、加工处理、拟定提纲，最后撰写成文	文字动画呈现综述的撰写步骤	文献综述的撰写，可按照以下几个步骤进行： 1.题目和关键词是整个文献综述的导航，在选题时，选择有意义、有价值的问题或专题作为题目，关键词可能在确定题目时出现，也可能在初步查阅文献资料时产生； 2.搜集尽可能多、尽可能全面的文献，收集 50 篇左右； 3.加工处理阅读过的资料，是撰写文献综述的必要过程； 4.前期工作准备就绪后，要明确整个综述的框架和重点、难点，按照一般的格式拟好提纲
撰写文献综述的注意事项	举例说明撰写文献综述的注意事项	文字案例	文献综述涵盖大量的信息，对学术水平和写作要求都比较高，因此在写作过程中，应注意以下几个问题： 1.查阅的文献应该全面、科学； 2.综述通常要采取间接引用的方式，避免大篇幅的直接引用； 3.综述不是对相关资料的堆积和对相关观点的罗列，而是要求作者对查阅的文献进行整理提炼和总结，再结合自己的评论综合而成的； 4.有的科研论文可以省略参考文献，但绝不可以省略综述
小结	总结各知识点	文字动画	结束语

5.微课制作

教师可以依据微课脚本，将所要讲授的知识内容，通过制作的软件呈现出来。文献综述的撰写微课是先生成 PPT 后再录屏的，可以同期配音，也可以在后期处理时把声音文件合成。

6.后期处理

后期处理是整个微课制作过程的最后一个环节。后期处理可以让微课视频更加完整，使每帧画面的转接更自然、流畅，还可以弥补在微课制作时遗留的一些不足，如加注下划线、圈定文字等，都是在后期处理中完成的。

（四）微课开发中应注意的问题

1.教学内容要适合微课

微课这种新型的教学方式并不是万能的，因为不是所有的教学内容都适合以微课的形式呈现，因此在开发过程中，教师必须考虑哪些教学内容是适合以微课形式呈现的，如"教育设计研究"中"EDR 与行动研究的区别"这一教学内容（见表 4-6）就不适合以表格形式在微课中呈现。虽然表格可以使知识内容条理化、直观化，但如果内容太多，满幅的画面都呈现文字这一种形式，就很可能导致学生产生抗拒心理，使学生在学习过程中出现倦怠感。如果非要以表格形式呈现教学内容，教师可以把内容分为"相同点"和"不同点"两部分在两幅画面中呈现。"访谈法"中不同访谈方法的比较（见表 4-7），就比较适合在微课视频中呈现出来，因为内容少，而且还具有直观、简单、易懂等特点，这样可以更好地达到预期的教学效果。

表 4-6　EDR 与行动研究的区别

		教育设计研究（EDR）	行动研究
相同点		1.以解决实践问题为目标；重视协作；研究过程注重重复、循环和反复； 2.研究途径都依赖于对理论概念和其他情境的反思与概括； 3.研究结果都可立即应用于教育实践活动，并可导致持久性的改良	
不同点	目的	解决实践问题并促进理论发展	解决实践问题
	情境	教育实践（可以是当事人的，也可以不是）	当事人实践工作情境
	研究主体	研究者、管理者和实践者多方参与	实践工作者
	研究的应用者	一线教师（研究者、一些假设的用户等）	行动研究者
	结果的推论	情境是特定的，但同时强调情境的迁移性	情景特定性
	理论的作用	理论观点不是一个研究过程开始的前提条件，理论观点通常出现在设计过程中	是否需要准备一个理论或一个争议
	研究方法	兼用质与量的方法	兼用质与量的方法，偏向质性研究
	研究的效益	解决问题，提升研究人员的研究素养，提高教师的创新能力和研究的积极性	解决问题与促进个人专业成长

表 4-7　不同访谈法的对比

	标准化访谈法	非标准化访谈法	座谈（集体访谈）	电话访谈
不同	直接性 高控性 受访人数 1 人	直接性 非高控性 受访人数 1 人	直接性 非高控性 受访人数多个（不超过 10 人，以 5～7 人为宜）	间接性 非高控性 受访人数 1 人
相同	1.都有访谈者和受访者； 2.都是以提问的形式，进行信息收集； 3.都需要访谈提纲			

2.时间不宜过长

微课的精简是其最为主要的特点，微课将知识进行碎片化处理，利用 5～8 min，让学生在课前进行自主学习。太过冗长的视频课程容易使学生产生倦怠感，学生通过观看视频进行学习，不能达到预期的效果。因此，对教学内容应进行合理规划，尽量做到在规定的时间内将计划好的教学内容完整地呈现出来。

3.要有完整的教学设计

微课的时长虽然没有以往的课堂教学长，但"麻雀虽小，五脏俱全"，每个微课视频都是一次完整的教学过程，它只是在内容上比以往的课堂教学少，但是教学过程的每个环节都有，因此教师在进行微课设计时，要确保教学设计的完整性。例如"实验设计模式"微课视频，在其一开始就应该有课堂导入，接下来是教学的主要内容，最后是案例分析。

4.注重情境性、趣味性

要想让学生能够利用微课进行高效学习，对于学生而言，微课只做到精简是远远不够的。教师在注重教学内容质量，确保学生所学内容准确、全面的同时，还要注重微课的情境性、趣味性，这样才能够吸引学生进行自发性学习。在微课制作过程中，教师可以列举一些学生较为感兴趣的例子，提出一些问题引导学生思考，也可以在恰当的地方运用一些当下流行用语激发学生的学习兴趣。例如在"研究假设的陈述"这一微课中，为了让学生更好地、更愉快地学习"自变量""因变量""条件因素"这三个基本要素，教师将鲜明、亮丽的橙色作为背景色，并通过对文字及卡通形象进行特效编辑来增加趣味性。其中，在标题的呈现方式上，教师使用了一个坐着驯鹿雪橇车的卡通圣诞老人的动图，通过路径特效将《研究假设的基本要素》这个标题展示出来，以此吸引学生的注意；对于三个基本要素的讲解，教师利用特效，在画布中央呈现"研究假设=自变量+因变量+条件变量"这个关系式；伴随着讲解，教师事先在这个关系式的下方对这三个基本要素运用特效加以简单标注，同时在其上方分别出现与其含义相对应的卡通图片，这样既能使学生感到轻松愉快，又能加深学生对这个知识点的理解。

对于微课的制作，在前期准备、制作过程、后期编辑各个方面都需要精心设计与组织。单个微课视频虽然只有短短的几分钟，但它需要的不仅是教师自身的专业性，而且要考虑学生的知识储备、认知能力等方面。对于教育技术学研究方法微课，还要同行和学生作出进一步评价。

第三节 典型经验：数字化教育模式推动老年教育发展

党的二十大报告指出，高校要积极推进教育数字化转型，建设全民终身学习的学习型社会、学习型大国。2022年8月，习近平总书记在辽宁考察时强调，要推动更多资源向社区倾斜。数字化学习资源建设，就是利用现代教育技术手段，将传统课堂内容以数字化方式呈现出来。

一、研究背景

1999年，我国进入老龄化社会。老年人口规模日趋庞大，老龄化程度日益加深，对于社会经济、文化、国家综合实力和国际竞争力产生了深远影响。第七次全国人口普查结果显示，我国60岁及其以上人口为2.64亿人，占人口总数的18.7%，其中65岁及其以上人口为1.9亿人，占人口总数的13.5%。《中华人民共和国2022年国民经济和社会发展统计公报》显示，截至2022年末，全国60岁及其以上人口为28 004万人，占人口总数的19.8%，其中65岁及其以上人口为20 978万人，占人口总数的14.9%。与2021年相比，60岁及其以上人口增加1 268万人，占比上升0.9%；65岁及其以上人口增加922万人，占比上升0.7%。《辽宁省2022年国民经济和社会发展统计公报》显示，2022年，辽宁省60岁及其以上人口为1 158万人，占辽宁省人口总数的27.59%。

面对严峻的老龄化形势，如何贯彻、落实党的二十大精神，努力发展老年教育，探索新的老年教育模式，使之既能适应老年人学习需求，提升老年人生活品质，又能推进高校转型发展，成为开放大学亟待解决的问题。

二、我国老年教育现状与存在的问题

（一）老年教育政策法规不断完善

1994年12月，中央十部委联合印发我国第一个全面规划老龄工作、促进老龄事业发展的重要指导性文件《中国老龄工作七年发展纲要（1994—2000年）》，标志着我国

老龄工作和老龄事业步入有计划的发展轨道。该纲要指出，老年大学、老年学校是老年教育的重要形式，已成为老年人老有所学、老有所为、老有所乐的重要场所，要进一步巩固和提高。

1996 年，我国历史上第一部专门保护老年人权益的法律《中华人民共和国老年人权益保障法》指出，国家发展老年教育，鼓励社会办好各类老年学校；强调国家和社会应当采取措施，逐步改善老年人的生活、健康、安全，以及参与社会发展的条件，实现老有所养、老有所医、老有所为、老有所学、老有所乐，保障老年人参与经济、政治、文化和社会生活。

标志着我国老年教育进入全新发展阶段的是 2006 年 8 月实施的《中国老龄事业发展"十一五"规划》。该规划指出，各级政府要继续加大对老年教育的资金投入力度，同时动员社会力量，因地制宜地办好老年电视大学、老年网上学校。到 2010 年，老年大学和老年学校在现有基础上增加 1 万所。

首次将发展老年教育提高到党和国家发展战略高度的是 2016 年 3 月印发的《中华人民共和国国民经济和社会发展第十三个五年规划纲要》（以下简称"十三五"规划）。该纲要提出，各级政府要推动各类学习资源开放共享，办好开放大学，发展在线教育和远程教育，整合各类数字教育资源向全社会提供服务，发展老年教育。

继国家"十三五"规划发布后，2019 年 3 月，中华人民共和国国务院办公厅印发《关于推进养老服务发展的意见》进一步指出，要大力发展老年教育，优先发展社区老年教育，建立全国老年教育公共服务平台，鼓励各类教育机构通过多种形式举办或参与老年教育，推进老年教育资源、课程、师资共享，探索养教结合新模式，为社区、老年教育机构及养老服务机构等提供支持。

党的二十大报告提出，建设全民终身学习的学习型社会、学习型大国的目标，为我国老年教育改革发展提供了新的思路，助推数字化教育进社区行动，让全民终身学习理念深入人心。为深入贯彻落实党的二十大报告关于推进教育数字化、建设学习型社会和学习型大国的重要论述，中华人民共和国教育部于 2022 年 11 月举办了以"学习贯彻二十大，终身学习向未来"为主题的全民终身学习活动周，在宣传终身学习理念、推动全民终身学习进程上，发挥了重要作用。

（二）老年教育存在的困难

老年教育在我国教育体系和老龄化工作中均占有重要地位，而社区老年教育是老年教育的核心和主体，也是学习型社会和终身教育体系的重要组成部分。

目前，由于各地经济发展水平、结构和布局等存在差异，导致我国各地老年教育发展很不均衡，一些地方存在资源匮乏、经费紧张的问题。同时，受办学条件影响，我国老年教育存在数字化和智慧化基础设施建设整体滞后、老年大学经费来源比较单一等问题，不同程度地影响了老年教育的进一步发展。一些社区老年教育服务资源和教育资源短缺，资金、场地有困难，师资力量不足，在一定程度上限制了社区老年教育的整合、优化和发展。此外，社区老年教育多注重丰富老年人的业余生活，教育内容主要倾向于文娱活动、医疗保健等方面，更像一个老年活动中心，这种相对单一的学习、活动内容，弱化了老年教育的教育功能。长期以来，由于受到社会观念的影响，加上自身家庭的原因，一些老年人对老年教育问题在认知上存在误区。有的老年人大部分时间在照顾家庭，或者忙于照顾子女的家庭，缺乏参与社会活动的时间和精力。在做家务之余，他们大多选择利用自家附近的公园、广场提供的活动器材锻炼身体，而对社区活动中心、图书文化场馆的利用率却一直未见明显提高。我国长期实行90%居家养老、7%社区养老、3%机构养老的"9073"养老模式，一些老年人对自身生活方式的认知还停留在居家养老层面，对于老年教育的认识并未与时俱进。还有一些老年人对于健康生活、服务社会、实现自我价值的思考不够深入，对于老年教育缺乏足够的重视。

三、鞍山开放大学开展老年教育的策略

（一）建设数字化社区学习示范点

与传统教学方式相比，数字化教学以远程信息技术为基础，利用网络学习平台创造数字化学习环境，打破了学习时空的局限。自2013年启动数字化社区学习示范点建设以来，鞍山开放大学先后在鞍山市铁东区、铁西区、立山区创建了5个学习示范点，并向周边社区辐射，形成了示范引领和集聚效应；针对各地学员的不同特点，有计划、有系统地编制校本教材，积极开展以计算机知识普及为主的义务培训活动；针对社区居民提出的热点问题、敏感问题和相关需求，有的放矢地开设法律知识、微信应用、社交礼仪等课程，精准满足社区居民日益增长的学习需求。此举成为辽宁省社区老年教育办学的一大亮点。目前，鞍山开放大学已开办近100期计算机、法律知识培训班，免费培训学员12 000多人次，受到社区老年朋友的热烈欢迎和社会各界的好评。在抓好社区老年

教育试点的同时，鞍山市委组织部依托鞍山开放大学成立了鞍山社区干部学院，积极开展全市城乡社区、村干部能力提升培训，从 2014 年至今，已举办 90 期培训班，累计培训 10 000 余人次，成为辽宁省乃至全国社区、村干部教育培训示范品牌。社区干部学院提升了社区、村干部的治理能力和治理水平，为推动数字教育资源进社区、促进社区老年教育发展，提供了组织保障。

（二）打造"1+5"社区教育新模式

为社区老年人提供良好的教育服务，是实施积极应对人口老龄化国家战略的内在要求。开放大学应大力推进老年教育，让老年人在"家门口"享受高质量教育服务，促进他们不断调整心态、学习知识，强化"活到老，学到老"的学习理念。国家老年大学成立后，辽宁开放大学多次要求各市开放大学抢占社区老年教育制高点，因地制宜开展社区老年教育工作，为开放大学转型发展抢占先机、探索道路。

2020 年 9 月，鞍山开放大学老年大学获批承担老年教育教学、技能培训、文化传承等任务。目前，学校投入 70 多万元建设了多功能排练厅、舞蹈教室、书画教室、声乐教室、器乐教室，购置了钢琴、音响等专业教学设备，并在教学区同步配备茶吧机、智能存衣柜，铺设红地毯，为老年学员提供人性化服务；建立名师工作室，配备齐全的办公设施设备；整合校内外优质师资和课程资源，开设书法、合唱、手机摄影与制作、电子琴、形体舞、模特、民族舞、交谊舞、古典舞九门课程，组织了"老年大学名师荟萃展演，学员技能才艺展示活动"。针对 5 个数字化社区学习示范点教学设施陈旧落后的问题，学校又先后投入 130 多万元，购置大量数字教育资源设施设备，巩固了数字教育资源进社区的物质基础。鞍山开放大学校本部老年大学与 5 个数字化社区学习示范点联合构建"1+5"社区教育新模式，带动各教学点一体化发展，为社区老年人老有所学创造条件。

（三）抓教学课程共建共享

在数字化学习模式下，学生应充分利用手机、电脑、平板等学习工具辅助学习，依靠各种学习软件、线上课程、视频辅导、网络平台提供的多元化学习资源，开展课程学习。鞍山开放大学依托国家老年大学云课堂、辽宁终身学习网、辽宁老年学习网、辽宁学习网微信公众号、"老年学堂"和"银龄风采"抖音账号等优质平台，精心选聘优秀教师，建设人人皆学、处处能学、时时可学的社区老年教育；结合课程共建活动，积极开发具有区域特色的老年教育课程，如南果梨种植技术、千山旅游文化推广、国家级非物质文化遗产——岫岩非遗文化剪纸、温室大棚种植养殖技术等，持续拓宽教育内容，激发老年人学习兴趣；利用社区教育示范点的宣传教育功能，把学习渗透到老年朋友生活的方方面面，提高老年人的生活质量，营造"内容多样化、学习终身化"的社区教育氛围。

（四）抓教育活动载体建设

近年来，鞍山开放大学开展了一系列社区教育活动，丰富了教育活动载体。例如，开展"能者为师"和"智慧助老"学习资源遴选、推介、共享活动，推动广大"能者"积极参与社区互动；开展"百姓学习之星""优秀学习品牌""优秀社区院校"等遴选推荐活动；以贴近市民、联系群众、惠及百姓为出发点和落脚点，举办以"推动全民终身学习，助力鞍山全面振兴、全方位振兴"为主题的全民终身学习活动周，并于2020年11月成功承办辽宁省全民终身学习活动周开幕式，得到了社会各界的充分肯定。

（五）抓科研课题实验研究

鞍山开放大学借鉴国内先进地区的经验，积极开展社区老年教育理论研究，深入探索符合老年教育发展规律和本地实际的社区老年教育模式；紧扣辽宁省社会科学规划基金重大委托项目"服务基层社会治理社区教育制度研究"的子课题"鞍山开放大学举办老年大学实践研究"，努力创新鞍山开放大学老年大学办学模式，重点围绕老年教育发展模式、组织与管理模式、课程开发与教学设计、教学模式与方法、师资队伍建设等方面展开积极探索；整合各方资源，共同参与社区老年教育课程开发，并在开发课程的同时，切实加强科研交流；通过自建、合作开发、市场化开发等途径，推动课程开发、课程资源、科研成果共建共享。

综上所述，老年教育是终身教育的收尾环节。各地老年大学应为老年人提供丰富、专业的教育资源，促进老年人不断学习新技能、新知识，适应社会的发展。这也是建立终身教育体系的关键环节。近年来，鞍山开放大学通过开展数字教育资源进社区、进家庭，老年大学建设，全民终身学习活动周等活动，进一步提高了学校的知名度和影响力，为发展老年教育创造了有利条件。当下，社区老年教育内容和形式只有因需而设、顺时而变，充分满足老年人自主学习与个人发展的实际需求，才会起到推动社区发展和社会进步的作用。鞍山开放大学将持续探索数字化教育新模式，引领老年人通过网上学习、微信读书等途径，掌握科学生活、健康养老的知识和技能，帮助老年人将知识和技能应用到智慧出行、智慧医疗、手机购物等领域，提高老年人生活品质，丰富老年人的精神文化生活；不断创新老年教育形式，加快推进数字教育资源进社区、进家庭，推动社区老年教育取得新突破，为优化区域教育资源配置，推进人人皆学、处处能学、时时可学的学习型社会、学习型大国建设作出贡献。

第四节 典型应用："鞍芯"智能养老机器人创新设计与应用

目前，我国 60 岁以上的人口已超过 2 亿，预计到 2033 年，老年人口将超过 4 亿，养老问题日益严重。据估计，到 2030 年，中国对老年护理人员的总需求将增加到 1 624.68 万人。在云计算、大数据等新一代信息技术背景下，数字经济与健康养老势必成为新经济时代的下一片"蓝海"。

"鞍芯"养老机器人项目以习近平新时代中国特色社会主义思想为指导，深入学习贯彻党的二十大精神，立足新发展阶段，着眼于满足老年人多样化、多层次、高品质养老服务需求，以发展养老服务产品与培养复合型技能人才为重点，为新时代养老服务高质量发展提供有力的人才支撑；基于"尊老""敬老"等中华养老传统文化，利用物联网、5G 和 AI 技术，以产教融合为目标，设计与开发养老机器人与教育产品。

鞍山职业技术学院以传承中国传统文化为起点，依托科技大赛成果，进行养老服务类产品的研发，研究传统养老服务教育类产品，包括在线课程、游戏、互动体验等，实现文化传承和创新开发，充分体现了学校在新工科和核心素养 STEM 教育（即科学、技术、工程和数学教育）建设方面取得的成果。例如机器人项目在 2023 年辽宁省科普大赛上获创新设计一等奖 1 项、三等奖 1 项，促进了学院计算机应用、机械制造、大数据技术、工业机器人等专业的转型升级，以及数字化技术与教育、医疗、消费生活、文化传播等的深度融合。

一、养老市场概况

（一）目标市场现状

1.相关政策与技术前景

近年来，国家陆续推出《关于推进养老服务发展的意见》《关于加强养老服务人才队伍建设的意见》等文件，积极应对人口老龄化，推动新时代新征程养老服务高质量发展。2023 年，中华人民共和国工业和信息化部、中华人民共和国教育部等十七部门印发的《"机器人+"应用行动实施方案》提出，要研制残障辅助、助浴、二便护理、康复训练、家务、情感陪护、娱乐休闲、安防监控等助老助残机器人产品。相关部门应加快推动多模态量化评估、多信息融合情感识别、柔顺自适应人机交互、人工智能辅助等新技术在养老服务领域中的应用，积极推动外骨骼机器人、养老护理机器人等在养老服务场景的应用验证。

2.产品目标定位

在中华人民共和国工业化和信息等三部委编制的《智慧健康养老产品及服务推广目录（2020 年版）》分类中，智能养老健康服务载体基本可以分为 5 类，即可穿戴健康管理类设备、便携式健康监测设备、自助式健康检测设备、智能养老监护设备及家庭服务机器人。

教育产品的目标用户应定位为居家养老的老人。老年陪护用户需求包括医疗保健需求（健康管理、应急响应）、居家安全需求（日常照料、备忘提醒）、情感慰藉需求、休闲娱乐需求等，对这一特殊群体的医疗和护理，将成为经济和社会发展的巨大动力。针对居家养老场景的单体机器人产品形态，其目标用户为基本具备自理能力的老人，或家中有子女陪伴照护的老人家庭。单体机器人产品以机器人本体为核心卖点，通过单体不同款的养老机器人产品，辅以较为初阶简单的智慧养老功能，为使用者提供较为轻量化的智慧养老场景体验以及居家老人的辅助服务功能。

教育产品的目标定位为锻炼和培养老年人的科学素养与创新精神。教育产品可以通过机器人教育融合科学、技术、工程和数学，融合多个领域的知识与技能，帮助老年人化解生活上的现实难题，培养学生的科学素养与创新创业精神。

（二）养老市场受众特点

老年人群体是养老行业的核心受众群体，他们通常是 60 岁及其以上的人。国家统计局发布的数据显示，截至 2023 年末，在全国人口中，60 岁及其以上人口有 29 697 万人，占全国人口的 21.1%，其中 65 岁及其以上人口 21 676 万人，占全国人口的 15.4%。老年人群体会随着年龄的增长，更加关注自己的健康问题，对医疗和健康保养的需求日益旺盛。基于中国的传统伦理，老年人的子女是养老行业的重要受众群体。

（三）创业机会与政策鼓励

通过调研、分析创业机会的识别与评估，可以发现，市场上对智能养老监护设备的需求较大。在大数据与 AI 技术的助力下，市场上出现了智能升降轮椅、防走失定位鞋、气囊防摔衣、一键通呼叫、智能烟感器等，为老年人提供实时健康监测、预警自动化服务的"智慧养老"新产品；扫地机器人、护理机器人也正在加速落地。因此，科研团队将目标客户与服务定位在，主要为老年人提供日常生活的意外情况监测以及养老服务照护服务，通过衍生产品为机器人教育提供增值服务。其服务场景包括居家养老、机构养老、老年学员科学素养培训等。科研团队可以通过升级养老机器人的外观造型设计、交互方式、界面设计表达、领域特色等，使产品在市场上的同质化程度减弱，提高其商业价值。

2023 年，除《"机器人+"应用行动实施方案》外，中华人民共和国国务院办公厅还印发了《关于发展银发经济增进老年人福祉的意见》，中华人民共和国国家发展和改革委员会、中华人民共和国民政部和中华人民共和国国家卫生健康委员会联合印发了《"十四五"积极应对人口老龄化工程和托育建设实施方案》。随着中国适老化工作的加快推进，智能化、数字化新技术催生的"智慧养老"模式，将使越来越多的老年人享受到更加个性化、安全、舒适的产品。智慧养老的发展是一个系统工程，包含但不仅限于安防技术、通信技术、物联网技术、机械设计等。使用该产品，可以帮助老年人的子女在工作及照顾家庭之余，更好地了解长辈的健康状况；帮助社会更好地关爱老年群体，增强老年人的获得感和幸福感；也是在为进一步构建社会养老服务体系，实现社会养老服务体系的可持续发展作出有益的探索。

（四）产品定位及潜在竞争者与服务客户

中国的机器人产业虽有进步，但与国际巨头相比，并没有形成绝对的领先空间，缺少能与波士顿动力公司（Boston Dynamics）、特斯拉（Tesla Inc.）实力相当、同台竞技的养老机器人产品。养老机器人产品是一个细分赛道，一旦发展起来，体量也是相当惊人的，就国内市场来说，达到千亿级并不是难事，如果算上海外市场，前景将更加广阔。

科研团队从低端服务链入手，对接国内外高端机器人服务产商，寻求商业机会与就业机会；在机器人细分的服务类养老机器人方面，在机器人造型设计、某一服务功能插件上实现突破；研究教育机器人产品如何与中国深厚的传统文化深度结合，真正在"寓教于乐"的过程中、在思政育人的同时，培养老年人的诸如空间想象力、逻辑思维能力、超强动手能力等；并将研究成果及时转化到教育科研与竞赛活动上，在多学科交叉的同时，实现产教融合、科教融汇，培养老年人"大国工匠"与"能工巧匠"的创新能力，提升老年人的科学素养，实现职业教育的社会服务价值。

国内外机器人竞品及潜在服务客户见表 4-8。

表 4-8　国内外机器人竞品及潜在服务客户

国家	公司与产品名称	产品图	产品定位	市场现状
美国	波士顿动力 Atlas		波士顿动力的人形机器人的领军品牌，Atlas 具有高级的机动性和跑酷能力，可以实现复杂行走、跳跃、搬运等动作	应用于军事、勘探、救援和科研领域
美国	特斯拉 Optimus		特斯拉的人形机器人采用中国厂商为特斯拉供应的六维力传感器和触觉传感执行器等部件，预计在量产后售价低于 2 万美元	主要面向生活服务场景
中国	小米 CyberOne		小米推出的人形机器人 CyberOne，以人工智能为内核，标准人形为载体；结合深度视觉模组，结合 AI 算法，售价约为 70 万元人民币	能够实现人物身份识别、手势识别、表情识别功能；主要面向生活服务场景

国家	公司与产品名称	产品图	产品定位	市场现状
中国	优必选Walker		集六大AI技术于一身,优必选Walker机器人搭载高性能伺服关节,以及多维力觉、多目立体视觉、全向听觉和惯性、测距等全方位感知系统,售价为15~20万元人民币	主要用于家庭及办公场景
中国	宇树科技UnitreeG1		采用人形智能体、AI化身,机器人的电机、减速器、整机结构、传感器等都是国内自主设计研发的;能够像人类一样,用机械双臂灵活地完成一系列工作,售价9.9万元人民币起	该仿生四足机器人设备适用于工业领域的电力巡检、应急救援、工业检测、教育科研等多样化场景
中国	乐聚(深圳)机器人技术有限公司的"夸父"		华为机器人重量约为45 kg,步速最高可达4.6 km/h,能递水、击掌,可跳跃;是国内首款可跳跃、可适应多地形行走的开源鸿蒙人形机器人	"夸父"是面向家庭场景的开源鸿蒙人形机器人;盘古大模型依托海尔智家,实现智慧家庭全屋家电互联互通服务

1.国外的智能养老

在国外智能养老建设方面,德国开发了环境辅助系统(AAL),该系统可以对老年用户的状态进行分析并作出判断和反应,老年人家属也可以通过该系统远程查看老年人的情况或协助老年人使用智能产品,实现代际联动;法国KRG创新公司开发了家庭远程养老监护系统,家属可以通过该系统观察到老人的跌倒、不适和反常状态;苹果公司针对智能医疗推出了 ResearchKit 软件架构与其 Apple watch（苹果手表）进行软硬件结合，可使老年人在居家环境下对自身的身体状况进行简单的监测；塞巴斯蒂安·康兰（Sebastian Conran）与谢菲尔德大学共同研发推出的"Care-free 家庭系统"不仅可以用于视频通话，而且可以连接家庭智能设备，成为家庭物联网的控制中心；2022 年，特斯拉正式发布人形机器人"擎天柱"；2024 年，人形机器人明星公司 Figure AI 利用以 GPT-4 为代表的大模型建造了智慧大脑，发布机器人 Figure 01，在 OpenAI 强大模型的支持下，可以进行仿真操作与对话交互。

2.国内的优势企业

我国制造陪伴机器人企业的产品定位均以儿童早教为主，如北京康力优蓝机器人科技有限公司，而对于养老领域的陪伴机器人仅有零星尝试。河南省中瑞机器人科技有限公司针对老年人开发的陪伴机器人，可智能更换手爪，实现生活物品抓取，目前仅在外形、动作层面实现了较高的拟人程度，在人机交互体验方面仍显不足。2022 年，国内养老陪伴机器人的需求量大大增加。在 2023 世界机器人大会期间，北京星动纪元科技有限公司、杭州宇树科技有限公司等对外发布了人形机器人。同年，在 2023 科大讯飞全球 1024 开发者节上，业界首个"大模型+具身智能"的人形机器人亮相。

北京市和上海市的机器人产业规模领跑全国，2022 年，两城市的机器人产值均已突破 100 亿元。官方数据显示，近 3 年，北京机器人产业收入年平均增速超过 20%，2022 年机器人产业收入突破了 170 亿元；上海市浦东新区的机器人企业超过 100 家，机器人核心企业产值已达 100 多亿元。

通过调研有关机器人上市公司数据可知，北方以沈阳新松机器人智能科技开发有限公司为代表，2022 年，销售各类工业机器人 3 333 台、移动机器人 1 641 台，主营收入 15.05 亿元；位于广东省的深圳市优必选科技股份有限公司是人形机器人的领导者和智能服务机器人的领航企业，是全球极少数具备人形机器人全栈式技术能力的公司，包括行业领先的机器人技术（机器人运动规划和控制技术、伺服驱动器）、人工智能技术（计算机视觉和语音交互）、机器人与人工智能融合技术等，其 2022 年的年报收入为 10.08 亿元。

要想知道教育机器人在民间的应用情况，可以以京东商城官网为载体，输入关键字"养老机器人"进行搜索，然后研究主要养老厂家与主要产品。其厂商包括北京进化者机器人科技有限公司、北京苏萌蒙智能科技有限公司等；其产品包括视频通话与远程监控类、老人移位器、穿戴式设备机器人、遥控运送物品、智慧养老服务等类机器人。教育机器人产业蓬勃发展，仅鞍山一地，就有麦高机器人、佳智机器人、贝尔机器人等十多个教育品牌及数十家培训机构。

二、产品与服务

（一）产品介绍

"鞍芯"机器人部件采用 STM32 作为主控芯片，借鉴旭日 X3 派、树莓派、Arduino 等软硬件资源平台，由鞍山职业技术学院师生在科技企业帮助下，在 ROS 环境下自主设计而成，实现了机器人的运动控制、传感器数据处理和环境感知等功能，具有成本低、体积小和简单实用等优点。产品设计针对居家养老场景的单体机器人产品形态，目标用户为具备基本自理能力的老年人或有子女陪伴、照护的老年人家庭。该产品以机器人本体为核心卖点，通过单体不同款的养老机器人产品，辅以较为初阶的智慧养老功能，为老年人提供较为轻量化的智慧养老场景体验以及居家养老的辅助服务功能。

受制于资金、技术、人员等因素，大创团队开发的主要是面向机器人教育与居家养老的小型服务型机器人，更多侧重于外观造型与功能设计，未来也主要依托于国内企业平台的技术支持，注重下游产业链或某一功能领域，如基于物联网的智能识别系统的技术研发。大创团队的目的更多的是培养学生的工匠精神、民族品牌意识，通过大创项目将专业知识与商业知识有效结合，并转化为商业价值和社会价值。

鞍山职业技术学院团队相关技术已申请专利与软著，见表4-9。

表4-9 团队相关技术已申请专利与软著

专利与软著名称	申请号
多功能养老陪护机器人（"鞍芯"）	202430241026X
基于物联网的智能识别系统	2024R11S0980545

（二）产品关键技术

1.整体系统设计

系统总体设计方案如下（如图4-5所示），项目感知层采用 STM32 与 K210 主板，形成上下位机。其中，STM32 负责传感器模块、蓝牙通信模块、机械臂等，K210 主板负责驱动装置、图像与语音识别、激光雷达与摄像头、消毒部分等，产品初步具有可移动、可智能处理数据、报警提示、医卫消毒等功能。在后期项目应用中，网络层由互联网与云平台构成。在应用层中，用户通过 Web 网页端、移动端 APP 及平板电脑等实现中远程控制整个养老服务系统。

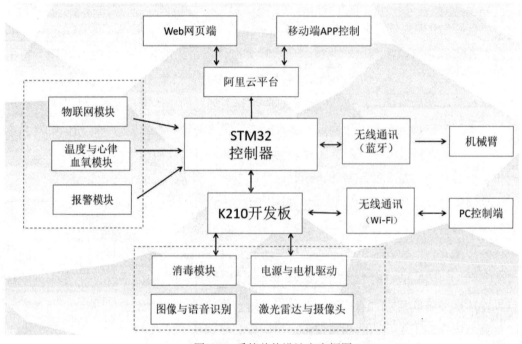

图 4-5　系统总体设计方案框图

将现代信息技术与养老服务产业相融合，有利于完成以"智慧养老"为核心的交互设计，这一交互设计可以为老年人提供生活辅助及陪护服务。其中，生活辅助功能包括家务护理、大小便护理、饮食护理、洗浴护理、清洁护理等；陪伴服务包括情感陪护、家庭安防监护、心理慰藉等。

2.Inventor 3D 造型设计

目前，该机器人高 269 mm、长 95 mm、宽 93 mm、总体重量 4 kg；设计有智能驱动设备、物联网模块、心律与体温传感模块、消毒模块、智能识别模块等；具有移动及智能分拣功能，能够帮助移动不便的老年人倒垃圾，能够可控地完成物品识别和分拣，相比于传统的养老机器人，它的移动范围更大、识别准确度更高，且可识别的物品种类更多。机器人产品材质通过 3D 打印机制作，采用 ABS 电子元件，显示屏拟采用 10.1 寸，分辨率 1 280 × 800，后期声源定位拟采用科大讯飞五麦环形阵列，360°声源定位；通信连接采用 Wi-Fi、Rj45、射频、蓝牙、通用串行总线（Universal Serial Bus，以下简称"USB"）等技术，在机器人的身体部分安装彩色 LED 灯；周身安装生命体征监测传感器、温度传感器、心律血氧传感器等，多种传感器遍布全身，有利于机器人全方位感知环境。

（1）心率血氧模块：本系统通过心率血氧传感器，将获得的人体心率及血氧信号传输到主控板，经过处理后，将通过语音合成模块、报警模块予以提示健康情况的预警状态；可通过定时编程来驱动机器人的动作，达到实时监测的目的。

（2）物联网模块：采用 OBLOQ-loT 物联网模块，通过无线网络通信技术模块，传输信息到手机端，以达到及时医治的目的。

（3）语音合成模块：实时播报老人的心率和血氧监测指数及健康情况。

（4）消毒模块：通过控制继电器，驱动电机装置，可实现对室内的定时杀毒，保证室内的卫生。

（5）温湿模块及空气质量模块：通过温湿模块，可以对室内温度、湿度及空气质量进行监测，保证室内良好的环境，为老年人提供健康的疗养环境；采用 OLCD-12864 显示屏，显示老年人身体状态、监测的实时数据及空气质量指数。

（6）报警模块：采用蜂鸣器对老年人出现的紧急情况进行预警，健康情况播报可以与摄像头、短信报警连接。

（7）电机驱动与机械臂模块：该模块可以驱动机器人自动行驶，定时提醒老年人监测心率血氧的变化情况。在设计该分拣机器人的模块时，技术人员采用了依据功能进行解耦的设计方法，在模块间采用通信的方式彼此联系、各司其职，只在需要时进行通信，增加了各个功能的稳定性，且在出现故障时方便维修。

养老机器人 3D 建模设计如图 4-6、图 4-7 所示。

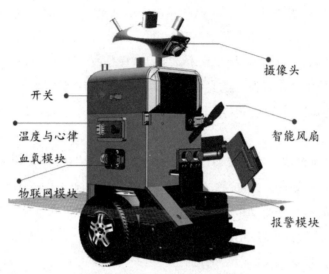

图4-6　养老机器人3D建模设计（正面）

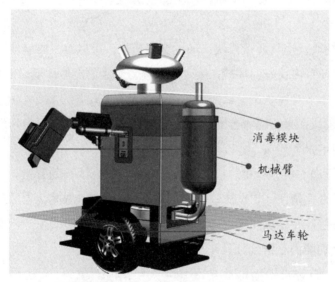

图4-7　养老机器人3D建模设计（背面）

3.高效控制算法与人工智能扩展应用

软件使用Keil5对STM32使用C/C++语言进行编程，使用MaixPy IDE对K210进行编程。

打造人形机器人"大脑"和"小脑"。定位使用拓展卡尔曼滤波算法，对编码器的输出进行滤波，识别采用了基于 darknet 框架的 YOLOv3 神经网络，在完成训练后，通过将其部署在 K210 上完成识别。开发基于人工智能大模型的人形机器人"大脑"，增强环境感知、行为控制、人机交互能力，推动云端和边缘端智能协同部署。建设大模型训练数据库，创新数据自动化标注、清洗、使用等方法，以扩充高质量的多模态数据。

MicroPython 是基于 Python3 做的一款解析器，包含了 Python3 的大多数基础语法，主要运行在性能和内存有限的嵌入式芯片上。Python 程序主要利用 jupyter notebook 设计开发。

4.硬件与机械

养老机器人的一个主要功能就是代替人工进行物品分拣，这种机器人将虚拟样机技术、机器视觉技术，以及智能控制技术和视觉与分拣进行结合，运用这些技术，可以对地面上的物品进行准确识别和分拣。本研究对象就是基于视觉识别技术的智能移动物品分拣机器人，它们能够扫描、识别物品，并抓取物品将其送到需陪护的老年人身边。该机器人适用于帮助老年人在客厅房间、家庭园林、公园等场所拾取电池、果皮、纸团、塑料瓶等物品，具备自动化程度高、成本低、效率高等特点，能大大节省人工，有很好的推广应用前景。

（1）轻量、简约化结构设计

轮式机器人可以很好地解决机器人的平衡性，其关键部件可采用碳纤维 3D 打印、远端驱动的一体化方案；在实现功能的基础上再减重，并提高续航时间，压缩成本。开源模块由于接口开放，连接相对简单，易拆卸，造价也低，产品可以快速从实验室进入市场。研发团队经过技术迭代，已经全面升级结构方案，模块化设计头部、躯干、手臂、驱动底盘，可以实现快速组装和维护。机器人的下身采用轻量化设计，电机模块集中在底盘部分，通过合理分配电机位置，使设计更为整体、统一，且使机器人具备了整体控制的强鲁棒性与低功耗的特性。

（2）可移动壁障电动驱动与智能识别算法

可移动壁障电动驱动设备包括驱动模块和电机、光电编码器、K210 开发板、HC-05 蓝牙透传模块等。本产品主要由定位单元、主控单元、驱动单元、识别单元及上位机组成。定位单元由编码器及软件滤波器组成，主控单元由 STM32F103 最小系统板构成，驱动单元由 STM32F407 板及电机驱动芯片 L298P 组成，识别单元由 K210 板以及摄像头构成，上位机由安卓蓝牙调试软件组成。

定位使用拓展卡尔曼滤波算法，对编码器的输出进行滤波，积分后得到相对于起始点的位置。卡尔曼滤波主要根据系统状态方程，通过系统输出作为观测数据，不断迭代修正预估的逻辑，实现对系统状态的最优估计。其核心的 5 个公式如下：

$$\begin{cases} X(k|k-1) = AX(k-1|k-1) \\ P(k|k-1) = AP(k-1|k-1)A^T + Q \\ X(k|k) = X(k|k-1) + K(y(k) - HX(k|k-1)) \\ K(k) = P(k|k-1)H^T(HP(k|k-1)H^T + R)^{-1} \\ P(k|k) = (I - K(k)H)P(k|k-1) \end{cases}$$

其中，前 2 个为预测部分，后 3 个为校正部分。在进行卡尔曼滤波器设计时，重点是要把系统的模型用状态方程表示出来。

下一步，研发团队将利用机器学习技术，结合计算机视觉、自然语言处理、同步定位与建图等多种模态，提高机器人的人机交互功能。目前，研发团队已经实现了多种人机交互融合技术。以物品检测为例，本产品通过使用爬虫脚本爬取了互联网上的各类物品图片，还下载了一些网站分享的图片进行补充；将准备好图片转换为 224×224 大小的图片，纳入自身积累的数据集；使用 nncase 软件对模型进行转化，在 K210 开发板上，实现基于 darknet 框架的 YOLOv3 神经网络；在实际的场景实验中，实施巧妙的物品检测算法，可准确识别、捕捉到多种生活常见物体。

（3）高度仿真的模拟开发平台

研发团队的创新性基于"机—电—智"一体的模拟开发平台，利用 Protues 进行电路系统仿真设计，建立了虚拟与现实结合的综合机器人开发与设计平台。

①模拟环境状态

以设计智能物联报警及室内消毒功能为例，采用 STM32 单片机+气体传感器+LCD1602 显示屏+蜂鸣器+报警灯+电机，实时、定时监控健康数据及气体浓度变化。例如在设计方案中，首先设定合理气体浓度检测阈值（通过按键设置增减值）。当传感器检测到空气中的颗粒（火灾燃烧气体）和煤气或二氧化碳超过阈值时，会引发蜂鸣器报警，对听觉有障碍的老人也设置了红灯报警提示，同时排风自动排气；当阈值降低到合理安全范围时，蜂鸣器不再报警，红灯熄灭，排风关闭。

养老机器人监护报警系统如图 4-8 所示。

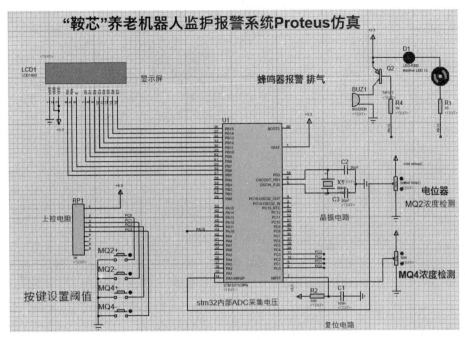

图 4-8　养老机器人监护报警系统

②模拟运行状态

在仿真平台上，STM32 单片机可以通过 PWM 信号控制电机驱动板，实现机器人的运动控制。例如，通过二路摇杆进行左右、前后操作，实现电机速度控制和位置转向控制。如果在设计图中控制 4 个舵机前后运动、1 个舵机上下运动（消毒模块），在后期设计中，可以搭配机械臂抓取运输轻物品，自动按照学习的运行动作，反复抓取、运输、投放，并且能够显示当前的操作状态。

在模拟环境中，还可以实现传感器数据处理，如在板卡上搭载陀螺仪、加速度计和距离传感器等，从而为机器人提供姿态和环境信息；并通过连接距离传感器、红外传感器等外部设备，对环境进行感知，以实现避障、路径规划等功能。

电机驱动与消毒模块电路图如图 4-9 所示。

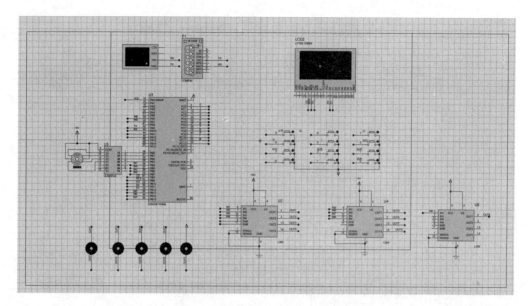

图 4-9　电机驱动与消毒模块电路图

（三）技术优势和产品优势

通过调研鞍山市铁西区雨虹老年养护中心和恒安雅苑老年养护中心，可以发现，市场上对智能养老监护设备的需求量较大。因此，研发团队将目标客户与服务定位在为老年人提供日常生活的意外情况监测以及养老服务照护服务，通过衍生产品为机器人教育提供增值服务。研发团队可以通过设计养老机器人的外观造型、交互方式、界面设计表达、领域特色，使产品具有较高的商业价值。

研发团队采用市面上主流的 STM32 芯片取代了传统的 C51 芯片，其功能基本上接近于计算机的 CPU，适用于手机、路由器等。

系统硬件的工作流程也较为简单。首先，打开养老机器人的电源开关，操作员在 PC 端上通过 Wi-Fi，将上位机与下位机进行信号连接，然后在 PC 端运行 ROS 操作系统，此时是通过 ROS 方式，通过 K210 板对机器人的移动底盘进行控制。其次，在控制体系中，下位机 STM32 要接收并分析来自上位机 K210 板的指令，而且要把信号准确反馈给上位机器。最后，在后期设计中，团队尝试在 STM32 上通过串口连接 PS2 信号接收器，通过 PS2，对上层的云台和机械臂进行转向以及对机械抓手夹保持动作的控制。

主控芯片的最小系统是最小的应用系统，由最小的功能部件组成能够正常运行的系统，本项目移动底盘中所采用的 STM32F103VET6 芯片集成电路，包括电源电路、复位电路、时钟电路、OLED 显示屏集成电路、LED 指示照明电路等，而机械臂中采用的 STM32F103RBT6 芯片分为电源电路、复位电路、时钟电路、LED 指示灯电路等。

当前的一些主流无线通信方式有 4G/5G、蓝牙、Wi-Fi 等，在本项目中运用到了蓝牙和 Wi-Fi 无线通信方式。Wi-Fi 通信方式主要应用在后期的设计中，如 PC 端对养老机器人的控制以及传感器将接收到的数据传递给 PC 端，其位于 ROS 主控也就是 STM32 上；蓝牙无线通信主要应用在后期 PS2 对机械臂的控制上，为保证远距离控制的有效性，需要提高蓝牙接收信号的强度，为此可以修改实际发射功率，选择合适的天线等。在机械设计上，研发团队在上层机械臂控制台上安装有蓝牙信号接收机，可以通过设置手柄和蓝牙接收机的配对参数，进行按键操作驱动机械臂内的电机旋转。

三、团队创新能力与管理制度

（一）团队的创新能力：优秀人才与知识转化

目前，研发创业团队成员和管理团队主要由鞍山职业技术学院信息技术学院、冶金学院优秀学生和教师组成。在鞍山市明伦科技公司的技术支持下，无论是在专业研究、团队合作方面，还是在公司项目管理方面，该团队都拥有非常丰富的经验。

第一，学科专业优势。关于大数据与编程，信息技术学院的计算机应用和大数据专业与冶金学院的电子与机械设计专业师生的加入，使团队具有一定的编码基础和机械设计能力。鞍山职业技术学院与武汉大学、辽宁科技大学优势互补，共享优质资源。

第二，市场优势。团队前期做了市场调研和机器人养老资料分析，由于未来市场逐渐数字化，对于智能数字化养老有着广泛需求，团队可以凭借专业课的开展与学习以及对数字的敏锐性，将项目做好、做实。

第三，团队短板。团队处于初创时期，对机器人教育产业的发展认识不够，资金短缺，实验数据测试与技术研发经验不足。

（二）团队的组织结构：学科交叉与产学研协同

1.专业顾问

专业顾问为项目提供多种形式的指导与支持。

2.教师与企业团队

（1）宫海斌：计算机专业教授级高级讲师，辽宁省教学名师、省技术能手、省学科带头人，主要负责项目程序设计、物联网设备调试、3D 建模等。

（2）田华：机械专业教授级高级讲师，省教学名师、省十佳科技指导教师，主要负责项目机械设计、电路设计、软硬件设备调试等。

（3）吴清洁：计算机专业高级讲师，辽宁省青年岗位能手，主要负责项目 APP 移动开发、市场分析等。

（4）毕雨晨：企业顾问，鞍山市明伦科技有限公司执行董事兼总经理。

3.团队分工

本团队的核心成员都是鞍山职业技术学院不同专业的优秀学生，兼具技术专业、热情和创造力强等特点，团队的核心专业包括计算机应用专业、机电工程专业、机械专业等。不同专业学生的加入，一方面，使得具体领域有了更加专业的知识；另一方面，团队成员专业的多样性也提供了思考问题的不同侧重点，促进了团队更多灵感的产生和思想的碰撞。

团队还组建了专业顾问、造型设计与程序设计团队、自动化与物联网开发团队、营销团队，核心团队能够在充分了解各个团队运作及需求的情况下，更好地作出平衡和统筹。项目核心成员为鞍山职业技术学院计算机专业与自动化、机械专业的 7 名同学，根据成员的学习兴趣、专业特长与实践经历，匹配项目岗位如下：

（1）宣传与市场部：裴宇、王英杰。

（2）造型设计：姚舒瀚、赵新航。

（3）程序设计：王圣星、王英杰。

（4）机械与电路设计：刘宁、赵新航、王圣星、高俊杰。

（5）项目实施：全员。

（6）核心成员毕业后即能全身心投入创业。

（三）团队的组织管理：高效率的分工协作和激励制度

在团队整合上，本团队采用扁平化设计的交互模式，重视交流，充分发扬民主，以"合作社"模式为基础，以专业、热情、创造力为原则，共同完成养老机器人项目的研发目标。团队通过民主的方式，保持个人和集体的利益平衡，在保证每个成员充分表达自己想法、创意的同时，始终保持团队整体行动方向的一致性，这不只是简单地将个人的力量相加，而是通过集体智慧形成更加具有创新性的创造力；不断加强团队的资源整合能力，积极寻求支持项目发展的内外部资源。

四、市场营销与业绩分析

（一）养老机器人市场容量预估

根据高工产研机器人研究所（简称"GGII"）的预测，中国人形机器人市场规模增速将高于全球平均水平，预计 2024 年中国人形机器人市场规模为 21.58 亿元，到 2030 年将达到 380 亿元，2024—2030 年复合增长率将超过 61%。

1.全民康养市场

中华人民共和国国家统计局发布数据显示，截至 2023 年末，全国 60 岁及其以上人口 29 697 万人，占全国人口的 21.1%，其中 65 岁及其以上人口 21 676 万人，占全国人口的 15.4%。研发团队如果按每台设备 1 万元、家庭户渗透率 0.000 1 来估算未来成熟期的年市场容量，那么每年将有 2.9 亿元的市场容量。

2.科研教育市场

中华人民共和国教育部发展规划司发布的《2023 年全国教育事业发展基本情况》显示，2023 年，全国共有各级各类学校 49.83 万所，其中，共有幼儿园 27.44 万所、普通小学 14.35 万所、初中学校 5.23 万所、高中学校 1.54 万所、中等职业教育学校（不含技工学校）7 085 所，以及各类高等学校 3 074 所，另有培养研究生的科研机构 233 所、特殊教育学校 2 345 所、各级各类民办学校 16.72 万所。考虑市场渗透率这一因素，包括有购买意愿但没有资金能力以及没有购买意愿的情况，将此数值乘以 0.6，得到最终的我国高等科教市场容量约为 3.9 亿元。

（二）市场定位：走产学研教育机器人发展之路

1.目标客户

教育机器人产品主要面向中小学青少年，该年龄段的青少年对科技发明与机器人有着浓厚的探索兴趣。经市场调研发现，益智开发、编程学习等消费市场正随着教育竞争的激烈而扩大，家长们对于该方面的需求快速增长。各中高职职业院校也重视机器人与人工智能领域的人才培养，有些院校已经以养老机器人作为研发基础，快速开展智能研究。在健康养老方面，创业团队也会与医院、康复中心、养老院、疗养院建立紧密合作，使教育机器人能够广泛应用于家庭、社区等各类养老场景。

2.竞品分析

"鞍芯"机器人与它的竞争对手都面临产业化发展问题，其中最大的困难便是如何实现更好的人机交互。现有的人工智能仍然处于弱人工智能阶段，在复杂环境下，轮式智能移动操作机器人会呈现极高的不可靠性，对比人类的鲁棒系统，机器不可能轻松地融合多种模态信息，如视觉、听觉、触觉、行为等，建立对环境的准确感知与预测。另外，市场上所有产品都存在造价高、鲁棒性差、能耗高、安全性低问题。

（三）营销策略

1.产品策略

教育机器人的研发与生产初步估计需要融资 50 万元，其中，研发与材料成本支出的占比最大，其他资金主要用于支付维持日常经营所需的各项费用。各项费用的预测将在财务预测部分进行详细阐述。

2.销售渠道

营销人员应结合产品特点，采用线上、线下共同推广与销售的方式。线上可以采用微信、抖音、哔哩哔哩等新媒体进行推广与销售，线下则主要集中在社区推广与商场销售。营销队伍由团队全体成员兼职组成，营销计划、价格策略将按照技术发展与市场需求不断调整。

盈利与销售模式如图 4-10 所示。

图 4-10　盈利与销售模式

3.品牌传播与核心特征

（1）坚持客户价值最大化原则

在商业交易上，直接消费者是老年人；在文化价值传播上，消费者是老年人的子女。所以，在营销时，要考虑这两个主体的需求，而安全性和交互性是其重要指标。

（2）坚持资源整合持续盈利原则

本团队所开发的商业模式能够优化资源配置。在内部，能对团队资源进行整合；在外部，可以整合有共同意愿但又有独立经济利益的相关个体、企业和组织。在团队内部共建、共享、整合现有资源，有利于发挥核心成员的统筹能力。团队还与知名的公益性组织进行相关的合作，以培育和宣传团队的商业价值、文化理念，服务社会。

（3）坚持创新和融资有效性原则

创新是市场生存的核心条件，相关企业或团队要不断开发新技术、新产品，申请更多的专利与软著。另外，融资对于初创企业来说是比较困难的，在校大学生在人员工资上的要求并不高，这在资金使用上对于团队来说具有节流效果。在开源上，一方面，团队向鞍山市政府申请了创新创业支持和免息贷款；另一方面，团队积极与教育、文化、文创等相关企业进行合作，并寻求融资。

（四）财务与融资

1.财务预测与风险防控

机器人养老项目在当前老龄化趋势加剧的社会背景下，具有重要的实际应用价值和广阔的市场前景。然而，项目在实施过程中也会面临一系列风险和挑战，如技术风险、市场风险、管理风险和环境风险等。

技术风险是机器人养老项目面临的首要挑战，机器人技术的成熟度、稳定性以及人机交互的友好性将直接影响项目的实施效果。此外，数据安全与隐私保护也是技术风险的重要组成部分。

市场风险主要来自市场需求的不确定性以及竞争态势的变化，市场需求的变化可能对项目的盈利能力和市场份额产生影响。

管理风险主要涉及项目团队的协作能力、运营流程的优化和风险应对机制的建立等方面。管理不善可能导致项目进度受阻、成本超支，甚至项目失败。要建立高效的项目管理团队，团队负责人就要明确各成员的职责，确保项目顺利进行；优化运营流程，降低运营成本，提高项目效益；建立完善的风险应对机制，及时识别和处理项目中的潜在风险。

环境风险主要包括政策法规的变化、社会舆论的影响，以及自然灾害等不可抗拒因素。这些因素可能对项目的实施和运营产生不利影响。

为防范以上风险，团队要深入进行市场调研，准确把握老年人的需求和偏好，为项目定位和产品设计提供依据；制定灵活的市场策略，根据市场需求变化及时调整产品的功能和价格，保持竞争优势；加强品牌建设，提高项目的知名度和美誉度，增强市场竞争力；密切关注政策法规的变化，及时调整项目策略，确保项目合规运营；加强与社会各界的沟通与合作，积极应对社会舆论的挑战；在技术创新、市场调研、优化管理及应对环境变化等方面作出努力，可以确保项目的顺利实施，并取得良好的社会效益和经济效益。

2.经营业绩预测

机器人养老项目通过将现代信息技术与养老服务产业相融合，完成了以"智慧养老"为核心的交互设计，创新了养老机器人的外观造型设计、交互方式、界面设计表达；积极发挥领域特色，可以减弱产品在市场上的同质化，具有较高的商业价值。

3.成本费用预测

在智能设备的年化投入上，主流以 0.1～0.5 万元、0.5～1 万元为主，符合老年人的消费习惯与特点。对于本项目养老机器人的落地形态，仅体验级产品形态的价格成本也需 1 万～2 万元，超出了大多数老年人的心理价格预期，定价偏高。但由于衍生出的教育产品及教学资源附加值较高，可以通过教育服务降低生产成本，取得行业的竞争优势。

目前，团队设计的"鞍芯"养老机器人的综合成本为 1.5 万元/台。随着生产规模的扩大，向供应商大批量采购原材料可以享受更低的价格，并且随着技术水平的提高及生产工艺的完善，生产成本将以每年 7% 的速率下降，在未来，预计成本为 0.8 万/台。

生产养老机器人的固定资产成本见表 4-11。

表 4-11 生产养老机器人的固定资产成本表

名称	分类	数量	单价/万元	总价/万元
3D 打印机	加工设备	2 台	10	20
三维扫描仪	技术设备	1 台	10	10
小型机械加工设备	加工设备	4 套	5	20
板卡、电机、减速机等核心零部件	零部件	50 套	0.6	30

五、展望未来：经济和社会效益双丰收

（一）经济效益

相关企业或创业团队的技术人员应以初阶养老机器人为基础，不断构建机器人角色模型、服务蓝图；通过调研老年人对于陪伴类产品的需求，从适老化方向完善机器人相关设计，特别是要结合新工艺完成机器人传动结构、产品造型等方面的设计，为老年陪伴机器人的设计提供参考；借助 5G 技术、AI 技术的发展，帮助老年人更方便地使用智能设备，从而减轻社会的养老负担，提高老年人的生活质量。其教育产品也能为中小学的科学教育、高中职学生的专业学习提供优质资源与实训平台。

国家对持有高校毕业生自主创业证、从事个体经营的人员，在 3 年内，以每户每年8 000 元为限，依次扣减当年实际应缴纳的营业税、城市维护建设税、教育费附加、地方教育附加和个人所得税。国家在教育机器人领域为创业者提供了相当多的政策支持，反过来看，这一行业也给国家带来了经济效益。

（二）社会效益

1.增加就业与社会适老化进程

"鞍芯"养老机器人项目落地后，可直接为当地提供就业岗位 5 个，其教育产品可间接带动就业岗位 20 个。项目落地后，将促进鞍山市区域经济发展，助力信息技术产业转型升级和社会适老化进程。在社会评价方面，该产品可以帮助老年人的子女在工作及照顾家庭之余，更好地了解老年人的健康状况；帮助社会更好地关爱老年群体，增强老年人的获得感和幸福感；实现社会养老服务体系的可持续发展，并在机器人教育领域进行有益的探索。

2.引领教育

创新是一个民族进步的灵魂，是一个国家兴旺发达的不竭动力。人工智能和机器人产业的发展，需要数字蓝领人才、应用人才、算法人才和科研人才 4 个不同层面的人才，而机器人教育正符合数字蓝领人才所需要的通识行业知识和基础技能，引领职业教育高标准发展，并推动行业与社会进步。

第五章 数字教育科技

数字教育科技是指利用数字化工具和资源进行教学活动，以提升教育质量和效率的一种教育方式。数字教育科技可以将传统的教学内容、方法和模式进行数字化转型，从而为学生提供更加智能化、个性化和高效的学习体验。生活越来越离不开数字化操作，从电子商务发展、移动支付普及，到智慧交通智能出行，再到远程教育资源共享，信息化深刻影响了人们生活的方方面面。数字教育科技的核心在于利用数字化技术，将传统的教室和课堂教学方式拓展为更加灵活、便捷的在线学习、移动学习和混合式学习等多种形式。数字教育科技可以通过智能化的学习系统和算法，根据学生的兴趣、能力和学习进度，为其量身定制学习内容和学习路径。此外，数字教育科技还可以通过虚拟实验、模拟情境等方式，为学生提供实践性学习的机会，以增强学生的学习效果和应用能力。

数字教育科技的应用范围非常广泛，包括在线课程、数字化教材、智能教学辅助工具、虚拟实验室、在线考试系统等。同时，数字教育科技也可以与教育教学理论相结合，推动教育质量和学生的全面发展。未来，随着科技的不断进步和创新，数字化学习在教育领域的应用将愈发广泛，为全球教育提供新的机遇和可能性，促进教育的国际化和多元化发展。随着云计算、大数据、物联网、5G等新技术的不断发展，数字化技术将为高校的数字化转型提供更强大的功能和更多个性化的服务。

鞍山市人民政府印发的《市政府贯彻落实"两翼一体化"经济发展战略总体方案》提出，要加强人工智能与产业发展的融合，推动云计算、大数据、物联网、5G等信息技术与传统产业深度融合，利用现代信息技术对传统产业进行全方位、全角度、全链条的改造，推动产业向智能化、服务型发展。

第一节 新一代 IT 技术

一、云计算与虚拟化技术

（一）概念与应用

云计算技术是一种通过互联网提供计算资源和服务的方式，包括硬件、软件和数据存储。它利用分布式计算技术，将巨大的数据计算处理程序分解成无数个小程序，再通过多部服务器组成的系统处理、分析这些小程序，得到结果并返回给用户。云计算技术可以提供高效、灵活、可扩展的计算资源，以满足不同规模、不同需求的用户，用户可以通过云计算平台，根据自己的需求，使用计算资源和服务，而不用购买和维护自己的计算设备。

虚拟化技术是一种资源管理技术，可以将计算机的各种实体资源（如 CPU、内存、磁盘空间、网络适配器等）予以抽象、转换后呈现出来，并可分割、组合为一个或多个计算机配置环境。虚拟化技术可以将一台计算机虚拟化为多台逻辑计算机，每个逻辑计算机可运行不同的操作系统，应用程序在相互独立的空间内运行而互不影响，从而显著提高计算机的工作效率。虚拟化技术可以细分为软件虚拟化与硬件虚拟化。软件虚拟化通常是在同一个操作系统实例的基础上，提供多个隔离的虚拟运行环境，也被称为容器技术。硬件虚拟化则是将物理硬件资源虚拟化成多个虚拟资源，每个虚拟资源都有自己的操作系统和应用程序。虚拟化技术的应用范围非常广泛，包括云计算、虚拟化桌面、服务器虚拟化等。运用虚拟化技术，可以降低 IT 基础设施的耦合程度，以简化管理流程，提高资源的利用率和灵活性。同时，虚拟化技术还可以帮助企业降低成本、提高效率、优化资源配置。

云计算与虚拟化是国内外信息产业界最受关注的两项新技术。云计算主要包含两个层次的含义：一是从被服务的客户端来看，用户不用自建基础系统，可按需获取网络上的资源，并按使用量付费；二是从云计算后台来看，云计算能够实现资源的集中化、规模化，能够实现对各类异构软硬件基础资源的兼容，还能够实现资源的动态流转。虚拟化实现了 IT 资源的逻辑抽象和统一表示，是支撑云计算构想的重要技术基石。在高校智慧校园的建设中，应引入云计算思想，将资源池化，搭建一个数据中心。数据中心服务器区是承载各个教学软件，实现各项教学活动正常运行的平台。在部署多台机架式和刀箱式服务器时，在一个刀箱内可以部署十多个刀片交换机，空间利用率大幅度提高，且结构紧凑、密度高，有利于减少耗电、改进电源管理，具有灵活性、模块性和易管理的特点。服务器是云计算平台的核心，承担着云计算平台的"计算"功能，通过服务器虚拟化技术，一组刀箱可支持多达百个常规网站的运维支撑。

云计算和虚拟化技术常用于"班班通"教室、实训机房等局域网中。云机房建设是指利用云计算技术构建的机房。这种机房通常由多个服务器、存储设备和网络设备组成，通过虚拟化技术将这些设备整合成一个统一的资源池，从而为师生提供各种云计算服务。云机房建设要根据实际需求选择合适的服务器、存储设备和网络设备，并配置相应的软件和系统，以满足各种云计算服务的需求，同时利用虚拟化技术将各个设备整合成一个统一的资源池，从而方便管理和维护。虽然云机房高效、实用，但要采取一系列措施，如数据加密、访问控制、备份恢复等来保障数据的安全。另外，云机房建设应该选择低能耗的设备，并合理配置电源和散热系统，以降低能耗。云机房建设需要考虑各个方面的问题，包括技术、管理、安全、能耗等。

（二）高校典型应用案例

在鞍山市职教城云数据中心的建设中，采用的方案是将网络数据中心与各自实训室云服务器相连接。具体措施包括如下内容：搭建数据中心主教育"云"资源池数据；通过 2 台 H3C 7508-X 十万兆核心交换机做冗余汇聚；部署若干刀箱服务器及机架服务器；实现 CPU 虚拟化授权 144 核、总内存 384 G、20 T 分布式存储；配备亚信安全、防篡改安全服务器 2 台、物理及虚拟服务器 23 台、对外映射 3 台。云数据中心的主要业务系统涵盖职教城门户网站平台，职教城公共管理平台，职教城教学资源平台，职教城网络监控平台，职教城云计算管理平台，职教城教学视频应用云平台，职教城智能水、电综合管理平台及部分直属各院校门户网站，由它们共同构成计算、安全、存储一体化云平台。云计算虚拟化平台如图 5-1 所示。

图 5-1　云计算虚拟化平台

　　新建的计算机实训教室（如图 5-2 所示）使用最新的云计算技术，通过桌面虚拟化解决方案代替 PC 机。每个教学机房从终端入手，分为终端区、云课堂主机区和校园网链路（数据通信及管理区）三部分，三个区域用千兆接入式连接起来。在建设机房时，应在每间教室部署一台高性能云课堂主机和零维护的云课堂终端，通过云课堂集中管理平台，对所有云主机进行统一管理。教师使用云课堂多媒体教学管理软件，控制学生教学桌面，学生则操作云课堂终端设备。

　　教学云终端是一种专为教学应用设计的终端设备，它通过网络与云服务器连接，实现对教学资源的远程访问和管理。教学云终端由一台或多台终端盒、显示器、键盘、鼠标等设备组成，可以连接教室中的投影仪、电视机等显示设备，以实现远程教学和互动。该设备可以在教师的控制下，自动与云课堂主机相连，从而获取虚拟化桌面，其操作方式与 PC 机完全相同。

图 5-2　云计算实验室

建设高校数据中心及实训教室,一般采用暗敷设布线方式。暗敷设通常沿楼层的地板、楼顶吊顶、墙体内预埋管布线,这种方式适用于在设计与建设时已考虑综合布线系统的建筑物,例如天花板吊顶内敷设线缆方式,适合新建建筑和有天花板吊顶的已建建筑的综合布线工程。机房实训室要求有一定的操作空间,以便施工和维护,但操作空间也不宜过大,否则将增加楼层高度和工程造价。此外,在天花板或吊顶的适当地方应设置检查口,先走吊顶内的槽道,再穿过支管至信息出口,以便日后维护、检修。计算机机房常采用地板下敷设线缆方式来铺设静电地板,因为线缆敷设在地板下面,既不影响美观,又无须考虑其荷重,施工安装和维护检修均较方便,加上操作空间大、劳动条件好等优点,所以深受施工和维护人员的欢迎。地板下的布线方式主要有地面线槽布线方式、蜂窝状地板布线方式和高架地板布线方式三种,直接埋管方式也属于地板下敷设线缆方式,施工人员可根据客观环境条件予以选用。上述几种方法可以单独使用,也可混合使用。

将云计算和虚拟化技术应用到数据中心管理中,利于整合核心交换机、服务器等软硬件资源,提高设备的利用率和安全性,实现服务器资源的动态调度和容灾备份,提高服务器的可用性和可靠性。另外,对数据中心资源的集中管理和动态分配,可以提高高校信息化的利用率和管理效率。

二、物联网技术

（一）概念与定义

物联网，顾名思义，是物物相连的互联网。目前，物联网的定义并未统一。关于物联网比较准确的定义是：物联网是利用射频识别系统、传感器、全球定位系统、激光扫描器等信息传感设备，按约定的协议，把任何物体与互联网相连接，进行信息交换和通信，以实现对物体的智能化识别、定位、跟踪、监控和管理的一种网络。

"物联网技术"的核心和基础仍然是"互联网技术"。物联网技术是在互联网技术基础上进行延伸和扩展的一种网络技术，其用户端已经延伸和扩展到任何物品之间都能进行信息交换。

物联网作为一个网络系统，与其他网络一样，有其特有的体系结构。物联网包括感知层、网络层和应用层三个层次：感知层利用射频识别、传感器、摄像头、全球定位系统等传感技术和设备，随时随地获取物体的属性信息并传输给网络层；网络层通过各种网络，将物体的信息实时、准确地传递给应用层；应用层有一个信息处理中心，用来处理从感知层得到的信息，以实现物体的智能化识别、定位、跟踪、监控和管理等实际应用。物联网的三层结构体现了物联网的基本特征，即全面感知、可靠传递和智能处理。物联网可分为私有物联网、公有物联网、社区物联网和混合物联网。其中，私有物联网一般面向单一机构内部提供服务，公有物联网基于互联网向公众或大型用户群体提供服务，社区物联网向一个关联的"社区"或机构群体（如一个城市政府下属的各委办、局）提供服务，而混合物联网是上述两种或两种以上的物联网的组合，但后台有统一的运维实体。

当物联网与互联网、移动通信网相连时，可随时随地、全方位地"感知"对方，使得人们的生活方式从"感觉"跨入"感知"，再从"感知"到"控制"。作为一种新兴技术，物联网的应用正在迅速向各个领域蔓延，从教育、家居、医疗、物流、交通、零售、金融、工业到农业，物联网的应用无处不在。

（二）物联网技术在高校治理中的应用

物联网技术在高校中的应用非常广泛。

高校可以利用物联网技术，实现智能校园管理。例如，通过传感器和网络设备，对校园内的环境、设施、人员等进行实时监测和管理；通过智能化的门禁系统，实时监测学生和教职工的进出情况，提高校园的安全性；通过智能化的教室管理系统，实时监测教室的使用情况，提高教室的利用率。

高校可以利用物联网技术，实现智能学生管理。例如，通过射频识别等技术，对学生进出校园、考试考核、奖学金评定、就业推荐等，进行实时监测和管理；通过智能化的学生管理系统，实时监测学生的学习情况和生活情况，及时发现、解决学生的问题。

高校可以利用物联网技术，实现智能教学管理。例如，通过智能化的教学管理系统，对学生的上课情况、学习情况、考试成绩等，进行实时监测和管理；通过智能化的教学管理系统，实时监测教师的教学情况和学生的学习情况，及时发现、解决教学中存在的问题。

高校可以利用物联网技术，实现智能图书管理。例如，通过智能化的图书管理系统，对图书的借阅、归还、查找等，进行实时监测和管理；通过智能化的图书管理系统，实时监测图书的借阅情况和归还情况，提高图书的利用率和管理效率。

高校可以利用物联网技术，实现智能实验室管理。例如，通过智能化的实验室管理系统，对实验室的使用情况、实验过程、实验结果等，进行实时监测和管理；通过智能化的实验室管理系统，实时监测实验室的使用情况和实验过程，及时发现、解决实验中存在的问题。

智能建筑是高校在物联网领域的一个重要应用。智能建筑通常指的是建筑设计师将建筑物的结构、系统、服务和管理，根据用户的需求，进行最优组合，从而为用户创造一个高效、舒适、便利的人性化建筑环境。在智能建筑中，常常用到4C技术。4C技术，指在自动化系统中应用计算机技术（Computer）、现代控制技术（Control）、现代通信技术（Communication）和现代图形显示技术（CRT）。将4C技术综合应用于建筑物之中，就是在建筑物内建立一个以计算机网络为主体的，包含有线电视、电话通信、消防报警、电力管理、照明控制、空调新风和门禁保安的综合系统。

智能建筑的基本功能主要由三大部分构成，即建筑设备自动化（Building Automation）、通信自动化（Communication Automation）和办公自动化（Office Automation）。它们是智能建筑中最基本的、必须具备的功能，由此形成"3A"智能建筑。此外，智能建筑还具有监控、控制和管理电力、照明、管道、数字标牌、HVAC（Heating, Ventilation and Air Conditioning 的缩写，即供热通风与空气调节）、安全系统等功能。这些功能使得智能建筑能够为高校师生提供一个安全、高效、舒适、便利的建筑环境。

智能建筑系统如图5-3所示。

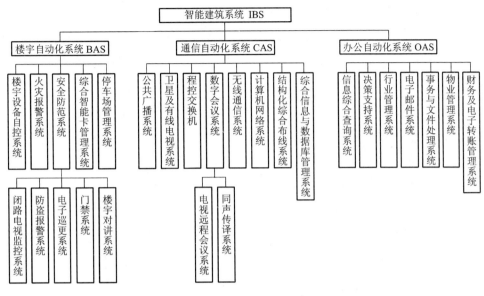

图 5-3　智能建筑系统示意图

物联网技术深深融入高校师生的智慧生活中。智慧生活是一种生活方式，利用现代科学技术实现吃、穿、住、行的智能化，将电子科技融入日常的工作、生活、学习及娱乐中。未来，可穿戴智能设备有望与健康管理数据平台联网，为师生提供医疗健康预警，为医疗资源部署提供参考依据。高校智慧餐厅的"智慧"之处在于，其创新地实现了软硬件融合、人机融合，较好地达成了餐饮设备自动化运行过程中的运动精确性、作业平稳性、布局多样性，既保障了出品丰富、品质稳定，又大大提高了供餐效率。智慧交通、校内无人驾驶技术能够提高道路行驶的安全性，缓解高校师生上班上学中的道路交通拥堵问题，可以根据人流的出行数据，科学、合理安排公交班次，以提高出行效率，同时又降低了驾驶者的门槛。

（三）物联网技术应用典型案例

高校内普遍建设了节能监控中心，其主要职责是通过对学校能源消耗的监控和管理，达到节约能源、降低能耗的目的。节能监控中心采用物联网和大数据技术，实现了对学校能源消耗的监控和管理，例如，监测学校的电力、水、燃气等能源的消耗情况，及时发现和解决浪费现象；通过安装智能电表、水表等设备，能够帮助学校实现对能源消耗的实时监测和数据分析。此外，节能监控中心还会为学校的各个部门提供能源管理和节能建议，以推动学校的节能减排工作。

鞍山市职教城按照共建、共享、共用的模式，打造了"绿色智慧校园、节能减排园区"。鞍山市职教城应以整合为切入点，对园区各校的人、财、物等各种资源实施有效整合，将节能减排工作融入学校的教育体系之中。鞍山市职教城可以运用现代信息技术，建设园区内水、电、气等多级能源在线实时计量监测和远程控制的节能监管平台。鞍山职业技术学院专门建立了监测中心，负责全城安全监控和水电能耗监控（如图5-4所示）。鞍山市职教城先后投资500余万元，实施水电设施的技术改造，分别为34栋建筑楼安装75块远程计量机械水表、为8栋宿舍楼的3 527个房间安装了智能控电管理系统、为集中供热锅炉房和热网热力入口处安装了热量调节和计量装置。对园区内能耗数据进行远程传输、分类统计、数据分析、远程控制等，可以实现智能水电计量、能源控制，有效监测城区内资源耗能的使用情况，提高管理效率。目前，鞍山市职教城内人均能源消耗指标是辽宁省同类型公共机构能源消耗指标平均值的68.18%，人均水资源消耗指标是辽宁省同类型机构能源消耗平均值的62.66%，被国家机关事务管理局、中华人民共和国国家发展和改革委员会、中华人民共和国财政部授予"全国节约型公共机构示范单位"称号。

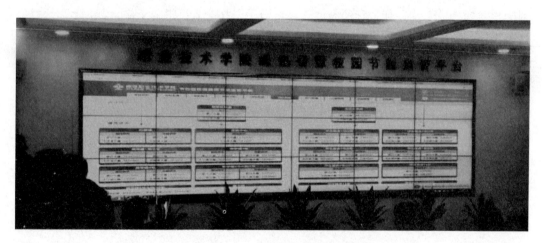

图5-4　智慧校园节能监管平台

智能宿舍是物联网技术在高校住宿管理方面的应用之一。通过智能化的设备和管理系统，可以实现对宿舍的智能化管理，提高宿舍的安全性、舒适性和便利性。智能宿舍通常会采用一系列智能设备和技术，例如智能门锁、智能电表、智能照明、智能空调等。这些设备可以通过无线网络连接起来，实现数据的共享和交互。智能门锁可以实现对宿舍门的智能化管理，例如通过手机 APP 实现远程开门、密码开锁、刷卡开锁等功能，提高宿舍的安全性。智能电表可以实现对宿舍用电的实时监测和计量，帮助宿舍成员更好地了解和管理自己的用电情况。智能照明可以根据宿舍的光线和人员活动情况，自动调节灯光亮度，实现节能减排。智能空调可以通过手机 APP 或语音控制，实现远程开关、温度调节等功能，提高宿舍的舒适性。智能宿舍管理系统通常包括门禁管理、设备控制、安全监控等功能。门禁管理可以通过刷卡、密码、人脸识别等方式，实现对人员的进出管理，提高安全性。安全监控可以通过视频监控、烟雾报警、红外报警等方式，实现对宿舍的安全监控和管理，提高安全性。设备控制可以通过手机 APP 或语音控制，实现对宿舍设备的远程控制和调节，提高便利性。

随着物联网技术的应用，尤其是无线传感网络技术的应用，提高了智能宿舍的智能效果，免除布线的麻烦，节省了成本。在高校宿舍中，利用综合布线技术、网络通信技术、智能家居系统设计方案及安全防范技术、自动控制技术、音视频技术，将与学生生活有关的设施集成；依照人体工程学原理，融合个性需求，将与宿舍生活有关的各个子系统，如安防、灯光控制、窗帘控制、电煤气阀控制、信息家电、场景联动、空调采暖等，有机地结合在一起。通过网络化综合智能控制和管理，高校可以建立高效的居住设施与构建日程事务管理系统，提高宿舍的安全性、便利性、舒适性、艺术性，并创造环保节能的居住环境，实现"以人为本"的全新生活体验。

总之，物联网技术可以帮助高校实现更高效、更智能的管理。

高校可以通过物联网技术，对校园内的安全设施，如智能化的消防系统，进行实时监测和管理；通过实时监测消防设施的运行情况，及时发现、解除消防隐患；通过智能化的安防系统，实时监测校园内的安全情况，提高校园的安全性。

高校可以通过物联网技术，对学生信息进行实时监测和管理；通过智能化的设备，如智能化的校园卡，对学生进出校园、考试考核、奖学金评定等，进行监测和管理。

高校可以通过物联网技术，对校园内的环境，如空气质量，进行实时监测和管理，及时发现和解决空气质量问题；通过智能化的水监测系统，实时监测校园内的水质情况，保障学生的身体健康。

高校还可以通过物联网技术，对校园内的智能化照明系统、设施，进行实时监测和管理，及时发现、解决照明设施的问题；通过智能化的空调系统，实时监测空调设施的运行情况，及时发现、解决空调设施问题。

三、大数据技术

（一）大数据技术的概念与应用

大数据技术是一种处理海量、高增长率和多样化数据集合技术，能使数据集合成为具有更强的决策力、洞察力和流程优化能力的信息资产。大数据技术包括大规模并行处理、数据库、数据挖掘、分布式数据库、云计算平台、互联网及可扩展的存储系统等技术。根据 IDC 作出的估测，数据量一直都在以每年 50%的速度增长。也就是说，全球数据量每两年就翻一番（大数据摩尔定律），意味着人类在近两年产生的数据量相当于之前产生的全部数据量。大数据是由结构化和非结构化数据组成的，其中只有 10%左右的结构化数据存储在数据库中。大数据的处理速度快，从数据的生成到消耗，时间窗口非常小，因此可用于生成决策的时间非常少。"1 秒定律"是大数据技术区别于传统数据技术的重要一点。

大数据技术在技术层面，可分为数据采集层面、数据存储和管理层面、据处理与分析层面、数据隐私和安全层面。数据采集层面可利用 ETL（Extract-Transform-Load 的缩写）工具，将分布在异构数据源中的数据，如关系数据、平面数据文件等，抽取到临时中间层后，进行清洗、转换、集成，最后加载到数据仓库或数据集市中，成为联机分析处理、数据挖掘的基础；也可以把实时采集的数据作为流计算系统的输入，进行实时处理分析。数据存储和管理层面利用分布式文件系统、数据仓库、关系数据库、非关系型数据库（Not Only SQL，以下简称"NoSQL"）、云数据库等，实现对结构化、半结构化和非结构化海量数据的存储和管理。数据处理与分析层面利用分布式并行编程模型和计算框架，结合机器学习和数据挖掘算法，实现对海量数据的处理和分析；对分析结果进行可视化呈现，帮助人们更好地理解数据、分析数据。数据隐私和安全层面则更关注从大数据中挖掘潜在的巨大的商业价值和学术价值的同时，构建隐私数据保护体系和数据安全体系，有效保护个人的隐私和数据的安全。

（二）高校中常用的数据库

无论是传统的软件，还是互联网网站，或者是移动端的应用，都要处理数据。数据库致力于有效地管理和存取大量的数据资源。随着计算机技术的不断发展，计算机技术已经成为计算机科学的重要分支。今天，数据库技术不仅应用于事务处理，而且进一步应用于情报检索、人工智能、专家系统、计算机辅助设计等领域。数据库的建设规模、数据库信息量的规模及使用频度，已成为衡量国家、企业或组织的信息化程度的重要标志。数据库是将数据按一定的数据模型进行组织、描述和存储，具有较小的冗余度、较高的数据独立性和易扩展性，并可被各种用户共享的数据集合。关系模型使用的存储结构是多个二维表格，表中每一行称为一条记录，用来描述一个对象的信息；每一列称为一个字段，用来描述对象的一个属性。数据表与数据库之间存在相应的关联，这些关联将用来查询相关的数据。在客户/服务器结构当中，命令行客户端、图形化界面管理工具或应用程序等被称作客户端、前台或表示层，主要用于完成由数据库使用者交互的任务。而数据库管理系统（Database Management System，以下简称"DBMS"）则被称为服务器、后台或数据层，主要负责数据管理。这种操作数据库的模式，也称为服务器/客户机（server/client）模式，即 C/S 模式。

大数据时代的 DBMS 包括结构化查询语言（Structured Query Language，以下简称"SQL"）。SQL 语言集数据查询、数据操纵、数据定义和数据控制功能于一体，充分体现了关系数据语言的特点和优点。NoSQL 采用键值（Key-value）方式存储数据，采取最终一致性原则，更加适合互联网数据，但这也可能导致数据丢失。NewSQL（一种新的关系型数据库管理系统）结合 SQL 和 NoSQL，将 SQL 的原子性、一致性、隔离性和持久性与 NoSQL 的可扩展性和高性能相结合。目前，大多数 NewSQL 数据库都用于专有软件或仅适用于特定场景，这显然限制了新技术的普及和应用。

时下流行的 DBMS 还包括由甲骨文公司开发的 Oracle 和 MySQL、微软开发的 SQL Server。大型商业数据库虽然功能强大，但价格也非常昂贵，因此许多高校将目光转向开源数据库。开源数据库有着速度快、易用性好、支持 SQL、对网络的支持性好、可移植性好、费用低等特点，完全能够满足高校的需求，尤其在知识产权越来越受重视的今天，开源数据库更加成为院校应用数据库的首选。绝大多数关系数据库都有两个截然不同的部分：一是后端，作为数据仓库；二是前端，用于数据组件通信的用户界面。这种设计非常巧妙，它并行处理两层编程模型层，即数据层从用户界面中分出来，使得数据库软件制造商可以将他们的产品专注于数据层，即数据存储和管理，同时为第三方创建大量的应用程序提供了便利，使各种数据库间的交互性更强。

MySQL 是小型的关系数据库管理系统，目前被广泛应用于中小型网站。由于 MySQL 具有体积小、速度快、总体成本低及开放源码的特点，MySQL 数据库服务器只提供命令行客户端（MySQL Command Line Client）管理工具，用于数据库的管理与维护，但是由第三方提供的管理维护工具非常多，大部分都是图形化管理工具。图形化管理工具通过软件对数据库的数据进行操作，在操作时采用菜单方式进行，不需要熟练记忆操作命令。

（三）高校典型案例

大数据技术在高校中的应用非常广泛，例如在远程终端控制方面，对终端设备（无线 AP、刷卡机、门禁等）、汇聚交换机、接入控制器、核心交换机、负载均衡设备、流量控制设备、计费系统、防火墙、堡垒机、服务器、存储等诸多设备产生的海量校园网络数据进行分析，包括分析这些设备记录着的海量登录和访问日志。对这些数据的分析和挖掘，能够为很多业务部门提供有价值的信息。2016 年 4～6 月，鞍山市职教城网络中心平均每月成功防御协议违规、爬虫、服务器信息泄露等网络攻击行为 100 余万次，病毒攻击 6.5 万余次，受重度感染威胁的计算机 400 余台。截至 2021 年 10 月，鞍山市职教城服务器主机防御了 90 余万次的网络攻击，共发现病毒 35 种，其中高危害级别病毒 29 种，发现 1 779 次。攻击者（境外分子）通过控制国内 IP，对职教城门户网站以及防护较弱的二级网页进行后门、SQL、跨站脚本攻击等，导致云服务器内存资源耗尽、网站瘫痪。高校面临着网站多、系统多、隐患多、资金少、手段少、人员少的巨大挑战。通过大数据技术，高校可以开展信息系统漏洞扫描和病毒查杀，并对网站异常流量、恶意程序进行监测和检查；定期导出、备份、分析信息系统网络日志，严防攻击、入侵、篡改、窃密等信息安全事件发生，做到提前防范、尽早补救，迅速消除隐患。

另外，高校通过超星学习通等平台提供的大数据教学数据分析功能，可以实现对用户学习行为、学习成果和教学资源的深入挖掘和分析。通过数据采集方式收集用户的学习行为数据，如点击数、浏览数、搜索量、评论数等，以及辅助学习用户的学习成果数据，如成绩、作业完成率等，在对其进行数据汇总和整理的同时，再将采集的数据进行清理、整合和标准化处理，可以消除数据中的噪声和冗余信息，确保数据的质量和准确性。在此基础上，高校可以利用大数据分析技术，如关联规则分析、分类分析、聚类分析等，对处理后的数据进行深入挖掘和分析。例如，高校可以分析用户的学习偏好、知识点掌握情况等，针对每个用户汇集他们的学习需求和问题，并将分析结果通过图表、图像等形式，如教师、学生画像等，进行可视化展示，便于用户理解和分析。根据分析结果，为教师和教育管理者提供决策支持和建议；在充分了解学生学习情况和学习需求的大数据支撑下，优化教学方法和教学资源，提高教学质量和效果；可以为学生提供更个性化的学习服务和建议，帮助他们更好地掌握知识和技能；可以通过签到率、互动率、作业评价等模块,对不同院校、班级、教师的教学方法和教学效果作横向对比,以此帮助教师吸取别人的优点,提高教学能力。同时,教学数据也可以为教学管理者提供全面、科学的教师评价依据。

鞍山职业技术学院的学生浏览量与 7 日线上"学情统计"分析如图 5-6 所示。

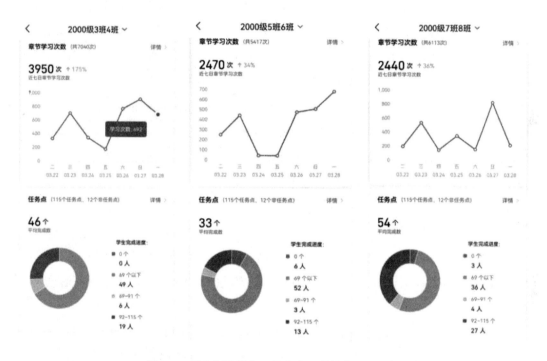

图 5-6　学生浏览量与 7 日线上"学情统计"分析

大数据治理还广泛应用于高校的招生管理中,高校可以利用招生管理系统的大数据,分析历史招生数据,建立招生模型,预测未来的招生趋势,为其提供更加精准的招生推荐服务,以提高招生的质量和效率,为高校筹备师资与实训资源、制定招生决策提供数据支持。

四、5G 通信技术

（一）无线技术分类

无线技术分为不同种类，通常以产生无线信号的方式来区分，目前，主要有调频无线技术、红外无线技术和蓝牙无线技术三种。智能手机和平板电脑等移动设备已经不再是简单的通信工具，同时也成为支付工具、身份认证工具。无线上网使用的是无线连接的互联网登录方式，使用无线电波作为数据传送的媒介。3G（The 3th generation mobile communication technology，即第三代移动通信技术）网络能运营手机的视频电话、手机宽带、手机电视等新型手机业务和功能。4G（The 4th generation mobile communication technology，即第四代移动通信技术）能够以 100 Mbps 的速度下载，比拨号上网快 50 倍，上传速度能达到 50 Mbps，能够满足几乎所有用户对于无线服务的要求。现今，5G 技术已经快速地融入我们的日常生活之中。

无线上网的方式有以下几种：

（1）手机单独上网。

（2）带 Wi-Fi 功能的智能手机，在检测到中国公用计算机互联网（ChinaNet）的无线局域网（Wireless Local Area Network，以下简称"WLAN"）信号后，通过账号认证方式上网。

（3）在电脑上安装网卡，中国的 5G 网络运营商包括中国移动、中国联通、中国电信和中国广电。中国移动是中国最大的移动运营商，在 5G 方面一直处于领先地位。

（4）电脑在检测到 ChinaNet 的 WLAN 信号后，通过账号认证方式上网。

（5）电脑连接手机（用连接线或蓝牙），把手机当作调制解调器（Modem）拨号，使电脑可以连接网络。

（6）在有线宽带上安装无线路由器（或称无线 AP），电脑或手机通过无线 AP 的 Wi-Fi 信号上网。

（7）移动手机通过蓝牙（无线方式）连接到有线上网的电脑，共享电脑的网线上网。

（8）直插 SIM 卡无线路由器。新一代无线路由器仅半个手掌大小，重约 80 g，其内置充电电池可提供 100 h 待机，同时建立 Wi-Fi 无线局域网，不受地域的限制，随时随地都可上网，还能与周围的 Wi-Fi 设备，如笔记本电脑、数码相机、平板电脑、掌上游戏机等实现网络资源共享。

（二）5G技术

5G技术是未来通信技术的重要发展方向。与4G技术相比，5G技术具有更高的数据传输速率、更低的延迟、更高的网络容量和更好的连接稳定性。5G技术采用了毫米波频段和大规模天线技术，能够提供更高速的数据传输速率和更稳定的连接。同时，5G技术还支持更低的延迟，可以满足实时通信和自动连续4 h工作超长续航。将UIM（User Identity Model的缩写）卡插到路由器里，用户通过SIM卡（Subscriber Identity Module，即用户识别卡）可连接3G驾驶等高要求应用场景。此外，5G技术还支持更高的网络容量和更好的连接稳定性，可以满足大规模连接和实时数据传输需求。

2016—2018年，我国进行了5G技术研发试验，分为5G关键技术试验、5G技术方案验证和5G系统验证三个阶段实施。2019年10月31日，在2019年中国国际信息通信展览会上，中华人民共和国工业和信息化部与中国三大电信运营商举行了5G商用启动仪式。中国移动、中国联通、中国电信正式公布5G套餐，并于11月1日正式上线5G商用套餐。这标志着中国正式进入5G商用时代。

具有更高速率、更大带宽的5G技术能够满足消费者对更高网络体验的需求。"快"是5G技术带给大众用户最直观的感受。5G技术具有更高的可靠性、更低的延迟，能够满足智能制造、自动驾驶等行业应用的特定需求，拓宽融合产业的发展空间，支撑经济社会创新发展。5G技术的实现，主要依靠大规模天线阵列、超密集组网、新型多址、全频谱接入和新型网络架构等关键技术。

随着5G技术在2019年正式商用，各行业在应用5G技术后纷纷进发出强劲的发展活力。无论是智慧城市建设、自动驾驶的实现，还是远程医疗、远程教育、远程办公的进一步发展，抑或是虚拟现实技术、增强显示技术、云游戏等娱乐方式的颠覆，都离不开5G技术的支持。

在高校的智慧校园中，5G技术也得到了重要应用。高校通过5G技术，可以高效实现对校园内各项设施的智能化管理，包括学生宿舍、图书馆、实验室、体育馆等场所。例如，通过5G技术，学生可以在手机APP上查看实时课表、选课上课，也可以在线查看宿舍的实时状态、预约宿舍房间，实现智能化入住。同时，图书馆也可以通过5G技术实现图书的自助借阅、归还和查询等功能，大大提高了管理效率。5G技术可以提供更加稳定、高效的网络支持，使得在线教育、视频会议、远程教育等成为可能。学生可以通过5G技术，随时随地享受优质教育资源带来的益处。此外，5G技术还可以支持虚拟实验、模拟训练等高带宽、低延迟的应用场景，提高教学质量和效果。在平安校园建设方面，5G 技术可以提供更加全面、实时的安全监控解决方案，可以实现对校园内的各个角落进行实时监控，及时发现安全隐患并采取措施。此外，5G 技术还可以支持紧急救援和应急响应等应用场景，提高校园的整体安全水平。

当今，网络快速发展，逐渐形成了三网融合趋势。三网融合就是实现有线电视网络、电信网络和计算机网络三者之间的融合，目的是构建一个健全、高效的通信网络，从而满足社会发展的需求。三网融合并不意味着三大网络的物理合一，而主要是指高层业务应用的融合。三大网络通过技术改造，其技术功能趋于一致，业务范围趋于相同，实现了网络互联互通、资源共享，能为用户提供语音、数据和广播电视等多种服务。三网融合是业务的整合，它不仅继承了原有的语音、数据和视频业务，而且通过网络的整合，衍生出更加丰富的增值业务类型，如图文电视、网络电话、视频邮件和网络游戏等，极大地拓展了业务范围。三网融合打破了电信运营商和广电运营商在视频传输领域的恶性竞争状态，使得高校师生未来看电视、上网、打电话的资费可能打包下调，能够享受更快捷、更低价的网络服务。

五、人工智能技术

（一）人工智能概述

习近平总书记在致 2018 世界人工智能大会的贺信上提出，中国正致力于实现高质量发展，人工智能发展应用将有力提高经济社会发展智能化水平，有效增强公共服务和城市管理能力。

人工智能也被称为 AI，是关于研究、开发用于模拟、延伸和扩展人的智能的理论、方法、技术及应用系统的一门新的技术科学。人工智能是计算机科学的一个分支，它企图了解智能的实质，并生产出一种新的能与人类智能相似的方式作出反应的智能机器，该领域的研究包括机器人、语言识别、图像识别、自然语言处理和专家系统等。近些年，人工智能产品经常为大众所提及，我们经常听到智能音箱、扫地机器人、智能灯、智能空调、智能电饭锅等。而在高校日常的生活与工作中，教师经常会遇到一些需要专家才能解决的复杂问题，教师会希望得到该领域专家的具体帮助与指导，但这往往需要大量的时间和高昂的费用。如何才能以较短的时间、较低的费用和较便捷的方式来求得所需的答案呢？随着人工智能技术与应用的发展，人们将目光投向了专家系统。专家系统是一种智能化的计算机程序,具备像人类专家一样的解决问题的能力。专家系统也可以被看成拥有大量专业知识和经验的计算机程序。专家系统可以提供咨询功能,回答用户提出的专业问题,并显示和解释结论的推理过程。专家系统具有学习功能,在人类专家编辑、扩充和修改由它生成的答案的过程中,可以添加和修改自己的知识系统。专家系统在高校中更多应用的是其教育功能,即向用户提供某个专门领域的知识,以达到教育学生和训练技术人员的目的。专家系统通过知识库与知识工程师、领域专家直接交互的方式,充实和完善相关知识,将收集、整理到的知识存储起来,从用户那里得到原始的数据,再用知识库中的知识对这些数据进行匹配和推理求解,并将结果直接输出给用户。

在实际的应用中,人工智能可以承担传授知识的教书工作,例如批量批改作业,实时管控教学等高重复性、低认知的程式化工作,人类教师则可以集中精力在开展育人工作上,如指导学生、传递价值观、情感沟通等高认知的工作。这种"双师"教学模式在人工智能时代的人才培养上,具有重要意义。人工智能技术可以帮助学生分析、诊断与评测学业,并向其提供智慧化推送等个性化学习支持服务。这使得学习过程变得更加自主、人性化、精准化、个性化,有助于解决教育"个性化"和"规模化"双向需求的问题,也有助于缩小数字鸿沟,推动教育公平发展。高校可以利用人工智能对学生进行全方位的管理和服务。例如,通过人脸识别技术实现考勤和门禁管理,通过数据分析和预测模型向学生提供行为和学业预警,及时发现学生的问题并提供帮助。在校园安全中,人工智能通过视频监控和智能分析算法,可以实现对校园内的安全隐患和异常行为进行监测和预警。此外,还可以利用智能化的巡检机器人,对校园进行巡查,提高校园的安全性。

百度(AI驱动的技术型公司)开发的"文心一言"(ERNIE Bot)人工智能助手,是百度全新一代知识增强大的语言模型,是文心大模型家族的新成员。文心一言可以协助用户完成范围广泛的任务并提供各种与主题有关的信息,如提供定义、解释及建议,能够与人对话互动、回答问题、协助创作,高效、便捷地帮助人们获取信息、知识和灵感。文心一言是知识增强的大语言模型,基于飞桨深度学习平台和文心知识增强大模型,持续从海量数据和大规模知识中融合学习,具备知识增强、检索增强和对话增强的技术特色。

ChatGPT是OpenAI(美国人工智能研究公司)研发的一款聊天机器人程序,于2022年11月30日发布。ChatGPT是由人工智能技术驱动的自然语言处理工具,它能够基于在预训练阶段所见的模式和统计规律,生成回答;还能根据聊天的上下文进行互动,真正像人类一样聊天交流；甚至能完成撰写邮件、视频脚本、文案、翻译、代码、论文写作等任务。ChatGPT 以其强大的自然语言处理能力，能够理解并回答各种复杂的问题，为用户提供个性化的学习体验。这种能力使得 ChatGPT 在教育领域具有广泛的应用前景。例如，作为智能辅导系统，帮助学生解答疑难问题，为其提供学习建议；作为虚拟教师，进行在线教学，满足不同群体的远程教育需求。

2024 年，在新一代 IT 技术快速发展的大背景下，人工智能为新兴产业带来的"溢出效应"更为显著。高等教育尤其是高等职业教育作为与行业产业联系紧密的教育类型，在人工智能的应用方面已先行一步。人工智能在利用生成式人工智能、区块链、VR/AR 等数字化技术，驱动数字化转型、赋能职业教育数字化变革方面，发挥着重要作用。人工智能基于分布式云存储、云计算机，实现了对大量数据的整合和应用，具备高速率、高互动性、高沟通性等特点，已成为高校研究人员和教育工作者的重要辅助工具，对学校的教育教学管理、实习实训操作等都产生了重大影响。高校要积极采纳并理性应用人工智能技术，助推高校数字化转型，极大地提高教育效率，使教育资源更加公平地分配，解决高校教育数字化转型面临的诸多困境。

然而，ChatGPT 只是 AI 在教育领域的一个开始，过度地应用也会引起很多教师担忧，例如，可能会导致教育的过度机械化、将教育事业变为"流水化"产业；同一标准、同一评价模式会削弱教师的角色，影响学生的个性化发展。所以，高校管理者和教师对 AI 在教育领域的应用持复杂的态度。一方面，随着科技的进步，更多的 AI 教育工具将会出现，它们将以更智能、更个性化的方式服务于教育，推动教育的变革和创新；另一方面，一场关于 AI 末日论的讨论拉开帷幕。2023 年 3 月，未来生命研究所（Future of Life Institute）发布公开信，呼吁所有人工智能实验室至少暂停 6 个月对下一代超级 AI 的研究，应将研究重点重新聚焦于使 AI 系统变得更准确、安全、可解释、可信可靠。此举得到许多学术权威和业界领袖的签名支持。但也有专家明确表示反对，认为人工智能与先前的进步技术之间没有本质上的差别，尚未达到未来的超级水平。在 2023 年 10 月举办的第 18 届联合国互联网治理论坛中，人工智能治理成为焦点话题。专家普遍认为，人工智能的发展必须依赖政策标准、法律法规和监管框架的支持，需要采用全球协作的方式构建治理框架。清华大学教授李星表示，可以运用互联网治理的理念，来治理人工智能。对生成式人工智能的政策监管应当谨慎，正如互联网在发展之初没有技术蓝图一样，生成式人工智能目前也没有确切的发展蓝图，因此务必留出创新空间，给学术界和技术界提供创新机遇。

（二）常用的人工智能语言

1.Python

Python 的设计哲学是"简单""优雅""明确"。在高校中，Python 更适用于大多数非计算机专业人士和初学者。Python 是一种高级的、动态类型的编程语言，它的语法简洁清晰，使得它易于阅读和编写。Python 是解释型语言，这意味着它在运行代码时解释代码，而不像一些编译型语言那样先编译成机器码。Python 的这种特性使得它非常适合快速原型设计和开发以及快速的应用程序开发。Python 支持多种编程范式，包括面向对象编程、过程式和函数式编程。它还具有强大的标准库和丰富的第三方库，可以用于各种任务，包括系统自动化、数据分析、人工智能、Web 开发等。

Python 拥有一个重要的数据可视化模块，即 Matplotlib（绘图库）；依赖 Numpy 模块和 Tkinter 模块（Tk 接口），可以绘制多种样式的图形，包括线图、直方图、饼图、散点图、三维图等，图形质量可满足出版要求，是数据可视化的重要工具。在使用 Matplotlib 绘图模块进行图形绘制前，需要先构造两个元素数量相等的数值序列，并在调用 plot 函数（二维线画图函数）时将上述序列作为参数传递给函数，plot 函数会将两个序列中的对应元素组合成平面坐标系中的一系列坐标值，最终完成图形绘制。

2.Java 程序设计

高校计算机类专业的学生在学习完面向过程的 C 语言后，更多地会学习 Java 程序设计。Java 语言广泛应用于高校很多应用软件的开发。Java 是太阳计算机系统（中国）有限公司（Sun Microsystems，简称"Sun 公司"）推出的面向对象程序设计的语言，它的面向对象具有跨平台和分布应用等特点。

Java 拥有两个特点：一是一次编写，到处运行（Write once，run anywhere）；二是少即是多（Less is more）。Java 基于模型—视图—控制器（Model-View-Controller）模式，用于应用程序的分层开发。

（1）模型（Model）。模型代表一个存取数据的对象或简单、洁净 Java 对象（Plain Old Java Objects，简称"POJOs"）。它也可以带有逻辑，在数据变化时更新控制器。

（2）视图（View）。视图代表模型包含的数据的可视化。

（3）控制器（Controller）。控制器作用于模型和视图上，它控制数据流向模型对象，并在数据变化时更新视图。它使视图与模型分离。

Java 采用了一种称为"Java 虚拟机"（Java Virtual Machine，简称"JVM"）的技术，使得 Java 程序具有良好的跨平台性。Java 支持多种编程范式，包括面向对象编程、过程式编程和函数式编程，并拥有丰富的标准库和大量的第三方库，可以用于各种应用程序的开发，包括 Web 应用、移动应用（Android 应用主要是用 Java 编写的）、桌面应用、企业级应用等。此外，Java 还有一些专门的框架和工具，如 Spring（开源框架）、Hibernate（对象关系映射框架）等。

六、网络与信息安全

（一）网络与信息安全的概念与体系

网络安全是指网络系统的硬件、软件及数据受到保护，不遭受偶然的或者恶意的破坏、更改、泄露，系统能够连续、可靠、正常地运行，网络服务不中断。从本质上讲，网络安全问题主要就是网络信息的安全问题。凡是涉及网络上信息的保密性、完整性、可用性、真实性和可控性的相关技术和理论，都是网络安全的研究领域。网络安全的具体含义会随着"角度"的变化而变化。例如，从用户（个人、企业等）的角度来说，他们希望涉及个人隐私或商业利益的信息在网络上传输时，受到机密性、完整性和真实性的保护，避免其他人窃听、冒充、篡改。又如，从管理者角度来说，他们希望对本地网络信息的访问、读写等操作，受到保护和控制，避免出现"陷门"、病毒、非法存取、拒绝服务、网络资源非法占用和非法控制等威胁，以及网络黑客的攻击。

网络中的信息安全保密主要包括两个方面：信息存储安全与信息传输安全。信息存储安全是指保证存储在联网计算机中的信息不被未授权的网络用户非法访问。非法用户可以通过猜测或窃取用户口令的办法，或是设法绕过网络安全认证系统冒充合法用户，来查看、修改、下载或删除未授权访问的信息。信息传输安全是指保证信息在网络传输过程中不被泄露或攻击。信息在网络传输中被攻击可以分为四种类型：截获信息、窃听信息、篡改信息与伪造信息。其中，截获信息是指信息从源节点发出后被攻击者非法截获，而目的节点没有接收到该信息的情况；窃听信息是指信息从源节点发出后被攻击者非法窃听，同时目的节点接收到该信息的情况；篡改信息是指信息从源节点发出后被攻击者非法截获，并将经过修改的信息发送给目的节点的情况；伪造信息是指源节点并没有信息发送给目的节点，攻击者冒充源节点将信息发送给目的节点的情况。

网络安全防范是一项复杂的系统工程，是安全策略、多种技术、管理方法和人们安全素质的综合。《韦氏词典》对"体系"一词的定义之一，即"计算机或计算机系统各部分组织与集成的方式"。所谓网络安全防范体系，就是关于网络安全防范系统的最高层概念的抽象，它由各种网络安全防范单元组成，各组成单元按照一定的规则关系有机集成起来，共同实现网络安全目标。

网络安全体系由组织体系、技术体系、管理体系组成。组织体系由若干工人或工作组构成；技术体系是从技术角度考察安全，通过综合集成方式而形成的技术集合；管理体系是根据具体网络的环境而采取的管理方法和措施的集合。

（二）信息安全涵盖的主要内容

1.物理安全

物理安全是指用来保护计算机网络的传输介质、网络设备、机房设施安全的各种装置与管理手段，包括防盗、防火、防静电、防雷击等。高校网络面临的物理上的安全威胁，主要涉及对计算机或人员的访问。将计算机系统和关键设备布置在一个安全的环境中，需要销毁不再使用的、在办公和教学中涉及到的敏感文档，保证师生的密码和身份认证部件的安全性等。行政干预手段与相关技术的结合，有利于保障高校中的物理安全。

2.网络安全

计算机网络安全主要通过用户身份认证、访问控制、加密、安全管理等方法来实现。

（1）用户身份认证

身份认证是所有安全系统不可或缺的一个组件，是区别授权用户和入侵者的唯一方法。高校网络为保证身份统一认证，常常以某一主流平台为基础，如超星学习通账号，通过用户分级与角色分配来实现对信息资源的保护；通过堡垒机等设备记录行为轨迹，如某个用户试图获取网络资源的访问权时，任何网络资源拥有者都必须对用户进行身份认证。

（2）访问控制

访问控制是制约用户连接特定网络、计算机与应用程序，获取特定类型数据流量的能力。高校网络常采用流量控制的方法，进行负载均衡控制。如访问控制系统一般针对网络资源进行安全控制区域划分，实施区域防御的策略，在区域的物理边界或逻辑边界使用一个许可或拒绝访问的集中控制点。

（3）加密

加密是高校保证网络安全常用的方法和手段，如文档加密等。即使访问控制和身份验证系统完全有效，在数据信息通过网络传送时，高校的部分信息如试卷等，仍然可能面临被窃取的风险。同时，无线网络的广泛使用，也在进一步加大网络数据被窃听的风险。加密技术针对窃听风险向用户提供保护，应用加密技术之后，信息只能被具有解密数据所需密钥的人员读取。它与第三方是否通过互联网截取数据包无关，因为数据即使在网络上被第三方截取，第三方也无法获取信息的本义。这种方法可在高校网络中使用，包括在高校内部（内部网）、高校之间（外部网）或通过公共互联网在虚拟专用网（VPN）中传送私人数据。加密技术主要包括对称式和非对称式两种，都通过许多不同的密钥算法来实现网络的安全。

（4）安全管理

安全系统应当由授权人进行监视和控制。使用验证的任何系统都需要以某种集中授权的方式来验证这些身份。由于能查看历史记录，如突破防火墙的多次失败尝试，安全系统可以为那些负责保护信息资源的人员提供宝贵的信息。一些更新的安全规范，如互联网安全协议（Internet Protocol Security，简称"IPSec"），需要包含策略规则数据库。要使系统正确运行，就必须管理所有这些要素。但是，管理控制台本身也是安全系统的另一个潜在故障点。因此，要确保这些系统在物理上得到安全保护，就要对管理控制台的任何登录进行验证。

3.操作系统安全

高校网络涉及多类操作系统，如 Android（安卓）、PC 端等。计算机操作系统担负着庞大的资源管理、频繁的输入输出控制、不可间断的用户与操作系统之间的通信等任务。由于操作系统具有"一权独大"的特点，所有针对计算机和网络的入侵及非法访问，都以攫取操作系统的最高权限作为目的。因此，保证操作系统安全，就是采用各种技术手段和合理的安全策略，降低系统的脆弱性。与过去相比，如今的操作系统性能更先进、功能更丰富，因而对使用者来说更便利，但是也增加了安全漏洞。要减少操作系统的安全漏洞，需要对操作系统予以合理配置、管理和监控。做到这点的秘诀在于，要集中、自动管理机构（高校）内部的操作系统安全，而不是分散人工管理每台计算机。实际上，如果不集中管理操作系统安全，相应的成本和风险就会非常高。目前所知道的安全入侵事件，一半以上源于操作系统没有合理配置，或者没有经常核查及监控。操作系统都是以默认安全设置来配置的，因而极容易受到攻击。那些人工更改了服务器安全配置的用户，把技术支持部门的资源都过多地消耗于帮助用户处理口令查询上，而不是处理更重要的网络问题。考虑到这些弊端，许多管理员任由服务器操作系统以默认状态运行。这样一来，服务器马上就可以投入运行，但是增加了安全风险。

现有的技术可以减轻操作系统管理的负担。以云服务器的配置与应用为例，可以从以下三方面加强高校内网络操作系统的安全：

首先，对网络上的服务器进行配置应该在一个地方进行，大多数用户需要数十种不同的配置。然后，这些配置文件的一个或一组镜像可以在软件的帮助下通过网络下载。软件能够自动管理下载过程，不需要在每台服务器上手动下载。此外，即使有些重要的配置文件，也不应该让本地管理员对每台服务器分别配置，最好的办法是一次性全部设定好。一旦网络配置完毕，管理员就要核实安全策略的执行情况，定义用户访问权限，确保所有配置正确无误。管理员可以在网络上运行（或远程运行）代理程序，不断监控每台服务器，确保代理程序不会干扰正常操作。

其次，账户需要集中管理，以控制对网络的访问，并且确保用户拥有合理访问机构资源的权限。策略、规则和决策应在一个地方进行，而不是在每台计算机上分散进行，然后为用户系统配置合理的身份和许可权。身份与生命周期管理程序可以自动管理这一过程，减少手动过程带来的麻烦。

最后，操作系统应该具备能够轻松、高效地监控网络活动，可以显示谁在进行连接，谁断开了连接，以及发现来自操作系统的潜在安全事件等功能。

（三）计算机病毒手工查杀实验指导手册

随着网络技术的不断发展及其应用的广泛普及，计算机病毒的花样层出不穷，其广泛传播给网络带来了灾难性的影响。计算机病毒（Computer Virus）是指编制者在计算机程序中插入的破坏计算机功能或者损坏数据，影响计算机使用并且能够自我复制的一组计算机指令或者程序代码。与医学上的"病毒"不同，计算机病毒不是天然存在的，是某些人利用计算机软件和硬件所固有的脆弱性编制的一组指令集或程序代码。计算机病毒能通过某种途径潜伏在计算机的存储介质（或程序）里，当达到某种条件时即被激活，再通过修改其他程序的方法，将自己的精确复制或者可能演化的形式放入其他程序中，从而感染其他程序，对计算机资源进行破坏。目前，网络面临着众多的安全威胁，使用数据加密技术、防火墙技术和防病毒技术，有利于提高网络的安全性。数据加密技术是实现数据机密性保护的主要方法。加密技术一般分为对称加密技术和非对称加密技术两类。数字签名是公开密钥加密技术与报文分解函数相结合的产物，是只有信息的发送者才能产生的而别人无法伪造的一段数字串，这段数字串同时也是对信息的发送者所发送信息的真实性的有效证明。

第二节 数字教育科技在高校中的应用

一、高校网络与信息安全典型案例

大数据时代，网络信息安全与数据泄露事件层出不穷。数据安全已经成为阻碍高校智慧校园发展与应用的主要因素之一。《中华人民共和国数据安全法》第四条规定："维护数据安全，应当坚持总体国家安全观，建立健全数据安全治理体系，提高数据安全保障能力。"教育治理能力现代化是近年来教育研究的热点问题。大数据技术已被国内学者广泛应用于教育治理领域，以信息化手段支撑教育治理体系和治理能力持续优化，促进教育移动互联网应用有序、健康发展。鞍山市职教城现入驻中职、高职院校 11 所，共开设 167 个专业（工种），截至 2021 年 9 月，全城共有信息点 2 344 个、"班班通"教室 395 间、计算机机房 61 间、高清录播教室 6 间、教师及学生教学用电脑 3 953 台（不含移动终端）。由鞍山市职教城统筹管理、共建的云数据中心，涵盖鞍山市职教城公共教学资源管理等六大平台以及部分直属院校门户网站，共同构成了计算、安全、存储一体化云平台。在"鞍职牵头，八校共进"模式下，已初步建成智慧型的职教园区。

（一）网络与信息安全趋势分析

鞍山市职教城网络中心在 2019 年的寒假期间，共检测到来自国内的 30.092 4 万次病毒攻击，国外攻击源则主要集中在北美地区。2019 年 10 月开学后，伴随着业务量的增多，Web 攻击与安全漏洞事件达到 63.396 5 万次，其中爬虫事件占比 39.6%、服务器信息泄露事件占比 30.2%、漏洞防护事件占比 20.9%。园区内共发现病毒 37 种，其中高危害级别病毒 30 种，发现 1 816 次，其主要安全风险主要集中在"班班通"教室、计算机实训室、手机等移动智能终端、门户网站及系统平台等。其主要安全趋势分析如下：

1.智能考场、"班班通"教室——计算机病毒

校园网络一旦发生内部感染，恶意软件将对学校的基础架构造成严重破坏。例如"班班通"教室受感染的计算机，轻则运行程序缓慢、上网受限，重则间接导致服务器宕机，出现大面积的网络瘫痪。另外，受感染的计算机可能会通过互联网将数据泄漏给网络犯罪分子，甚至成为"肉机"，导致攻击网络内其他计算机用户。

2.智慧课堂中手机等移动智能终端面临安全威胁

手机等智能终端内存在大量的敏感信息，面临着更多的安全威胁。近年来，高级且持续性的威胁多以智能手机、平板电脑和 USB 等移动设备为目标和攻击对象。部分教室监控设置了弱口令，并映射到外网，存在安全隐患。

3.门户网站、系统平台——黑客入侵

由于部分系统软件平台、物联网平台对于开放在公网上的数据库服务没有进行基本的安全配置检查，将存在 root（超级用户权限）空口令或弱口令的数据库服务器直接映射到互联网上，攻击者通过端口扫描，很容易获取数据库管理员权限，之后通过提权动作，进一步获取服务器权限，并植入一系列后门服务和木马程序。《信息安全技术网络安全等级保护基本要求》2.0 版本（简称"等保 2.0"）新规落地后，新平台数据库要求二级等保认证。

鞍山市职教城信息中心研究、分析了各院校门户网站、公共管理平台、教学资源平台数据，以及各类信息化平台在学校教学、办公、管理中的访问率、使用率、下载率。通过对数据资源有效治理，明确管理权责，不断调整防护策略，修补漏洞，增加安防设备，使得各门户网站与系统平台的安全风险大幅下降。

（二）攻击案例及管理策略制定

1.典型案例一：鞍山市职教城网络攻防演练——模拟国外反恐黑客入侵

攻击方模拟境外分子，通过控制国内 IP 对网站进行后门、SQL、跨站脚本攻击等，使攻击造成服务器内存资源耗尽、网站瘫痪，或选择防护较弱的二级网页进行攻击篡改。攻击可以有一定的预伏期。

防守方及时启动上限应急预案，并及时向相关上级部门沟通并汇报；被攻击网站应截图，如有必要可断网，避免事态影响扩大；填写故障处理记录，搜集防火墙、网站日志，将被攻击网站源代码上传至相关技术部门；在相关部门的许可下，将问题系统平台服务器关闭，并以书面材料形式向上级部门汇报。

黑客入侵后，可采取以下防守策略：

（1）为防火墙、Web 防火墙重新配置策略，将网页防篡改、入侵检测、趋势杀毒等软件的安全等级提高。

（2）除鞍山市职教城门户网站外，将鞍山市职教城内其他相关软件平台系统全部映射到内网。

（3）统一更换核心交换机及各应用系统后台的密码，并设置为高强度的密码。

（4）关闭无用的端口，只开放 80 端口，删除不必要的管理账号。

（5）开启堡垒机（借用）高等级防护权限，所有核心操作均需通过堡垒机验证。

（6）做好鞍山市职教城信息系统的备份与数据恢复准备，防备万一。

2.典型案例二："辽宁护网 2018"网络攻防实战演习

2018 年 9 月，鞍山职业技术学院参加了辽宁省公安厅总队组织开展的"辽宁护网 2018"网络攻防实战演习。针对不同程度的风险攻击，学院采取的主要防守策略有：在互联网出口防火墙上限制外网用户端口访问策略；在互联网出口防火墙上删除无关的端口映射；在互联网出口防火墙上临时关闭 L2TP VPN；在网页防篡改上限制网站所在的服务器文件读写权限；每天更改相关服务器的密码；在 Web 应用防火墙上过滤特殊符号；当 Web 应用防火墙上出现特殊访问时，随时更改用户访问网站的策略；在 Web 应用防火墙上过滤外网用户访问网站后台的权力；发现攻击行为，随时调整网站防护策略；随时监控 Web 应用防火墙和互联网出口防火墙数据包是否有异常；发现网站有漏洞，马上联系并配合网站工程师修补漏洞。

（三）数据治理方法与实施对策

1.加强教育系统党组织对网络安全和信息化工作的领导

教育系统党组织应协同高校建立"信息化工作领导小组—信息技术管理科/信息化专家委员会—各直属院校及单位"三层管理架构；明确"一把手"为网络安全工作的第一责任人，建立网络安全和信息化统筹协调的领导体制；要改变单纯的"技防"思路，提升安全意识，加强"人防"。

2.制定网络与信息安全应急预案，推进等级保护定级备案工作

高校应制定相关制度和应急预案，根据鞍山市职教城内发生的网络信息安全事件程度，启动相应级别的预案，组织协调各直属单位落实应急预案，共同做好处置工作；根据各直属院校办学规模、社会影响力（国家示范校）、业务类型三个维度，分析受到破坏后造成的危害程度，将各校信息系统定级划分为 1 级或 2 级，加强对信息系统的统筹管理，减少网站的少、散、乱问题；建设统一的数据中心，在鞍山市职教城内统一规划网站群，避免基础设施的重复建设，并完成鞍山市职教城统一门户网站等级保护定级二级备案工作。

3.制定信息安全保护制度，加强源头数据安全保护

高校应制定信息安全保护制度，提出以数据安全治理为中心的安全防护方案及治理模式，对采集的基础数据进行脱敏，通过数据去隐私化或数据变形，保护个人数据信息隐私。个人应养成定期备份工作信息的习惯，熟悉数据备份策略，加密重要文档，在必要时，采用低格、焚毁、消磁等技术手段销毁数据。

为加强对学校、单位数据的保护，建议采取以下举措：只访问授权的信息资产；在使用白板后，应立即擦除上面的机密信息；含敏感信息的硬拷贝和纸质文件应锁在安全的保险柜里；打印含敏感信息的文档，打印人必须立即取走打印件；机密文件不许照相、复印；在发送含敏感信息的电子邮件时，建议加密；必须使用碎纸机销毁纸质的保密、机密信息；必须彻底销毁存有保密、机密的电子存储介质，包括硬盘、U盘、移动硬盘、光盘、软盘、纸质材料等具有存储信息功能的所有介质。

4.加强"以应用为导向"的目标管理激励评价机制

高校应制定网络与信息安全目标管理考核机制，落实关键信息基础设施防护责任，履行好监管责任；打破"物理隔离+好人假定+规定推演"模式，通过发布信息化通报、下发整改通知单等方式，及时曝光问题、解决隐患；关注网站全生命周期安全管理流程，做好资产梳理、基线核查、漏洞扫描、渗透测试、网站监测、漏洞与基线加固、安全通告、应急响应等安全服务；对重要的二级信息系统和门户网站，至少每两年开展一次测评活动。

5.建设"一个中心，三重防护"，加强"人防+技防"能力

鞍山市职教城应加强统筹管理，建立云数据安全管理中心（即"一个中心"），统一监管集中管控。"三重防护"是指加强安全通信网络、安全区域边界、安全计算环境建设。鞍山市职教城管委员应指导城内各直属院校网络用户保证自身IP地址及上网账号的安全性，避免泄露情况发生；将子网细分为教学网络、办公网络、服务器网络、监控网络、无线网络等，方便运维与管理；严格执行"一机一账号"管理制度，通过媒体存取控制位址（Media Access Control Address，以下简称"MAC地址"）绑定与个人实名认证，对电脑与手机用户的上网行为进行管理；加强读网、看网值班制度，网站等信息系统在重大关键时段关停；通过定期召开网络安全专题会议与培训会、参加全国网络安全知识与技能竞赛等活动，全面提高师生的风险防范能力与水平。鞍山市职教城"一个中心，三重防护"主干安全体系如图5-7所示。

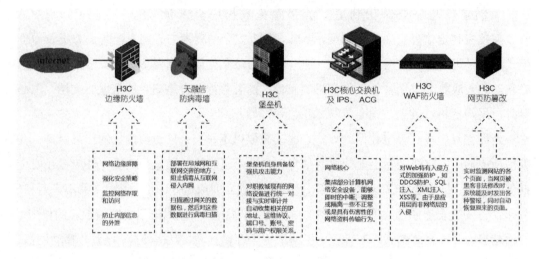

图 5-7　鞍山市职教城"一个中心,三重防护"主干安全体系

　　综上所述,针对智慧校园背景下职业院校大数据治理中的信息安全问题,高校要加强信息化专业学科建设,创新发展网络安全人才培养及网络安全学科专业建设;依托高校平台,打造网络安全人才复合通道,构建人才成长的立交桥;要强化网络安全宣传教育,深化网络舆情工作机制建设,从源头上加强学生网络安全教育,并联合网信、公安等部门加大网络监管力度,形成网络突发事件应对合力;要建立责任制度,明确主体责任,健全考核评价和监督问责机制;出台教育系统网络安全事件应急预案及应急工作机制,提高应对网络安全事件能力;要推进关键信息基础设施保障工作,制定学校关键信息基础设施认定规则,定期开展关键信息基础设施现场检测和安全评估;要持续推进网络安全监测预警;加强值班、值网工作,提高通报整改质量,强化数据统计分析能力;要推进网络思想政治与法治教育,推进网络安全教育;要增强网络安全意识和语言规范意识,遵守网络行为规范,注意网络信息传播安全,养成文明网络生活方式。

　　高校应通过教育治理,提高教育治理能力与网络信息安全管理能力,强化信息安全管理工作者的法治观念。高校要以信息化手段支撑教育治理体系和治理能力持续优化,促进教育移动互联网应用有序、健康发展,并通过教育大数据、信息化服务模式,驱动教育模式改革,提高教学管理质量,创新教育方法,推进数据辅助决策。

二、专业升级与数字化改造的应用

（一）背景与意义

党的二十大报告提出了"推进教育数字化，建设全民终身学习的学习型社会、学习型大国"的要求。2023年印发的《数字中国建设整体布局规划》明确提出，要夯实数字基础设施和数据资源体系"两大基础"，推进数字化技术与经济、政治、文化、社会、生态文明建设"五位一体"深度融合。国内数字化研究包括需求驱动的技术驱动论、人文引领的工具应用论、融合协同的部门推进论等，确立了"起步、应用、融合、创新"四个典型的阶段理论。近些年来，辽宁省陆续出台有关数字化转型的政策文件、教学改革项目，并投入20亿元支持发展"数字辽宁，智慧强省"。

鞍山职业技术学院通过校企合作、产教融合，共建数字产业学院；通过数字工场实训基地建设，促进教育链、人才链与产业链、创新链有机衔接，提高职业教育的适应性；在"统筹共建、产教融合、四链驱动"模式下，开展了"信息技术类专业群"教育教学改革、专业拓展与创新管理；通过拓展信息技术专业群而引起的集聚效应、规模效应，实现了专业升级与数字化转型，提高了专业竞争力；通过数字化改造引领的专业升级，提升了中职学校与高职院校、应用型本科院校课程与资源的衔接，在整合优化与共享教育资源的同时，发挥优势专业引领辐射作用，促进相关专业水平提升，提高专业建设的整体效益。

（二）基础条件与模型构建

1.数字化软硬件条件和实训基地设备及系统配备情况

截至2023年12月，鞍山职业技术学院计算机类专业校内实训基地共有软件开发、大数据实验实训室8间、计算机392台、"班班通"教室16间（配备黑板、多媒体计算机系统、网络安全防护措施等），校外实训基地人工智能、物联网实验实训室4间，工位数240个。

围绕计算机应用专业，开发教学资源，拓展实训基地建设。鞍山市职教城共建共享现代信息技术实训基地群，拥有VR虚拟仿真、硬件检测与维修、网络搭建虚拟实训室、智慧教室1间，计算机机房26个，教师及学生用计算机952台，各种工位200余个。

2.数字化转型的框架体系

职业院校数字化转型是利用数字化技术的融合式、创新性应用，优化业务流程、引发组织变革和重塑学校生态的集体行动和持续过程，涉及理念、技术、制度、方法和人才等一系列关键问题。数字化转型是一项系统工程，要重视数字化技术与教学过程的深度整合，以数据为核心驱动力，推动数字化技术与教学全要素、全过程的深度融合，助力教学的创新变革和转型升级。鞍山职业技术学院的信息技术专业群框架体系包括家、校、社三个层面，其中学校是主战场，社会与家庭融合共推。在学校层面，教师的主动参与是重要的影响因素，而评价层面是数字化转型能够顺利实施的有效保障。在家庭层面，父母监督与指导以及学生自我管理能力等要素十分重要；社会层面的行业企业认证标准、公共资源、数字伦理等要素，是学校层面的有力补充和支撑。

　　鞍山职业技术学院数字化转型的框架体系如图 5-8 所示。

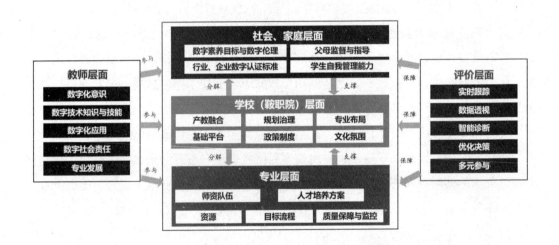

图 5-8　鞍山职业技术学院数字化转型的框架体系

　　学校层面包括战略规划、产教融合、专业布局、基础平台、政策制度、文化氛围等因素。学校要坚持以学生中心，以实际需求创新驱动、数据赋能；要积极调整专业布局，优化治理体系，明确学校数字化转型专项规划。专业布局要适应数字经济发展要求，助力学校培养急需的数字化技术技能人才。学校要用政策制度引导、优化治理管理，制定政策制度，引导推动学校数字化转型，营造数字化文化氛围。

　　专业层面包括人才培养方案、质量保障与监控等要素。教师层面则包含数字化意识、数字化应用、数字知识与技能等要素。学校要丰富教师的数字素养能力结构，深化数字内涵，提高教师创新、教育教学、科技实践的综合能力；重塑赋能数字化教师角色，积极开展混合式教学、面向自主探究的数字实验教学、面向深度学习的智慧课堂教学。

学校在评价层面则要建立数字保障与监督评价机制，实现对办学全领域、全环节、全要素、全周期的数据跟踪、分析与评价；基于新一代信息技术，如大数据、人工智能，开展学生线上与线下学习效果评价、教师教学评价、微服务管理评价等。

总体而言，学校层面要做好顶层设计，家庭层面要做好协同配合，社会企业层面要做好创新发展，教师层面要强化数字素养及实践能力，评价层面要实现持续改进。高校要整体构建一体化的数字平台体系，整合各类教育教学场景，充分满足师生的个性化需求，以精准感知预判、数据实时驱动，实现个性化教育、智慧教育。

（三）专业升级与数字化改造的实施路径

1.校企共建，动态修订人才培养方案

鞍山职业技术学院与东软教育科技集团共建有特色的数字产业学院，对标新一代信息技术产业、"互联网+"等产业发展需求，打造计算机应用（Web 前端开发）、大数据技术、移动应用开发三个优势专业；吸纳行业专家、正高级教师建立专业建设领导小组及校企合作委员会，联合修订人才培养方案；实施"人才培养模式、专业课程体系、教学方式、技能鉴定、质量保障"全要素专业群建设改革，打造"智慧学校、智慧课堂、智慧车间"；通过专业课程与技能培训项目，结合学生科技创新、职业生涯规划等，全方式推进学生个性化培养；通过教师"双证"上讲台、思政课程教师教学技能大赛等举措，实现为党育人，为国育才。

近 3 年，鞍山职业技术学院先后投资 500 余万元升级数字化基础设施。学校以项目化课程教学改革为抓手，结合国家战略发展和区域市场需求，开展专业调研；整合鞍山市职教城内的职业院校核心专业群，依托东软教育科技集团等企业，基于 OBE（成果导向教育）教育模式，制定计算机类专业人才培养方案；建立校企合作委员会，组织制定校企合作中长期发展规划，构建"学历证书+若干职业技能等级证书"制度（以下简称"'1+X'证书制度"）。

鞍山职业技术学院打造了具有地区特色的数字化产业集群，适应产业集群发展，使培养的人才具有数字化技能，拥有数字化能力，掌握数字化的基本知识。在专业建设上，学校通过构建现代化的课程体系来实现专业数字化。在人才培养方案上，学校设置数字工场实训等前沿课程，创新立德树人、工匠精神、思政课程校园文化传承的需求发展，形成统筹管理、资源共享模式下的现代学校治理体系。

2.课程体系和课程内容的建设机制

学校应制定专业数字化标准与规范体系，构建"1+n+2+4"数字化转型质量保障与监控模型。在等级保障制度下，学校构建师生个性化应用门户和学习空间，在职业教育教学中，综合运用新一代信息技术构建智能感知、VR 虚实融合的教学空间，构建智慧教育新生态。

学校每年开展网络大数据调查和寒暑假行业典型企业调研，重点调研人工智能、大数据等新技术岗位、新职业岗位、新业态岗位的知识结构和能力组成。学校应依托鞍山市职教城内超星学习通平台、Moodle 学习平台，增加职业教育体验，开展混合教学模式改革。教师在课程设置中主要以 3～10 min 的短视频为主，以辅助动画的形式，将知识点呈现出来，增加学生的学习兴趣。学校还应创新学校人才培养模式，提高学科教育与专业群建设水平，提升教育管理对象与受教育对象的信息化素养；每年组织专业开发与调整的专题调查研究，准确把握鞍山职业技术学院计算机应用专业（群）发展的外部环境。

计算机应用专业现已实现"班班通网络，班班通资源，班班通监控"以及"师生有空间，一师一课程，一生一课表"。计算机类专业以数字化转型为契机，改革创新专业人才培养模式，外部对接产业链或岗位群需求，内部促进专业协作、资源共享。学校通过开设技能竞赛、创新创业、第二课堂等拓展模块的教育教学内容，探索基于不同层次、不同生源的分类教学、分类管理、个性学时的灵活学制。学校可以制定专业学分积累或转换制度，通过"1+X"证书制度的运用，引导并帮助学生完成相应专业知识技能模块的学习，逐步完善高水平专业人才培养特色方案。

3.数字化师资队伍的培养与建设

在计算机应用专业 8 名专任教师中，教授 2 人、副教授 3 人、讲师 3 人，他们都有硕士学位，都是"双师型"教师，具有技师称号的教师 1 人，中高级工及工程师 7 人，校外实训基地教师 4 人，他们都具有丰富的企业实战经验。每年，学校均选派教师参加各级信息化教学技术培训，开展技术服务和企业实践，并将教师参训情况与业绩考核、职称评聘挂钩。从 2020 年至今，学校先后开展了大数据、人工智能等数字化技术课程培训，经过多年的合作创新，学院已形成了一支专兼结合、结构合理、德才兼备的高素质教学创新团队，数字化"双师"率达 100%。学校积极引导传统信息类专业教师向大数据、人工智能等新兴专业转型，培养 3 名校内专业带头人。

（四）特色与成效

"鞍职牵头，八校共进"模式有利于妥善处理学校、专业与专业群、二级学院之间的关系。学校以专业整合为切入点，对园区各校的人、财、物等各种资源实施有效整合，构建了职教园区数据安全治理模式，以及"一个中心+三重防护+人防"的管理策略。

1.构建并实施以"一平台、二监控、三主体、四评价"为基础的质量保障与监控指标体系

学校以数字化转型为背景，制定数字化教学策略，系统开展教学组织、教学设计、教学内容和教学评价。一平台指的是超星学习通平台；二监控指教学督导、大数据分析；三主体指学院领导、教师、学生；四评价就是资源建设评价、课程建设评价、教学过程评价、教学效果评价。学校应改革教学评价方法与方式，采用线上与线下混合式教学项目考核法，在进行课程设计时，预先设计好考核权重。

学校要注意过程与绩效分析改进，结合学院、分院要求，利用计算机应用技术专业加强对日常教学组织的运行与管理，如对教学文件中的教学大纲、授课计划、考勤表、教案及课件、考试大纲、教学资源库的管理。

2.数字化教学空间及教学资源的建设和应用情况

计算机类专业课程均开设数字化教学空间，课堂信息化应用率达到100%。在积极推进混合式教学过程中，学校应注重教学资源的动态积累与更新，并根据教学大纲的要求及学生的学习情况定期更新。教学资源库主要包括教学过程中应用的案例、考核题库等，其中题库要包括试题类型（选择题、填空题、判断题、上机操作题等）、难易程度、相关知识点、答案等信息。

2019年，鞍山职业技术学院与超星集团合作开发数字网络课程。2020年，鞍山职业技术学院与东软集团校企合作、共同开发"数字化"项目式新形态教材，以适应产业数字化发展需求，构建数字化教材"新形态"，推动理念、教学和评价等媒介数字化转型。目前，已分步编制完成《计算机网络技术》《数据库原理与应用》等数字化教材、校企共建《东软数字工场实训》《大数据技术架构》等特色数字化教材。

"班班通网络，班班通资源，一平三端"教学手段、线上与线下混合式教学理论的创新应用，有利于促进学校专业建设由"规模"向"内涵"发展，课堂由线下向混合式教学转变，学生专注度和师生互动探讨度显著提升，教师和学生的信息化素养全面提升。学校新建成示范性混合教学改革课程3门，新增教学资源1万余件、教学题库的题量达到10万道以上，受益学生及培训人员约1万人。

3.教学手段更新和教学理论创新情况

学校实施信息技术类专业群教材与教法改革，开展"处处时时可学，处处时时能学"的在线教育培训新模式，并借助 VR 虚拟仿真、大数据等新兴技术，实现了教学手段的创新应用。学校通过"1+X"书证制度，构建基于项目实战课程体系和"数字工场+名师工作室"的教师能力提升平台，探索数字化教学理论的创新研究。

4.校企共建校外生产性实训基地

鞍山职业技术学院依托东软集团 30 余年的产业积累与 20 年的 IT 教育培养经验，针对高职院校计算机专业学生特点，建设定制从岗位培养、校内外集中实训、顶岗实习到就业输出的完整人才培养、孵化的生态链。2022—2023 年，学校共有 578 名计算机专业学生开展了一个学期的企业综合实训，包括前后端开发、测试运维、视音频剪辑等综合素质课程实践。数字工场将项目实践与理论教学完美结合，确保复合型技术技能人才培养质量，在校企共建、共育过程中以真实环境、真实项目和真实压力为载体，创新生产性实训教学模式，构建基于岗位需求的实训实践中心，真正实现产教对接。2023 年，校内计算机机房开课率达 100%，每间实训室日平均使用时长约 6 h。

2020—2023 年，鞍山职业技术学院对接地区产业发展与学生专升本需求，先后 3 次完善、修改计算机应用技术专业人才培养方案，并拓展开发大数据技术、移动应用开发两个专业的人才培养方案。2023 年，65 名同学通过专升本考试进入本科院校，2023 级计算机应用专业学生就业率达 97%。学生在辽宁省计算机技能大赛上获一等奖 1 项、二等奖 1 项、三等奖 5 项。学校共有 8 名教师获得 Java 全栈实践课程结业证书、43 名同学获得国家 web 前端开发"1+X"证书。

（五）问题与建议

1.存在问题

在专业数字化转型中，学校主要存在学生的学习力与能动性需要提高、教师数字化教学能力的内涵与水平仍需更新与提升、数据驱动的管理与服务能力亟待提高等突出问题。在具体实施中，学校存在"重业务，轻数据"的问题，即学校在进行专业数字化升级与改造时，习惯用技术固化业务的操作流程和管理经验，并没有重构新业务流程，仅仅是实现了"知识内容的数据化"。目前，虽然团队成员具备较强的数字化能力，但团队结构仍需优化。教师数字化素养提升面临路径有限及能力瓶颈问题，无法满足大规模信息化教学活动的精准化、个性化需求。

在专业升级过程中，学校缺少教育数据采集汇聚与挖掘分析服务方面的复合型专业人才。学校在专业层面普遍重视专业升级后的结果数据，忽视具体学科业务执行与整合过程中对于中间数据的收集与分析。专业资源及面向学科融合的工具与服务不足，也成为制约专业数字化升级与转型的重要因素之一。为解决上述问题，学校需要扩大信息化设施的投入，提高建设标准，并不断优化。

2.对策与建议

首先，学校要成立数字化升级改造工作小组，在专业建设中将数字化改造项目放在专业建设重要位置，保证项目的资金预算；完善管理制度和保障制度，建立有效的激励机制；充分调动教师积极探索"数字化+"教学研究模式，加大奖励力度，以鼓励教师积极提高数字化应用能力。

其次，学校要以产教融合为基础，创新开展数字化产业合作的机制、平台建设；制定人才培养流程总体框架及中长期发展规划，探索多种形式的校企合作人才培养模式；加强与企业、行业及政府相关部门的联系，推动协调院（系）与企业、行业及政府间的合作。

最后，学校要推进校企共建，基于学习工厂的产教融合教学模式，开展师生数字化技能提高行动计划，全面推行混合教学教法改革与创新。

总而言之，学校应依托行业、企业等社会力量，通过校企合作完成专业升级与数字化改造；构建经费多元投入的保障机制；通过"1+X"证书制度，拓展人才培养模式，对接国际国内技能人才评价标准；实现教育治理的管理体制和运行机制的创新；创新开展鞍山职业技术学院的合作交流、教育决策和社会服务功能；以计算机类专业的数字化升级，推动学校、院（系）与行业企业、省内高校合作交流；促进泛在化的网络学习空间、智能化的管理服务、智慧化的校务治理、创新立德树人、工匠精神校园文化传承的需求发展。

三、以内涵建设助力开放大学转型发展

开放大学转型发展不是原有广播电视大学的简单更名，而是涉及办学理念、办学模式的全方位、深层次的变革和转型，其本质和核心是建设负有特殊使命的新型高等学校。作为一所面向全体社会成员开展学历与非学历继续教育的学校，鞍山开放大学秉承资源共享理念，以现代信息技术为支撑，依靠网络平台，积极探索数字化教育新模式，开展

内容丰富、形式多样的学历与非学历继续教育，不断加强学校内涵建设，提高办学能力和服务水平，满足全民终身学习需求，为建设人人皆学、时时能学、处处可学的学习型社会贡献力量。

（一）开放大学的特点

开放大学作为推动学习型社会和终身教育体系建设的主体力量，具有与普通高校不同的特点。

1.开放办学理念

1978年2月6日，改革开放的总设计师邓小平在由中华人民共和国教育部和中央广播事业局呈送的《关于筹办电视大学的请示报告》上批示"同意"，揭开了建设中国特色现代远程开放教育的序幕，广播电视大学由此诞生。1979年1月，中华人民共和国国务院发文指出，举办广播电视大学是我国高等教育事业发展中的新事物，对于扩大高等教育的规模，提高广大群众的科学文化水平，加速培养大量又红又专的人才，将会起重大作用。文件要求各省、自治区、直辖市和中央有关部门"大力支持广播电视大学的筹办工作，切实解决工作中的问题，注意总结经验，努力把广播电视大学办好"。

开放大学区别于普通高等学校的根本特征是其开放性，包括教育对象的开放、办学方式的开放，具体体现在教学过程、教学管理、教学模式等方面。从"教"上看，开放大学为学员提供了大规模开放式在线学习资源，可以满足所有学员同时在线学习的需求；从"学"上看，开放的学习方式使学员可以充分利用碎片化时间自主学习；从教学管理上看，部分开放大学已经启动学分银行管理模式，借鉴银行信贷业务，通过存分、贷分两种机制，实现学分累积和互换；从教学模式上看，部分教师尝试过的翻转课堂可以打破时空限制，满足学员随时随地学习的需求。

2.培养应用型人才

服务地方经济社会高质量发展，是开放大学的重要职责。地方政府设立的开放大学要着眼于本地经济社会发展需要，适时调整培养方式，面向地方行业、企业乃至农村、社区，为生产一线培养应用型人才。开放大学大力发展多种办学形式，通过整合教育资源，构建多元化办学体系，努力为本地经济发展和学习型社会建设提供优质教育服务，为地方社会进步提供人才支撑。

3.信息化、数字化教育模式

开放大学是以促进终身学习为使命、以现代信息技术为支撑、以"互联网+"为特征的新型高等学校。无论是原来的广播电视大学，还是如今的开放大学，都具有现代信息技术上的优势。国家开放大学深入学习贯彻党的二十大精神，提出了"建设一所链接世界的数字化大学"的宏伟目标。在长期积累的教育经验和广大教育工作者努力工作的基础上，开放大学探索教育数字化的脚步一直没有停歇。

（二）开放大学的机遇与挑战

鞍山开放大学的前身是鞍山广播电视大学，于1979年7月成立，先后被命名为辽宁广播电视大学鞍山工作站、鞍山分校。1984年，经辽宁省人民政府批准，正式更名为鞍山广播电视大学。鞍山广播电视大学是一所以现代信息技术为支撑，集现代远程开放教育、网络教育等学历教育和社区教育、短期培训等非学历教育于一体，面向全体社会成员的新型高等学校，也是鞍山唯一一所开放式成人高校。

为更好地发挥开放大学在构建服务全民终身学习的教育体系中的作用，主动服务国家战略和经济社会发展需求，2020年8月，中华人民共和国教育部印发《国家开放大学综合改革方案》，标志我国开放大学办学体系拉开了深化改革、转型发展的大幕。该方案要求，推进现有广播电视大学转型为地方开放大学，通过共建共享方式，适度开设体现区域特色、满足地方需求、服务当地经济社会发展、职业技能导向明确的专业、课程。

2020年12月29日，鞍山市人民政府作出批复，同意鞍山广播电视大学更名为鞍山开放大学。2021年5月27日，鞍山广播电视大学举行揭牌仪式，正式更名为鞍山开放大学，迎来新的发展机遇和挑战。如何加强学校内涵建设，推进学校转型发展，进一步明确定位、补齐短板，提高办学质量，是鞍山开放大学当下亟待解决的问题。党的十九大以来，鞍山开放大学大学积极响应习近平总书记的号召，坚持"学历教育强校，非学历教育兴校"战略，面向生产和服务一线职工开展学历与非学历继续教育；设立社区教育指导中心，面向广大社区居民开展社区教育，努力构建全民教育体系，建设学习型社会。学校建有1 000兆主干通道局域网，实现100兆宽带光纤接入，建设运行3个拥有独立域名的网站；建设计算机教室10个、多媒体教室20个，共有计算机450台，能容纳290人和120人的多功能报告厅各1个，基本实现了网络教育教学、管理和学习服务功能，初步形成了天网、地网、人网"三网合一"的网络体系。社区教育数字化学习示范点覆盖了鞍山城区，成为全省开放大学系统社区教育的一大特色。

（三）开放大学的发展路径

1.加强战略整合，提升办学实力

在发展过程中，开放大学要切实增强补位意识，坚持以我为主、开放合作、体系联动、项目拉动、市场细分、效益并重。鞍山市委、市政府高度重视鞍山开放大学的建设和发展工作，对学校师资配备、经费投入等予以重点扶持。鞍山开放大学得以优先进驻占地面积 128 万 m^2 的鞍山市职教城，共享使用园区图书馆、现代制造技术实训室、体育场、网球场、乒羽馆等场地设施。此外，学校还可以共享使用鞍山市奥体中心体育场、体育馆等。来自地方政府的支持，使学校综合办学实力进一步增强，学校转型发展具备了有利的资源条件。目前，鞍山开放大学开设了法学、教育学等 7 个学科门类的 39 个（本科 11 个、专科 28 个）专业（方向），自 1979 年成立至今，共培养了 5 万多名实用型人才，为鞍山市经济社会发展作出了贡献。

2.夯实硬件基础，打造数字大学

党的二十大报告指出，推进教育数字化，建设全民终身学习的学习型社会、学习型大国。对此，学校围绕建设数字化开放大学进行了积极探索，不断完善人人皆学、时时能学、处处可学的学习环境。目前，鞍山开放大学已建成 10 个多媒体网络机房、12 间多媒体教室、3 个多功能报告厅、1 个录播室、2 个中心机房，购置 450 台高性能计算机、8 台服务器，校园实现无线网络全覆盖。同时，学校配备了 100 台高标准办公一体机，确保全校教职工人手一台。通过加强硬件建设，学校在办学模式、管理体制、育人方式等方面，实现了数字化转型，更好地融入国家开放大学"一路一网一平台"体系，在鞍山市全民终身学习教育体系和学习型社会建设中发挥了主力军作用。

3.深化教学改革，推动转型发展

开放教育具有专业性、发展性、创新性特点，开放教育教师专业发展的内涵日益丰富，主要体现在教学理念更新、专业素质培养及信息技术提高上。鞍山开放大学要求广大教师积极推进教学改革与创新，为学生提供思想政治与专业知识相结合、理论知识与实践技能相结合、线上与线下相结合的教学和学习支持服务，有效解决学生的工学矛盾，满足学生的需求。学校采取系统性培训、典型示范引领和教学竞赛激励等方式，不断提升教师的数字化素养。积极推广移动学习和"线上+线下"混合式教学模式，网上教学采用"雨课堂直播+'一平台'答疑互动"模式，持续提高教学质量。

4.落实立德树人，提升育人水平

鞍山开放大学坚持为党育人、为国育才，落实立德树人根本任务，促进思政课程和

课程思政同向同行。育人的根本在于立德，学校整体推进思政课程和课程思政工作，切实提高思政课程和课程思政的吸引力、影响力、感召力。学校鼓励教师参加国家开放大学、辽宁开放大学组织的思政理论学习交流活动，创新思政课教学模式。学校教师主持的思政课题均已顺利结题，参与国家开放大学、辽宁开放大学组织的思政课教学设计比赛和课程思政创新教学竞赛，取得了良好的成绩。为丰富思政实践教学内容，鞍山开放大学邀请郭明义同志为师生做"立足岗位学雷锋，爱岗敬业做奉献"专题讲座，并成立郭明义爱心小分队。学校还组织学生参观鞍钢博物馆、烈士山纪念馆、生态产业园，开展主题鲜明、形式多样的学生文体活动（如主题读书分享活动、主题摄影大赛），把立德树人融入思想道德教育、文化知识教育、社会实践教育各环节。多年来，学校培养出一大批优秀毕业生，为鞍山经济社会发展提供了人才支撑和智力支持。

5.加强文化建设，营造育人氛围

校园文化是学校发展的灵魂，是团队凝聚力、学校形象和文明程度的重要标志，也是推进"五育并举""三全育人"的重要举措。鞍山开放大学历来注重校园文化建设，使学校的每个角落、每面墙壁都展现出精心设计的开放大学元素，凸显文化的熏陶，让人眼前一亮、耳目一新，切实达到以文化人、以文育人的目的。例如，在学校正厅醒目位置，悬挂国家开放大学校标和"敬学广惠、有教无类"的校训，正厅 LED 电子屏幕循环播放学校办学评估、揭牌仪式、师生实践活动、招生宣传获奖作品等系列专题片，让学员感觉温馨又震撼。同时，学校建设了挂有 50 多幅优秀毕业生风采画像、40 多幅老年大学优秀学员书画作品、30 多幅名言警句的文化长廊，设计了社会主义核心价值观展板，推出学校廉洁教育园地、先进典型荣誉榜、教职工活动展等，切实筑牢育人阵地。同时，学校积极关注对外宣传工作，在《鞍山日报》《千山晚报》发表整版文章介绍学校发展成果，利用公众号、抖音、快手等新媒体开展宣传，租用出租车灯牌宣传，强化纸媒、车媒、网络媒体立体互动，营造良好的对外宣传氛围。

6.拓宽办学渠道，服务社会发展

开放大学转型发展的内涵主要包括两个方面：一是拓宽办学渠道，基于开放办学模式，提高以学历教育为主的自主办学能力；二是面向大众群体，进入社区，开展社区教育实践，革新非学历教育。为更好地服务于地方经济社会发展，鞍山开放大学成立了鞍山市社区教育指导中心，建设了弘扬社区、三冶社区、曙光社区等 5 个数字化社区教育示范点，形成了示范引领和集聚效应。目前，鞍山开放大学正在拓展瑞达社区、爱家小区等新的示范点，并向周边社区辐射，逐步打造覆盖全市的终身学习教育体系。学校利用信息化技术和优质课程资源优势，选派优秀专业教师授课，努力打造特色社区教育品牌项目。社会资源是充足的，是可以合作共享的，只是目前没有被完全利用和整合。学校首先要做的就是整合资源，利用一切可以利用的教育资源，重新筛选组合，形成新的平台内容。围绕习近平总书记视察辽宁时提出的"一老一幼"关切，鞍山开放大学成立老年大学，并积极完善环境和设施建设。鞍山开放大学整合校内外优质课程师资，设置模特、瑜伽、太极拳、民族舞等老年大学专业，探索"1+5"学院式文化养老新模式；成立鞍山社区工作者学院，开展全市城乡社区干部和村干部能力提升培训，共举办 90 多期培训班，累计培训 1 万余人次，成为辽宁省乃至全国基层干部教育培训示范品牌。近年来，鞍山开放大学承接了国家统一法律职业资格考试、全市机关职工"奋斗·振兴杯"技能大赛等 100 多项考试、赛事任务，出台了优惠减免学费、提供场地设施、选派教师送教帮扶等助企纾困政策措施，助力全市企业发展，为"双鞍"融合贡献了绵薄之力。在多元办学项目的牵动下，学校转型发展的目标任务逐渐清晰。

综上所述，鞍山开放大学在转型发展上进行了一系列探索和尝试，取得了初步成效。今后，学校将继续开创新思路，提出新举措，稳中求进、久久为功，不断推进学校高质量发展，服务保障鞍山市全面振兴新突破 3 年行动，为建设全民终身学习的学习型社会作出新贡献。鞍山开放大学只有具备掌控全局的观念和顺应大势、把握大势的能力，才能锚定目标，找准突破口、切入点和着力点，在开放大学转型中实现跨越式发展。

四、MCAI 课件的设计研究与应用实践

信息技术与课程整合是当今课程改革的方向，而多媒体计算机辅助教学（Multimedia Computer-Assisted Instruction，以下简称"MCAI"）课件是现代课程教学的重要组成部分，它可以最大限度地优化课堂教学结构，使课堂教学融入现代的教学理念与现代教育技术。但在实际教学中，由于相关课件制作者缺乏基础的教育理论，如教育学、心理学、教学设计等相关方面的知识，而一线教师又缺乏计算机技术知识与课件开发能力，导致制作出的教学课件往往达不到课堂教学的要求。更为严峻的是，教育软件的制作者或软件的使用者都缺乏系统的教学设计理论研究，这些已经成为教育软件产业发展的"瓶颈"，严重地阻碍了信息化教学的步伐。

在教学软件的开发与制作中，教学设计占有重要的指导地位。教学设计不仅仅是课程内容的设计，更是方法的设计、系统的设计。MCAI 课件的教学设计系统理论研究，

对教学资源和教学过程的设计、开发、利用、管理和评价都具有现实的指导意义。这部分内容将结合作者多年来课件制作的经验，以教学设计为一条理论主线，从课件设计、课件制作、课件应用与评价几个方面，对教学课件的设计与应用进行一些有关基础理论与制作技术的研究。

在实践制作部分，学校利用 Java 和 Mysql 数据库建立动态、交互且高效的 Web 服务器应用技术，加强了课件在使用中的动态的交互性。在教学过程中，学校对采用的教学设计方法进行了有益的尝试和探索。为了加强对教学中教学设计与应用实践的描述，学校采用问卷调查法、实例分析法，对教学效果作了相应的理论分析与量化评价。学校所采用的课件由笔者于 2004 年制作完成，多次在课堂教学中实践应用，获得师生的一致好评。通过对全国各地现代信息技术课程与教学软件的观察，结合系统的教学理论研究与教学实践分析，笔者认为，在课件的设计中应该重视教学过程的设计，形成科学的教学体系结构。对于制作技术上的缺陷，可以通过一些手段去弥补，但现代教育理论思想的匮乏、现代教育技术手段的落后，已经严重制约了信息化教育教学的发展。因此，提高教师的现代教育教学理论，强化现代教育技术手段，培养科学的现代教学设计理念，是学校发展教育的当务之急。

（一）教学课件的理论基础

教学课件的设计与开发已经成为现代教育领域一个十分重要的实践课题。然而，学校要想开发出既符合学生认知特征，又符合教学规律且教学内容具有一定艺术性的高质量课件绝非易事，必须以正确的学习理论和教学设计理论作为指导。

1.学习理论基础

学习理论是通过研究学习者怎样通过感知、思维、行动接受教育，掌握知识技能，理解客观事物及规律来揭示学习本质的一门学科。几千年来，教育者在知识的探知与求索中，为我们留下了很多精神财富。古代孔子的启发式教学、苏格拉底的"助产术"，近现代扬·阿姆斯·夸美纽斯的《大教学论》和约翰·弗里德里希·赫尔巴特的《赫尔巴特普通教育学》等，为我们的学习理论提供了丰富的学术土壤与实践空间。

在新技术时代，科学技术是思想发展的驱动力，计算机的迅速普及与发展给学习理论带来了一场革命。新技术的应用，触发了教育观念与思想的革新。现代的教育不仅仅在教学中注重知识的授导、技能的训练，更注重学生在学习过程中理解的自主性、解决问题的实践性、研发知识的创新性，并在实践操作中注意评价的多元化。

现代教育的目的不是培养思想或技艺的"衣钵"继任者，而是培养具有创新发展能力的开拓者。在教学中，教师应注重学生自身知识体系的建构，注重培养学生主动学习和终身学习的能力。现代学习理论对 MCAI 课件的设计开发起着直接指导作用，其中对多媒体 MCAI 课件的设计开发有较大影响的学习理论有三种，即行为主义学习理论、认知主义学习理论、建构主义学习理论。

（1）行为主义学习理论

行为主义学习理论强调知识技能的学习靠条件反射和外在强化，学习就是形成刺激和反应的过程，代表人物有华生、桑代克和斯金纳等。

行为主义者认为，学习是客观的外部环境刺激加上强化刺激，"刺激"使学习者行为发生变化。行为主义者主张，在学习过程中，只要控制外部刺激，就能控制行为和预测学习效果。学习过程是在操作性条件反射下进行的，即学习是刺激与反应之间的联结。当联结被诱发后，如果随即给予强化，学习这一行为就会发生，即"刺激—反应—强化刺激"的过程。因此，在课件设计和课堂教学中，应注意施加有意义的刺激，适当采用图形、动画、声音等有效刺激来保持学生的注意力，在教师主导的前提下完成基础性的知识，如定义、概念的讲授。特别在基础知识的掌握阶段，采取以上方法会取得良好的教学效果。同时，在教学设计的评价阶段，教师采用行为强化训练的方式，可以强化学生对知识的掌握。学生通过大量、反复的技能操作，可以形成正确的反馈与自我评价。

（2）认知主义学习理论

认知主义学习理论认为，外部刺激固然重要，但不能解释产生行为的原因。它将学习过程理解为学习者根据各自的态度、需要、兴趣、爱好，并利用原有的认知结构，对当前的外部刺激进行有选择的信息加工的过程；而知识是学习者给经验的规律性赋予的意义和结果。认知主义学习理论的主要代表人物有布鲁纳和加涅。

在 MCAI 课件的设计过程中，认知主义学习理论对 MCAI 的指导作用主要体现在以下几个方面：

①强调促进学生的学习动机，激发学生学习兴趣，发展学生认知能力。

②必须了解学生原有的认知结构。

③必须了解学生的认知规律，避免学生的认知建构出现错误。

④设法帮助学生进行语义编码，针对不同学生的认知结构和认知特点，选择不同的教学策略。

⑤帮助学生将新知识进行归类、重组，使之进入长时记忆的认知结构中，以便长期

保存以供调用。要求学生在每个教学单元结束时，进行认真总结。

（3）建构主义学习理论

建构主义是学习理论从行为主义发展到认知主义后的进一步发展。建构主义学习理论代表人物有皮亚杰、维特罗克、维果茨基等。建构主义学习理论的基本观点是，世界是客观存在的，但是对于世界的理解和赋予世界的意义却是由每个学习者自己决定的，是每个人以自己的经验为基础来建构和解释的。该理论认为，学习的过程是学习者主动构建个体主观知识库的过程。建构是学习者对自身信息的编码与检索加工过程，是学习者本身主动、积极地去完成意义的建构。该理论对指导教育教学具有很强的理论与实践意义，但过于强调个体的主观因素而忽视了对集体教学因素的考虑，对于不同层次的学生缺乏有效的监控机制与评价机制。因此，在课件设计中，其教学课件的设计最为复杂。在具体的实施中，学校有必要针对不同的教学对象，对学习目标进行有效分析，确定学生的"生长曲线"，利用数据库技术或电子文档为学生记录个人档案。为了避免学生在学习过程中出现随意性，学校在增强程序教学引导性的同时，也要注重对学生的学习过程进行有效控制，并对学生某一阶段的学习成果提出正确的意见、作出及时的反馈。

2.教学设计理论

（1）教学设计概述

教学设计也称教学系统设计，简称 ISD（Instructional System Design 的缩写），是运用系统方法分析教学问题和确定教学目标，建立解决教学问题的策略方案、试行解决方案、评价试行结果和对方案进行修改的过程。教学设计的基本内容可以概括地分为四个部分，即分析教学需求、确定教学目标、设计教学策略、进行学习评价。教育是一种双向互动的过程，它要求一种动态的"交互性"与"实时性"。

传统的教学设计是一种自上而下的教学体系，似乎是一个所有问题的"包容体"，教育教学中的一切疑难都从教学中寻找出答案，而现代的教学设计是建立在网络的信息环境下的。非线性、随意、不连续是计算机教学的特点，这也使教学设计建立在一种动态的"在线"状态上，具有很大的开放性，许多问题的答案也许都是未知的。因此，在现代的教学设计上，教师应尽可能避免其中的不确定因素，使教学目标清晰地确立下来，并对教学设计应用效果作出科学的检测，形成较完善的评价机制。

（2）以教学系统为中心的层次

教学系统设计属于宏观设计层次，它所涉及的教学系统比较大，如一所学校、一个新的专业、一个培训系统或一个学习系统的建立等。在进行教学系统设计时，学校首先要根据社会对人才的需求制定培养目标，并根据培养目标决定课程体系及教学安排，做出课程规划或教学计划，并根据各门课程的知识结构及其在整个课程体系中的作用和地位，确定每门课程的课程标准，即通常所说的教学大纲。

（3）以教学过程为中心的层次

教学过程设计是对于一门课程或一个单元，甚至一节课的教学过程进行的教学设计。我们把对一门课程或单元的教学设计称为课程教学设计，对一节课或一个知识点的教学设计称为课堂教学设计。课程教学设计根据课程标准规定的总教学目标，对教学内容和教学对象进行认真分析，在此基础上得出每个章节、单元的教学目标和各知识点的学习目标以及知识能力结构，从而形成完整的目标体系。课堂教学设计根据上述目标体系，选择教学策略和教学媒体，制定教学过程结构方案，进行教学实践检验，然后作出评价。

（4）以教学产品为中心的层次

设计简单的教学产品，如幻灯片、投影片、录音教材和小型计算机课件等，一般由任课教师自己设计、制作；对于比较复杂的教学产品，如录像教材、大型计算机课件等制作，则需要组织媒体开发小组来完成。教学设计是一个完整的过程，上一个设计步骤的输出，正是下一个设计步骤的输入，环环紧扣，步步衔接。整个系统的输入为社会需求，系统最后的输出则为优化教学效果的设计方案。同时，每个设计层次都组成一个完整的子系统，形成自己的网络。教学评价随时在进行，以确保设计目标的实现。教学过程是整个教育活动的关键环节，教学过程设计在教学设计的三个层次中处于中心地位，以学为中心的教学过程设计模式是研究的中心。

3.教学课件的设计理论

课件设计是教学设计的一个子系统。课件的设计首先应根植于本土文化。中华人民共和国教育部前副部长周远清在 1997 年提出，计算机教育的目的就是要使学生树立起牢固的计算机文化意识。也就是说，计算机教育不仅仅是学科教育，更重要的是一种文化教育，因为它将给人以"反作用"而直接影响人们的生活方式、观念、智力、能力和思维方式等。课件设计应该发挥其现代教学的优势，借助媒体展示其教学内容的丰富性与多样性，借助网络操作平台为学生架构起信息高速公路。但也应该注意到，现代教育媒体并不排斥传统的教学媒体，教师更应该习惯于用"两条腿走路"。在计算机辅助教学的课件设计中，如果教育者不具备先进的教育理念，只在传统的圈子里打转，教育的效果只能是"新瓶装旧酒"，对于教学课件的应用会出现"黑板搬家"的现象，对于课件的研究将仅仅体现在形式上的一种变化。在教学课件的设计与开发中，技术是基础，理念是灵魂。失去了教育理念的支撑，课件只能是一件只有形式的物品。教学过程是一个动态的发展过程，在教学中难免会出现程序的编制者所始料不及的一些问题。因此，课件的设计应具有一定的开放性。同时，教师应有效利用传统教育媒体和教育手段，弥补教学课件中某部分功能上的不足。随着教育教学的深入，出现了许多的问题，如传统教学与现代教学在使用教学媒体上的冲突等。

课件是一种实用性的工具，它的形成带有很强的"功利性"与"实用性"。是否坚持实事求是原则，将影响课件的设计是否有利于课堂教学。不能要求所有课件开发都搞"网络平台的建设"，而要看是否符合自身的教学实际与课程本身的要求。作为教师，在课件的设计阶段，必须从实用的角度出发。

首先，应充分考虑现有的教学硬件资源，如多媒体教室的使用状况、是否具备校园有线电视网、计算机宽带网的速率等，从中优先选择教学平台与教学媒体。教学课件可以是一节课内容的整体描述，也可以用短短的几分钟去演示，教师要把握传统教学媒体与现代教学媒体的最佳"临界点"与"切入点"，即追求课堂教学效果的最优化。

其次，要充分考虑所使用的软件资源。在教学中，教师可能要使用教学资源与辅助资源，如文字处理软件、表格制作工具、计算器工具等。在制作多媒体课件时，教师所选用的开发工具，如 PowerPoint、Adobe Flash、Authorware、Java Web 等，应结合教学内容与教学要求合理地设计与使用。

最后，学校要考虑师生信息素养，教师的学识、教师的信息化素养、学生的层次与对教学媒体的接受水平等因素。"信息素养"是一种新的素质类型，从知道如何使用计算机、如何访问信息，到批判地思考信息本身、信息的技术构造，再到社会的、文化的甚至是哲学上的情境和影响力，这些都是建构师生信息化学习过程中所必须学习的。

（二）MCAI 课件的教学设计

多媒体 MCAI 课件不仅能提供各种形式的教学信息，而且有教学控制与教学评价功能，所以课件的开发过程必须从教学设计开始。在课件制作完成后，判断其能否满足教学需求，还要进行教学评价。可见，课件的开发过程是一种由不同学科背景或知识结构的人员协同合作、共同完成的。MCAI 课件开发是一项系统工程，只有以系统工程的开发原则为指导，才能保证其顺利进行。按照系统工程原理开发多媒体 MCAI 课件的一般流程，与一般软件一样，可以分为分析、设计、制作、评价与修改等几个不同阶段。

课件作为一种教学产品，在实际开发过程中，应根据具体情况确定符合自身特色的开发模式。但在开发之前，应设计好相应的操作步骤与规定流程。这部分内容将结合"十四五"职业教育国家规划教材《计算机网络技术基础》一书中"广域网"部分教学内容，编制多媒体教学课件，对课件的设计与开发进行一定的理论研究与实践探索。

1.教学设计的理念与原则

（1）教学设计的教学理念

教育技术专家南国农说："我们追求的不是教学的机械化，而是教学的最优化。"因此，教学设计首先是能够优化教学结构的设计。"广域网"是网络技术课程中极为重要的内容。学好并掌握计算机技术，是时代发展与创新教育对新一代人才培养的要求。为了学生更好地理解广域网的特点与功能，并充分发挥学生学习的主动性，教师可以在学生群体中采用分组学习模式，并针对某一问题，利用互联网开展独立的探究学习。笔者将网络多媒体辅助教学的方式应用在计算机教学之中，根据教学设计的原理，设计了以适应个性化学习和集体辅导为宗旨的"计算机广域网"教学课件，创设了一种"跨时空、超文本、自然化、个性化"的学习氛围。

（2）教学设计的目标

学生是学习的主动者，教师应根据学生的接受能力与理解水平以及教学模式，制定有针对性的教学目标。由于教学目标是教育教学的起始点，也是归宿点，教学目标的不同决定了课件的制定步骤与规范方案存在着差异性。现有的教学模式可分为以下几种：

①单机教学模式

单机教学模式的教学目标往往注重学生主体的自觉性，学生在人手一机的情况下，依照程序教学模式，在教师的指导下进行学习，可以培养学生的自主性与主动学习的能力。教师在制定教学策略时，要以学生为中心。在这种教学环境下，教师可以充分发挥其积极作用。虽然单机教学模式在基础性学科与文科教学中应用效果较好，但过于强调知识与概念的灌输，强调教师的动态监控能力，师生交互性较差，而在教学目标中对教学的达到度与达到率有相对明确的要求。

②网络教学模式

网络使我们生活在信息的"海洋"里，网络教学模式使学生在某一教学策略的指导下，自由地"巡航"在知识的"海洋"中。在交互的学习环境中，在教师明确了学生知识与技能的情况下，网络教学模式更加注重学生能力的培养与知识结构的自主形成，是学生完成自身编码的过程。

③移动教学模式

移动学习是继网络学习后出现的又一种新的学习模式，指利用无线技术和移动计算设备来辅助教学和学习。移动学习被认为是一种未来的学习模式，或者说是未来教育中不可或缺的一种学习模式。师生可以通过电子邮件获取信息、通过互联网查阅信息、通过短信息服务接收信息。移动教学模式涉及一个全新的教学研究领域。

本节内容所涉及的课程设计与开发，采用的是第二种教学模式，即网络环境下的多媒体教学模式。笔者依照加涅提出的信息加工理论，确定了课程各层级的教学目标如下：

①言语方面：掌握与网络相关的概念。

②智慧方面：培养上网检索能力、概念识别与分析能力。

③认知方面：通过合作学习，提高解决问题的能力。

④技能方面：熟练掌握互联网的操作。

⑤态度方面：培养合作创新的精神和爱国主义情感。

2.教学课件的拓扑结构设计

按照程序编制原则，制订教学计划与序列的过程，就是程序流程。计算机教育是一种开放式的教育，计算机课件的组成结构分为树型、网型、混合型等拓扑结构。

树状结构是指学生沿着一个树状分支展开学习活动。线性结构是指学生按顺序接收信息，从一帧到下一帧，是一个事先设置好的序列。网状结构就是超文本结构，是指学生在内容单元中行动，没有预置路径的约束。复合结构是指学生可以在一定范围内相对自由地学习，并同时受主流指导的制约。

本课件所形成的体系结构，采用的是一种内外双环结构，在外层的各节点间（教学单元）处于相对平等的地位，并可在彼此间完成双向互动。黑色节点代表开放式的出口，也可作为程序中断/结束端口。内层为一单向的顺序流向，代表其内层的子程序，如学生练习部分中的习题测试。当学生完成一定的学习额度，取得程序设计要求的学习成绩后，才能退出内层循环进入外层循环，进而进入下一个学习单元。在多媒体教学结构课件的设计中，线型结构形式相对单一，如在教学中常采用的PPT，利用超级链接完成程序的跳转，但此种结构交互性较差，且操作方式单一。复合结构的设计是多媒体课件结构设计的主流。

3.教学功能方案设计

（1）画面设计

课件是教学实践的产品，利用 Flash 开发出的教学软件，能充分体现对图形的强大处理能力，其动画效果与互动效果在同类开发工具软件中堪称一流。它以场景为基本单位，场景即舞台，并把场景中的每一帧作为一个画面。在画面设计中，构图讲究布局合理、层次分明、字画相关，画面要富有感染力，屏幕的上下左右力求均衡逻辑的比例关系。它不是绝对的平均主义，而是在变化中给人以稳定感和美感。人们对三角形构图和横竖排布都以 3 : 7 比例（黄金分割律）进行画面分布的情况感到最稳定、最习惯。但是制作课件不可能使每一帧画面都按这个尺寸来制作，应该注意的是，画面下方的空白过多会有"泰山压顶之势"、画面上方的空白太多会有下坠感，应合理留白，主要是凭经验感觉和个人制作的习惯与偏好，例如笔者喜欢以黑色为背景色。但总体说来，色彩的选择应当清新、明快、简洁，颜色搭配应合理，主体与背景在色彩上要有鲜明的区别，形成明暗对比。人的视觉感受到不同的颜色，会产生不同的感觉和联想。在 MCAl 课件设计时，教师要根据课件内容来确定整个课件基调色彩，在教学时要将学生的情绪和感受带入预期的氛围中。

（2）文字设计

由于屏幕显示空间的局限和视觉疲劳问题的存在，课件画面上显示的文字要简洁，突出重点，显示的文字大小要适中。例如，课文正文选用大字号，而其他文本的字号要小一点、材料翻译比原文字号小一号。行距应根据字号大小确定，避免拥挤或太多空余。标题通常对内容起到概括和提纲挈领的作用，因此课件中的标题可以选用笔画丰满的字体，这对于具有丰富场景的艺术呈现，能在观感上起到画龙点睛的作用。在总体的文字设计中，文字与段落的规格要统一，避免出现视觉污染。在课件制作中，切忌文字太多，避免出现"黑板搬家"的现象。一般来说，对于长文本，采用分页的方式来处理，一般来讲长度不超过三屏，在 800 × 600 分辨率下不应横向滚屏；文本的背景色不宜太亮，否则容易造成使用者的视觉疲劳。

（3）导航策略的设计

在网络环境下，教学信息呈现随意性与无节制的特点，学生作为接受教育的群体，在知识与经验上相对处于弱势。在课件设计中，应该在强调教师主导地位的同时，适时引进导航系统，导航系统能够为学生寻找所学内容时提供"路标"。通过互动热区的设定或超级文本链接，学生可以利用导航帮助系统，寻求正确的互动方式，并完成教学目标规定的操作步骤，也可以借助实时在线帮助，在群组中（学生小组或同一教学单元）寻求解决问题的方法。

（4）跳转设计（帧间蒙太奇）

摄像比较讲究"推、拉、摇、移、跟"，相对于场景的迁移，在 Flash 中课件的跳转设计通过一个场景单元"帧"来表示。课件中的跳转设计可以呈现许多艺术效果，通常称之为"帧间蒙太奇"。课件是一个舞台，呈现的是教学内容，这种多媒体课件中的"蒙太奇"艺术，使教学产品（课件）极具艺术性与欣赏性。

（5）声音设计/背景音乐

根据课件的需要，教师可以对部分教学内容进行声音媒体的设置，以语音、背景音乐、音响效果为主。在具体的操作中，可分为配音、录音、拟音过程。

①语音的作用是表"意"

在语文课件中，教师可以对课文朗读进行配音；在英语教学中，学生可以通过课件所提供的录音系统，将自己的英语发音录制下来，再通过服务器发送到教师用机，教师可以提取或存档，有针对性地进行教学指导。拟音工作一般由一位相关学科教师或专业播音员来完成，需要确保声音准确无误、流畅清晰，应以普通话朗读。

②背景音乐的作用是表"情"

在课件制作中，背景音乐对学生的刺激是间接的，却往往是最有效的，教师一般会在课件的开头设置一段背景音乐。在教学过程中，好的背景音乐往往会起到意想不到的效果。教师还可以对课件，尤其是对重要内容进行谱曲配乐，可以起到较好的效果。

③声音效果的作用是表"真"

真实的艺术教学声音来源于生活，服务于虚拟环境下的教学课件。对于学生来说，教师在课件中使用恰当、适时的声音，如打字机的打字声、汽车的行进声、物体接触时的碰撞声，可以使学习情境更加贴近现实生活，在集中学生注意力的同时，可以提高情境化教学的效果。

（6）交互设计

人机界面设计是 MCAI 课件设计的重要组成部分，因为 MCAI 系统必须有一个较好的人机交互系统。学生在与计算机进行交互的有限学习时间内，不仅要很快地适应学习环境、熟悉操作，而且要通过多种媒体信息刺激感官和大脑，很快进入积极主动的学习状态之中，获得良好的学习效果。因此，良好的人机界面设计不仅能有效地完成教学，而且能通过人机对话引导学生思维向纵深发展。在 Web 网络教学环境下，学校应结合后台数据库技术，进行动态教学设计，使学生在动态的交互状态下更为积极主动地学习。

4.教学过程的设计

（1）教学结构与内容

教学课件的整体结构采用图表的方式加以描述，如图 5-9 所示，在必要时，还可以设计相关步骤的流程图加以说明。作为教学实例，广域网的 MCAI 课件分为系统设置模块和两大教学入口。两大教学入口指教师入口与学生入口，学生可通过学生入口登录进入四大教学模块。四大教学模块包括教学演示模块、实验与网络检索模块、练习与实例模块、测试与评价模块。

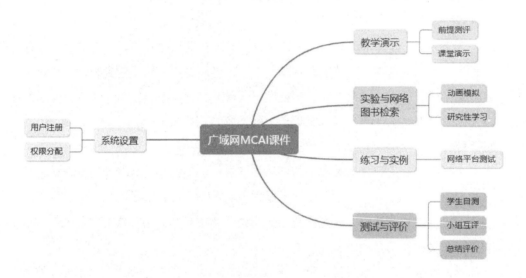

图 5-9　MCAI 课件的总体框架

这四个模块可以根据教师的授课特点，组合在一起成为一个系统单独使用，也可以分出来，作为一个独立的部分，在教师的主导下留给学生自学使用，以满足不同层次教学群体的需求。从教师入口进入后，在学生四大模块的基础上增加了两大辅助模块，教师可对学生的学习程序进行控制，同时基于课件开发，教师模块具有一定的可扩充性，有利于课件的测试与再研发。因此，依据教学大纲、教师的授课顺序和教学目标，本着突出重点、突破难点的原则，实现了以上教学模块的设计。在课件主模块的实际制作中，以教师入口为例，笔者采用暗色为基调背景，四大教学模块与两大辅助模块依照固定的圆弧轨迹滑入主页，形成了一条信息长龙模型，通过动态情景带出本节课的教学目的，即通过学习来登录互联网"信息高速公路"。

（2）设计教学活动形式

根据教学设计，本课件帮助学生在网络资源条件下开展研究性学习，它构成了课件整体的第二模块。此类教学活动所采用的教学形态有电子黑板演示型、动态实验模拟型、网络实例分析型和网络信息交互型。

①电子黑板演示型

教学中的定义、概念及相关的内容与知识点通过多媒体电子黑板，用生动形象的多媒体语言展现描述，可以提高学生的认知效果。例如在前提测评阶段，教师可以通过一台笔记本电脑的动态运动，让学生复习上节课关于局域网的相关内容，并且通过一个有趣的动画演示来导入新课。其教学设计如下：孔子在行走时说"三人行，必有我师"，弟子颜回进入画面，提出"谁为师"的问题，孔子回答："师者，教者、书本、计算机网络者也。"教师可以通过我国儒家文化的代表人物孔子，采用时空蒙太奇艺术手段，阐明网络学习的重要性。

②动态实验模拟型

在介绍广域网开放系统互联（Open System Interconnection，简称"OSI"）七层体系结构时，信息的传递与流向是一个难点，作为抽象的物理现象，较难用语言来表述。因此，在课件中，对这部分内容采用动态实验模拟形式来进行处理，通过箭头指示信息流向，并通过"遮罩"技术，分别显示各层信息的传输形式。

③网络实例分析型

作为广域网中的两个应用实例，公用电话交换网（Public Switch Telephone Network，简称"PSTN"）与公用数据网（Public Data Network，简称"PDN"）通过展示帧面形式表现出来，由此，需要对于书中原有的图形结构，用素材库中的相关实物图片来替代，并对重要组成部分加以特殊说明。

④网络信息交互型

在教学中，教师要充分发挥学生的主动性，培养学生自主探究问题的能力。学生以小组为单位，通过网络中的网络论坛（Bulletin Board System，简称"BBS"），以合作讨论的方式，完成教师布置的问题。第二模块开辟了一个研究性学习专题，学生组成小组，就工业、农业、医疗、国防四个方面展开资料搜集，研究网络应用。学生可以通过点击链接进入校园网的方式，浏览互联网资源，并将检索的结果以小组为单位进行归类，推举代表进行表述说明。在这个过程中，教师起主导作用，提供相关的网址、主题资料和索引的关键字。

（3）设计课程资源

设计相关的课程资源构成了第三大模块，包括练习实例部分和相关的网络资源部分。在具体的实践操作中，其主要内容是设计相关素材资源库与练习题库的选择。在信息化实践中，计算机化的教育逐渐被普通教育的信息化所取代。教师在设计教学课程资源时，首先，要注意所设计的教学资源与课程的内容是否密切相关，避免无关信息资源对学生造成信息干扰。其次，在设计教学资源时，教师应以合理的层次结构来组织课程资源。教师应充分利用门槛效应与共生效应的教学理念。所谓门槛效应，实质为一个人接受了低层次的要求后，通过引导，往往会逐步接受更高层次的要求。因此，教师在设计资源时，有必要设计一些低端资源，如设计简单的练习任务，逐步刺激层次较低的学生。教师也可以有针对性地设计相关的主题知识网站，让学生在"知识的小池塘里"畅游。在进入网络合作学习中，教师应合理引导并按预期产生教学中的"共生效应"。共生效应是自然界中一种特有的现象，当一株植物单独生长时可能会显得弱小，而众多植物一起生长时则根深叶茂、生机盎然。因此，在设计课程资源时，教师可以有意地设计一些工具如博客（Weblog）和必要的操作、合作步骤，促进学生群体间的资源交流与技术合作。通过教师的引导，学生能将网上的资源变成"知识的海洋"。

5.教学课件的脚本设计

在课件设计完成后，还应完成相关的脚本设计。教学软件的编制不是以课件设计的结果作为直接依据的，而是依据脚本编制的，例如拍摄影片就要有分镜头脚本，拍摄并非直接按照脚本来进行，而是按照分镜头脚本进行的。

（1）完成相关的"脚本设计"

脚本是课件制作的直接依据，是课件制作与课件设计的桥梁。由于脚本是基于课件设计的结果而编写的，以先进的教育理念与现代的教育技术手段为指导，不仅要反映课件设计的各项要求，而且课件制作人员必须对课件设计、课件制作、课件使用进行全盘的计划和设计，并完成对课程脚本、实验脚本、习题测试脚本、相关资料脚本、解说脚本、动画配音脚本的相关设计工作。脚本应给出各种教学信息、学生的应答以及对应答的判断、处理和评价等内容，同时对课件制作中的各种要求、指示进行标示。课件制作人员还应从脚本中得到编程的知识和技巧。脚本是制作课件的直接依据，课件制作应在脚本设计的基础上完成。

（2）完成以"帧"为单位的画面设计

画面设计是对课件的每一帧画面中各种信息的排列位置和显示特点的设计。脚本设计是一种创造性的劳动，创新是教育设计理念的一条红线。由于脚本设计的最终结果是给出一帧一帧画面的设计，课件就是这些画面的有序集合。为了便于管理，教师可以设计一种与画面一一对应的脚本卡片，脚本编写的基本操作过程就是一张张脚本卡片的设计与编写，然后结合课件片段信息，说明画面的信息组成形式。

（3）教学中动作技能的设计

加涅在其教学设计思想中提出了动作技能设计。学生的技能通过专业理论、软件应用和实例制作得以强化。任务驱动教学法是一种建立在建构主义学习理论基础上的一种教学方法，将传统教学理念转变为多维互动式的教学理念，探究式、实验式学习使学生处于积极的思维与学习状态之中，每个学生根据当时的问题提出设想与方案，以解决问题。教师把教学内容设计成单个任务，创造仿真的任务环境，让学生充分领会核心内容，从而由被动接受变为主动学习，这是一种培养学生自学能力和独立分析问题能力的教学方法。其基本特征是以任务为主线、以教师为主导、以学生为主体，通过成果驱动、情感驱动、生活驱动、本能驱动，全面提高学生的实际技能水平。

（三）MCAI 课件的制作开发

1.课件开发的教学策略

我国的课件开发起步较晚，但由于近些年计算机技术的进步与教育部门的重视，其发展日新月异。国家在《全国教育事业"九五"计划和 2010 年发展规划》中提出，拨专款进行中小学系列课件的攻关和开发。

新的课件开发趋势和热点可归纳为以下四种类型：基于教学策略（Teaching Strategy）的课件、电子作业支持系统（Electronic Performance Support System，简称"EPSS"）、群件（Group Ware）、积件（Intergrated Ware）。

基于教学策略的课件是指将相应的教学模式或策略运用于课件（包括课堂教学和个性化学习课件）之中。在课件开发的教学策略运用中，教师可主要考虑以下几个策略的运用：教学模式选择策略、教学内容展开策略、学习信息呈现策略、学习过程控制策略、人机交互策略和反馈评价策略等。

电子作业支持系统是指一种具有"及时学习"或"即求即应"学习功能的课件类型，它可以根据学生的需要，随时提供所需的知识。这类课件主要由知识库、交互学习训练支持、专家系统、在线帮助及用户界面等部分组成。电子作业支持系统要求课件开发者更加重视对知识结构组成的理解，充分发挥计算机交互学习的特点，且对计算机人工智能的要求程度较高。

群件是指能支持群体或小组进行合作学习的一种课件类型。群件概念的提出，是基于网络技术的发展和其在教育中的应用。群件是一种新型的课件类型，它介于计算机辅助课堂教学与个别化教学之间。群件的结构和形式与通常的个别化学习或课堂教学课件是完全不同的，其重点是要放在对小组学习过程的控制、管理，学生之间的通信，以及友好学习界面的设计等方面。

积件（插件）是指基于多媒体的教学素材元素或知识单元。从某种意义上讲，积件也是课件的一种类型，至少可称为课件的半成品。这类课件可视为结构化了的多媒体教学素材。利用某个多媒体教学制作工具，教师只需简单地将部分素材元素进行一定的组合，很快就可以形成自己所需的教学课件。在具体的教育教学中，教师具有独立的人格，希望能按自己的教学思路和风格来编制与生成课件，这就为积件的需求和发展提供了很大的空间。此外，网络提供了一个巨大的资源平台，我们可以有选择地去设计与开发某一类资源。虽然同一积件（或某个素材元素）可能会被许多人重复使用，对所有的使用者而言，积件就像一个"母带原版带"，但最终产品在形成与开发过程中将不可避免地融入"特质的因素"。在当今教育资源环境下，知识产权并没有得到应有的重视。课件的制作者不可能完全将自己的源程序"共享"出来。而积件相对较好地解决了这方面的问题。例如，在利用 Flash 制作出来的动画场景中，可以有选择地生成 swf（shock wave flash 的缩写）格式文件，并且这类文件具有方便调用的功能。笔者选取了许多类似的文件，并附录在相关的程序中。

从某种程度上讲，"一线教师才是最好的课件设计与制作专家"。技术的功能主要是促进教学，因此能满足特定的学习、教学需求的策略，才是好的策略。问题指导实践，经验形成意识。关于多媒体课件的使用与开发，很多方式方法都是"摸着石头过河"，因此经验是相对重要的课件资源，课件开发要注重在教学实践中的应用。

2.课件开发工具的选择原则

（1）开发工具的选择原则

由于我国教学资源的分布不平衡，师资力量参差不齐，教师为完成课题所要实现的功能，选择一种适合的课件制作工具是十分重要的。选择开发工具要遵循可行性、可用性、可比性原则，考虑所要实现的教学系统的特性。选择开发工具，必须考虑以下因素：

①对课堂教学环境的硬件与软件支持。

②具有与计算机网络连接的功能，能够实现网络资源共享。

③开发工具所提供的安全机制。

④开发工具在不同课件操作平台间的移植性。

⑤提供丰富的多媒体功能与图形处理功能。

⑥开发工具对于编写所执行任务的难易性等。

（2）开发工具简介

JavaWeb 与 Flash 对以上所要求的特性都能较好地满足，例如它们都是支持多线型的，可移植性较好，具有丰富的控件，为数据库提供了良好的支持和相对完善的程序设计能力等。因此，笔者选用软件主体开发前台，后台配合 Mysql，以学生为中心、培养学生的认知能力与应用能力为教学目标。

Flash 的程序语言称为 Action Scripe（动作脚本），Action Scripe 可以控制 Flash 动画的播放、响应用户事件、同 Web 服务器完成数据的交换。Action Scripe 提供了许多基本元素，如 Action（动作）、Operators（操作符）、Objects（对象）等，通过对这些元素的不同组合，实现不同的动画表现方式，可以使得动画精确到按照设计者的意图来播放。在对文字的处理当中，教师可以使用 Flash 专属的 3D 动画工具软件——Swift3D，把 Flash 动画提升到 3D 层次，达到相当精彩的动画效果。

在网页设计软件方面，JavaWeb 具有站点管理和网页制作两大核心功能，具有许多让人惊叹的人性化设计。在脚本方面，对动态服务器页面（Active Server Pages，以下简称"ASP"）、NET（免费开源开发平台）、JAVA 服务器页面（Java Server Pages，以下简称"JSP"）、超文本预处理器（PHP:Hypertext Preprocessor，以下简称"PHP"）的支持得到进一步完善；在技术方面，提供了更丰富的层叠样式表（Cascading Style Sheets，简称"CSS"）支持，内置了图片编辑功能，无缝整合外部文件和代码等。结合 ASP 技术，它可以制作出精彩的窗体、表单及像聊天室一样的实时交互系统。

（3）编程语言及其系统环境

①Java 编程语言

a.Java 编程语言简单易学。Java 语言不复杂，学习起来不会晦涩难懂。但这并不说明 Java 语言没有什么内涵，只有真正学习的人，才能明白 Java 语言就像中国文化一样博大精深，很有内涵。学过 C++语言的人，再学习 Java 语言，会更加得心应手，因为其中很多基础知识都是相通的，如选择语句、数组等知识。Java 语言对于 C++语言来说，是去其糟粕、取其精华的。

b.Java 编程语言面向对象。这是 Java 语言最吸引人的一大优势，因为面向对象的模式是比较贴近人类大脑的思维方式，更有助于人们编程。在实际生活中，人类也在和"类"打交道，如人就是一个"类"，一个学生便是人的具体实例，而学生具有吃饭、说话等能力，便是方法。以上就是 Java 编程语言面向对象的表现。

c.Java 编程语言具有平台无关性。Java 语言"一次编程，处处可运行"，无论是在 Windows、MacOS，还是 Linux，都可以运行，具有强大的兼容性。同时，其他编程语言系统可能会受到平台变化、操作系统变化的影响，导致程序无法正常运行，而 Java 语言正好解决了这一问题，这就是 Java 编程语言优于其他语言的一大原因。

基于 Java 编程语言的种种优势，本系统采用了 Java 编程语言进行开发。

②MySQL 数据库

信息管理系统选择的是比较流行的关系型数据库 MySQL，是因为它的性能比较稳定且没有版权制约，比较容易安装，维护简便。MySQL 实际上可以在所有平台上运行，包括 Linux、MacOS 和 Windows。

与其他关系数据库一样，数据库存储级别也来自库、表和三个字段的数据结果，一个 MySQL 系统可以为多个存储库提供管理和服务，每个库由大量的表组成，而每个表都在存储多个记录，每个记录应依靠多个字段中的关系进行，每个表可以假定为一个二维数组，数组的每个元素都是一个记录，每个记录的每个元素都是每个字段的记录值。还可以将其表视为一个平面表，每个记录作为一行，每个字段作为一列，通过数据库显示表与字段之间的逻辑关系。

③Tomcat 服务器

Tomcat 是 Apache 下的一个核心项目，最新的 Servlet 和 JSP 规范总是能在其中得到体现。本系统是采用 Tomcat 8.0 来开发的，目前，广大编程人员都喜欢使用它，可以说 Tomcat 是现在比较流行的免费的开源 Web 应用服务器。它不仅拥有底层技术先进、开发性能稳定、运行时所占系统资源很小、扩展性好等新功能，而且它的底层代码是面向所有开发人员的，就像现在的 Linux 系统一样，编程人员可以自由地往其中加入新的功能，从而促使 Tomcat 一直处在不断完善和改进的过程中。

④IDEA 开发集成环境

在利用 Java 开发系统时，通常采用的软件就是 IDEA，它是用来设计 Java、JavaEE 的 IDEA 插件的调集。采用 IDEA，有利于实现对 MySQL 和 JavaEE 的研究和开发，大大便利了开发人员，系统开发的速度也会得到提高。

⑤VUE 服务器页面

对于网页来说，很多人都知道 HTML，大多数人平时上网所看到网页都是用该语言所编写的。而对于 VUE，简单来说，它也是一个页面，与 HTML 有很多相同的地方，例如它可以写 HTML 中所拥有的标签，实现 HTML 所能实现的功能。除此之外，VUE还有一个更大的特点，就是可以直接写 Java 代码。运用此技术，可以降低开发人员的开发难度。

⑥Spring Boot 框架

Spring Boot 是一种新的开源轻量级框架，它继承了 Spring framework 的优秀特性。它是 Spring 4.0 之后开发的一个自动启动框架，通过配置，进一步简化了 Spring 应用程序的构建和开发的整个过程。此外，Spring Boot 还集成了大量的框架，解决了依赖包的版本冲突和引用不稳定问题。

Spring Boot 有两个核心，即快速启动和自动装配。快速启动是指 Spring Boot 通过main 方法启动，而且内置 Web 容器（Tomcat）。自动装配是指采用习惯优于配置的理念，可以进行自动化配置，框架采用注解和 Properties（或 YAML），代替传统的 XML配置。

（4）网页数据库分析与设计

要使网页具有互动效果，就要结合数据库来使用。本节内容主要介绍在程序设计过程中具体需求的实现以及遇到困难的解决方案，对于本项目而言，最大的技术难点就在于前端与后台的连接、数据库与前端的连接以及前端 UI 设计。

①数据库的概念结构设计

a.设计在数据库的时候，采用一些基础的用户表，即当其他数据库需要这些表时，可以方便地调用，也可以对表的内容进行增删查改，方便用户进行操作。例如，已经定义了一个数据库的信息，如果在另一个数据库中也将使用这些信息，在定义数据库字段内容时，就不需要重复输入这些信息，而是调用已经定义好的数据库信息模式，直接存储关联字段。

b.以辅助的网络图书检索模块为例，在数据库连接中，采用公共的数据模块存放对象，让这些高频繁调用的模块一直在后台运行，而不是即时连接，避免了对数据的反复连接，方便其他用户操作时的频繁调用，节省了开发人员的代码编写时间，也提高了工作效率，降低了用户的等待时间。其整体架构如图 5-10 所示。

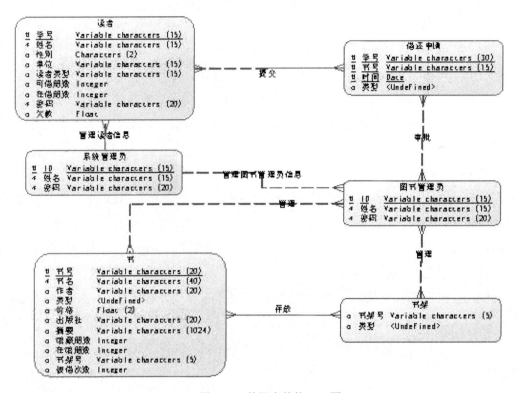

图 5-10　数据库整体 E-R 图

②数据库逻辑结构设计

在进行数据库逻辑结构设计时，对于原有的关系模式和设计应进行优化，将数据库整体 E-R 图中的 6 个实体型转换成 6 个最基本的关系模式，分别列示如下：

a.书（书号、书名、作者、类型、价格、出版社、摘要、馆藏册数、在馆册数、书架号、被借次数）。

b.书架（书架号、类型）。

c.图书管理员（ID、姓名、密码）。

d.系统管理员（ID、姓名、密码）。

e.读者（学号、姓名、性别、单位、读者类型、可借册数、在借册数、密码、欠款）。

f.借还申请（学号、书号、时间、类型）。

③数据表设计

a.书这个实体型由书号、书名、作者、价格、出版社、摘要、馆藏册数、在馆册数、书架号和被借次数这些属性组成，其中书号这个属性为主属性，具体见表 5-1。

表 5-1 Book 表

字段	数据类型
书号	Varchar（20）
书名	Varchar（40）
作者	Varchar（20）
类型	Unde（10）
价格	Float（2）
出版社	Varchar（20）
摘要	Varchar（1024）
馆藏册数	Int（10）
在馆册数	Int（10）
书架号	Varchar（10）
被借次数	Int（10）

b.书架这个实体型由书架号和类型这两个属性组成,其中书架号这个属性为主属性,类型为本书架中存放书籍的类型,与表示读者身份的类型完全不同,具体见表 5-2。

表 5-2 bookshelf 表

字段	数据类型
书架号	Varchar（5）
类型	Unde（5）

c.图书管理员和 d.系统管理员这两个实体型由工作号、姓名和密码这些属性组成,其中工作号为主属性,具体见表 5-3、5-4。

表 5-3   Administrator 表

字段	数据类型
ID	Varchar（15）
姓名	Varchar（15）
密码	Varchar（20）

表 5-4   System administrator 表

字段	数据类型
ID	Varchar（15）
姓名	Varchar（15）
密码	Varchar（20）

e.读者这个实体型由学号、姓名、性别、单位、类型、可借册数、在借册数、登录密码和欠款这些属性组成，其中学号这个属性为主属性，具体见表 5-5。

表 5-5   Readers 表

字段	数据类型
学号	Varchar（15）
姓名	Varchar（15）
性别	Characters（2）
单位	Varchar（15）
读者类型	Varchar（15）
可借册数	Int（10）
在借册数	Int（10）
密码	Varchar（20）
欠款	Float（2）

f.借还申请这个实体型由学号、书号、时间和类型这些属性组成，这些属性均为主属性，具体见表 5-6。

表 5-6　Loan and returnapplication 表

字段	类型
学号	Varchar（12）
书号	Varchar（13）
时间	Date（20）
类型	Unde（20）

（四）MCAI 课件的评价与反馈

1.教学课件的评价原则

教学课件应该具有良好的操作性与可控制性。在反馈与评价阶段，评价与调试不但可以方便学生进入预期的指定流程，而且可以简化操作步骤，使教学步调清晰。在操作与调试中，具体应遵循以下原则：

（1）一致性原则

对于同样的界面对象，应有同样的行为。例如，菜单条当中的选项、起控制作用的按钮及图标等，均应符合一致性要求，即同样的菜单选项、同样的图标或具有相同图案的按钮应该产生相同的行为，这样做能够减轻学生的认知负担，避免引起思维上的混乱。

（2）适应性原则

在教育学上，强调人的个别差异。学生个别差异的存在是无法回避的事实，应当受到课件设计者的重视。为了适应个别差异，应尽量让不同学生都可以找到适合他们的学习方式和操作方法。雷斯曼（Reissman）提出，人的认知风格可分为视觉型、听觉型及体觉型三类。对于视觉型的人，应多给其提供视觉的图文、视频；对于听觉型的人，要多给其提供旁白解释或声音效果；而对于触觉型的人，除了听和看以外，应更多地给其提供操作图标和按钮等动手机会。

（3）清晰性原则

MCAI 课件的各种提示信息应力求简单，可以直接以学生日常使用的语言来表示，对于按钮、对话框等界面对象，也要尽量标识清楚，如给它们标注上"转向下一页"或"请输入一个数字"等简单、明了的提示信息。把事情尽量简单化，也是优化人机界面的一个方法。虽然人类有好奇心和求新求变的需求，但在面对新的认知环境时，却又希望事情是简单的、清楚的，因此诸如对话框的输入、屏幕画面的控制等均应简单，界面对象应加以归类、分组，或加以区域化，以最简单、明了的方式呈现出来。如果只是一味地追求多变、复杂，多媒体就会变成"混媒体"，易导致学生一无所获。

（4）敏捷性原则

无论电脑的运行速度有多快，从用户下达命令到执行运算完成，必定会有一段反应时间。在实际情形中，系统在执行读取存档文件或程序调用等操作时，用户等待的时间通常是较长的。如果学生每次将鼠标在某个按钮上点击一下，按下来都是一段较长的等待，他们必定会逐渐失去耐性，转而注意其他事物，或者对课件产生厌烦。研究表明，系统反应的合理速度是在 0.3～0.6 s。在系统对用户请求必须要用较长时间才能完成的情况下，教师可以利用进展指示技术，让学生知道他的指令已经被接受且正在执行。例如，以反白、变色来表示某个对象已被选中，或显示一个沙漏、手表形状的图标表示命令正在执行，又或者以对话框的形式显示，减少用户等待的不快与困惑。

（5）容错性原则

这里所说的需要包容的错误是针对学生对系统的操作使用而言的，而不是对学习知识的过程而言。错误的产生源于学生对系统功能的误解，即对系统进行了一些非预期的操作，因此系统本身应具备足够的能力来避免学生的错误输入和不当操作，一旦发生错误，也应给他们提供补救的机会和复原的方法，并确保不让这些预料之外的反应对系统数据造成破坏。对于人们常犯的错误，例如小写英文字母"l"与阿拉伯数字"1"的混淆、用拼音法输入汉字时平舌音与卷舌音的混淆，应在字母答案设计参照过程中，对于大小写字母的选择采用不同的标准认定等，除了以恰当的方式指引学生正确操作之外，设计系统也应该对这些错误予以忽略。

（6）易学易用性原则

只有容易学习、容易使用的软件，才可能是好软件，否则无论采用的技术多么先进、设计的功能多复杂，用户都可能会对它望而生畏，这个软件就没有了生命力。因此，要想设计一个受欢迎的 MCAI 课件，就应该做到易于操作。教师可以设计一个教导系统或帮助菜单，指导学生如何使用该课件，让学生知道通过该软件可以做些什么。一些优秀商品软件的通行做法是，当软件安装完毕，一套指导用户如何使用该软件的教程会自动运行，使用户在实际使用前就对软件的基本操作方法有个了解。教师还可以设计一套联机帮助手册，在手册内部详细列出各种命令与功能的使用方法与步骤。

（7）"所见即所得"原则

"所见即所得"原则可以增强学生的使用动机，因为学生可以直接在屏幕上看到他们处理的每个对象，也可以提高他们对学习的自信心。"所见即所得"原则在认知上还可以减轻使用者的焦虑感，排除电脑软件给他们带来的不确定感。因此，屏幕上显示出的每个对象及其包含的行为意义，应与实际对象的行为相符，这样学生才不至于产生不确定、猜测或放弃的心理。一旦实际效果与其所预期的相同，学生就会对所做的事情更感兴趣、信心更足。

2.教学课件的学习测试与设计评价

（1）设计学习测试与评价试题

测试与评价是教学过程中的一个重要环节，构成了课件设计中的最后一个模块，它是保证教育质量的重要手段。在设计学习测试与评价过程中，教师往往以两个维度作为教学效果的参考。

①学生学习效果测试

在设计课件的拓扑结构时，教师会设计内外双环结构，其中，内层结构就是学生的自我测试。在习题设计中，其考核的内容是本节课教师在教学目标中所规定的各层级必须掌握的知识点，按照学生层次，将其分为易、中、难三个部分，学生可以有选择地进入不同的测试。

在测试的过程中，教师会设计一个条件循环程序。学生在答题结束后，只有满足规定的条件（如60分以上），才能够进入下一个有效的学习单元，否则只能进行重复测试。如果学生对问题的答案不是很清楚，可以向计算机寻求帮助。计算机可以帮助学生得出正确的答案和操作步骤，但本次的学习结果将不计入计算机考核成绩，必须重新测试。学生将在内层循环中，经过反复的操作练习，完成对相关知识点的理解与强化。

②教师评价

教师在这一模块的教学时间里发挥了主导性的作用，例如提供问题解答服务或对学生的操作进行指导、建议，并适时地对学生的学习成果进行小结评价，引导学生在信息化的环境下完成对学习内容的编码，合理建构个体主观知识库，完成学习成果的有效迁移。通过学生的学习反馈，教师可以对课件界面的操作性、控制的灵活性、系统的开放性、软件的兼容性、运行的稳定性等作出相关的评定与建议。

（2）师生角色关系的设计

计算机课件的设计与开发，是一个不断融入新技术的过程，并在某种教育理念的指导下，推动形成某种教育模式。也就是说，课件是观念、技术的融合体。同时，设计者是以第一视角的观点去看待教学问题的，并提出解决问题的方法与途径，因此带有很强的主观性。课件的教学使用者（教师）、教学对象（学生）与课件设计者之间的互动，即反馈交流过程，是课件制作的一个重要阶段。在教育教学的实施过程中，将教师的角色仅仅称为辅导者或是学习的援助者是不充分的，不如称之为联结已知世界与未知世界、展开多样化探究的"触媒者"，或是联结课堂内外世界的桥梁的介入者。在信息化教学实践过程中，师生的互动与评价（形成性评价与总结性评价）贯穿了课件设计的整个过程。

3.课件反馈与调试

在课件的编制阶段，在每帧画面设计完成后，都应进行阶段性调试，及时发现问题并尽早修改错误。待课件全部编制完成后，就可以全面试用。

（1）反复操作测试

反复操作测试过程主要由课件的编制者执行。编制者以学生的身份进入课程，假设存在各种可能出现的特殊反应或意外举动，尝试用多种方式来解决，以测试各项链接是否正确、分支回路是否清晰、程序编制是否出现死循环等问题。一般来说，课件的设计脚本是制作者"校正"的依据。

（2）小范围观察试验

观察试验工作一般由制作者组织少数学生在小范围内进行。教师可以有针对性地选择具有代表性的3名学生，按照理解能力与接受水平的不同，将他们分为上、中、下三类，逐个观察测试情况。教师也可以选择具有代表性的一组学生进行测验，测验完成后，以座谈、问卷等形式对参与的学生进行调查，了解不同类型学生对操作系统的使用情况反馈。这种观察实际教学活动的方法，通常被称为"临床法"。

（3）以教学班为单位进行对比试验

经过以上两个步骤之后，就可以在较大范围内进行对比试验了。教师可以组织条件相同的平行班，采用不同的教学方法进行授课，通过问卷的形式，分析、比较教学效果。

（五）MCAI课件的应用实践

1.试验样本的选择和抽取

笔者在鞍山师范学院教育技术专业抽取了一年级的3个班级作为试验样本，这3个实验班级的学生均有一定的代表性，符合职业学校学生的总体水平和特点。为比较设计制作的教学课件在课堂教学中的作用，笔者采用了不同的教学方式进行测试分析：一部分采用传统的教学方式讲授；一部分在教师的指导下，在多媒体教室进行课堂学习；一部分利用教学软件，在网络环境下自主学习。教学时间安排如下：对于采用传统教学方式授课的，教师讲 25 min、集体练习 15 min、小结 5 min；对于利用多媒体课堂进行教学的，教师讲授 15 min，学生分组讨论、自主练习 20 min，测试与小结 10 min；在学生自主学习的教学方式下，教师讲授 5 min、学生自主学习 35 min、教师评价 5 min。在三种不同的教学活动结束后，由教师向学生发放调查问卷，进行相关的填写指导，使其做到统一、规范，最后对调查问卷进行统计。

2.教学效果分析

在研究资料的统计处理中，常采用的统计软件有社会科学统计软件包（Statistical Package for the Social Sciences，简称"SPSS"）、统计分析系统（Statistical Analysis System，以下简称"SAS"）和微软公司的 Excel 软件等。从教学效果图中可以发现，多媒体课件教学在教学吸引力方面，较传统教学更容易引起学生的兴趣，学生的认同率也更高，充分体现了学生认知主体的作用，有助于学生积极性与主动性的发挥。但相对于传统的教学方式，多媒体课件教学在知识重点的掌握与操作方法上仍需要进一步加强，对教师的信息素养提出了更高的要求。相比较而言，第二种教学模式，即在多媒体教室内，以教师为主导，以学生为主体，将传统教学方式与现代教学方式有效融合，可以使课堂教学达到最优化。从教学实践经验出发，在基础定义和概念的掌握上，传统教学的手段和方法是不可或缺的。

3.课件的量化评价

（1）确定权重系数

权重系数表示某一指标项在评价指标系统中的重要程度。权重系数的大小与目标重要程度有关。权数的获得方法大体分为两种，即经验加权和统计加权。这里采用统计加权的方式来获得权重。应用这种方法，来设计重要程度意见表，让有关人员对各项指标的重要程度进行投票，把投票结果带入统计公式。统计公式如下所示：

$$Wi = \sum ajnij / N\sum aj$$

其中 Wi 为指标权重，aj 为第 J 位排序等级所对应的数值，N 为投票人数，nij 为对某一指标、某一重要程度的投票数（第 i 行第 j 列）。

（2）划分等级标准

在评价研究中，为了便于量化，通常采用等级划分的方法来进行。常用的等级划分方法有三等级式（如：好/一般/差）、四等级式（如：优/良/中/差）。按照上述方法，使用各指标重要程度意见表，让 3 名计算机专家、4 名一线教师、3 名教育技术专家分别填写。对于多媒体教学软件的综合评判，有教育性（创新能力培养等）、科学性（科学知识表述等）、易用性（对媒体的掌握与使用程度等）、技术性（交互性的体现等）、艺术性（界面简洁美观等）五项结构指标。填写完成后，回收意见表统计结果，代入所给出的公式，即可得到各指标项的权重值。为得到科学性评价指标体系，教师可以利用排序指数公式提供的 3 个指标进行计算，即可得到所示的指标体系。利用各指标的权重与相应的评判等级分值的乘积，即可得到该课件的客观得分。

4.结论与建议

（1）重视教学设计的作用

在教学软件的开发与制作中，教学设计应占据主导地位。教学设计不仅仅是课程内容的设计，更是方法的设计、系统的设计。对于软件制作技术上的缺陷，可以通过一些手段去弥补，但现代教育理论思想的匮乏以及现代教育技术手段的贫瘠，已经严重制约了信息化教育教学的发展。因此，提高教师现代教育教学的理论水平，强化现代教育技术手段，培养科学的现代教学设计理念，是当务之急。

（2）将网络化作为 MCAI 课件的发展方向

伴随网络技术的出现，一个更大的学习虚拟空间产生了。人类的思想在其间自由驰骋，高校师生在网络中开展远程教学，进行虚拟学习、研究性学习、分组合作式学习等。这些技术与手段的应用，要求教育者除了具备现代教育理念外，对于通信技术、多媒体技术、网络技术，都要具备一定的驾驭能力和使用能力。"虚拟现实技术"与网络多媒体技术为现代教学注入了生机与活力。在当今的教学环境下，MCAI 课件在设计与开发阶段要更多地利用网络资源，重视对数据库与网络技术的使用。在 MCAI 课件的利用与管理阶段，教师要充分利用网络功能，加强对流媒体技术的使用。MCAI 课件的价值不是一次性的，它可在反复使用的过程中最大限度地体现自身的价值。因此，高校教师要充分利用网络所提供的广阔操作平台，开展网上技术合作与资源共享，提高课件的利用率，形成科学的管理机制，使课件在教学资源共享与教育文化传播过程中，实现自身的最大价值。

（3）MCAI 课件应用与管理的科学化

教学课件设计并制作完成后，教师应对教学课件进行规范的管理，探索科学的检索方法，对相关的资源进行合理匹配，使课件后期制作与开发具有实时性、连续性、规范性的特点。课件管理的主要功能是对课件进行初始化登记、软件维护和目录管理，主要分两个方面：一方面，是教学课件的管理，主要工作是建立课件库的组织形式，根据知识的网络结构，将教学内容划分为相互联系却相对独立的认知单元，并通过科学方式建立相关的检索系统；建立各种教学策略资源，给教师的教学提供合理、有效的建议，并对教学评价作出科学的分析。另一方面，教学管理功能是在教学过程中展开的，主要工作是调查学生对学科知识的了解，提出有针对性的学习建议，解答学生的学习疑问，对学生间的协作进行协调和管理。有条件的学校可以开展校际合作交流，促使教学资源得到充分、有效共享。

在信息化浪潮中，基础教育学科与职业教育学科应借助世界信息教育大发展的有利契机，借助现代教育技术手段，完成跨越式的学科发展；在建立先进的教育理念的同时，形成科学的教育培养机制与评价机制，培养更多具有探究能力、创新精神的人才。

五、信息化赋能教学能力大赛

计算机网络是信息技术专业群的核心课程，通常选用"十四五"职业教育国家规划教材。这门课程坚持建构主义教育理念，基于"岗课证赛创"，融合了思政元素与"1+X"证书制度。计算机网络课程依托超星学习通平台，总学时为 64 节，课程内容共分为 8 章，包括理论与实训两个部分，其中技能实训任务有 17 个，内容涵盖计算机网络概述、数据通信基础、网络体系结构、网络通信协议、接入互联网、使用互联网、保障计算机网络安全等计算机网络基础技术和基本应用技能。

学校依据开放式系统互联参考模型，结合主体流行的网络体系结构 TCP/IP 协议参考模型，构建了计算机网络课程数字化转型与专业升级"四系统、七层次"基本架构，"四系统"指数据系统、数据中台系统、微服务系统、保障系统，"七层次"指物理层、数据层、汇聚接口层、安全传输层、建设保障层、服务层、应用层，形成了以"三全育人"为中心，由 N 个终端和云平台、4 大核心系统、7 大层次共同组成的"1+N+4+7"课程数字化转型与升级参考模型。计算机网络课程教学内容如图 5-11 所示。

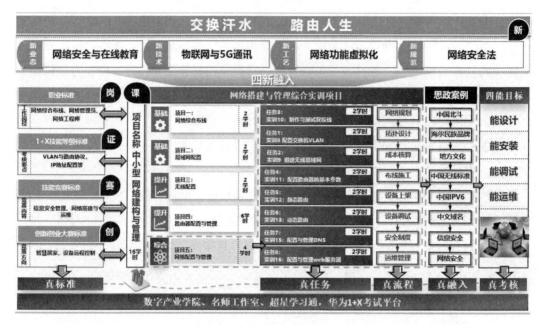

图 5-11　计算机网络课程教学内容分析

（一）教学设计

1.基于"四新"与思政融入，重构"以岗定课、赛证融通"教学内容

参赛作品据教材第五章至第八章，来确定教学内容设计，连续 16 学时。举办方可以将原章节教学内容解构之后，重构"理实一体"课程体系，再形成中小型网络构建与管理项目。该项目共包括网络综合布线、局域网配置、无线配置、路由器配置、综合配置与管理子项目，含制作与测试双绞线、配置交换机 VLAN 等 8 个技能实训任务，中国北斗等 8 个课程思政融入点。这部分是本章节的重点内容，涵盖了职业标准与"1+X"技能等级等许多重要的理论考点和实操技能点。

重构教学内容，应该将"新业态""新技术""新工艺""新规范"（"四新"）融入课程设计，实现对标"真标准"、设计"真任务"、实训"真流程"、思政"真融入"、双证"真考核"（"五真"）。通过课程学习，学生可了解计算机网络，掌握网络性能、网络应用、网络管理、网络安全等知识。新的教学设计能为培养学生在计算机网络应用方面的设计开发能力打下良好的基础，并为后续课程开发以及学生未来的工作提供必要的理论支持。

2.开展基于数据治理的教学分析，通过师生精确画像，明确学情特征

　　学校可以根据超星学习通后台记录和调查问卷的情况，开展基于数据治理的学情分析（如图 5-12 所示）。计算机网络授课对象为二年级学生，包括计算机应用、大数据、移动应用开发专业的 8 个班级。问卷包括企业问卷和学生问卷，涵盖岗位素养、职业能力、教学模式、授课形式、生源结构、专升本意向等综合信息，学校通过综合对比超星教务系统后台成绩分析模块，可以形成整体分析与个体分析。根据学生问卷调查可知，57%的学生有专升本意愿，在学习模式上更倾向于混合式教学模式。例如，某班学号为 33 的学生在子网规划与差错校验等知识点上，因其涉及大量的进制转换与数学计算，理解起来较为困难；学号为 7 的学生更喜欢平面设计类课程，但其性格比较内敛，自我表达和团队合作的意愿不强。总之，数据治理为课程学习目标的完成提供了保障，为教学方法的选用提供了依据。

图 5-12　基于数据治理的学情分析

3.立足新工科岗位要求，确定"懂网络、知安全"四能教学目标

　　教师应对标国家和行业标准，动态调整人才培养方案，通过为学生规划职业生涯，培养学生的核心能力，以"双证"融合为辅，设计本部分教学内容的教学目标和教学重点、难点，如图 5-13 所示。

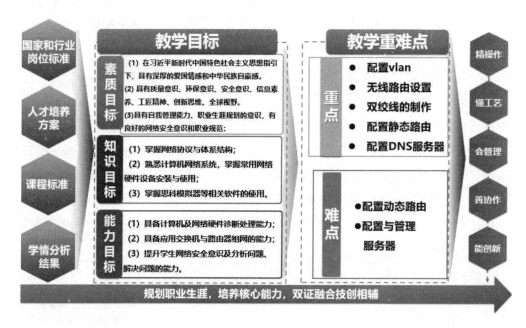

图 5-13　三维教学目标与重点难点

4.依托数字产业学院，制定"双线双师、多技多证"教学策略

（1）教学工具

教学工具有超星学习通网络课程、思科模拟器、华为"1+X"考试平台等，如图 5-14 所示。

超星学习通网络课程	思科模拟器	华为"1+X"考试平台
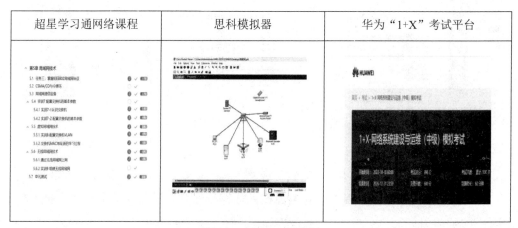		

图 5-14　教学工具举例

（2）教学方法

学校应采用基于校企合作数字产业学院，对标"项目化、思政化、模块化、数字化"，融合"1+X"职业技能等级证书标准的"四化一融合"建设思路，以建构主义教育理论为指导的项目引领、任务驱动教学法。

5.中国元素融合地方特色文化，巧用分层思想，推动课程思政

学校教师应在教学内容中融入鲜活、丰富的思政元素，自然融入"华为助力中国航天""分层思想推动党史学习""中国北斗、世界北斗"等课程思政元素和"钢铁文化"等地方特色，在项目主题策划、教学资源准备、教学实施过程等方面，实现知识传授、技能实践与价值引领相统一，充分融入课程思政教育，激发青年学子的使命意识与责任担当意识。

6.结合"岗课证赛创"要求，创设"多元多维、校企互认"评价体系

针对教学目标，学校可以设计以实施过程为主、总结性考试为辅的多元数字化全过程教学评价体系（如图5-15所示）。其中，平时成绩（过程评价）占60%，期末考试卷面成绩（最终评价）占40%。在平时成绩中，包括课前的在线测试（5%）、学生手机签到（5%），课中的质量监测与增值评价（10%）、教师设计的教学活动参与度（10%），课后的学生小组内评价（10%）、作业完成情况（10%）、企业评价（10%）等。学校应运用大数据平台对学生学习行为的精准分析，注重学生学习过程评价，探索增值评价；利用平台数据生成师生画像，健全学生互评、教师企业共同参与的综合评价。

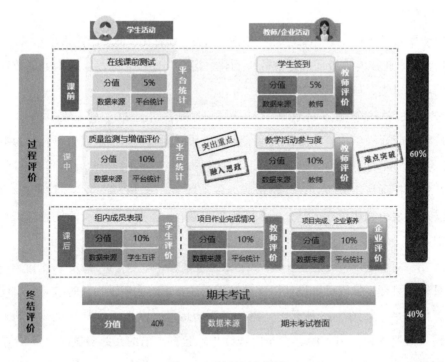

图 5-15　教学评价设计

（二）教学实施过程

1. "分层融合"系统化思政实施，混合教学育地方工匠

以习近平新时代中国特色社会主义思想为指导，以三全育人为核心，教师一般将每堂课设计为 90 min，并采用项目教学法设计教学环节。每个项目任务的教学过程都延展为课前、课中及课后，线上、线下混合教学。以学生为主体、以教师为主导，项目内容可以细分为探、引、导、演、练、析、践、评、结、拓环节（如图 5-16 所示）。通过"分层融合"系统化思政实施和混合式教学，对接"1+X"证书制度，教师将工程知识与课程思政相结合，能够帮助学生进行价值观的塑造。

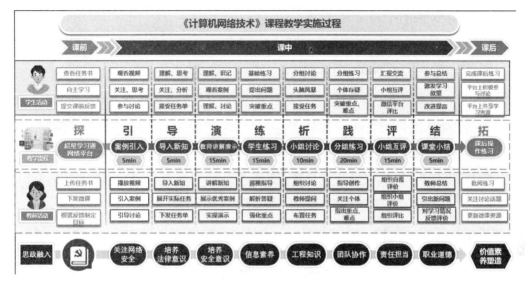

图 5-16 教学实施流程图

2.开设"虚实交互"数字化课堂，进行深度学习目标达成

截至 2024 年 4 月，根据超星学习通平台的统计数据，计算机网络技术课程累计选课 889 人，涉及 21 个班级；累计互动 2 034 次，累计页面浏览量 273 万次；授课视频 133 个，总时长 514 min，课程资料 289 个，虚拟仿真资源 10 个，习题 1 211 道，课堂活动 1 264 个，讨论区共 2 184 条话题。

结合超星直播平台，学校实施线上与线下同步授课。混合式教学拓展了教学空间，采用 3D 动画、视频展示等手段，开展线上连麦辩论、仿真训练等活动，以保证学生能够进行深度学习，学生也可以利用课余时间完成线下学习任务。

3."校企互认"综合性评价探索，职业资格适岗拓能

在教学中，教师可以利用思科模拟器，进行网络配置与管理仿真实验；借助超星学习通平台和华为"1+X"考试平台，为学生进行测验考试；利用超星学习通平台教学微视频，巩固教学重点；用思科虚拟仿真平台，进行实训操作，突破网络配置与管理中的难点；利用超星学习通平台后台统计功能，对学生的出勤率、在线访问情况、课堂问答情况、作业完成情况等进行过程性、结果性数据分析；通过翻转课堂、小组讨论、课前预习、课后复习、项目学习等，培养学生主动学习的能力。

（三）学生的学习效果

1."一平三端"辅助课堂，大数据描述师生画像

加强数据治理与教学资源的开发利用，学校应研究、分析超星学习通课程平台、公共管理平台、教学资源平台数据。以2201、2202级计算机专业授课为例，经分析可知，学生后台签到率平均为98%，学期任务点完成率为90%以上，但线上考试通过率较低，只有52.86%。对数据资源进行有效整合，可以为师生精准画像（如图5-17所示），能够为教师的管理创新与教学策略改进提供数据支撑。

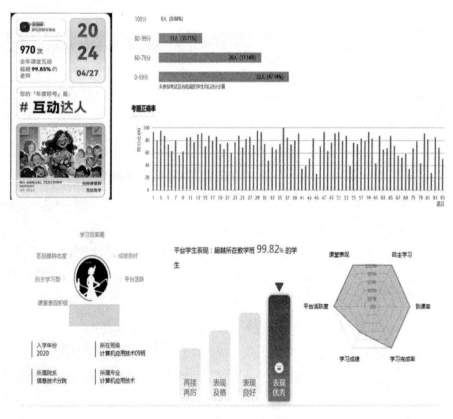

图5-17　师生画像与教学数据分析

2.技能升学稳步提升，三全育人思政浸润

2023年，有65名学生通过专升本考试进入本科院校，2023级计算机应用专业学生的就业率达97%，有43名同学获得国家"1+X"证书，在辽宁省计算机技能大赛上获

一等奖 2 项、二等奖 5 项、三等奖 4 项。对比 2021 级学生，2022 级学生在"知原理、懂设计、会方法、能操作、有双证"的职业能力目标和"讲规范、重安全、保质量、有情怀、会合作"的职业素养目标上稳步提升，其中"双证"率提升较大，学生对职业的认同度显著提高。

教师在课上穿插爱国主义精神教育，有效落实了课堂思政。经调查可知，在被调查学生中，100%学生的计算机网络操作水平有所提高，98%的学生愿意上计算机网络课，100%的学生愿意用自己的实际行动报效祖国，有效实现了感恩教育、爱国主义教育。

（四）特色创新

1.双证融合共育地方人才，赛证融通践行特色培养

学校应依托数字工场，制定"双线双师、多技多证"人才培养方案，立足地方经济发展，重构"以岗定课、赛证融通"教学内容；充分利用超星学习通资源平台，以工作过程为参照，将职业工作过程系统化，在教学过程中注重师生互动、生生互动、思政渗透和学习评价。

2.混合教学融合数字化技术，教育治理助力综合评价

学校应基于新一代信息技术开展教育治理，综合运用数据治理、服务治理、应用治理，在明确学情特征的基础上，立足新工科岗位要求，开展混合式教学与资源开发。

3."四新、五真、四能"注入思政元素，文化浸润传承育人范式

学校应通过"新业态""新技术""新工艺""新规范"这"四新"目标，融入华为技术有限公司、海尔集团等企业的工匠品质、民族精神，使课程内容涵盖"五真"，即对标"真标准"、设计"真任务"、实训"真流程"、思政"真融入"、双证"真考核"；将"1+X"证书认证融入教学计划，使学生毕业后实现"四能"，即能设计拓扑、核定成本，能安装系统软件、硬件，能调试交换路由器设备，能运维中小型企事业网络。

（五）教学反思与改进措施

1.内容资源持续优化，思政元素融合创新

教师要根据教学大纲和课程标准，对教材内容进行优化处理，使精简后的教学内容更符合学情，进一步挖掘思政元素与课程的融合点，将思政元素融入课程，真正做到立德树人。

2.优化评价关注增值，双向赋能教学相长

教师要加强课中考核测评的量化，关注过程性评价，探究增值评价；针对学生学情特点，有针对性地对他们进行重新分组，实现优势互补、教学相长，师生全员参与、全员收获；吸纳有数字化教学资源制作特长的教师进入教学团队，建设、发展和共享优质课程资源。

第六章 数字化与教育治理内容和规范

第一节 智慧校园建设与教育治理实施方案

一、智慧校园标准与应用

智慧校园是指将信息技术与教育相结合，利用先进的技术手段提升学校管理和教学水平的一种管理方式。通过智慧校园建设，可以实现学生信息管理、教务管理、资源共享、教学支持等多个方面的创新和优化。高校在智慧校园建设中，借助物联网、大数据、云计算、人工智能等先进技术，可以实现校园基础设施、资源、服务的智能化和高效化，提高教育质量和效果，优化学生的学习体验。智慧校园具有智能化、互联化、信息化、人本化等特点。智慧校园通过各类传感器、网络等，实现校园各部分、各要素的连接与互动，促进信息共享与交流。校园中的各项活动也可以借助智能设备与技术，实现自动化与智能化。智慧校园融合了物联网、大数据、云计算、人工智能等技术，实现了对数据的实时采集、处理、分析和应用，在优化学生的学习环境与学习条件的同时，为学校决策提供了科学依据。智慧校园建设和教育治理是推进教育信息化和高质量发展的重要途径，需要全社会的共同参与和支持。通过完善智慧教育基础设施建设、构建智慧教育大数据平台、推进智慧校园示范校建设、优化教育资源配置等措施，将有力推动高校教育事业的发展和进步。

《智慧校园总体框架》（GB/T 36342—2018）于 2018 年 6 月 7 日，由国家标准化管理委员会正式公布。智慧校园总体框架规定了智慧校园建设的总体框架，包括智慧教学资源、智慧校园管理、智慧校园服务、智慧教学环境、信息安全体系的系统架构及基本要求。同时，智慧校园总体框架也对相关概念进行了界定。其中，数字校园是在传统校园的基础上构建一个数字空间,实现从环境信息(包括教室、实验室等)、资源信息(如图书讲义、课件等)到应用信息(包括教学、管理、服务、办公等)等全部数字化,从而为资源和服务共享提供有效支撑。智慧校园的物理空间与信息空间有机衔接,使得任何人在任何时间、任何地点都能便捷地获取资源和服务。智慧校园是数字校园的进一步发展和提升,是教育信息化的更高级形态。虚拟校园是基于地理信息系统技术、虚拟现实技术、宽带网络技术、多媒体技术、计算机图形学等高新技术,以真实校园整体(校园布局设计、交通、景观、教学及生活环境、建筑物内外、人文)为蓝本,将校园地理空间信息与其属性信息相结合,从而构建而成的三维可视化的逼真校园环境和景观。虚拟校园服务具备校园展示功能,可快速放大、缩小并图文并茂地对校园全景或局部进行全方位的三维立体展示;利用校园导航功能,可通过搜索引擎快速查询校园布局设计、交通布局、教学及生活环境、建筑物内外情景和人文景观,并定位展示相应目标的路线导引。

根据《智慧校园总体框架》的要求,通过对高校智慧校园的应用实际进行研究分析和科学分类,结合高校智慧校园管理工作的特点,构建了高校智慧校园标准体系的总体框架。通过智慧校园标准体系框架建设,高校实现了标准化的顶层设计工作和基础建设工作。其中,基础设施包括传感基础设施、软件基础设施、网络基础设施、存储基础设施和安全基础设施;支撑技术与平台包括数据接口、支撑平台、数据服务、数据处理和数据交换;管理与服务包括教学环境、教学资源、校园管理和校园服务;智慧校园信息安全体系包括智慧校园安全管理体系、智慧校园安全技术防护体系、智慧校园安全运维体系,而安全技术防护体系又包括物理安全、网络安全、主机安全、应用安全和数据安全等。

在对智慧教学环境的分级及其功能要求中,一般将其功能分为智能感知、智能控制、智能管理、互动反馈、跨域拓展、环境条件监测与调节、虚拟现实与增强现实、分析决策几个部分。

智慧教学环境要求有以下几点:

(1)能够实现对环境内所有装备(软硬件设备)及状态的信息采集,能够实现对环境指标及活动情境的识别、感知和记录。

(2)能够实现对教学设备的控制和管理,且能实现对控制全过程及效果的监视。

(3)能够实现对环境内各类信息或数据的生成、采集、汇聚和推送,便于实现对环境内的所有装备(软硬件设备)、环境指标及教学活动进行管理。

（4）具备受众通过互联网在任何地方、任何地点都能根据权限许可加入的条件，支持教师和学生在活动过程中的全方位交互，包括课程通知、课堂互动、在线答疑、课程讨论区交流和获取所需的资源和服务，并且可以及时进行信息反馈。

（5）具备通过互联网，远程拓展、同步教学活动的环境空间和构建虚拟教学活动的条件。

（6）具备基于室内自然光、照明、空气质量、温度及湿度等环境数据，实现智能调节教学环境的条件。

（7）具备仿真、虚拟现实或增强现实系统，并以此强化视觉、听觉及触觉等效果，从而进行案例教学、实验教学或科研活动的条件。

（8）具备综合运用教学活动的信息和数据，为数据分析和决策提供支持的环境与条件。

二、数字化转型的体系与平台

（一）管理服务体系的五层构建

将数字化技术与智慧校园建设相融合，构建人性化、便捷、高效的五层管理服务体系，可以优化治理管理，为学校高效运营与智慧决策提供支持平台，从而控制学校的办学风险，提高办学效率。

1.管理层（数据驱动评价）

数据驱动评价是指将数据应用于高校管理层的决策，包括培养方案管理、双创项目管理、教学质量管理、课程标准管理、双创活动管理、工程教育认证、校园行为管理、毕业设计管理、专业评估管理等。

数据驱动评价能够为高校管理层提供客观、精准的信息，帮助管理层更好地了解高校的运营状况，从而作出科学决策。进行科学的评价，通常需要采集、整理和分析大量的数据，包括学生数据、教师数据、财务数据等。数据驱动评价通过分析挖掘，以动态图表等直观方式，实时了解高校的运营状况、教育教学情况、财务状况等，从而为管理层提供决策依据。数据驱动评价的优势在于能够提供客观、精准的信息，帮助高校管理层更好地了解高校的运营状况，从而作出科学的决策。同时，数据驱动评价还能够促进高校内部的沟通协作，提高高校管理层的管理效率和工作质量。然而，数据驱动评价依赖于数据的真实性和可靠性，对数据的处理和分析需要专业的人员，既要掌握高超的技能、熟练使用实用工具，还要关注数据的隐私安全和保密性。

2.运行层（教学生态核心）

运行层是高校教学运行的核心环节，也是高校教学生态系统的重要组成部分。运行层包括课程管理、考勤管理、资源管理、课堂教学、知识领域管理、在线学习、活动管理、教学监控、考试管理、成绩管理、助学助教管理等。教学运行层主要涉及教师、学生、课程、教学管理等方面，是实现高校人才培养目标的重要保障。其中，教师是教学运行层的核心力量，他们负责设计、组织和实施教学活动，引导学生掌握知识、技能和素质。教师需要具备专业素养、教育教学能力和职业道德等方面的素质，为学生提供优质的教学服务。学生是教学运行层的主体，他们在教师的指导下，通过课程学习、实践锻炼、素质拓展等，实现个人的全面发展。学生需要具备自主学习、创新能力和社会适应等方面的素质，为未来的职业发展做好准备。课程是教学运行层的基础，是实现人才培养目标的重要载体。课程建设需要综合考虑学生发展、学科特点和社会需求等因素，构建科学、合理的课程体系，为学生提供多样化的课程选择。教学管理是教学运行层的保障，负责对教学活动进行组织、协调和监控。教学管理需要建立健全教学管理制度和教学质量保障体系，确保教学活动有序进行，提高教学的质量和效果。

3.实践层（专业内涵特色）

在实践层，更多关注的是高校在人才培养过程中所体现出来的专业特点和内涵，是高校教学运行的重要组成部分。实践层主要涉及课程实践、专业实践、社会实践等方面，具体包括软件开发环境过程管理、项目管理、项目讲解、项目实践、大数据开发环境、综合实训、环境部署、项目考核、岗位测评、项目报告等，是培养学生实践能力和综合素质的重要环节。其中，课程实践是实践层的基础，主要涉及课堂教学、实验、课程设计等方面。学生通过实验、模拟、实践等方式，可以加深对理论知识的理解，培养实践能力和创新能力。专业实践是实践层的核心，主要涉及专业实习、毕业设计、专业技能竞赛等方面。在专业实践中，学生可以将所学知识应用于实际工作中，提高专业技能和实践能力，培养学生的职业素养和综合能力。社会实践是对实践层的拓展，主要涉及社会调查、志愿服务、文化交流等方面。在社会实践中，学生深入社会、了解社会、服务社会，在这个过程中可以培养学生的社会责任感和人文素养，提高学生的综合素质和社会适应能力。

4.数据层（数据咨询服务）

高校利用数据为师生提供咨询服务，它以数据为依据，在智慧化数据管理、数据交换、数据存储、数据分析后，为高校师生提供决策支持、教育教学、科研管理等方面的服务。在内容上，数据咨询服务为高校管理层提供基于数据的决策支持咨询，包括对学校运营状况的分析、对教育教学质量的评估、对学生就业情况的预测等，帮助管理层作出科学决策。数据咨询服务还可以为教师提供基于数据分析的教学咨询服务，包括对学生的学习情况、兴趣和特长的分析，可以为教师提供精准的教学策略和个性化教学方法建议，从而提高教学质量和效果。除此之外，数据资讯服务还可以为科研人员提供包括对科研项目的申报、评审、结题等环节的数据分析，为科研人员提供精准的科研策略和合理的时间管理建议，从而提高科研效率和科研成果的质量。

5.资源层（开放共赢合作）

高校在教育教学、科研创新、社会服务等领域拥有大量的资源，进行自动化资源管理、实现内外部开发、对存储资源进行共享共建共创，以实现开放共赢，都需要实现对资源的共享和优化配置。

在教育教学方面，高校的资源层主要包括教师资源、课程资源、实验资源等。高校可以通过开放教师资源，实现教师互聘和共享，提高教师资源的利用效率；可以通过开放课程资源，实现课程互选和共享，提高课程资源的利用效率；可以通过开放实验资源，实现实验设备共享和优化配置，提高实验资源的利用效率。

在科研创新方面，高校的资源层主要包括科研项目资源、科研设施资源、科研人才资源等。高校可以通过开放科研项目资源，实现科研项目的协作和共享，提高科研效率和成果质量；可以通过开放科研设施资源，实现科研设施共享和优化配置，提高科研设施的利用效率；可以通过开放科研人才资源，实现科研人才互聘和共享，提高科研人才的利用效率。

在社会服务方面，资源层主要包括高校的人才资源、技术资源、文化资源等。高校可以通过开放人才资源，为社会提供专业的人才和技术支持，促进社会经济的发展；可以通过开放技术资源，为社会提供科技创新和文化传承的支持，推动社会的进步；可以通过开放文化资源，为社会提供文化交流和传承的条件，促进文化的传承和发展。

（二）支撑服务平台

构建数字化、一体化的服务平台，契合教育教学各类场景和师生个性化服务的需求，可以实现数字化教育，以数据驱动实现个性化教育和智慧教育。

1.数据分析

数据分析（Data as a Service，以下简称"DaaS"）是一种数据供应模式，它强调将数据存储、处理等过程全部放在云端，通过网络，使用具有特定 API 的数据服务来查询、处理这些数据。DaaS 分析的内容包括学生学习分析、数据分析报告、教师教学分析、管理者成效分析、教育/医疗/电商等方面的数据采集。DaaS 具有高度的灵活性和定制化，由于数据存储和处理过程全部放在云端，DaaS 能够为客户提供高度灵活的数据服务，通过特定 API 筛选出合适的数据，满足客户的个性化需求。另外，其云端数据存储和处理能力比较强大，能够为客户提供复杂的分析和数据处理服务，可以有效提高客户的数据分析和处理效率。DaaS 采用了先进的数据加密技术和访问控制机制，能够在保障数据的安全性的同时，将数据存储和处理成本降至最低，实现低成本、高性能的数据服务。

2.教育资源

教育资源（Cloud-based Access to Scholarly Content，以下简称"CaaS"）是一种基于云计算的教育资源服务模式，旨在为学术界和教育机构提供更加高效、便捷的资源访问和共享体验。教育资源包括人才培养方案、课程资源、项目资源、活动资源、毕业设计资源等。CaaS 资源丰富，整合了大量的学术资源和教育资源，包括期刊、论文、课件、视频等，能够满足不同学科、层次的学习需求。它将所有的资源存储在云端，用户可以通过网络随时随地访问，不用下载或携带本地存储设备。另外，CaaS 还提供了高效的搜索和筛选功能，用户可以根据关键词、学科领域、资源类型等多种方式，快速找到所需资源，并根据用户的学习偏好和历史行为，为用户推荐相关的学术资源和课程。CaaS 支持多人同时在线协作，可以方便地进行文档编辑、讨论和分享，提高学生的学习效果和兴趣，促进学术交流和合作。

3.过程管理

过程管理（Software as a Service，以下简称"SaaS"）是一种基于云计算的过程管理工具，它可以帮助高校实现流程的自动化、规范化、协同化，从而提高工作效率和质量。SaaS 管理的内容包括专业人才培养方案管理系统、智慧学工系统、智慧教学系统、云实践系统、素质教育及双创管理系统、教学质量管理系统、工程教育认证系统、毕业设计管理系统、业评估评价系统等。SaaS 采用云计算架构，用户可以通过网络随时随地访问，不用安装和维护本地软件。它支持用户自定义流程，可以根据学校的实际需求和业务流程进行调整和优化，还可以根据线下实际流程实现工作流的自动优化，可以自动分配任务、提醒和处理事务，从而提高工作效率和质量。SaaS 支持多人在线协作，可以方便地进行任务分配，促进团队协作。SaaS 可以通过数据可视化进行实时进度跟踪和反馈，帮助学校更好地了解教育教学流程和绩效情况，为决策提供数据支持。

4.教育算力

教育算力（Platform as a Service，以下简称"PaaS"）是一种将计算能力作为一种服务提供给教育行业的模式。它通过将计算资源、数据处理和分析工具等整合到一个平台上的方式，为高校提供一站式的解决方案，以支持教育教学、科研和管理等方面的需求。PaaS 平台包括云存储管理平台、教学资源平台、网络安全构件、数据管理平台、实验实训室、数字工场等。PaaS 将计算资源集中管理和共享，可以降低高校的 IT 成本，减少维护工作量。它提供先进的数据分析和挖掘工具，用来分析需求和行为，从而为决策提供数据支持。通过智能分析需求和特点，PaaS 可以提供定制化的服务，以满足不同学科、层次的需求。由于 PaaS 具有高可用性和可扩展性，还具有完善的安全性和可靠性措施，因此可以保护用户的数据隐私，确保服务的安全性和稳定性。

三、典型案例：数字化校园网的建设

《国家中长期教育改革和发展规划纲要（2010—2020 年）》提出了"新四化"（中国特色新型工业化、信息化、城镇化、农业现代化）和"两型"（资源节约型、环境友好型）的概念，教育部应在"十二五"期间重点做好"三通两平台"建设，以教育信息化带动教育现代化，注重信息技术与教育的全面深度融合。《辽宁省中长期教育改革和发展规划纲要（2010—2020 年）》指出，要"积极推进职业教育信息化建设，建设覆盖全省各级各类职业学校的职业教育信息网络，建设省级信息化教学资源平台"。

在高校数字化转型的过程中，结合云计算技术及虚拟化技术，以鞍山市职教城的校园网为依托，升级和改进原有的校园网和教学资源平台，完善网络与信息安全工程，建成一个高性能的、基于云环境的、以用户空间为基础的数字化职教园区。该教学资源平台具体包括基础网络支撑平台、教育管理公共服务平台（部门业务应用系统）和教育资源公共服务平台。鞍山市职教城以信息标准和基础平台建设为保障，以电子身份认证系统为纽带，通过"一校牵头，六校共进"的模式，建设数字化的智慧职教园区，从而提升鞍山市职教城的社会服务功能，争取建设成为全国最富特色的数字化职教园区。

（一）建设目标

一是引入云计算思想，将资源池化，搭建一个云数据中心；通过全城综合布线，实现整个职教园区内计算机局域网、多媒体双向教学网、电子考场安防监控网等数字化多网合一。

二是依托行业、企业，构建校企合作共建共享机制，构建经费多元投入保障机制，使校企各自发挥优势，共建共享智慧型职教园区。

三是依托鞍山市职教城的公共管理平台，全员参与信息化教育教学工作；以职业教育数字资源中心建设为工作重点，大力推进优质教育资源的共建共享，发挥职教园区内国家、省级中职示范校的示范、引领和辐射作用。

（二）建设过程

1.充分调研，精心设计

成立信息化项目组，安排项目组成员赴辽宁地区、京津地区、上海市、湖南省的高校和企业进行调研，先后考察了湖南机电职业技术学院、北京 H3C 等单位 20 余家。与相关的专家、技术维护人员，就网络数据中心的方案设计、网络的运营、维护和管理问题进行了深入的探讨和研究。

2.科学论证，制度实施

鞍山职业技术学院在统筹规划、充分调研的基础上，组织有关专家进行科学论证，按照政府招标流程，合理组织项目的实施。鞍山市职教城各院校分别建立以校长为组长，由信息中心主任、教务科长、学生科长、教研室主任、骨干教师共同参与的信息化应用领导小组，领导学校开展信息化建设和教学应用。保证了项目的顺利实施，在明确责任、合理分工的同时，要求在项目建设过程中必须有专家跟踪指导。

领导小组严格奖惩考核，制定考核量表，将信息化考核、年度考核、评先评优、职称评审紧密结合起来，对达不到要求的，在年度考核及评优评先中实行一票否决；对积极应用且成效显著的，在年度考核中酌情予以加分，在评优评先、教师职称评审时予以倾斜。

（三）建设成果、成效及推广情况

1.建设成果

（1）园区网络规划建设

在职教园区网络建设规划中，分为核心区、接入区、数据中心服务器区三个部分。

其中，核心区的主要任务是负责整个职教园区的数据转发，具有极强的可靠性和稳定性，核心交换机设备选用 CLOS 架构，可以实现控制和转发的硬件分离。在核心交换机上，设置安全插卡，可实现网络层的安全防护和流量管控。接入区的主要任务是实现各办公区域、教学区域的有线网络接入，实现对高带宽局域网的需求。接入交换机采用全千兆设备，可最大限度地提升整体网络等级，实现业务的正常实施。数据中心服务器区的主要任务是承载各个教学软件的日常运行，实现各个教学应用平台的运行。

在园区网络规划建设的具体实施中，深入现场采集工作，结合职教园区的原有工作文档、施工图纸，对职教园区的网络拓扑结构重新进行规划和设计。将鞍山市职教城的网络中心从卫校迁移到鞍山职业技术学院，新铺设了 12 条千兆光缆（如图 6-1 所示）。该举措加强了职教园区网络的集中管理与统一监管。

以鞍山市职教城的校园网为依托，采取实用原则重新综合布线，重新规划了职教园区的城域网络、园区和单体楼内的综合布线，实现了鞍山市职教城的六所直属院校间的千兆网络互联互通；重新规划职教园区的网络，将其划分为办公网络（192.168.X.0）、"班班通"教学网络（172.168.0.0）、服务器网络（172.170.0.0）、监控网络（172.169.0.0），统一配置 VLAN、网关，建立鞍山市职教城的 IP 地址档案。

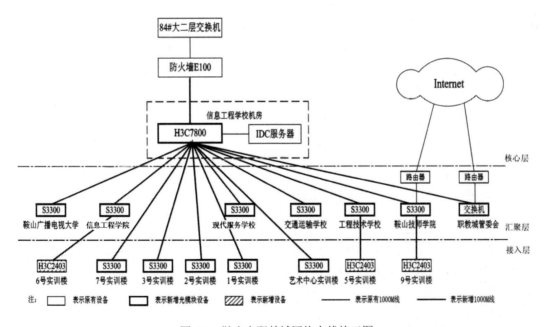

图 6-1　鞍山市职教城网络布线施工图

（2）云数据中心建设

鞍山市职教城建设了 IDC 云数据中心，通过 1 台 H3C FlexServer B590、2 台 H3C FlexServer R390、有 10 G 存储容量的内网交换机、10 个 CPU 授权的虚拟化软件（CAS）、20 T 分布式存储，共同构成计算、存储一体化平台。每台服务器配置 2 块容量为 1 TB、尺寸为 2.5 英寸的 SAS 硬盘，把服务器本地硬盘虚拟化为共享的 IP SAN，把所有的业务系统都安装在 CAS 虚拟机中，以基础设施作为服务，承载鞍山市职教城各业务系统、网管软件、门户网站的运行，建成具有 800 M 光纤出口的、稳定的、可扩充的云计算数据中心。

鞍山市职教城通过云计算虚拟化管理系统，用"一框即云"实现了资源的自动化调度。系统中各虚拟机之间完全隔离，具有独立的 CPU、内存、磁盘 I/O、网络 I/O，即当任何一个虚拟机发生故障时，同一物理机上的其他虚拟机都不受其影响，每个虚拟机都具有独立的用户管理权限，可以安装独立的操作系统，不同虚拟机间的操作系统可以异构。在提供虚拟计算资源的同时，服务器上的空闲磁盘空间被组织起来，形成一个虚拟共享分布式存储系统。单个数据块分布存储在不同物理节点上，当物理节点发生故障时，系统具备自愈能力。当物理节点的数量发生变化时，系统具备自动负载和均衡能力。

（3）网络运维与安全

鞍山市职教城制定了《信息系统安全等级保护备案表》，划分安全的网络拓扑结构，制定上网行为管理方案，打造绿色网络课堂。相关技术人员对网络中心区的 200 台计算机进行了 MAC 地址绑定，防止 ARP 地址受到攻击；在网络中心服务器的子网设置主动式入侵检测防范系统，阻止各种针对系统漏洞的攻击，监视对网络中心服务器的访问请求，及时发现并阻断攻击企图；利用防火墙对整个网络进行网络区域分割，提供基于 IP 地址和 TCP/IP 协议服务端口等的访问控制。对常见的网络攻击方式，如拒绝服务攻击、端口扫描、IP 欺骗、IP 盗用等行为进行有效防护，并提供网络地址转换、流量限制、用户认证等安全增强措施；云存储采用分布式热备空间，可以极大地缩短数据重构的时间，可以有效降低数据重构期间硬件发生故障的几率。

鞍山市职教城的数据中心对各校的教学资源、监控数据进行统一存储管理，集中管理鞍山市职业技术学院新建的 140 个"班班通"教室和实训楼 80 个多媒体实训室的网络数据交换；为学校领导、班主任安装了桌面监控软件，从而实现对教育教学的远程监控管理；技术人员还解决了"班班通"教室、数据中心平台的各种软硬件故障问题，并做好记录，定期维护、备份各种重要数据，建设、管理、更新校园网络平台，定期对平台用户进行信息化培训。

（4）统一建设公共管理平台、教学资源平台

在鞍山市职教城的统筹管理下，其直属的六所院校制定了统一的信息规范和SCORM标准，共同建设职教城公共管理平台和教学资源平台。鞍山职业技术学院通过云数据中心虚拟的多个应用服务器，实现了统一信息门户管理、统一信息标准、统一身份认证、统一数据库中心。该校还将鞍山职业技术学院网络域名重新解析，从联通公司申请了两个公网IP，设置了12台服务器，将办公系统、鞍山职业技术学院门户网站系统、数据中心系统、统一认证系统、资源库、在线学习等服务器的内网地址和对应的端口号统一映射到公网IP上。其具体措施有以下几个方面：

①门户网站改版工作

按照鞍山市人民政府办公厅及鞍山职业技术学院管委会的统一要求，鞍山职业技术学院对门户网站进行了改版，增加了互动交流、国家示范校建设专栏、党的群众路线教育实践活动专区等多个专题栏目；细化了页面导航、二级页面的内容和样式，整理、归纳出名师风采、教育教学等栏目；新增了鞍山职业技术学院学生创业、招生就业微信服务平台，以提高鞍山职业技术学院门户网站的交流服务功能；学校还安排专职人员负责网站前台、后台的运维管理和信息报送。

②鞍山市职教城"两平台"建设

鞍山市职教城"两平台"（公共管理平台和教学资源平台）规划设计15个模块，对招生就业、办公考勤、学生管理、教学实训等业务部门进行信息整合，以促进职教园区内教育教学全方位的数字化、智能化管理。同时，鞍山市职教城通过系统集成，完成与国家、辽宁省教育云平台的对接，实现国家、省、市三级教育资源的交换。

"两平台"的云存储采用分布式设计，相对于"服务器+集中共享存储"的层次架构，具有磁盘、节点、机架、数据中心等多个级别的容错性，可以对关键数据提供较好的保护。分布式设计可以利用远程复制功能，将重要数据复制到远程存储系统上进行保护，当客户提出更多的计算、存储资源要求时，只需以服务器为单位进行扩容，即能实现计算与存储资源的同步扩展，极大地缩短了扩容时间。

鞍山市职教城完成了对公共管理平台的内外网测试，对各模块基础数据进行录入，召集各院校系统管理员集中对各直属院校上报的鞍山职业技术学院的一期、二期基础数据进行汇总、分类、导入。这些基础数据涵盖了党委工作部的7类数据、发展规划处的11类数据、培训处的1类数据、实习实训处的2类数据、招生就业处的3类数据、综合

处的 4 类数据、总务安全处的 26 类数据，基本建成了鞍山职业技术学院的大数据库。

鞍山职业技术学院与东北师范大学理想股份软件股份有限公司合作，采用主流的 java 语言，结合 C++的插件技术和 J2EE，定制、开发了鞍山职业学院教学资源管理平台。该平台使用流行的 SSH 编程框架模式、B/S 结构的数据库应用及信息管理系统，采用"浏览器+中间件+应用服务器+数据库服务器"的多层构架，将各业务系统分别部署在虚拟化的服务器中。

鞍山职业技术学院的教学资源系统平台分为总资源中心和分资源中心，采用集中和分布式部署两种方式。平台提供分布式存储方案，可以将云录播资源及课程资源分别存储在多台服务器或刀片存储器上。每个存储方案允许设置多种上传、下载和点播服务，通过数据分流提高访问效率。其系统业务情况见表 6-1。

表 6-1　系统业务情况一览表

业务系统名称	服务器类型	内部 IP 地址	存储空间	数据库名称
鞍山职业技术学院门户网站系统	应用服务器	172.168.13.47	280G	oracle
数据中心系统	应用服务器	172.168.13.49	280G	sjzx
统一认证系统	应用服务器	172.168.13.48	280G	glrj
资源库	应用服务器	172.168.13.56	20T	zyk
	云录播服务器			
在线学习	应用服务器	172.168.13.56	580G	zyk
数据库存储	数据库服务器	172.168.13.46	580G	Backup_sql
	备份服务器			

鞍山开放大学作为鞍山市职教城的资源中心，是整个系统的数据资源核心及应用资源核心。该校通过对数字教学资源进行整合，组织建设基础性资源库，采用三层架构来构建数字化资源管理平台。资源管理平台的云管理员将资源池的资源通过服务目录的形式发布，并且分配配额，使得学校可以按需获取。通过这些措施，鞍山开放大学形成了云资源的流水线，统一建立教学资源共享平台，为各专业提供完备的教学资源内容及虚拟仿真试验软件。

资源库的研发技术符合《国家基础教育资源元数据规范》等国家现行的技术标准。平台栏目设置有通用资源中心、展示专业列表、展示专业群列表、专业子库、专业主题、专业课程、交流论坛等。平台设置的栏目可按照学校、资源类型进行检索。该资源库通过集成"网络云盘"，提高用户存储空间的利用率，并根据用户的搜索习惯和资源应用频率，为用户量身推送资源信息。

鞍山技师学院、鞍山市信息工程学校等学校设立了分资源中心。基于管理和运营成本，分资源中心可以分担大数据量传输对广域网的压力。分资源中心的资源主要是存储流媒体内容的存储设备、视频监控存储设备、各校具有专业特性的虚拟仿真资源。同时，分资源中心可以根据系统运行的需要，实现数据备份或应用接管等服务。

（5）校企合作信息化基地的建设

鞍山职业技术学院在云数据中心的刀箱服务器虚拟化环境中集中部署虚拟桌面，采用云课堂作为教室、实训室的新标准，供教师 PC 端和瘦客户端使用。实训教室使用最新的云计算技术，通过桌面虚拟化的方案代替 PC 机。每个教学机房从终端入手，可以分为三个部分，分别为终端区、云课堂主机区和校园网链路（数据通信及管理区）。三个区域均用千兆接入的方式连接起来。云课堂平台在每间教室部署了一台高性能云课堂主机和零维护的云课堂终端，通过云课堂集中管理平台，对所有云主机进行统一管理。教师可以使用云课堂多媒体教学管理软件控制学生的教学桌面，学生则可以操作云课堂终端设备，使用触控显示器。该设备可以在教师的控制下自动与云课堂主机相连，并可以获取虚拟化桌面，操作方式、习惯与 PC 机完全相同。高端云课堂实训室配有云课堂教学管理软件 1 套,具有触控功能的教学终端 48 个,配置不同的应用系统环境如 Linux、Windows Server 等，以方便鞍山市职教城各院校的信息化应用培训和教学资源制作。

鞍山市职教城以信息化应用为主导，发挥校企合作优势，推动了"产教一体、工学合一"的培养模式的深化。职教城新建了拓展功能实训基地三所，并新建了（H3C）云计算教育实训基地、（联想）服务器维修实训基地、东北师范大学理想信息技术研究院等数字化资源应用与研究基地。

（6）教学应用与大赛

鞍山职业技术学院通过打造"信息云·智慧云"数字化校园网络，将云课堂作为"班班通"教室的新标准，采用云主机平台加触控显示终端的架构，通过融合计算技术，提供流畅的视频教学资源和 3D 使用体验。

鞍山职业技术学院积极开展了"微课""慕课"教学大赛，利用集控式云录播教室，通过构建"翻转课堂"的支撑环境，实现设备、视频、用户的集中管控及应用。该校还采用了虚拟切片技术，可将常态化教学视频虚拟分割为若干个"微课"，形成优质丰富的校本教学资源。学校的专业教学资源存储在云服务器上，鼓励教师利用云端上传个人制作的教学资源。学校会定期检查评比"班班通"电子白板的使用情况，以确保教学应用达标。每学期，教师使用"班班通"开展教学活动的频率平均达到了总课时的 50%以上。在学期末，教师应以班级为单位统一上交"班班通"使用记录及电子文档，并将其作为教师工作考核的重要指标。学校的一线师生积极参加各级教育行政部门组织的与信息技术相关的竞赛，每学期一线教师必须上一节校内信息技术与学科整合示范公开课。多名教师分别在全国信息化大赛、计算机技能大赛中获得一等奖。

（7）运维管理

鞍山职业技术学院各院（系）教研室主任积极配合教务部门，负责检查一线教师按规定应完成的多媒体教学课时数。"班班通"教学应用做到教师教案、"班班通"教室使用记录、教学课表安排一致，加强对教师电子备课的管理。教务部门定时或不定时进行督查，发现问题及时与教师交换意见，形成《电子备课检查情况通报》。

鞍山职业技术学院还建立了教育信息化资源管理档案，积极为学校教育教学提供各种优质教学资源；发展规划处、实习实训处配合数字化资源管理中心认真填写《资源登记册》，及时对通过下载、刻录、购买、上级下发等渠道获取的教学资源进行收集登记、分类存放；按照不同课件资料的技术要求，定期对其进行维护保养，以保证教学资源的完好无损。

（8）信息化培训及制度规范制定

一是下发培训文件。

二是制定相关方案和政策。

三是学习教育信息化相关政策和文件。

四是通过网络与信息安全检查，修订相关方案，完成门户网站系统信息安全等级保护与定级备案工作。

2.成效及推广情况

（1）数字化校园网建设的成效

采用云数据中心为"班班通"教室、计算机实训室、教师办公室提供虚拟化服务，便于应用系统集中管理，更加节能环保。在试运行的一年里，计算机在开机和运行速度上提高了200%，使得运维管理成本降至40%、使用寿命延长20%以上，该模式已在鞍山市职教园区广泛推广。

鞍山职业技术学院对公共管理平台和教学资源平台采取集中管理、集中运维的方式，提高了工作人员、教师及鞍山市职教城各院校的行政工作效率和教学效果，为职教园区的综合管理提供了有效的数字支撑，辅助职教园区的领导作出决策、进行统筹管理。

（2）数字化校园网建设的推广

①参与的教职工数量增加

鞍山市职教城依托鞍山职业技术学院的技术与人员优势，定期对职教园区的教师开展电子白板等云终端设备的使用培训、数字化资源制作培训等；通过信息化专题报告、信息化课程大赛等方式，提高教师对网络课程的应用能力，提高资源的获取和应用水平；通过制定相关策略管理个人资源，提高教师的教学设计能力和教学资源应用能力。

2014年，鞍山市职教城举行了2次全城"班班通"电子白板应用与管理培训会、1场"云桌面"智慧教室培训会。培训对象为职教园区中职院校的信息化负责人和部分一线骨干教师共200余人。鞍山市职教城还成功召开了"信息云·智慧云"辽宁省数字化校园建设与应用研讨会，先后接待来自国内、省内40多所中高职院校和普教系统的专家、领导共200余人。

②参与的企业数量增加

参与鞍山市职教城数字化校园网建设的有新华三集团、东北师范大学理想软件股份有限公司、中国联通有限公司鞍山分公司、鞍山中冶科技有限责任公司、鞍山聚力热控电子科技有限责任公司等20余家企业，促进鞍山市职教园区各院校与相关企业搭建校企合作沟通平台。

③受益学生数量提高

通过打造绿色上网课堂，职教园区学生通过云数据中心和网络教学资源平台，可以进行数字化学习；各班级利用"班班通"等云终端设备，可以开展晨读、班会。

3.发展前景与展望

在鞍山市职教城管委会的高度重视与正确指导下，通过"班班通"教室建设、公共资源"两平台"的开发、园区千兆内网布线，打破了原有的信息孤岛，建立了新的智慧职教园区。相关技术人员通过全城 IP 地址统一规划，实现了全城监控联网、各班教室绿色上网、教学资源共建共享、公共管理电子政务。

基于云计算的数据中心以提供服务为核心，建成了先进、专业、高度信息共享的职教园区局域网系统，可以解决数字化校园建设中硬件资源紧张、资源利用率不足、各应用系统与职教园区各直属学校之间缺乏数据交换、信息孤岛现象严重等问题。通过建设数据中心，实现了对 IT 资源的集中部署和分发，加强了数字化教育资源的有效利用。除此之外，职教园区各直属学校利用完善的"班班通"硬件教学设施，满足了教育者的管理需求和学习者的认知需求，改善了文化课、专业实践教学课的教学实训条件。

通过全城综合布线、IP 地址的全城统一规划、上网行为管理、视频监控等举措，鞍山市职教城加强了对城域网的统筹管理与动态监管，提供了对外的兼容接口，实现了真正意义上的共建共享；实现了处处能工作、随时可学习的目标，基本建成了宽带网络"校校通"、优质资源"班班通"和网络学习空间"人人通"的信息化学习环境。"一校牵头，六校共进"的模式为辽宁省职业院校数字化校园建设提供了可供借鉴的经验，实现了鞍山市职教园区资源数字化、传输网络化、终端智能化、管理规范化、工作效率化、校务公开化的目标。

第二节 混合式教学质量的保障与监控

一、混合式教学的国内外现状

混合式教学是一种将在线教学与传统教学的优势结合起来的教学模式。在混合式教学中，学生可以通过在线自主学习和线下师生深入互动的方式，实现学习效果的优化。这种教学模式旨在提高学生的学习兴趣，提升课程的挑战度，进而有助于提高教学质量、取得更佳的教学效果。混合式教学是一种以学生学习为中心的教育模式，对传统教学和网络教学是一种有效的衔接和互补。

如何保证和提高混合式教学的质量，是高等教育转型必须直面的问题。在混合式教学模式下，学生可以通过线上和线下的方式，利用网络来拓展学科的知识领域。与此同时，教师也需要掌握现代教育技术能力，能够根据课程特点和学生需求制定详细的教学方案，并能够根据学生的反馈信息及时对教学方案进行调整和优化。为保障线上和线下教学活动的顺利开展，学校需要建立健全教学管理体系，包括教学质量保障、课堂监控、教学进度管理、学生综合考核评价等方面，确保线上教学与线下教学管理的有效衔接。在实施混合式教学时，要选择合适的教学软件、直播平台、资源平台，能够有效支撑并衔接线上和线下的教学活动，并根据教学实际情况及可能遇到的困难，及时解决问题，并进行反馈。

在新冠肺炎疫情期间，国内各大中专院校按照"停课不停学"的要求，采取线上与线下相结合的方式开课。各大中专院校利用超星学习通、中国大学 MOOC（慕课）、学堂在线、腾讯课堂、QQ 群等，通过多种渠道及多种技术手段来完成教学任务，开展全球信息化教学实践活动，并催生出一些新兴概念。国内对混合式教学的研究主要集中在混合式教学的案例分析、教学平台及互动工具的选择、多元互动教学模式及教学策略研究等。例如，国家开放大学采取的"线上学习+课堂面授+线下考试"新型综合教学模式；人力资源社会保障部针对劳动者个人、职业培训机构、技工院校师生开放中国职业培训在线等培训平台，免费提供线上培训与教育服务。

可汗学院是由萨尔曼·可汗创立的一家教育性非营利组织，其办学主旨在于通过网络影片进行免费授课。可汗学院通过在线图书馆收藏了 3 500 多部可汗老师的教学视频，向世界各地的人们提供免费的高品质教育。可汗学院的教学内容涵盖了数学、历史、金融、物理、化学、生物、天文学等科目，现有关于这些科目的教学影片超过 2 000 段。

可汗学院的教学特点主要体现在如下方面：在传统的学校课程中，为了配合全班的进度，教师只要求学生跨过一定的门槛（例如及格）就继续往下教；但若利用类似于可汗学院的系统，则可以在试图让学生搞懂每一个基础概念之后，再继续往下教学，可以将进度类似的学生重新编在同一个班级。可汗学院在混合式学习模式的推动下，不仅实现了线上教学与线下教学的结合，而且进一步推进了小规模限制性在线课程（Small Private Online Course，以下简称"SPOC"）的建设。可汗学院每个月至少为 200 个国家的上千万学生提供大规模教学视频和互动学习资料库，这使得混合式教学模式日益普及。通过在线学习管理系统和视频会议工具，可汗学院为学生提供了多元化的学习资源和互动学习的机会。同时，可汗学院还提倡混合式学习模式，将在线学习与传统的面对面教学相结合，以实现更高效的学习效果。在 SPOC 方面，可汗学院实现了运行机制、教学形式、教学流程等方面的创新，将在线课程与多种教学方式有机结合起来，为学生提供更丰富、更具有个性化的学习体验。同时，可汗学院还通过添加"学习形式"维度，形成了基于 SPOC 的"时间—空间—学习"的三维结构，将线上（SPOC 路径）与线下（传统课路径）有机组合起来。

在英国，混合式教学已经在高等教育领域得到了广泛应用。教师更加关注与学生在线上和线下的互动情况，以实现更好的教学效果。线上教学通常包括录制讲座、在线讨论、提交作业和参与在线测试等。线下教学则通常包括面对面的课堂讲解、小组讨论、实验和实地考察等。英国的混合式教学还采用了多种技术手段和平台，以支持对在线教学和学习的管理、互动和评估。此外，英国高校还注重对混合式教学的评估和改进，以确保教学质量不断提高。

澳大利亚的混合式教学具有灵活性和个性化的特点，学生可以根据自己的学习风格和时间安排自主学习和合作学习。同时，混合式教学也提高了教学效率和学生的学习效果，有利于实现教育公平和教育普及化。一些澳大利亚的高校还采用了"三明治"式的教学模式，即第一年和最后一年在校内学习，中间两年在校外实习或工作。这种模式旨在将理论与实践相结合，提高学生的就业能力和竞争力。

俄罗斯的混合式教学是一种基于大规模开放式在线课程的教学方式，学生可以在课堂上听讲解，也可以在线上观看视频、阅读材料等。这种教学方式既可以满足学生对自主学习的需求，又可以保持传统授课的优势。在俄罗斯的混合式教学中，学生可以通过在线平台完成作业、交流学习心得和课程感悟等。这种教学方式可以使学生在不同的学习环境中获得更全面的知识和技能，提高学习效果。俄罗斯实施混合教育的成功经验在于既保留了传统授课方式，又融入了现代化的在线教育技术，同时重视学生的参与度和教师的教学质量。在设计课程时，俄罗斯大学注重根据学生的不同需求和背景，制订不同的学习计划，制定与之相适应的教学方案，从而增加学生对课程的学习兴趣和动力。然而，俄罗斯高等教育的数字化转型还面临着许多棘手的问题，有待在今后的实践中进一步完善。

二、混合式教学与教育治理的六个层面

（一）治理体系

数字化转型需要重新构建治理体系，包括治理结构、治理规则和治理机制等方面。

1.治理结构

混合式教学的治理结构包括混合式教学的设计，如教学目标、教学内容、教学策略、教学资源等方面的设计，以确保混合式教学能够有效地促进学生的学习和发展。在具体实施中，混合式教学的治理结构包括教学计划的制订、教学过程的组织、教学资源的分配和教学评估等方面。

混合式教学质量的监控和管理，可以确保该教学模式能够达到预期的效果。具体来说，混合式教学质量的监控和管理包括制定管理规章制度、建立管理机构、明确管理职责、实施管理措施等方面。

对混合式教学的评估，可以了解该模式的实施是否达到了预期的目标。教学评估的内容可以包括对学生的学习成绩、学习态度、学习满意度等方面的评估，以及对教师的教学效果、教学质量等方面的评估。

通过混合式教学的反馈与改进，可以不断提高教学质量和效果。具体来说，混合式教学的反馈与改进可以包括对评估结果进行分析、总结和反馈，以及对混合式教学进行改进和优化等方面。

2.教学治理规则

教学治理规则包括混合式教学资源的共享规则与整合规则，混合式教学需要充分利用线上和线下的教学资源，因此需要建立教学资源共享和整合的规则，以确保不同部门、不同学科之间的资源能够得到充分利用和共享。这些规范和标准可以包括教学质量标准、教学评估标准、教学管理规范等方面。

混合式教学还要建立相应的监督和评估机制，以确保教学质量和教学效果能够得到保障。监督机制可以包括对教学过程的监督、对教学资源的监督等方面，评估机制可以对学生的学习成绩、学习态度、学习满意度等方面进行评估，以及对教师的教学效果、教学质量等方面进行评估。混合式教学还要建立技术支持和创新机制，以确保数字化技术和创新能够不断推动混合式教学的发展和提高。

混合式教学的技术支持还包括对数字化技术的研发、推广和应用等方面，混合式教

学的创新机制包括鼓励教师进行混合式教学创新等方面。

3.治理机制

混合式教学的治理机制之一是激励机制，可以通过建立激励机制，鼓励教师参与混合式教学，提高教师参与混合式教学的积极性和主动性。例如，可以设立混合式教学优秀教师奖、提供混合式教学培训和交流机会等；通过建立约束机制，规范混合式教学的行为和标准，确保混合式教学的质量和效果。

混合式教学需要不同部门、不同学科之间的协作和配合，因此需要建立协作机制，促进各部门之间的协调和合作。混合式教学还可以通过建立反馈机制，及时发现和解决混合式教学中存在的问题，不断改进、优化混合式教学；可以通过建立创新机制，鼓励教师进行混合式教学的探索和创新，为教育发展提供源源不断的动力与灵感。

（二）治理能力

数字化转型需要提高相关人员的治理能力，包括领导力、决策力、执行力等方面。在混合式教学的实施过程中，领导力、决策力和执行力都起着至关重要的作用，领导者需要具备对数字化转型和混合式教学的深刻理解，以及推动教学改革、引导团队的能力。他们需要明确混合式教学的目标和愿景，制订实施计划，并调动资源以支持混合式教学的推广和应用。此外，领导者还要促进学校建立有效的沟通机制和协作文化，以促进团队之间的有效合作和信息共享。

在混合式教学的实施中，决策者需要具备科学、合理地制定决策的能力。他们要对混合式教学的实施过程有深入的理解，并能够根据实际情况作出科学的决策，包括确定混合式教学的实施策略、评估教学效果、调整教学计划等。决策者还要能够预见潜在的问题和挑战，并制定相应的策略，以降低潜在的风险。

在混合式教学的实施中，执行者要具备高效、准确地执行决策的能力。他们要理解并接受领导者和决策者的意图，按照既定的计划和目标，实施混合式教学。执行者还要具备创新思维和解决问题的能力，以应对混合式教学实施过程中可能出现的各种问题。此外，他们还要具备良好的沟通能力和团队协作能力，以促进团队之间的有效协作和信息共享。

（三）治理手段

数字化转型需要创新治理手段，也包括利用信息技术的手段，通过运用这些手段，可以提高教育治理的效率和质量；通过数字化技术、数据分析、人工智能等技术，实现教育治理目标，包括建立完善的教育法律法规体系、明确高校及其各部门、各二级学院的职责和义务、规范教育行为、保证教育事业的健康发展。

除此之外，治理手段还包括建立健全教育监管机制，对教学质量和学生管理进行定期评估和审查，确保其办学质量和办学条件符合标准；通过改革学校的管理体制，完善学校内部治理结构，提高学校的管理水平，促进学校健康发展；建立科学的教育评价体系，以引导和促进各部门、各二级学院改进工作，要鼓励和支持社会力量参与高校的建设与发展，推动形成政府、学校、社会共同参与的教育治理格局。

（四）治理方式

教育治理方式是指教育治理主体通过一定的手段或方式，实现对教育事务的管理和调控。数字化转型需要改变治理方式，从传统的垂直式管理向扁平化、网络化、协同化的治理方式转变。政府通常在教育领域发挥主导作用，负责制定教育政策、规划、标准等，通过制定和执行教育法律法规，规范和约束教育行为、保障教育公平和质量。在这种模式下，教育治理有法可依、有章可循，能够保障教育的稳定和发展，从而保障教育公平和教育质量。

在高校，尤其是高职院校，由于校企合作、产教融合的深入，市场机制在教育发展中发挥着重要作用，因此可以通过竞争和选择，推动教育的发展、提高教育质量和效率。在产业创新和市场环境良好的情况下，教育创新和教育产业的发展更加活跃。高校教育涵盖了政府、学校、社会组织、家庭等多元主体元素，为实现教育决策的民主化和科学化、解决协调困难和信息不对称等问题，需要生成一种各方能够相互监督和制约的机制。运用信息技术手段，可以提高教育治理的效率和质量、保障教育公平和教学质量的提高，从而优化资源配置、提高教育效率。

（五）治理机制

教育治理机制是指在教育领域中，通过政府、学校、教师、家长等各方面的相互关系和相互作用，以实现教育目标、提高教育质量的一系列制度和规范。数字化转型需要完善教育治理机制，包括激励机制、约束机制、监督机制等。

其中，教育激励机制是指在教育过程中，通过一定的手段或方式激发学生的学习动机和积极性，以实现教育目标的一种机制。教育激励机制通过设定明确的教育目标，并让学生了解这些目标，以激发他们的学习动机。同时，教育治理机制还会根据学生的学习成果和表现进行奖励或惩罚，以增强他们的学习动力。情感激励机制以建立良好的师生关系为目标，从学生的需求和兴趣出发，关注他们的情感体验，以激发他们的学习热情和积极性。自我激励机制以培养学生的自我认知和自我管理能力为目标，让学生自觉地设定学习目标，自主安排学习计划，自我评价学习成果，激发他们的学习动力。除此之外，教育激励机制还可以通过集体教育，给予学生适当的奖励和惩罚，适度引入竞争机制，利用群体动力和群体压力，促使学生互相鼓励、互相帮助、共同进步，利用学生的竞争心理，鼓励学生之间的良性竞争，增强学生的学习动力。

教育治理机制中的约束机制和监督机制是确保教育治理按照法律法规和政策规定进行的关键。约束机制主要通过制定明确的规则和标准，对教育治理过程中可能出现的违规行为进行限制和制约，包括制定明确的法律法规和相关政策，明确教育治理的各项标准和要求；建立完善的教育质量监控制度、学生管理制度等规章制度，确保各方在教育治理过程中有章可循。监督机制主要通过独立的监督机构或监督人员，对教育治理工作进行定期或不定期的检查、评估和监督，以确保各项工作按照规定进行，如在高校中设有独立的教育督导机构等，能够独立地对教育工作进行检查、评估和监督。教育监督机制在强化内部监督并加强自我约束和自我监督的同时，要引入家长监督、社会监督等外部监督，对教育治理工作进行全方位的监督和评估，以促进教育治理的公正性和透明度。除此之外，还应建立完善的信息披露机制，及时向社会公开教育治理的相关信息，使公众能够了解教育治理的进展和成果。教育约束机制和教育监督机制是相辅相成的两个机制，通过建立健全约束机制，可以规范教育治理的行为和秩序；而通过建立有效的监督机制，可以保障教育治理工作的公正性和透明度。两者共同作用，可以确保教育治理工作的顺利进行。

（六）治理效果

教育治理的效果受到多种因素的影响，包括治理模式、治理手段、治理环境等。评估教育治理效果需要综合考虑多个方面，包括教育质量、教育公平、教育适应性和教育满意度等。例如，学生的学业成绩、综合素质、学校教育教学水平等质量指标；学生的入学入党机会、教育资源分配、对困难学生的资助、奖学金等教育公平指标等，都是评估教育治理效果的因素。在实际应用中，还可以利用问卷调查法、访谈法等获得的基础数据，采用综合评价的方法，如层次分析法、模糊综合评价法等，对教育治理效果进行综合评估；也可以通过分类建模，比较不同地区、不同类型学校的教育治理效果，进行横向和纵向的比较分析。数字化转型评估治理效果，需要从多个方面进行综合评估，以确保数字化转型的顺利推进，从而取得预期的效果。

三、典型案例：职业院校混合式教学质量评价体系的构建

（一）案例研究的理念与实践意义

本案例结合相关理论依据，借鉴鞍山市职教城高职院校的线上教学实践、企业职工在线技能培训等项目，开展课题研究与教学实践。通过两年的线上与线下混合式教学研究，探索构建职业院校线上教学质量保障的模型，以实现符合职业教育线上技能培训的要求。

混合式教学质量评价与监控体系的构建，将提高职业院校线上课程开发的质量，规范课程教学实施和评价，改进线上课程的开发方式和方法，是深化复合型技术技能人才培养模式和评价模式改革的重要举措。该举措有利于提高职业教育的经济效益，降低人才培养成本，实现中高职课程、资源的有效衔接，对促进现代职业教育体系建设具有十分积极的意义，也可以为新时代鞍山地区职业教育的在线教育教学提供借鉴和参考。

（二）研究内容与目标

本案例以鞍山职业技术学院信息技术分院与鞍山职业技术学院"3+2"中职计算机大专班的学生为研究对象，参考鞍山市"春风行动"万名职工线上技能培训的样本数据，开展混合式教学研究。该研究通过问卷、访谈调查等方式，对混合式教学质量进行全面监测，构建职业院校混合式教学质量保障与监控模型。

1.国内外在线教学模式经验

一位美国教学设计专家设计了三种混合式教学模式，分别为自定步调的自主学习与教师的在线指导相结合的技能驱动型教学模式、传统的课堂学习与在线协作学习相结合的态度驱动型教学模式、学习者与专家共同活动并通过在线方式进行互动，以获取隐性知识的能力驱动型教学模式。

在国内的混合式教学研究方面，主要表现为以专题式、案例结构式、分层式为代表的传统教学模式；以团队式、嘉宾访谈式、"三创"教学为代表的实践教学模式；以慕课、翻转课堂、线上/线下为代表的混合式教学模式；以立体分层与诊断互动相结合的综合教学模式等。在教学评价方面，有些专家认为，教学评价涵盖线上学习过程和线下学习过程两个方面：学生的线上成绩包括在线学习（观看视频进度、单元测试及学习

笔记）+见面课（考勤和互动）+论坛得分（发帖和回帖量）+线上期末考试；学生的线下成绩包括课堂表现（考勤、讨论、抢答等）+研究性实践性学习（作品和展示）+期末笔试。

2.混合式教学与培训的优劣

在人才培养质量体系中，教学质量保障体系、监控与评价诊断体系具有根本性和基础性的作用。线上教学使得师、生、校分离，在线教学、线上平台资源及视频回放功能使得教学可以不受固定时间、空间的束缚，但在线教学的教学质量保障、监控与互动依然是线上教学的发展瓶颈和难题。根据相关实践经验，在在线教学过程中，学习者的注意力较为分散，教师无法直接监控学生的学习过程，师生之间互动交流的手段与方法比较单一，部分学生的自主学习能力与自控自律能力较差。除此之外，教师的现代教育技术能力不足、大数据分析与在线监管功能不够完备，以及教师线上考核激励等相关政策不够完善等主客观原因，严重阻碍了混合式教学模式在中高职教学中的广泛应用和推广。

混合式教学具有如下优势：在教学模式上，实行先教后学、先学后教、同步教学相结合；教育教学资源共建共享，虚拟与现实交互影响，课堂管理更加开放、包容、民主。这些优势有利于教师的主导性与个性化教学完美结合，教师能够通过数据分析，更好地关注学生的个体差异，做到因材施教。学生能够通过混合式教学，查找自身问题，培养自己的自学能力，增强主观能动性，并根据自身的兴趣爱好，按需所学。混合式教学优化了教育者与学习者的学习体验，形成了理实一体、虚实结合的良性教学模式。

3.课题研究的主要目标

（1）构建线上教学质量保障模型

本课题重点关注对教学过程的研究、教学质量保障和提高的手段、在学校管理层面如何保障线上教学质量等。除此之外，本课题还注重厘清线上教学质量保障模型的内涵与要素，按照中高等职业教育专业人才培养方案，制定课程目标和课程考核指标。

（2）在线教育平台与教学资源的选用

在对国内外常用的在线教育平台进行比较后，本课题研究主要通过超星学习通平台开展混合式教学，利用原有的教学平台、高教社"智慧职教"等网络教学平台，依托校园录播教室及鞍山市职教城云数据中心的服务器资源，构建鞍山市职教园区在线教育的"云"资源池数据。

（三）研究过程与创新

1.研究过程

根据教育部的相关文件，结合鞍山职业技术学院的实际情况，该校制定了混合式教学工作方案、线上教学指南等。该校以学生为中心，运用互联网与大数据诊断等技术手段，构建基于混合式教学的质量保障与监控诊断机制。在线上，可通过"领导驾驶舱"实时监控学生的学习过程与大数据统计分析结果，领导及教务管理人员可以随机进入线上课堂听课、开展线上教学签到、在线督导、资源监控、问卷反馈、教学日报、学情分析等，多方式、多手段、多时空地开展教学监控与诊断工作。

以中高职信息技术类课程为例，鞍山职业技术学院从线上教学设计、开发教学平台、线上教学实施、混合教学评价四个方面开展研究实践。该校采用"超星学习通+微信群+问卷星"的线上教学模式，保障教学质量，优化人才培养质量；结合"春风行动"在职职工线上技能培训工作，通过学习通"一平三端"数据分析与问卷调研，构建符合中高职职业教育规律的教学质量评价与监控体系，为职业院校的在线教育教学、在职职工在线培训提供有益经验。

（1）参与对象

本课题以鞍山职业技术学院信息技术分院计算机应用专业的16个教学班、鞍山职业技术学院"3+2"中职计算机2个大专班为教学对象，开展混合式教学。参与学生都有填写网络问卷调查、参与在线讲座及学习通课程学习的经历，能够适应并达到混合式学习的要求。

（2）研究过程

本课题研究的在线课程从2021年3月至2022年3月，共两个学期，研究过程包括对象选择、教学准备、教学实施、数据收集、数据分析五个阶段。研究对象选择为信息技术应用能力较好的计算机专业学生，在开课前集中进行平台注册、使用等相关培训，教学准备包括教学资源准备、建立网络课程、在线平台与工具的准备等，教学实施包括以学习通上的知识内容为章节，设计混合式教学方案，按教学计划实施线上、线下教学。

数据收集阶段以教学周为单位，通过教学平台收集、统计学生的教学数据（包括在线时长、线上互动参与率、线上课程内容学习进度、作业完成情况等）。根据前期的调查问卷与超星质量分析与诊断模块，开展数据分析，对教学质量进行把控，坚持用数据说话，并提供学业预警、教学诊断和改进建议等。

（3）研究方法

该课题采用文献调研法、网站调查法、调查分析法和比较法，以鞍山职业技术学院的师生为对象，采用调研问卷和访谈的方式，比较混合式教学实践过程中教师、学生在学习行为上的变化、教育质量及对工作效率的影响等。由于计算机专业师生的信息技术能力较强，开展改革与探索的基础较好，教学阻力较小，在实践中可以结合"1+X"证书融通策略，探索不同的中高职教学与考核评价方式，实现中高职课程的有效衔接。通过该课题的实施，研究教学质量评价与监控体系的构建以及混合式教学对教学质量、教学管理与教师信息化能力质量提高的作用。通过对教学过程的全程跟踪监管，利用大数据技术比对分析，可以实现个性化教学，为线上教学质量持续改进提供服务保障，也可以为教育教学相关政策的制定提供数据支持。

2.特色与创新

（1）设计综合评价体系，建设高素质教育督导队伍

鞍山职业技术学院在制定线上与线下混合式教学的质量评价指标时，充分考虑线上与线下的实际教学情况与特点，结合"工匠精神""立德树人""三全育人"的相关要求，设计审核评估及专业认证标准，从教学平台、课程类型、授课模式等维度出发，综合设计评价指标；根据职业教育发展的新模式、新要求建设了教育督导队伍，从师德师风、职称结构、学科性质、管理经验等多因素出发，持续优化队伍结构，提高督导水平，提升督导效能；加强督导学习研讨、交流培训，及时更新督导理念，保障督导评价的公平性、智能性、科学性。

（2）转变教学观念，提高师资水平

"一人一课表，一人一目标"，在混合式教学中应明确每名学生的学习课程和学习目标，在教学过程中采取定期及不定期的学习考核，结合后台教学数据和反馈互动，动态调整学习计划。教师要转变角色，做好学生的引路人，积极组织开展混合式教学工作和管理工作。教师应综合运用"线上+线下"的混合教学方式，对学生进行政策理论宣讲，让学生参与社会活动体验、公益活动等，结合人工智能、物联网等新一代信息技术，不断创新教育教学方法。教师应共享教学资源，打造教学团队，师生共建共享优质教学资源。在教学资源开发的过程中，教师的专业知识结构、教学能力和专业素质具有权威性，学生更愿意接受新生事物，对元宇宙等新兴概念，云计算、移动应用开发、"互联网+"等技术充满兴趣和好奇，更愿意自主探究。

（3）根据学科性质，灵活设计考核权重

鞍山职业技术学院开设的专业课程涵盖信息、卫生、食品、工程等众多专业，按照课程性质，又分为公共基础课、专业基础课和专业核心课；按照课程类别，分为必修课和选修课、考察课和考试课、理论课和实验课等。不同类型课程的考核目标与教学标准的区别很大，要根据实际情况灵活设置考核权重，增加对课程的过程性评价和多元化评价的比重，合理设置各个考核环节的权重。

（4）加强数据搜集，提高课堂诊断能力

加强对课堂教学的信息采集与数据分析，有以下几点举措：

一是加强基础性数据搜集，建立学校库、专业库、班级库、个人库。尝试采用主流价值观驱动程序算法，关注舆情并提高正面舆论的引导能力。

二是关注过程性数据搜集。通过数据筛选、智能分析频率次数、时段时间、终端媒体等，全过程记录学生的课程访问、调查评分、教学课件、作业题库等学习日志。

三是进行总结性的数据搜集。建立数据模型，形成课堂教学质量报告，涵盖学生签到、在线学习、课堂互动等过程的数据。在混合式教学中，系统平台会不断生成数据，会存在数据冗余、无效数据的问题，如无效签到、聊天弹幕、系统错误等，需要智能筛选并整理有效信息，按不同文件类型、不同网络教学平台、不同学科课程，设立分类依据，方便筛选整合和有序存储，根据过程性数据与总结性考核数据，可以跟踪教师教学和学生学习的现状。

（5）建立观测数据报表，提供质量保障与监控反馈

设计行为诊断评价报表主要包括学生的学习现状部分，如在线考勤、签到次数、早退旷课等数据，以此确定学生的学习态度与学习行为。反馈交互情况考核部分主要参考的数据包括聊天室答疑、小组成员间评价、课堂抢答、师生互动等。学习考核部分包括平台学习次数、频率、在线时长，学习效果等。试卷成绩考核包括练习、单元测试、考试等。相关部门应根据这些数据进行数据研判预测分析，根据学生个体差异进行混合式教学诊断评价，自动生成每名学生的学业状况，包括学习习惯、学习方法、升学就业需求、学科学业成绩等，以此进行合理调节，并能够精确推送教育资源，培养学生的自主学习能力。针对成绩落后者，应及时向相关人员发送学业预警，以保障其学习效果。

（6）开展多元评价，提高教育治理水平

传统课堂的教学制度相对完善，主要包括教师岗位职责、教学制度与管理制度（考勤纪律、监督考核和奖惩制度等）。网络教学制度在"横向设置"（教师岗位职责、教

育教学制度、管理考核评价制度）及"纵向设置"（教学目标、课程目标、学生目标的考评标准）方面、制度执行层面与考核评估层面，尚未完善。高校应制定混合式目标考核绩效三级管理制度，一是要明确教师岗位职责，教师肩负立德树人、思政育人的使命，要遵守学院制定的教学纪律，履行教学义务；二是要制定教育评价一体机制，采取定量评价与定性评价相结合的原则，形成"学校—分院—专业教研室"三级联动的教学管理模式，全过程、全方位地对混合式教学质量进行有效督导与评价（见表6-2）。

表6-2　多元评价体系要素

评价主体	评价方式及内容	权重
专家领导评教	为提高混合式教学的质量，学院教务部门、公共基础部、思政部及各专业负责人等应以学科专业为基础，成立教学质量评价领导小组，组织安排教学竞赛、公开课、教学研讨等，对相关课程进行探究指导	30%
教师自评	授课教师以教研室为单位，结合混合式教学实际情况，进行交流讨论，开展自评、互评	20%
学生评教	设计评价指标，通过匿名调查问卷和学生访谈的方式，收集课程教学评价，学生的反馈与意见是重要的指标参考依据	30%
督导评教	各分院成立教学督导小组，与辅导员配合，加强线上、线下教学的考核和评价	20%

（四）突破性进展与研究成果

构建并实施以"一平台、二监控、三主体、四评价"为基础的"1234型"质量保障与监控指标体系。一平台即超星学习通平台；二监控即教学督导、大数据分析；三主体即学院领导、教师、学生；四评价即资源建设评价、课程建设评价、教学过程评价、教学效果评价。在这种体系之下，学校专业建设由"规模"向"内涵"发展，课堂由线下教学向混合式教学转变，学生专注度和师生互动探讨度显著提高，教育管理对象与受教育对象的信息化素养全面增强。如今，鞍山职业技术学院已经建成混合教学改革课程30

门，新增教学资源4万余件、教学题库的题量达到60万道以上，受益学生及培训人员约2万人。

在大数据背景下，鞍山职业技术学院建立线上教学质量保障与监督机制，引领学校教学质量管理工作从外部被动监管迈向主动自我诊改，主要有以下几点举措：

一是制定混合教学模式下的线上教学方案设计与多元课程评价体系，落实线上教学各环节的要求和质量标准，加强校、院、教研室三级线上教学监督工作，保障混合式教学推进实施。

二是制订专业人才培养计划、制定课程标准，设计混合式教学方案和教学计划，在学期初开展线上教学、网络课程的教学培训，研讨建立相关的评价体系，在混合式教学质量的保障与监控模式下，确定线上与线下教育教学标准，对线上课程建设要素、课堂教学实施要素、实训评价考核要素的内涵、延伸、拓展，进行融合、创新。

三是探索混合式职业教育课程与岗位工作对接的方法和途径、混合式教学课程模式的实施保障条件，实现与中高职信息技术类专业课程一体化评价的有效"对接"。

1.建立中高职混合式教学质量保障体系

在"统筹管理、资源共享"的模式下，鞍山职业技术学院通过校企合作，开展了中高职信息技术类学科的教育教学改革与应用研究。鞍山职业技术学院融合当今流行的混合教学、翻转课堂、微课和慕课资源制作、人人通空间教学，构建现代职业教育新课堂。鞍山职业技术学院还与东软集团等企业通过校企合作的方式，开展"双元"育人；根据当地企业的需求，以订单班、冠名班的形式招收学生，结合学校实际情况制定人才培养方案，根据教育部制定的课程体系和课程标准，合作开发教学资源，建设校内外实训基地。除此之外，该校充分发挥专业名师在学科领域的示范引领作用，打造高层次教学团队和专家型教师队伍，以教师专业成长推动专业内涵建设，构建校企专业人才培养共同体，构建区域一体化的"互联网+教育"大平台，探索"平台+教育"服务新模式。

鞍山职业技术学院建设信息技术公共实训基地，系统集成各应用数据平台，开发线上精品课程。根据学校信息技术专业及办学特色，制定专业建设中长期规划，开展创新型实训基地、高水平专业群、"1+X"证书融通建设。该校从建设机制、能力素养、数字资源、应用服务、基础设施五个方面推进建设进程和应用绩效，通过"校企合作、赛训融合"专业人才培养模式，利用混合式教学开展信息技术专业人才的培养实践与探索。鞍山职业技术学院的混合式教学质量评价与监控体系如图6-2所示。

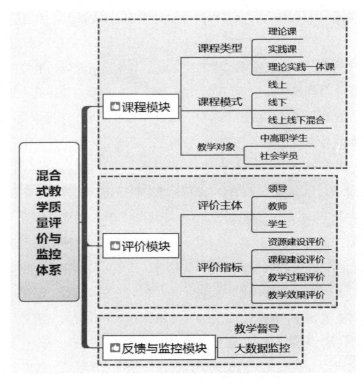

图 6-2　混合式教学质量评价与监控体系图

　　以信息技术专业群为例，鞍山职业技术学院利用超星学习通平台，开设计算机网络技术、网络建构与网络管理、网络安全技术等混合教学改革课程，配套相关数字教学资源（见表 6-3）。

　　在专业建设与实施过程中，设置阶段核心课程包，将综合实训技能课程与企业的生产实践、社会服务、应用推广结合起来，设计典型的校内外企业项目实践，引入线上虚拟仿真平台，结合线下的真实工作场所，开展混合式教学。该校构建混合式教学质量评价与监控体系，共建共享优质的职业教育教学资源，改革教学实施和评价方式，提高技能型人才培养的质量。

表 6-3 信息技术类专业群混合课程项目实施案例

混合课程项目实施案例		
阶段	专业课程	典型项目
网络组建	电子电工技术	"班班通"教室建设 录播教室建设项目
	网络综合布线	
	Java 程序设计	
	中小型网络构建与管理	
	网络工程项目实践	
系统加固	服务器配置与管理	鞍山职业技术学院综合服务 门户网站群 Web 东软实习工厂
	数据库管理与应用	
	网络安全项目实践	
网络攻防	信息安全规范	网络攻防实训室 全国职业院校技能大赛 "网络空间安全"赛项
	网络攻击与防御技术	
	网络安全设备配置	
运维管理	网络运维管理	鞍山职业技术学院云数据中心
	网站建设与管理	

鞍山职业技术学院通过"互联网+大平台"建设与应用,形成了以"信息化+职场化"为特征的适合职业教育的混合教学模式;以信息技术大平台为载体,结合专业群的运行特征和结构特征,整合鞍山职业技术学院、鞍山技师学院的核心专业群,涵盖通信技术、软件开发、物联网、网络与信息安全、人工智能与嵌入式升发应用等,以"双元制"为依托,构建"学历证书+若干职业技能等级证书制度",形成一个信息生态产业链,兼顾技术工艺和操作技能的要求。

2.建立以大数据为基础的综合评价体系

以鞍山职业技术学院计算机网络基础课程为例,利用超星学习通平台,选择"课程管理",可以进行成绩权重设置。由于该课程为考察课,平时成绩占 60%、期末考试成绩占 40%,教师比较重视学生的课堂参与度,其平时分 60 分换算为学习通 100 分,设置的比例如下:作业 15%、课堂互动 30%、签到 10%、课程音视频 10%、章节测试 10%、章节学习数 10%(达 500 次即满分)、考试 15%。教师还可以根据学科专业性质,灵活依据教学要求和教学情景进行分类设定，如设置分组任务、直播、线下活动等考核指标。

鞍山职业技术学院的混合式教学资源建设评价指标体系如图 6-3 所示。

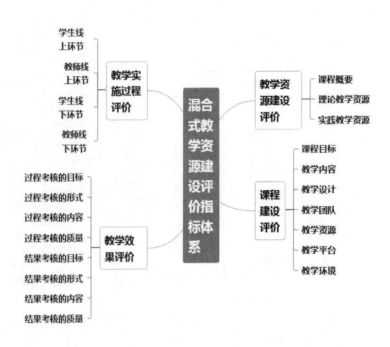

图 6-3　教学资源评价指标体系

（1）资源建设评价

根据《辽宁省职业教育精品在线开放课程建设技术要求（2021 年版）》规定，课程概要包括课程简介、教学大纲、教学日历、课程导学、教学设计、评价标准、课程负责人和课程团队介绍。理论教学资源按照知识模块、知识点分类管理，知识模块为一个相对完整的教学单元，要求有明确的学习目标、模块导学、练习、作业、案例、测验、知识结构和参考资料目录。知识模块由若干知识点构成。知识点服务于单一的知识点学习任务，包括教案和全程教学录像、练习、拓展学习资源和参考资料目录。为适应在线学习要求，知识点所对应的教学录像时长应不超过 15 min。

实践教学资源按照技能模块和技能点分类管理。技能模块服务于相对完整的单项技能培养。技能模块要求有明确的技能目标、模块导学、技能测验和参考资料目录。技能模块由若干技能点构成。技能点服务于单一的技能学习任务，要求包括教案、全程教学录像、操作指南、交互动画、参考资料目录等。

企业培训资源是由企业提供的或校企共建的教学资源，大多以培训专题为单位进行组织，培训专题由专题概要及其培训单元构成。专题概要包括培训目标、专题导学和参考资料目录，培训单元包括教案、教学录像和参考资料目录。

教学资源建设评价的内容如图6-4所示。

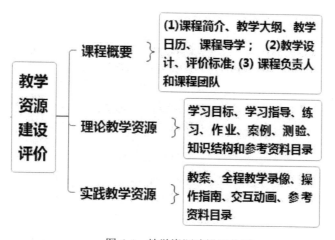

图 6-4　教学资源建设评价图

（2）课程建设评价

鞍山职业技术学院从课程目标、教学内容、教学设计、教学平台、教学环境五个方面开展课程建设评价。课程维度主要包括新建课程门数、活跃课程门数、自建运行课程、活跃班级数等。二级院部对本部门各学期所承担的专业课程进行梳理，一课一建课，并对平台已建课程的教学资源进行汇总统计。教务处组织工作人员对二级学院所开课程及上传教学资源情况进行抽查，抽查比例不少于10%；还应及时协调、解决二级学院存在的问题，进行汇总反馈，并上报院领导。

在开学前，任课教师必须在超星学习通平台完成建课，并将所教班级学生情况导入课程中。每学期的第1周和第2周统一安排线上教学，教师要使用超星学习平台，按课程表进行课程直播授课，提前将直播码上交给分院教务进行统计，分院教务负责每堂课的查课工作，总院教务负责每堂课的抽查工作。教师要提前在超星学习平台上传教学资料，要安排好每堂课的签到、作业发放等工作，直播课程要有回放功能。教师要在线上、线下的第一次课中强调任教课程的考试方式、成绩占比、成绩如何取得等相关事宜，需要特别强调若学生旷课三分之一课时将取消考试资格。分院教务每天上交分院专业教师上课自查统计表，每周上交自查总结。学院建立《课堂教学运行秩序检查情况汇总表》，统一规范教案、授课计划、课程标准的编写，由备课组上交每名教师制定的工作量；如果一门课程有多名教师任教，可共用一个教案，各学期各专业的课程教案不能与去年完全一致，必须有适当的更新。

课程建设评价的内容如图 6-5 所示。

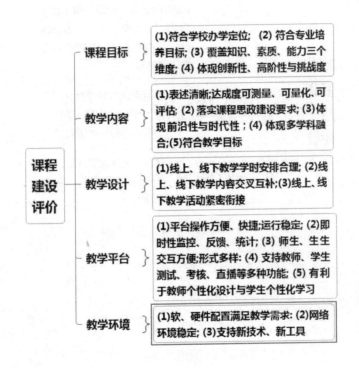

图 6-5　课程建设评价图

（3）教学过程评价

根据教学主体和教学对象，教学过程评价可分为线上与线下共四个环节，通过设计相应的考核指标，来监督和指导在线教学过程的开展情况。教学过程评价的教师维度主要包括上线教师人数、教师登录次数、教师活动数、发放签到数；学生维度包括学生到课率、上线学生人数、学生登录次数、学生活动数。各二级院系评价的内容主要针对教师开展的教学活动情况，如教学进度安排（课程安排）、作业、讨论、测验、直播、课程资源内容是否及时上传等。教师主要考核学生的在线学习动态，如在线学习进度、时长、互动参与情况、作业、测验等完成情况。

各分院（部）定期组织相关教研室的教学情况自查活动，自查内容包括教师教学文件（教学计划单、教案、听课记录、课件等），各门课程的教学进度与质量（主要指是否符合学科课程标准要求）、网络教学平台的使用情况、过程性考核情况、学风学情存在的问题及解决方法等。各分院（部）通过督导制度，实时关注任课教师是否正常开课，对于存在的问题，教务处工作人员及时给予协调、解决。每周，二级学院上报学院开课情况自查表，主要自查部门所开设课程是否正常开课，自查教师的教学情况和学生的在线学习动态。各分院通过各班班长、学习委员填写"网络教学课程质量学生调查问卷"，及时了解教师的在线教学情况和学生学习状态，并在调查情况总结中加入学生管理办公室的总结汇报。教务处工作人员负责完成汇总工作，撰写情况总结并上报院领导。

教学实施过程评价的内容如图6-6所示。

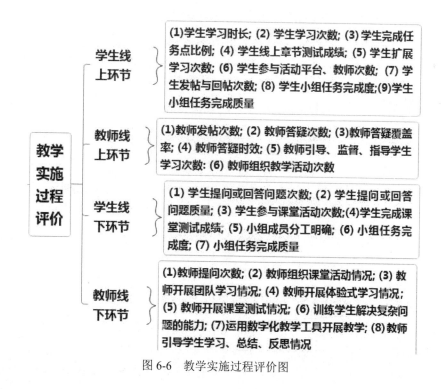

图6-6 教学实施过程评价图

（4）教学效果评价

教学效果评价主要分为过程考核和结果考核。教学效果评价的统计数据以全流程多维度的方式，贯穿在课前、课中、课后，融合线上与线下，打通课内课外。教学效果评价以教学数据为总线，服务于教学评估，最终实现学校教学多维管理并提供数据的分析展现，实时为学校的科学决策提供数据支撑。

大数据分析系统通过对教学对象的有效筛选，通过数据清洗剔除冗余数据，优化数据结构并进行数据挖掘。综合进行数据分析，包括课程数据分析、师生活跃、教学运行数据、学情分析、出勤分析、资源建设分析、活动日志等内容；数据报告部分，包括过程考核平台运行日报、周报、月报、学期报告；对考核的目标进行用户画像，包括全校教师画像、教师个人画像、全校学生画像、学生个人画像、课程画像等；通过在线督导，通过教师、学生、课程、到课率、资源等多个维度对教学效果进行数据概览、评价。

教学效果评价的构成如图 6-7 所示。

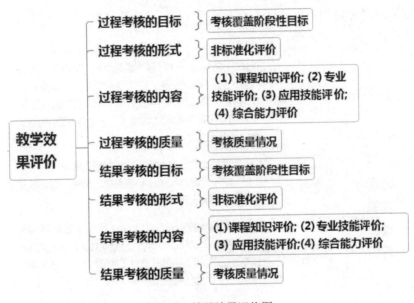

图 6-7　教学效果评价图

3.建立质量反馈与监控体系

鞍山职业技术学院通过教学监测中心、教学大数据分析平台、移动监控平台，利用大数据、云计算、人工智能、移动通信等新技术，实现对教育业务全流程的管理与监管，构建全方位、全过程、全天候的教学支撑体系与辅助决策体系；通过超星学习平台提供的"一流课程评审申报数据"入口，实现课程资源、选课人数、课堂互动等图形界面可视化；通过提供各种应用和管理的统一移动入口，实现多平台、多数据库资源互通、信息互通、空间互通，建设成数据联通的综合性平台。

（1）全过程数据跟踪

鞍山职业技术学院建立了教学大数据监测中心，实现了对教与学全过程的数据跟踪与监管，并按照院系、专业、班级分类，提供精准查询功能，为管理者提供数据分析展示；通过学习空间为学生建立个人电子数据学习档案，包括课堂互动、签到率、章节自主学习情况、作业考试情况等。在教师方面，数据跟踪的内容包括教师的任课情况、课程资源情况、师生互动、签到、考试成绩情况等。

鞍山职业技术学院对教学过程实行全程跟踪监管，并利用大数据技术比对分析。学校保证培训过程真实、完整，并做好培训过程的跟踪、评估和监管，保证有检查、调研和监管记录。学校安排专人实时跟进教学过程，每日通过"一平三端"日报，对课程数据、教师数据、学生数据进行分析，通过第一手数据及问卷调研，进一步规范网上教学模式，提高教学效果，确保培训质量。在超星"个人直播间"里，通过查找"直播详情"，可以统计学生在线学习时长等信息，通过"连麦"、聊天室等，可以较好地与学生实现线上互动。

（2）强大实用的数据统计分析

教学大数据监测中心通过时间节点，使用终端记录等方式，从学校层面、院系层面、个人层面，对数据进行多维度、多阶段的统计分析。利用大数据技术进行展示，可以让校方实时地掌握学校目前的整体状况；通过监测中心、数据分析平台、移动监控平台等多个模块，可以将杂乱的教务管理工作分解开来，让教学过程管理变得更加精细化、可视化、简约化；通过大数据，可以分析学生的学习状态、兴趣爱好、心理健康、消费习惯等情况，及时发现学生的异常并预警，以做到提前干预，并为学生提供个性化的学习建议和职业生涯规划。

4.建立以混合式教学和主动学习为特征的新型课堂教学模式

混合式教学模式是一个复杂的教学系统，在中高职教育中有其独特的实施模式和评价维度。根据鞍山职业技术学院信息技术专业师生的基本数据，构建"自学助推—应用评价—保障监督—创新发展"层级递进的混合式教学实施模式（如图6-9所示），并将其应用于中高职课程的教学实践。学校组织开展线上教学服务工作，落实学生的注册培训、预习、线上学习等工作。学校按照课前、课中、课后开展混合式教学师生活动，并对师生的教学行为和教学效果进行督导评价。教育专家及行业专家根据教学数据，进行教学规划研究，并提供个性化的案例分析。

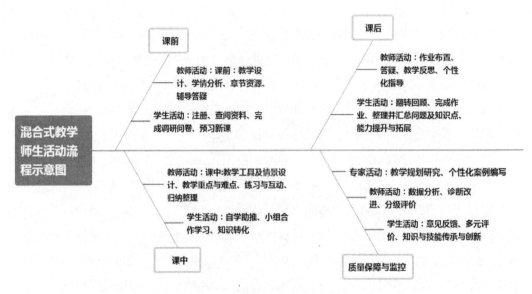

图6-9　混合式教学师生活动流程图

由于职业教育更重视核心岗位能力，要充分体现"理实一体，工学结合"的理念，需要对传统教学与实训内容进行重新解构与模块分组，以满足混合式教学这种新型的学习模式的需要。在层级递进的实施模式中，"自学助推"是基础，只有对相关的理论知识与实用技能有一定理解后，才能"应用"与"创新"，构建属于学生自己的知识与技能体系。

5.开展企业职工线上技能培训，创新社会服务能力

自2020年以来，鞍山市委实施一号工程"春风行动"，在新冠肺炎疫情期间，坚持"一手抓防控，一手抓培训"，帮助处于停工期、恢复期的中小微企业稳岗脱困，扎实开展万名职工带薪技能培训。

本次培训采用二次开发的超星微服务平台，借助各类信息化手段，组织企业员工通过固定或移动云直播方式，开展线上直播、视频录播、实时互动、教师答疑、考核测试等形式的培训。线上培训考核与监控要求互动内容保留记录并截屏，教师严格按照教学计划授课，及时上传教学资源和录播视频，保质保量完成授课任务。线上培训在网络平台有注册签到的流程，要求学员上午在移动平台签到，下午在学习通签到。课程管理员

及时统计学员的签到情况，提醒学员签到。教师的线上布置作业、批改作业都有相应的记录，学员的学习过程可查询、可追溯，教师通常在学习通布置作业与安排考试，在学习通课程内设置任务点，安排学员自主学习。学员的学习记录与过程可通过"统计"功能查询、追溯。

6.定制开发混合式教学质量评价平台

根据实际工作的需要，利用 C++开发了混合式教学质量评价系统，分为评委组设置、评教方案设置、被评人员设置和评教任务设置四个模块，平台优化了传统评价流程方式，不仅具有全面的教学资源数据信息，而且可以对教学质量进行评价。软件支持后台运行，占用系统资源少，不影响其他程序的使用；软件实现了全智能化控制，应用方便，可以高效查询。而针对个人数据隐私保护，学校通过制度建设与操作规范，严格管理权限，并对师生信息采用数据脱敏技术。该平台通过设计师生、教科研、资源等主题，构建数据模型，达到智慧决策、精准管理的目标。

（五）存在的问题与今后的研究设想

1.问卷反馈问题与分析

笔者对混合式教学在鞍山职业技术学院的具体实施进行了问卷调研，其中，参与混合式教学的教师 48 人，学生及培训学员 699 人。通过调研发现，在混合式教学过程中，存在以下问题：

在教学主体层面，教师的现代教育技术水平有待提高。在混合式教学中，教师需要掌握线上平台课程设置、教学资源制作、线上互动与评价等操作技能，相对于传统教学来说，教师不仅要引导学生的课堂学习，而且要关注在线互动评价、答疑、资源共享、课堂考勤、考试管理等，"传统+在线"型的教师身份导致其教学任务量增加，部分教师感到比较吃力、教学压力较大。

在教学客体层面，由于线上课堂呈现的教学内容较多，部分中高职学生对于课程教学的重点、难点较难把握，学习任务量较大。

除此之外，在线上教学管理方面，需要投入部分专项资金，用来购买或开发位置签到、时长记录、教学行为分析等新功能。教务部门、学生管理部门、学习支撑中心等部门的协调管理能力有待提升。

（1）学生满意度分析

通过超星学习通平台的大数据分析，采用混合式教学的学生考试平均分，优秀率占

85.79%，不合格率仅为0.49%。通过调查问卷的数据分析，学生普遍对混合式教学模式中的线上教学予以肯定，满意率达到100%。

（2）教师线上教学自我效能感统计分析

在回答"您本次开展在线教学的收获如何？"时，84.7%的参与调查的教师表示有收获，选择"收获一般"的有14.23%，只有1.07%的教师认为没有收获。

①教师的年龄越小，线上教学所需的备课时间越少。

②对线上平台提供的资源，近七成教师认为有帮助。

③根据教师线上教学的反馈，存在的问题主要集中在学习平台卡顿与学生的交流互动方面。

（3）混合式教学的主要平台

在教师使用的平台或教学工具中，使用频率最高是腾讯会议，占总调查人数的49.82%；然后是钉钉（占总调查人数的41.58%）、学习通教学平台（占总调查人数的38.85%）、QQ和微信（占总调查人数的31.18%）。这些社会性软件及教学平台以便捷优势受到教师的普遍欢迎，可以作为在线教育的辅助工具，促进在线教育的发展与普及。

（4）学生及教师的学习工具分析

问卷调查数据显示，学生用来进行网络培训和学习的工具主要是手机，占总调查人数的86.68%，使用电脑学习的占总调查人数的9.70%，使用平板电脑学习的占总调查人数的2.32%，使用其他工具（如电视等）占总调查人数的1.30%。通过学习通的后台大数据分析，在手机类用户中，安卓用户占总调查人数的68.64%，苹果用户占总调查人数的16.95%；电脑用户仅占总调查人数的14.41%。通过对两类不同来源的数据的比较分析，可以得出学生进行线上学习的主要设备是手机；教师用计算机教学的比率为44.80%，用手机教学的比率为55.2%。未来的移动学习、线上培训将成为常态化。

（5）混合式教学的认可度

被调查的师生普遍认为，采用混合式教学方式更合适线上教学与培训。在问卷分析中，大多数教师倾向于采用"直播授课+辅导"的方式进行授课，而倾向于采用速课、网络平台、学生自学等方式的教师比例很低，这说明教师、学生的信息化职业能力均需提高。其中，36～46周岁的教师对学生自主学习能力培养的认可度较高。

2.今后的研究设想

第一，在2022—2025年，通过建构混合式教学质量保障与监控体系，制定并完善相关制度文件；围绕市场需求与人才培养目标持续改进，强化多元评价与质量保障目标管理,通过相关制度的制定,保障混合式教学开展常态化,落实并细化混合式教学任务,加强过程监控,确保线上教学规范能够合理地运行。

第二,加快智慧物联信息化基础设施建设,提高混合式教学效果,在教育信息化的建设中融入大数据建设、平台云计算功能和人工智能互动等需求。根据学校的专业设置及办学特色,制定信息化建设中的长期规划,从建设机制、能力素养、数字资源、应用服务、基础设施等方面推进建设进程,实现信息技术在学校管理、教育教学、师生发展和社会服务等方面的广泛应用;从内部数据管理着手,加强自我诊改并形成常态化机制,促进智慧教学和智慧管理的标准化、规范化,通过内部数据治理体系,推进专业群质量建设的持续改进。

第三,学校制定了《教师信息技术应用能力标准》,坚持标准化与个性化相结合的原则。推进互联网、大数据、人工智能、虚拟现实技术等现代技术在教学和管理中应用,推进线上与线下混合教学模式的应用,形成"互联网+职业教育"新形态。学校应依托专业群建设,开创职业教育在线精品课程,推动优质课程资源开放共享,发挥信息化技术优势,开发整合远程教育资源,建设师生终身学习的网络平台,通过融合创新,助力鞍山市职业教育"新模式"的推进,提高人才培养质量及职业院校的核心竞争力。

第三节 师生数字素养培养

一、数字素养概念与内涵

数字素养是指人们使用数字工具和数字信息解决问题的技能和素质,包括获取、处理、理解、评估和利用数字信息的能力,以及在数字化环境下进行学习和创新的能力。数字素养不仅包括技术层面的能力,如使用数字工具和平台进行信息获取、处理和交流的能力,而且涵盖了数字思维、数字创新和数字安全等方面的素质。

随着数字化时代的到来,数字素养已成为现代社会公民必备的素质之一。在当今社会,除了专业能力培养外,高校还非常重视对学生的思想道德品质、创新思维、创新创业精神和能力、个人职业能力、沟通表达与团队合作、实践能力和社会责任感等素质的培养。信息时代的人们需要具备更高的数字素养，以便更好地适应数字化时代的学习、工作和生活方式，从而提高自身的竞争力。同时，数字素养也是实现社会创新和发展的重要支撑，有助于提高全社会的信息化水平和数字经济发展水平。数字素养包括以下几个方面：

（一）数字意识

数字意识是指人们对数字的敏感性和认识程度，包括对数字的准确感知、理解和判断能力。具备数字意识的人能够更好地理解和应用数字，对数字背后的含义和价值有更深入的认识。对数字意识的培养，需要人们不断地学习和实践，从而提高对数字的敏感性和判断力。在日常生活中，人们可以通过加强对数学基础知识的掌握、关注数字信息、学习和掌握数据分析方法等方式，提高自己的数字意识；人们也可以通过个人的数字敏感性，对数字的真伪和价值有正确的认识，有主动发现和利用数字的动机，在协同学习和工作中有分享真实、科学、有效数据的意识，以及主动维护数据安全的素养。

（二）计算思维

计算思维是指在分析问题和解决问题时，能主动抽象问题、分解问题、构造解决问题的模型和算法，善用迭代和优化，并形成高效解决同类问题的一种个人素质。计算思维是一种解决问题的过程，它吸收了解决问题所采用的一般数学思维方法。计算思维不是指数学计算的能力，也不是指运用计算机的能力，而是指运用计算机科学的基础概念，进行问题求解、系统设计等涵盖计算机科学的一系列思维活动。计算思维的流程包含制定并明确问题，确定需要求解的问题是什么；将复杂的问题分解成更小、更易于解决的部分；在已有的数据和信息中提取有用的部分，建立数学模型，对信息进行分析，以便更好地理解问题；根据分析结果，优化解决方案，以达到最佳效果，并对解决方案进行验证和测试，以确保其有效性和正确性。

（三）数字化学习与创新

数字化学习与创新是指在学习和生活中，能积极利用丰富的数字化资源、广泛的数字化工具和数字化平台，在相关领域开展探索和创新，是一种利用数字化技术进行学习、创新和解决问题的能力。在数字化时代，人们需要不断适应数字化发展，学习新的技能和知识，从而具备数字化学习与创新的能力，如利用数字化技术获取、整理、分析和利用信息，以解决学习和工作中的问题；利用数字工具，如在线课程、数字化资源、虚拟实验室等，培养创新思维和创新能力，并实现新的想法和创意；学会在数字化环境中，如在团队合作、在线讨论中，进行协作和信息共享。大学生可以通过参与数字化创新项目，如人工智能、物联网、区块链等领域的创新项目，提高自己的创新能力和实践能力。

（四）数字社会责任

数字社会意识是指有正确的价值观、道德观、法治观，遵循数字伦理规范。数字时代下的公民在享有数字权利的同时，也应当承担相应的责任和义务，以促进数字社会的健康、公正和可持续发展。

数字社会责任的内涵包括公民要遵守法律法规。在数字时代下，大学生应当遵守国家的法律法规，尊重他人的权利和利益，不进行违法活动，不传播有害信息，要维护网络安全。大学生应当积极参与网络安全维护，防范网络攻击和侵犯他人隐私等行为，为构建安全、可靠的网络环境贡献力量。作为社会公民，应当积极关注和支持数字经济的发展，通过创新和创业等方式，为数字经济贡献力量，推动经济持续发展；应积极分享自己的知识和经验，促进信息的流通和知识的传播，为社会的进步和发展作出贡献；还要了解自己的数据权益和隐私保护措施，不泄露个人隐私和重要数据信息，要关注公共利益和社会发展，积极参与社会公益活动和志愿服务，为构建和谐、稳定的社会环境贡献力量。

二、国内外师生数字素质培养情况

当今世界，各国的数字素养培养计划都以提升公民的数字素养、提高数字应用能力为目标，但具体内容和侧重点有所不同。法国的"数字化校园"教育战略规划，将数字化课程、编码课程纳入通识教育体系，全面培养学生在智能学习环境中的信息素养。澳大利亚的"数字化技术"课程将"数字化技术"列为从基础年级到十年级的八个学习领域之一。韩国制定了《应对智能信息社会的中长期教育政策方向与战略》，要求初中从2018年开始、小学从2019年开始实行软件教育义务化，强化智能信息技术人才培养的基础。俄罗斯的"数字化教育环境"计划要求保证40%的中小学生高水平地掌握数字技能。美国的"21世纪技能框架"把数字素养列为学习者面对社会信息化和经济全球化应具备的基本技能。欧盟在《数字技能宣言》中将数字素养列为21世纪劳动者和消费者的首要技能，并推出数字素养教育框架。这些国家还注重资金保障和评价标准的制定和实施，以保障数字素养教育的质量和效果。

（一）中国

2021 年，中央网络安全和信息化委员会印发的《提升全民数字素养与技能行动纲要》是具有指导性和战略意义的。该文件对提升全民数字素养与技能作出安排部署，指出数字素养与技能是数字社会公民学习工作生活应具备的，包括数字获取、制作、使用、评价、交互、分享、创新、安全保障、伦理道德等一系列素质与能力在内的技能。提升全民数字素养与技能，是顺应数字时代的要求，也是提升国民素质、促进人的全面发展的战略任务；是实现从网络大国迈向网络强国的必由之路，也是弥合数字鸿沟、促进共同富裕的关键举措。

北京市政府印发了《北京市提升全民数字素养与技能工作方案（2021—2025 年）》，提出了一系列具体目标和措施，包括加强数字教育培训、建设数字化平台和资源、推广数字化应用等。该方案强调了数字素养与技能在经济发展、社会治理、公共服务等方面的重要性，并提出要加强组织领导和资金保障，确保工作方案的顺利实施。

此外，上海市政府也出台了《上海市提升全民数字素养与技能行动纲要（2021—2025 年）》，提出要全面提升市民的数字素养，提高市民的技能水平，打造具有国际竞争力的数字城市。该纲要强调了数字化转型对于城市发展的重要性，提出了具体的工作目标和措施，包括加强数字化基础设施建设、推广数字化应用、开展数字化技能培训等。

国内众多高校均以服务国家战略为目标，发挥学校教育资源优势，利用数字教育，服务国家和区域化教育。北京师范大学在数字素质培养方面积极服务国家战略需要，努力推进教育数字化工作；持续开发数字教育资源，加大优质数字资源的供给，促进全民共享数字化发展成果；通过引入优秀的在线课程、数字化教育软件和资源库等，积极把握人工智能新技术，变革智能教育教学模式，为师生提供丰富的数字化学习素材和工具。

北京师范大学注重探索数字化时代的新型教育模式和方法，引入人工智能等新技术，推动智能教育与教学的深度融合。该校通过开展数字化教育改革，促进在线学习、混合式学习等新型数字化教育方式的普及和应用。北京师范大学依托自身一流的教育资源优势，积极拓展数字教育的服务领域，为国家和区域数字化教育的发展提供支持和服务。

此外，北京师范大学还注重培养师生的社会责任感和道德素养。该校通过开展数字伦理、信息安全等方面的宣传和教育活动，帮助师生认识数字社会的责任和义务，培养他们的数字素养和网络安全意识。

（二）日本

日本政府制订了一项关于数字素质培养的计划，以提升师生数字素质，提高师生的数字能力水平。该计划提出了以下几个方面的目标和措施：

第一，开展数字素养与技能培养。日本政府加强数字素养和技能的培养，包括计算机编程、数据分析、网络安全等方面。这些培训通过学校提供的课程、在线资源、实践项目等方式进行。

第二，进行数字化教育资源的建设与共享。日本政府支持学校与企业合作，开发优质的数字化教育资源，并在全国范围内共享。这些资源包括在线课程、数字化教材、虚拟实验室等，可以为学习者提供更加丰富、多样的学习方式。

第三，建设数字化学习环境与设施。日本政府加强数字化学习环境与设施建设，包括高速网络、智能终端、数字化设备等，以满足师生对数字化资源的需求。

第四，培养数字社会责任与道德素养。日本学校注重培养师生的数字社会责任和道德素养，如开展数字伦理教育、加强个人信息保护等。这些措施有助于培养师生正确的数字价值观和行为规范。

第五，建设数字化评价与管理体系。日本政府建立一套完善的数字化评价和管理体系，对职业教育教师的数字素养进行评价，以激励教师不断提升自身的数字素养。

（三）英国

英国政府制订了相关的计划，确定了相关的保障措施，旨在提升公民的数字素养，以适应数字化时代的发展。该计划包括以下几个方面：

第一，培养数字技能。数字能力框架计划通过提供数字技能培训，帮助公民掌握基本的计算机技能，提升公民的数字素养，包括信息处理、数据分析和沟通协作等方面的技能。这些技能对于人们的日常生活和工作都非常重要。

第二，引入数字化工具和资源。英国政府积极推广数字化工具和资源，如在线课程、数字化实验室、虚拟现实技术等，以提供更加丰富、多样的学习方式。这些工具和资源不仅可以提高教学效果，而且能激发学生的学习兴趣和学习主动性。

第三，鼓励创新，推进实践活动。英国政府支持开展编程比赛、数字创意比赛、科技竞赛等活动，鼓励公民进行创新和实践活动，培养他们的数字化思维和技能。这些活动可以激发公民对数字化技术的兴趣和热情，促进公民创新能力和创造力的发展。

第四，加强数字社会责任和道德素养的培养。英国政府注重培养公民的数字社会责任和道德素养，如开展数字伦理教育、加强个人信息保护等。这些措施有助于培养公民正确的数字价值观和行为规范，提升他们的数字社会责任意识和道德素养。

第五，建立数字化评价和管理体系。英国政府建立了一套完善的数字化评价和管理体系，对公民的数字素养和能力进行评估和管理，以激励他们不断提升自身的数字素养、提高数字应用能力水平。该体系可以为公民提供个性化的学习建议和职业发展机会，帮助他们更好地适应数字化时代的发展。

三、大学生数字素养

大学生数字素养是指大学生在数字时代获取、处理、理解、评估和利用数字信息的能力。这种素养不仅包括技术层面的能力，如掌握各种数字工具和平台的使用方法，而且涵盖了批判性思维、创新思维和解决问题的能力，具体包括以下几个方面：

（一）知识

数字化技术基础知识包括操作系统、计算机硬件、软件、网络、数据库技术等，指的是将现实世界的实体通过 E-R 图转换为信息，并对其进行存储、传输和处理的相关知识和操作。

（二）素质

大学生应具备的素质包括数字意识与态度。数字意识和态度是指对待数字和数字化的态度和认知，具备数字意识的人通常能够认识到数字在生活和工作中的重要性，积极利用数字工具和技术，提高效率、解决问题并作出决策。具备数字意识的人会积极利用各种数字工具和技术，如计算机、智能手机、互联网等，关注数据的趋势和变化，从中提取有用的信息，进行决策和预测未来。具备数字意识的人通常可以保持开放的心态，愿意尝试新的数字化工具和技术，并能够接受新的数字文化和思维方式。

（三）数字伦理与安全

数字伦理和安全是指在数字世界中如何正确地使用、处理和保护数据，以维护道德和法律准则，保障个人、企业和国家的利益。数字伦理和安全问题包括数据隐私保护，涉及如何收集、存储和使用个人数据，以及如何保护个人数据不被非法获取和滥用，并保护数据免受未经授权的访问、修改或泄露，采取措施防止数据泄露、黑客攻击和网络犯罪等。

伴随着人工智能技术的发展，在数字世界中确认一个人的身份，应防止身份盗窃，确保个人数据的完整性和安全性，防止网络电信诈骗；采取何种措施来防止网络欺诈和犯罪行为，保护个人、企业和国家的利益，是社会关注的热点问题。数字伦理是指如何确保算法的公正性和透明度，避免算法偏见和歧视。这涉及如何确保算法的公正性和透明度以及如何监督算法的使用和实际应用。

（四）数字内容的获取、分析和应用

在现实生活中，人们可以通过各种来源和渠道，如传感器、日志文件、社交媒体等，获取原始数据，从数字媒体（如网页、视频、音频等）中获取内容，并从数据中提取有意义的信息。由于在大数据时代数据存在较多的冗余，因而必须对数据进行清洗、整理、转换和可视化，以发现数据中的模式、趋势和关联。

通过对数字内容进行分析，理解其语义、结构和意图，并将信息整合为有意义的观点、结论或建议，可以更好地将数据应用于决策支持、预测分析、质量控制等。在实际操作中，可将数字内容用于知识管理、信息传播、娱乐等，将信息用于解决问题、支持决策、改进流程等。

（五）数字内容的评价、管理和分享

数字内容的评价、管理和分享是数字化时代的重要环节，需要综合考虑各种因素，确保工作的有效性和可持续性；需要关注数据、信息和数字内容的伦理和法律问题，确保工作的合规性和合法性。

首先，要评估数据的准确性、可靠性和完整性，确保数据的可信度和有效性。要根据数据信息的质量、相关性、时效性等因素，对其进行评估和筛选，以确定其价值和重要性。

其次，要对数字内容的质量、内容价值、用户体验等方面进行评价，以确定其是否符合用户的需求。在高校管理中，要制定数据管理策略，包括数据的收集、存储、处理、分析和应用等环节，以确保数据的合规性和安全性。

除此之外，还要建立包括信息的收集、整理、分类、存储和检索等环节的信息管理流程，对数字内容进行分类和标签化，以提高信息的使用效率和价值。

在大数据时代，数据分享体验可以促进数据的共享和利用，将有价值的信息分享给其他用户或组织，以促进信息的传播和交流。但是在评价、管理和分享过程中，要建立规范的数字内容管理流程和标准，确保工作的规范性和一致性；要采取措施保护数字内容安全，防止数字信息泄露和滥用；要关注用户体验，确保数字内容的易用性和可访问性；还要鼓励数字内容共享和合作，促进信息流通，实现价值最大化。

（六）数字融合与创新

数字融合与创新涵盖了数字化时代不同领域的相互融合和创新实践。新一代信息技术正在快速推动不同产业之间的融合，例如电信网络、计算机网络与有线电视网络的技术融合，制造业与服务业的融合，农业、工业与服务业的融合等。技术与实体经济的深度融合将有助于提高生产效率，优化资源配置，并促进新的产业形态和新模式的发展，推动各行业的数字化转型。数字化技术正在与社会治理深度融合，这种融合涉及生产、流通、分配、消费等各个环节，通过数据治理提高生产效率、降低成本、优化供应链管理，有助于高校提高教学质量与服务效率。

人工智能、大数据、云计算、物联网等新技术的应用，为各行业带来了新的机遇和挑战。数字化时代带来了新的商业模式和创新机会，而平台经济、共享经济、新零售等新兴模式也推动了组织结构的创新。现代高校管理开始采用扁平化、敏捷化的组织结构，以适应快速变化的教育环境。同时，校企跨界合作和高校联盟成为一种新的组织形式，以实现资源共享和优势互补。

四、网络职业道德与舆情监管

（一）网络职业道德

在日常生活中，网络工作者在工作过程中养成、遵守和显现出来的具有网络职业特征的行为规范，统称为"网络职业道德"，简称"网络道德"。网络职业道德是高校师生应遵循的职业道德规范，应坚持爱党爱国，树立法治意识，遵守国家法律法规，不传播违法违规信息，严格落实治网管网政策要求等；坚持价值引领，树立正确的政治方向、价值取向、舆论导向，大力弘扬社会主义核心价值观；坚持诚实守信，传播诚信理念，倡导诚信经营，重信守诺、求真务实、公平竞争；坚持敬业奉献，立足本职、爱岗敬业，注重自我管理和自我提升，培养良好的职业素养和职业技能；坚持科技向善，遵守科技伦理规范，防范网络技术风险，避免滥用技术手段等。

尽管互联网提供了十分自由的空间，但高校师生在使用互联网时必须遵守一定的道德和规范。在使用互联网时，高校师生要遵守的基本道德规范如下：不应用计算机去伤害他人，不干扰别人的计算机工作，不窥探别人的文件，不应用计算机进行偷窃，不应用计算机做伪证，不应使用或拷贝没有付钱的软件，不应未经许可而使用别人的计算机资源，不应盗用别人的智力成果等；应该考虑所编程序的社会后果，应尊重包括版权和专利在内的财产权，应尊重他人的隐私、尊重知识产权，应以慎重的方式使用计算机，为社会和人类作出贡献。

网络不道德行为包括如下内容：故意造成网络交通混乱；利用计算机资源进行营利；偷窃资料、设备或智力成果；未经许可，接近、使用他人文件；伪造电子邮件信息等。

高校师生还要杜绝网络暴力，网络暴力是指以道德的名义，恶意制裁、审判当事人并谋求网络问题的现实解决，包括通过网络追查并公布、传播当事人的个人信息（隐私），煽动和纠集人群以暴力语言进行群体围攻。在现实生活中，使当事人遭到严重伤害，并对当事人的现实生活产生实质性的威胁，也是一种典型的网络暴力。

（二）舆情监管

舆情监管是指对网络舆情的监测、分析、研判和应对等全过程管理。它旨在通过对网络舆情的监控和分析，及时发现、解决可能影响社会稳定、公共安全和公共利益的问题，维护社会的和谐稳定。

高校舆情监管的内容主要包括以下几个方面：

第一，监测校内外网络舆情。高校通过设立舆情监管部门，建立舆情监测机制与舆情应对机制，制定应急预案，明确应对流程和责任人，确保在突发事件或负面舆情出现时能够迅速应对，减少负面影响。高校可以通过学生社团、班级舆情监督管理员，密切关注校园网络上的舆情动态，包括抖音等社交媒体和 BBS 论坛、博客等平台，用大数据等新兴技术对舆情进行实时监测和研判，分析热点话题和舆论趋势，为学校决策提供参考依据。

　　第二，加强高校辅导员队伍建设，引导正确的舆论方向。高校要打造一支高素质的辅导员队伍，积极引导正确的舆论方向。高校可以通过在学校网站、公众号上发布权威信息、回应热点问题、发布积极言论和观点，引导学生和教职工理性看待问题，避免盲目跟风和负面情绪表达；要加强宣传教育，引导学生树立正确的价值观和舆论观，增强学生的社会责任感和道德意识。高校还可以通过举办各种活动、宣传先进典型等方式，开展正面宣传，弘扬社会主义核心价值观，传递正能量和积极向上的信息。辅导员应加强与学生的沟通交流，了解学生的思想动态和关注热点，及时回应学生的关切和诉求，增强学生的归属感和认同感。

第七章 数字化转型与教育治理策略

第一节 数字化转型与教育治理策略的制定与实施

高校数字化转型是当前教育领域的重要趋势，制定数字化转型战略是一个系统工程，包括如下内容：明确高校数字化转型的目标和实施路径、制定数字化转型的规划和实施框架；利用数字化手段，改进教育服务，提高教育质量，增强学生体验；制定质量保障和教育数据治理方案，确保数字化转型的顺利进行等。

一、高校教育治理能力现代化建设策略

高校教育治理能力的现代化建设是国家教育治理战略的重要组成部分，在具体的实施中，还有许多"硬骨头"要啃，还有很多"高山头"要攀，"稳中求进、知难而进、迎难而上、向难求成"是高校数字化转型与教育治理的主基调，要以"应用为王"，大力实施策略优化和路径创新，通过多元共治、完善制度供给、畅通运行机制、培育治理文化等举措，不断推进高等教育治理能力现代化建设。

（一）以产教融合为目标，形成政、企、校多元共治的制度模式

现代治理以民主法治、民本主义及多元化为中心，主张各利益主体的良性互动与平等协商，进而实现各主体创造性治理水平的发挥。在高校教育治理能力现代化建设的过程中，治理主体包括政府、企业与行业、高校，体现出多元化的特点。教育体现的是公共价值，职业体现的是市场价值。高等教育是市场经济体制与教育管理机制的共生体，要充分认识到行业、企业等利益相关者在高校教育治理中的角色身份。既要在市场经济主体下摆脱政府行政管控的定式思维，加大制度供给与创新，又要通过政策引导与成果

激励，调动教育治理中利益相关者的积极性与主动性；还要构建符合区域地方特色的产教融合、校企合作机制与办学架构，在专业设置、教育教学、诊断评估、经费筹措等方面，充分发挥行业、企业参与治理的作用。

积极推进高校内部的分权共治，要依法确保办学的自主性与独立性，在国家法律与教育的制度框架内依法办学、自主办学；要在坚持教育初心与社会公益本质的前提下，提高各二级学院的治理权限。在保障高校各职能管理机构、行业企业专家、师生、家长等成为院校治理主体的同时，要不断加大内部权力制衡与多方合作的共治力度；牢牢把握高校教育类型化办学特征，营造多元化治理氛围；完善共治模式，建立对权力监督问责的有效机制，分清各主体间的权力边界，在共享利益的同时，厘清各自的职责范围，促进高校教育内部分权共治格局的实现。

（二）健全和完善教育管理制度，确保有章可循、有据可查

高校应建立、完善教育管理的各项规章制度，根据法律规定，细化、修订基于教育特质的管理制度，包括教育教学管理、学生管理、教师管理、党务、行政、校园安全管理等方面的制度；加强教育管理政策的宣传和解读，增强师生的法治意识和纪律观念，培养明是非、守价值、循法度的行为习惯，强化监督检查。同时，高校应强化院校岗位责任工作体系，通过单项考核与综合考核相结合，通过强化制度执行，维护学校规章制度的权威性和公信力，推动教育治理体系和治理能力的现代化。

高校应将人、岗、事相结合，理性办学、严守规矩、遵循规律、管控风险；协调好学校及二级学院与政府、企业的关系，确立学校的中长期发展目标和区域化服务办学定位，定义好学校与企业在产教融合、校企合作框架内的法律关系和责权义务。围绕高校政治生态，开展内部风险控制，引入第三方机构，规范工程建设招标与设备采购的程序，定期修订合同管理、财务管理、招标采购、工程项目、资产管理等制度，不断规范学校的教育决策和经济活动。

（三）建立科学、规范、有效的诉求通道，确保教育运行机制顺畅

高校应构建高效的运行机制和科学有力的决策机制，关注办学中各治理主体的合理诉求，畅通校企合作的通道。由于高校，尤其是高职教育与产业行业联系紧密，学校的专业设置和办学方向与社会发展和经济变化关联紧密，因此学校要建立院校党政办公议事制度，科学处理好以党委书记为代表的政治权力、以校长为代表的行政权力、以教授为代表的学术权力三者间的关系。高校应高度关注教师和学生群体的利益诉求，发挥党

代会、教代会、学代会的民主监督职能，做到相互制衡、各司其职、各履其责、互相促进、互不干扰。同时，高校应建立科学平等的决策咨询制度，为学校的高质量发展出谋划策。

高校要科学地设置职能部门，明确相关职责与任务，在师生间开展绩效激励机制，强化任务考核，确保决策得到高效落实；充分发挥大数据在纪检监察领域的监督问责功能，动态、精准地实施对学校权力运行的监督，做到各个环节留痕，记录部门与个人履职情况，维护党纪政纪的权威性与严肃性，使教育决策与执行受到全方位监督。除此之外，高校还要畅通行业、企业及社区等相关方的利益诉求表达通道，促进各治理主体的跨界合作与协同共治，推动教育治理体系的有效运行，实现教育治理能力的现代化。

（四）建立教育治理能力与特色文化融合工程

教育治理能力与特色文化融合工程是一个系统工程，以培育科学、先进的治理文化为目标，需要政、企、校的共同努力。高校应将分类治理、开放治理、合作治理等理念融入教育治理文化体系建设，充分体现治理主体的公共情怀与协商理想，通过学习与内化，形成协商共治的治理理念与价值认同。

高校应结合校园文化与产业文化的特点，将企业文化纳入校园文化建设体系，形成高校特有的治理文化。这种治理文化包括以下几种：

（1）核心的精神文化，如大学的信念目标、价值取向、群体意识和精神气质等，在此基础上形成以人为本的人文精神、崇尚学术的科学精神、追求卓越的超越精神和自强不息的奋斗精神。

（2）大学的制度文化，包括各治理主体在参与大学治理过程中所认同和遵循的大学治理理念、制度规范、价值判断、行为模式等。

（3）大学的行为文化，是指在大学教育教学、科学研究、社会服务、文化传承创新等活动中所形成的行为方式和文化现象，是师生共同的行为方式与精神观念，也是展示大学形象、凝聚人心的关键要素。

（4）大学的环境文化，包括校园布局、建筑风格、环境绿化美化、人文景观等。

（5）大学的管理文化，包括管理理念、管理制度、管理方式等方面。

通过培养具有文化素养的教育治理人才，可以发挥院校的文化整合效应，形成尊重知识、崇尚技能、敬畏学术的文化氛围，构建高校教育的文化价值体系，培育教育治理能力现代化的土壤和氛围。

二、数字化转型与教育治理策略的实施思路

高校应成立数字化转型工作领导小组，由学校一把手担任组长，相关部门负责人担任成员，全面负责数字化转型的规划、实施和监督。高校要明确数字化转型的战略目标，目标应该具体清晰，与学校的战略远景和发展方向相一致。例如，提高混合式教学的教学质量、课堂的学生参与度、教学的数字管理流程及质量管控等。高校要对现有的信息化基础设施、应用软件、数据资源进行全面梳理分析。在进行深入调研的同时，了解高校师生对数字化转型的期望和实际需求，制定符合区域及学校实际的数字化转型规划，规划应具有可操作性和可衡量性，并且与学校的整体战略和发展目标相一致。

在教育治理策略的执行方面，高校要确定重点任务，如建设智慧校园、精品在线课程等，能够反映高校数字化转型的核心方向。针对重点任务，制定任务目标、时间安排、人员分工、预算等方面的具体计划。实施方案应该具有可执行性和可操作性，并且能够确保高校数字化转型的顺利进行。由于数字化转型是一个持续的过程，在执行过程中会遇到各种阻力和问题，这就要求高校不断改进和优化数字化转型战略，通过定期评估，实时检验数字化转型的进展和效果，及时发现问题并调整改进，保障数字化转型战略的有效实施。

在数字化转型的背景下，高校通过教育数据治理可以提高学校数据质量、保障师生员工的个人信息的数据安全。在通过网络空间与虚拟教研室等方式进行线上研讨教学时，要规范数据治理政策，包括数据的收集、存储、处理、共享和使用等方面的规定，以确保数据的规范化和标准化。高校要建立专门的数据治理组织，吸纳数据治理的专业人才，负责对教育数据的规划、管理和监督。高校还应根据国家规范标准，包括数据格式、数据命名规则、数据分类等要求，建立高校教育教学数据质量监控机制，对教育数据进行定期检查和评估，及时发现和纠正数据的质量问题，确保数据的准确性和完整性。

除此之外，相关部门还应利用服务器冗余与安全技术，包括数据加密、数据备份、数据恢复等，确保数据的安全性和可靠性；加强数据分析与挖掘，提高数据的利用效率和价值。另外，高校应定期开展网络与信息安全演讲，提高师生员工的数据意识和安全能力，防止电信欺诈与个人信息泄露。高校还要创新治理方式，利用大数据、人工智能等技术手段，创新教育治理方式，提高治理的精准度和效率。例如，可以利用大数据分析技术，对学生的学习行为、学习成绩等进行深入分析，为个性化教育提供支持。高校

还要加强与其他教育机构、政府部门、企业等的合作与交流，共同推进数字化转型和教育治理水平的提升。

三、策略制定与实施的内容与范围

（一）构建教育数据共享机制策略

高校应建立统一的数据标准，按规范采集和汇聚各类教育数据，形成安全开放、融合共享的数据体系；以具体的微应用数据为基础，建立数据单元，汇集教学、竞赛、科研、校企合作及实习实训等数据，形成学校教育元数据库。在确定数据共享的范围和对象时，要明确归类，为不同类型的数据设置不同的属性与权限，加强管理制度和行为规范，确保数据的安全。为方便高校各个部门间的数据交换和共享，高校要建立一个数据共享平台，具备并实现数据存储、数据处理、数据查询、数据分析和数据可视化等功能；在数据格式、数据质量、数据安全等方面制定统一的标准，强化数据管理流程，确保数据的准确性。鼓励数据的开发和利用，推动数据的创新应用，提高教育治理的效率和水平；要在数据加密、数据备份、数据恢复等方面加强安全保障，防止数据泄露和被攻击。

（二）实现教育数据治理具体策略

为了更好地体现教育数据的应用价值，在各类智慧教育管理平台和服务功能的基础上，高校以多种方式加强校内外、线上与线下、模拟与实践等多种形式的互动，收集学生的学习过程数据和结果数据，并对数据进行关联分析和深度挖掘，通过数据匹配和资源整合，实现职业教育治理的精准化和智能化。该策略具体分为以下几个阶段：

（1）数据收集和分析阶段：需要收集各类教育数据，包括师生基本信息、学生成绩、教师课堂教学过程信息、教育教学管理信息等，通过建模与数据统计分析，了解教育教学过程中出现的问题，并对未来的发展趋势进行研判。

（2）个性化数据服务阶段：针对个体化数据和过程性数据，如对学生的生活习惯、学习行为、兴趣爱好、能力特长等方面的数据进行汇总分析，为学生提供个性化的数据画像，帮助学生规划目标，指导学生制订学习计划，向学生推荐合适的学习资源等。

（3）教学质量评估阶段：教学质量保障与监控评估是数据治理中重要的一环，通过分析课堂上师生教学与学习情况数据，对线上与线下的教学质量进行对比、评估，可以分析出教学方法的不足之处，并为其提供建议，制定符合不同学情的教学策略。

（4）决策支持阶段：教育数据治理可以帮助管理者制定更好的教育政策和管理决策，通过对教育数据的可视化处理，可以实时、精准地提供各类教育统计数据，为教育决策者提供科学依据。

（5）预测和干预阶段：通过数据的不断累积与迭代，可以存储并收集大量的教育结果数据与过程数据，借助人工智能与专业数据分析软件，通过建模与推导，可以预测高校教育未来的发展趋势和可能存在的问题，并提前采取干预措施，制定应急预案，避免问题发生或减轻问题可能带来的影响。

（6）跨部门合作与资源共享阶段：在大数据时代，数据的共建共享和跨部门协作合作要求越来越迫切。在高校实现数字化转型的过程中，一个重要的问题就是实现教育资源的优化配置和高效利用，例如国家级/省级网络精品课的建设、区域共享优质课程资源、共同开展教学研究等。后勤部门应根据招生部门每年制订的招生计划，做好物资采买和设备的招投标采购等。

以上策略的制定与实施，需要高校建立完善的教育数据应用体系，包括数据收集、存储、处理、分析和应用等环节。高校还应建立数据隐私保护和数据安全保障机制，确保数据应用合法合规。通过开发教育数据应用，可以提高教育质量和管理水平，推动教育数字化转型和教育治理的现代化进程。

（三）构建智慧教育服务新体系

打造智慧教育服务新体系是数字化转型的重要目标之一。在高校智慧校园的建设中，通过基础信息网络、系统平台、数字资源等，可以共同构建出可信安全、融合融通的智慧服务体系。其中，智慧教育服务平台可以整合各类教育资源和服务，具备在线课程、教学管理、学生服务、资源共享等功能。通过人工智能、虚拟现实等技术，可以提高教学质量和效率。完善的数字化教学资源库，可以整合优质教学资源，实现资源共享，在扩大资源覆盖面的同时，缩小教育区域差距，让教育更公平。在该体系中，"产教融合"是重要一环，它可以为学生提供实践机会和就业指导，帮助高校了解市场需求和行业发展趋势，动态调整教学内容和方式，提高人才培养的质量。

高校还应建立反馈和评估机制，利用大数据技术，收集和分析教育数据，在建立数据支持服务体系的同时，还要建立有效的反馈和评估机制，及时了解学生的学习情况和教师的教学情况，为高校教育的数字化转型与教育治理提供改进建议和指导；通过评估机制，对智慧教育服务体系的效果进行评估和优化，提供全方位、个性化的教育服务，提高教育质量和人才培养水平。

（四）发挥教育大数据效能策略

发挥教育大数据的效能，可以满足个性化服务的需求，推进跨部门、跨领域、跨层级联动，实现协同化、科学化治理，提升以数字化助推教育治理现代化的效能。

在数据采集与整合阶段、数据处理与分析阶段、数据反馈与优化等阶段，高校应建立数据反馈机制，及时收集和分析用户反馈，不断优化数据处理和分析的流程和方法，提高数据的质量和可用性。另外，在数据采集、处理和应用过程中，高校要采取有效的措施保障数据隐私和安全，防止数据泄露和滥用。高校要建立数据管理和应用团队，负责数据的采集、处理、分析和应用工作。该团队应具备足够的技术和能力，能够应对数据处理和分析中的各种问题和挑战。

（五）推动教育治理理念变革策略

在当今社会，人们更加注重团队意识、集体力量，倡导契约精神、共同行动、共同分享的治理理念。推动教育治理理念变革，要从"人"治变为"数"治。高校的教育决策应该基于数据和分析，而不是仅仅依靠经验和直觉。通过信息共享、协同分析，可以更好地整合教育资源，提高教育治理的效率和水平。理念的变革可以激发各级部门的服务意识，各级部门要以服务师生为中心，通过提供优质的教育服务，满足学生的多样化与个性化的需求。高校应该加强与社会的交流与合作，鼓励社会各界参与到教育治理的全过程中，提高教育治理的民主性和透明度。相关部门要不断优化教育治理的策略和方法，注重数据驱动的评估与反馈，能够及时应对各种风险挑战和需求变化，可以通过评估和反馈机制，及时了解教育治理的效果和问题，提高治理的效能和水平。

数字化转型与教育治理策略的制定和实施，是以"物联、数联、智联"为目标，以"5G+人工智能+云网融合"为基础，实施分级授权和多重认证，采集巨量、多样、即时的数据，实施智能、精准的判断，打破数据孤岛与信息鸿沟的限制，不断优化、升级智慧教育新生态。

四、指标体系构建与评估检查案例——以鞍山开放大学为例

根据国家开放大学的要求，为做好办学评估检查工作，鞍山开放大学领导班子高度

重视，学校各部门全方位参与，抽调人员、组建专班负责推进实施工作，组织召开评估专题会、重点工作推进会、阶段调度会和县级开放大学评估协调会等会议 20 余次。学校相关部门围绕办学评估指标体系，整理归纳了 8 个一级指标、45 个二级指标和 83 个观测点的相关材料，形成了较为完善的自评赋分和自评报告。辽宁开放大学由校领导带队，组织相关专家教授对鞍山开放大学进行检查和指导，为这次办学评估检查打下了坚实的基础。

（一）学校基本情况

鞍山开放大学原为鞍山广播电视大学，于 1979 年 7 月经辽宁省人民政府批准成立，2021 年 5 月，正式挂牌更名为鞍山开放大学，是一所以现代信息技术为支撑，集现代远程开放教育等学历教育和社区教育、老年大学、短期培训考试等非学历教育于一体的新型高等学校，隶属鞍山市职教城管委会管理，接受辽宁开放大学的业务指导。学校下设台安、岫岩两所县级开放大学。

学校坐落在鞍山市职教城园区，建筑面积为 12 200 m²。学校共有编制 102 个，现有教职工 66 人，其中，专兼任教师 45 人，正、副教授 18 人，研究生以上学历（学位）28 人。学校设有职能处室 17 个和 2 个内设机构（鞍山市社区教育指导中心和鞍山老年开放大学）。

学校拥有多媒体教室 12 间，普通教室 12 间，多功能报告厅 3 个，计算机教室 10 个，云机房 1 个，录播室 1 个，中心机房 2 个，共配有计算机 450 台。学校另有保密室 2 间，档案室 2 间，各类办公室 35 间。学校共享使用鞍山市职教园区多功能图书馆 1 所，现代制造技术、建筑工程技术等各类实训场地 20 余个，400 m 标准体育场 1 块，篮球场地 20 块，网球场地 10 块，乒羽馆 1 所，食堂 3 个。除此之外，学校还共享使用鞍山市奥体中心体育场、体育馆、游泳馆、速滑馆等。这些基础设施面积、功能和信息化装备，能够满足开放教育办学的需要。

学校秉承国家开放大学"敬学广惠，有教无类"的校训，遵循国家开放大学提出的实施"1233 工程"、推进"四个转变"、打造"四个平台"办学方略，确立了以"学历教育强校，非学历教育兴校"的办学方针和"一体多元"的办学模式，坚持扎根鞍山大地办教育，紧密对接鞍山的地方产业和企业实际，围绕一、二、三产业人才需求，开设了法学、教育学、文学、理学、工学、农学和管理学 7 个学科门类，共 11 个本科专业、28 个专科专业，年均在校生 1 130 多人。

近年来，为了更好地助力和服务鞍山市地方经济的发展，不断探索与各行业、企业的合作，鞍山开放大学先后与鞍山钢铁集团有限公司、市委组织部、市总工会、市教育局、市民政局、市司法局、市邮政局、市医药协会等合作，整合共享优质教育资源，开展了多途径、多形式的学历教育和非学历培训项目，社会培训年均 10 000 人次。开放教育从 1999 年开始，共培养毕业生 18 000 余人。鞍山开放大学作为鞍山市成人高等教育和继续教育的强势品牌，正在承担推进构建鞍山终身教育体系和学习型社会的新使命。

为了加强对社区教育的建设和指导，依托鞍山开放大学，鞍山市成立了鞍山市社区教育指导中心和鞍山老年开放大学，创建铁东弘扬社区、综合社区、立山三冶社区、铁西曙光社区数字化社区教育示范点，开展鞍山市社区教育、老年教育工作，打造覆盖全市的全民终身学习教育体系。2020 年 9 月，鞍山老年开放大学获批，承担老年教育教学、技能培训、文化传承等任务。学校整合了校内外的优质师资和课程资源，开设了书法、合唱、手机摄影与制作、电子琴、形体舞、模特、民族舞、交谊舞、民族古典舞专业，组织了老年大学名师荟萃展演、学员技能才艺展示等活动。依托鞍山开放大学，成立了鞍山市社区教育指导中心，在市委组织部的领导下，开展全市城乡社区干部和村干部能力提升培训，共举办 90 多期培训班，累计培训 10 000 余人次，成为辽宁省乃至全国基层干部教育培训的示范品牌。

目前，鞍山开放大学被授予了国家数字化学习示范中心、国家数字教育公共服务示范工程、国家优秀成人继续教育院校、国家开放大学示范性考点、辽宁省社区教育工作机制创新示范基地、辽宁开放大学文明单位、鞍山市文明校园、鞍山市三八红旗集体、鞍山市鞍山职业技术学院先进单位等荣誉称号。

（二）主要工作及成效

鞍山开放大学围绕国家开放大学《关于提高教育教学质量的若干意见》和辽宁开放大学《开放教育质量提升行动工作方案》的文件精神，精心谋划，精密组织，重点加强"治招""治学""治考"等工作，强化管理，提质培优，更好地推动学校转型发展。

1.落实立德树人的根本任务，实施"五育并举"和"三全育人"

学校坚持以习近平新时代中国特色社会主义思想为指导，坚决贯彻党的教育方针，坚持为党育人、为国育才。按照国家开放大学、辽宁开放大学的要求，学校制定了《加强学生思想政治教育的实施方案》《开放教育课程思政教学改革实施意见》，开设了习近平新时代中国特色社会主义思想概论等相关思政课程，成立了思政教学团队，选派一批骨干教师参加国家开放大学、辽宁开放大学的思政理论学习交流，创新思政课教学模式；多名青年教师在国家开放大学、辽宁开放大学组织的思政课教学设计和思政课程创新教学竞赛中获得了良好的成绩。同时，学校开展了丰富多彩的思政实践教学，组织学生成立郭明义爱心小分队等。

2.落实"治理三乱"工作部署，推进规范管理和教学改革

2019 年，按照国家开放大学"治理三乱"的工作精神和辽宁开放大学《开放教育质量提升行动方案》的要求，学校开展了招生自检自查和整改工作。截至目前，鞍山开放大学无涉及招生宣传的信访投诉、无跨区域招生及委托机构招生等违规问题。在原有制度和实施方案的基础上，学校制定了《开放教育质量提升行动实施方案》《开放教育直播课教学实施方案》等。依据国家开放大学、辽宁开放大学提出的混合式教学模式，结合本校实际，推进落实"三教改革"，确定了"113"教学模式和"2231"管理模式，逐步实现了线上与线下相结合、学术与非学术并举的学习支持服务，解决了工学矛盾，学生的自学能力逐步提高。学校从"突出三个重点、加强三个环节、实现两个创新"入手，严抓考试管理，各项考试规范有序，无事故和失密现象发生。在 2018 年、2021 年，鞍山开放大学分别被评为国家开放大学、辽宁开放大学系统示范性考点，该校的招生、教学和助学工作连续 3 年被评为辽宁开放大学系统的先进单位，多名教师被评为国家开放大学、辽宁开放大学系统的优秀考务工作者。

3.落实质量标准评价体系，强化督导检查和质量监控

学校依据《国家开放大学质量标准（1.0 版）》，对学校办学的各方面工作进行再梳理、再归纳、再提升，对不符合质量标准要求的工作和制度实行"立整立改、立行立改"。学校成立了教学检查工作和毕业综合实践环节的验收审核工作领导小组，建立了"定期检查、随机检查、重点检查"和"教师自评、教师互评、学生评价、学校评价"的"三查四评"教学检查督导机制。实施了"二审二查一验"的毕业综合实践环节的验收审核制度，对学校办学的各方面工作严格指导和及时检查，得到辽宁开放大学相关专家的充分肯定。鞍山开放大学针对开放教育的关键环节开展自查和督查，形成了较为完善的质量管理监控机制。

4.落实提质培优目标任务，凝练办学特色和办学品牌

鞍山市委、市政府对学校的建设发展高度重视，对学校的师资配备、经费投入、教育教学和管理等各方面优先考虑和重点扶持，充分体现了政府办学的主体和主导作用。辽宁开放大学的党委书记、校长等领导多次到鞍山开放大学进行调研工作，为该校的建

设发展指明了方向。学校"一体多元"的办学思路明确，有中、远期发展规划，提质培优工作重心突出，立德树人工作思路清晰，目标落实措施丰富，效果明显，充分彰显了开放大学的办学宗旨和育人目标。

学校严格落实国家开放大学、辽宁开放大学的相关文件精神，积极参与国家开放大学、辽宁开放大学组织的各项活动，有部署安排、有督导检查、有效果成绩。对台安、岫岩两所县级开放大学给予扶持，免收管理费用，对其开展招生、教学管理等培训指导，选派优秀教师支教，充分体现了系统办学的功能和优势。鞍山开放大学拥有独立办学场地和设施设备，计算机、网络硬件设施配套完善，配置水平较高，学校的信息化办学达到了较高层次。同时，学校共享鞍山市职教园区的软硬件资源和优越环境，充分补足开放教育办学中所欠缺的硬件条件。学校的教学管理制度和机构较为健全，运行较为规范，教学模式改革思路清晰。在教学工作中，配备专职助学教师（班主任），充分利用班级QQ群、微信群及时发布各种信息和学习资源，解决学员在学习期间遇到的各种问题和困惑，更好、更充分地为学员提供学习支持。鞍山开放大学紧密对接鞍山地方产业、企业和行业系统，为其培养人才，为地方经济发展作出了应有的贡献。该校的优秀毕业生已遍布全地区各行各业，很多人已成为地方机关、企事业单位的中流砥柱。

（三）存在问题及整改措施

在取得上述成绩的同时，鞍山开放大学在工作中还存在许多问题，具体有以下几个方面：

一是地域偏远问题。由于学校地处鞍山市西郊，距市区较远，学生参与学校活动会受到一定影响，学生与校园文化的融合不够充分。

二是各地区开放大学发展不平衡。县级开放大学的办学条件有限，招生和办学规模不稳定，教学质量和支持服务与鞍山市开放大学比还存在一定的差距。

三是教师短缺的问题。学校教师的年龄结构、专业结构不合理，尤其是工科专业的教师较为欠缺，教学改革成效不够明显，创新不足。

四是实训不足问题。共享鞍山市职教城园区的实践教学资源，解决了机械和建筑类专业学生实习实训的难题，但相对而言，理工类其他专业课程的实践工作略有欠缺。

五是形成性考核管理有待提升。由于大部分课程都是利用国家开放大学的学习网络平台进行形成性考核，对于少数课程纸质作业考核的管理有所忽视，学生上交作业不及时、数量偏少。

针对这些问题，学校将采取有力措施，尽快加以解决，具体措施分为以下几个方面：

一是加大课堂直播课的力度，缓解面授不足的问题，丰富线上学生的活动内容，增加学生的凝聚力、归属感。

二是有针对性地对县级开放大学采取有效指导，加大帮扶力度。

三是积极引入优秀人才，充实教师队伍，强化对教学过程的管理，完善科研、教研管理和创新激励机制。

四是积极探索校企合作、校校联合，拓展实训教学资源，保证实训课的开展。

五是完善形成性考核管理制度，规范形成性考核的指导、评阅和成绩管理，定期督促检查，探索定量和定性相结合的评价方式。

总之，在国家开放大学和辽宁开放大学的正确领导和悉心指导下，鞍山开放大学在开展"提质培优"、推进"四个转变"、打造"四个平台"、实现转型发展上，进行了一定的探索和尝试，取得了初步成效，但与国家开放大学、辽宁开放大学提出的高标准、严要求相比，与先进地区、兄弟院校相比，该校还存在很大差距，还有很多工作要做。在接下来的教学工作中，鞍山开放大学应将按照国家开放大学、辽宁开放大学的安排和部署，以这次评估检查为契机，坚持稳中求进的工作总基调，坚持以事为轴心、以目标和效果为导向，按照具体、深入、细致、彻底的要求，做好全方位的规范提升工作，加快推进学校转型发展，为鞍山市的全面振兴、服务全民终身学习和建设技能型社会作出新的贡献。

第二节 软硬件建设与数字素养策略研究

一、加强数字化基础设施建设

数字化基础设施包括对校园网络、数据中心、"班班通"教室、实验实训室的建设等。高校应结合学校的发展战略和实际需求，制定数字化基础设施建设的规划，明确建设目标、建设任务、时间表并编制预算。

（一）明确建设目标

制定学校信息化中长期发展规划，明确建设目标，例如建设何种规模的数字校园，设计最高网络速度和并发量，预计网络覆盖范围、数字化设备参数性能的提升等。

（二）摸好家底，做好调研

学校要对国内外信息化的应用现状进行考察与调研，了解先进的技术与应用规模；对学校师生的需求进行深入调研，召开院系调研会，当面了解师生的实际需求和期望。学校可以采用访谈、问卷等调查分析方法，摸清数字化基础设施建设的现状、存在的问题和明确改进的方向等；要根据调查目的，确定师生、教学管理人员、后勤保障人员等各类调查对象，有针对性地设计调查问卷或访谈提纲，明确需要采集的各类信息和教育数据，并对收集到的数据进行整理和分析，提取有用的教育数据。在调查分析的过程中，要确保调查问卷或访谈提纲的设计合理、清晰，能够准确反映调查目的和需求；确保调查对象的选取具有代表性，能够反映数字化基础设施的实际情况；在对收集到的数据进行整理和分析时，要确保数据的准确性和完整性。在撰写调查报告时，要注重报告的客观性、准确性和可操作性，调查报告的内容应包括现状分析、问题诊断、改进建议等内容，为教育部门的决策提供依据。

（三）制定建设方案，做好预算规划

学校应根据需求分析结果，制定数字化基础设施建设的方案，包括网络综合布线、"班班通"教室、数据中心建设、数字化设备采购、安全保障措施等方面的具体计划；要根据建设方案，制定详细的预算规划，包括设备采购、人员培训、技术支持等方面的费用，确保预算合理、可行。相关部门要明确数字化基础设施建设的具体时间安排，包括项目启动、参数制定、招标设备采购、安装调试、人员培训等各个环节的时间节点，对数字化基础设施建设过程中可能出现的风险进行评估，并制定相应的应对策略。

（四）做好监督与评估

学校应建立数字化基础设施建设的监督机制，定期对建设进度、建设质量等进行评估，及时发现问题并进行调整和改进。高校应建立专门的数字化基础设施监督机制，明确监督职责和权限，确保监督工作的有效开展。定期对数字化基础设施进行检查，包括网络设备、服务器、存储设备等，确保其正常运行，保证其性能稳定。相关部门应通过对数字化基础设施产生的数据进行分析，了解设备的运行状态、网络流量、安全状况等，为决策提供数据支持；定期对数字化基础设施的应用效果进行评估，包括在线课程学习效果、数字化设备使用率、数字化服务的满意度等，以了解数字化基础设施的实际效益。对于在检查和评估中发现的问题，相关部门应及时反馈并制定改进措施，确保数字化基础设施的持续优化和改进，为监督人员提供必要的培训和技术支持，提高其数字化技术水平和监督能力，确保监督工作的顺利进行。除此之外，相关部门还要定期向学校领导和相关部门报告监督与评估结果，总结经验教训，为学校数字化发展提供参考。

二、"1+X"制度下职业院校课证融通实践策略

（一）国外研究现状分析

英国实行统一的"普通国家职业资格证书"制度和"国家职业资格证书"制度，"导师制"最早在英国实施，是一种成熟的教育制度，是推动"1+X"证书制度落地、实现职业教育人才培养目标的重要举措。德国是最早实施职业资格证书制度的国家，"双元制"培训体制是德国"双证"沟通的基本模式。澳大利亚建立了与学历证书相衔接的职业证书体系，统一的证书制度和课程内容模块式结构，使职业教育与普通教育、高等教育相连接，体现了终身教育的思想。

（二）"1+X"证书制度下课证融通的推进与试点

鞍山职业技术学院牵头成立了鞍山市信息技术职业教育集团，实现了专业发展与市场前沿的对接，通过对课证融通进行调研和科学论证，主动对接鞍山市信息、财经、商贸等支柱产业，动态调整专业或专门化方向。

1.组织机构建设

鞍山职业技术学院成立了"1+X"证书制度试点工作领导小组，负责学习并贯彻落实教育部关于"1+X"证书制度的相关文件精神，研究并解决学校在试点工作过程中遇到的重要问题，统筹推进"1+X"证书制度的试点工作。学校制定了《"1+X"证书制度试点工作实施方案》等一系列相关管理制度，制定了《"1+X"证书制度试点专业教师团队建设方案》《"1+X"证书制度试点专业校企合作方案》等一系列人事制度、师资培养制度。

在高校及行业专家的指导下，各专业负责人负责试点专业统筹规划，将"1+X"证书制度融入专业人才培养，将其纳入学期教学计划，制定证书考核方案，组织学生考试

等工作；学校承担领导小组的日常工作，做好试点工作任务下放，组织落实配套保障机制的建立与完善，对各专业的试点工作进行监督、管理和绩效评估。

2.落实并推进项目试点工作

2019—2021 年，鞍山职业技术学院通过了教育部职业技术教育中心研究所及辽宁省教育行政部门的确认，成为了 Web 前端开发、电子商务数据分析、网店运营推广、云计算平台运维与开发等 10 个职业技能等级证书的试点院校。

2019 年 6 月，教育部教育技术与资源发展中心公布了"职业院校学生信息化职业能力提升和认证"项目的院校名单，鞍山职业技术学院首批入选教育部的 ICDL 项目，是辽南地区唯一一所入选 ICDL 项目的职业技术学校，拥有中华人民共和国教育部承认的培训与认证资格。

3.制定"1+X"证书试点工作路线图

在广泛收集资料和调查研究的前提下，鞍山职业技术学院借鉴了教育部职业技术教育中心研究所"1+X"证书制度试点院校项目、教育部教育技术与资源发展中心认定的 ICDL 项目等，重点研究"1+X"项目的背景和意义、急需解决的主要问题、项目建设的总体目标、项目建设方案、项目建设进度的管理、项目建设的实施保障等内容。项目的建设方案如图 7-1 所示。

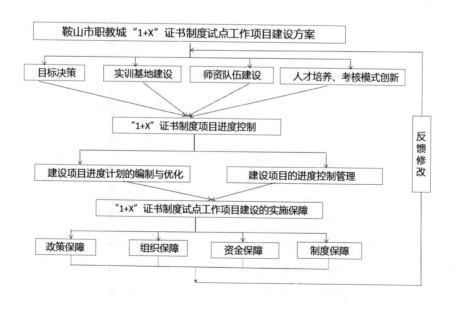

图 7-1 项目建设方案

（1）以信息技术专业群为研究对象，建设具有普适性的"1+X"课程模式，以实现直接获得"1+X"证书为目标，设计并建构具有本体性、手段性和工具性三个维度价值的新型课程模式。高校应把"1+X"证书制度试点院校项目课程、ICDL职业技能证书课程纳入人才培养方案课程体系，设置专业培训课程，并提高实践课的课时比例。

（2）修订专业人才培养目标，尤其是专业技能目标，引入职业技能鉴定标准的相关要求，明确学生经过学习和培训需要达到的能力水平；借鉴规范化思想，建构相应的工作规范，实现课程转化，通过人才培养方案、课程标准、授课计划以及教案（课件）等基本文件的有效衔接，坚持以职业能力为核心的课程观，把职业标准融入教学。

（3）推进专业课程考核制度改革，把教学与考核分离，采取专业平台课、专业核心课，组织统一命题、统一考试、集中流水阅卷的模式；尝试采取由行业企业参与或独立组织考核的办法，实现技能鉴定与课程考核的结合。优化教学实施过程与职业工作过程对接的质量，提升教学实施成效。除此之外，高校还应在学生的毕业要求或条件中，明确学生除了获得学历证书外，还应获得哪几种职业技能等级证书及对应等级。

（4）加快实（验）训室功能升级，牵头建设职业教育培训认证基地。随着"1+X"证书制度的推进，把教学型实（验）训室升级为融教学、培训、自我训练、实（验）训项目开放、职业技能鉴定于一体的多功能实（验）训室，统筹规划建设可以辐射全市的培训基地。高校应统筹安排教师参与企业的课题研究，对企业开展技术服务等。另外，高校还要加强教师职业技能等级认定，推进实施"教学资格+鉴定资格"的"双师型"教师工作。

4.构建基于"1+X"课程模块的IT专业群课程体系

高校应以品牌专业计算机应用为核心，构建信息技术与财经商贸专业群，由计算机网络技术（含云计算、信息安全方向）、计算机应用技术（含软件方向、大数据应用技术方向）、计算机数码产品与维修专业组合形成通信与信息技术专业群，借助课程这一载体，实现职业资格融通和学历证书内涵融通，关注证书获得过程中的一体化课程建设。

（三）主要成果与经验

1.构建了职业院校课证融通的专业人才培养体系

鞍山职业技术学院通过"1+X"证书制度建设，促进了骨干专业群的发展。通过深入调研和科学论证，该校形成了"学校—系部—专业（群）"三级规划体系，学校在信息技术专业群、财经商贸专业群遴选10个"1+X"证书融通项目，覆盖师生1 000余人。

以网络安全方向的课证融通建设为例，在"1+X"证书制度建设的引领下，学校将计算机应用专业、通信技术专业的培养目标由面向全行业的生产维护岗位向数据网络系统、信息安全等岗位转变，在实践中，将证书中的职业素养、基础知识、技能要求与现有培养方案的课程体系、课程内容、课程目标进行逐项对比分析，采用新增课程、强化内容、能力转化等具体措施，对培养方案进行针对性的优化调整，增强人才培养与岗位需求的吻合度，以达到培养复合型技术技能人才、拓展学生就业创业本领的目标，详见表 7-1。

表 7-1 主要就业岗位与职业资格（技能）证书对应览表

序号	就业岗位	职业资格（技能）证书
1	系统管理员	MCSE
2	网络管理员	网络工程师证书（信息产业部）、CCNA 或 H3CNE、高级网络管理员（劳动部）
3	信息安全维护与服务员	ICDL 企业安全认证、国家信息安全产品认证证书、网络安全运维证书

2.校企合作实训基地建设

鞍山职业技术学院与超星集团、东软集团等达成合作意向，引入社会力量，开展数字资源建设及教学评价与诊断工作。鞍山职业技术学院依托行业、企业，构建校企合作共建共享机制，构建经费多元投入保障机制，发挥专业集群的优势，打造特色品牌。根据各项证书技能训练的需要，学校在原有基础上加强了与相应证书配套的实训基地建设，并同步建设特色、高水平专业群等。

3.混合教学改革，专业平台构建

学校于 2020—2021 年将"1+X"证书制度相关课程纳入学校人才培养方案课程体系，设置专业（专项）培训课程。学校还成立了相应的专业社团，利用每周的第二课堂，安排专业课教师进行指导训练；推进专业课程考核制度改革，即实现课程考核与获取职业技能等级证书的衔接，在授课结束后，学生要参加对应的等级证书鉴定。如果学生的现有课程知识与要求能达到完成工作任务所需的知识、技能与素养要求时，可以免修该门课程。学校还将教学与考核分离，选择专业平台课、专业核心课，组织统一命题、统一考试、集中流水阅卷的教学和考核形式。

鞍山职业技术学院利用学分银行信息平台、"1+X"证书信息管理服务平台等，尝试对学生的学习成果进行认定、积累与转换，重点围绕职业技能等级证书组织机构建设、师资培训、教材和配套学习资源开发、考试平台与考试题库开发、考核颁证、建设证书综合服务平台等试点任务，全面开展并高质量完成证书试点工作。

4.共建共享数字资源，综合实训和专项培训有效衔接

学校通过教师培训，建设高质量的、以企业岗位方向为引导的课程体系，包括视频课程、教学课件、配套微教材、实验环境等，促进混合式教学模式的改革，提高教学能力；通过在线平台，形成以实际操作、线上与线下综合评价为主的新型教学模式；通过整合各院校信息化教学资源，升级开发在线精品视频课程等优质数字资源，快速推动信息技术与教育教学融合发展。

高校统筹规划并建设鞍山智慧职业教育云平台，加强职业教育与在职职工培训"1+X"证书认证项目的融通；开展基于考试及证书认证的在校师生岗位技能培训、晋级提升培训、骨干人才培训；围绕5G通信、智慧工厂等专业方向，打造覆盖主要生产工种的线上与线下混合教学培训项目。

5.教师发展及人才培养质量大幅提高，技能大赛成果丰富

学校采用多元评价体系，注重对专业技术水平和职业能力的考评；在教学过程中，注意渗透职业资格考试教育，努力使学生获得本专业的职业资格证书；执行"1+X"证书制度相关政策，促使学生更好地掌握理论和技能知识，从而适应生产、建设、管理、服务的需要。

近年来，鞍山职业技术学院的信息技术类专业先后有多名教师获得省教学名师称号、被评为正高级职称，有多名教师在国家、省市级信息化大赛中获奖；多名学生在全国职业院校技能大赛中屡获奖励。鞍山职业技术学院承办辽宁省职业院校技能大赛、精品录播课竞赛、教学课件大赛、"人人通"空间教学大赛等，接待各级领导、省内外兄弟院校等各类考察百余人次。

（四）存在问题及思考

职业院校应充分考虑专业培养目标、教育师资、实训设备及教学管理实际情况，在申报试点专业时，要考虑本校专业人才的培养方向与区域经济的发展情况，相应的证书标准应为整个行业的标准。

"1+X"证书试点工作在资源建设、实训设备引进等方面，要杜绝重复建设、企业垄断、投入成本飙升等问题。因此，要建立行业质量标准和定价标准，坚持公益性原则，通过省级教育行政部门安排预算项目资金，支持"1+X"证书制度设计、职业技能等级标准开发、信息化平台建设等工作，形成"岗位导向、项目牵引、内容动态更新"的课程体系。

第三节 专业数字化转型策略

一、教育技术学专业课程教学实践模式探索

本研究将从教育技术学专业课程的教学实践环节着手，借助"互联网+教育"平台，依托社会各行业的技术资源与实践优势，创新学校教育教学的实践环节，培养顺应时代发展、满足社会需求的新型应用型人才。研究以鞍山师范学院教育技术学专业的本科生为研究对象，立足专业课程，汲取培养职业教育领域的应用型人才的经验，重点探索教育技术学专业课程教学实践的"三资"共享新模式。

教育部发布的《教育信息化十年发展规划（2011—2020年）》指出，高等教育信息化是促进高等教育改革创新和提高教育质量的有效途径，是教育信息化发展的创新前沿。要求加大对教育信息化相关学科的支持力度，优化本科生和研究生培养计划和课程体系；开发能有效培养师范生教育技术实践能力的信息技术和教育技术公共课；建设一批学科优势明显、课程体系完善、与实践领域对接的教育信息化专门人才培养基地。2018年教育部发布的《教育信息化2.0行动计划》指出，到2022年基本实现"三全两高一大"发展目标，建成"互联网+教育"的大平台，推动从教育专用资源向教育大资源转变，努力构建"互联网+"条件下的人才培养新模式、教育服务新模式、教育治理新模式。

（一）教育技术学专业课程教学实践现状及问题分析

1.教学实践现状

鞍山师范学院的教育技术学专业成立于2000年，教育信息化的推进和各种新型信息技术的应用，给专业学科领域带来了巨大变革。通过3次专业教学计划调整，学生实践学时的比例大幅提高。从表7-2中可以看出，2017版的专业课程实验实训为672学时，

占专业课程总学时的 45%。按照这样的课时安排，学生完全可以利用课程的实验实训学时快速提高自己的专业技能，满足社会岗位对教育技术学专业人才的需求。

2010 版、2013 版与 2017 版人才培养方案的教育技术学专业课程学时情况见表 7-2。

表 7-2　2010 版、2013 版与 2017 版人才培养方案教育技术学专业课程学时情况

版本	专业课总学时	理论学时	实验实训学时
2010 版	1 440	962	478
2013 版	1 612	1 111	501
2017 版	1 481	809	672

教育技术学专业通过共享教师教育发展中心的设备资源，基本上能满足专业课程的大部分实践教学任务，但其中一些技术要求较高的实践教学任务，如教育电视节目编导与制作课程中的"线性编辑"知识模块，由于场地不足、经费短缺、设备更新滞后，教师只能利用现有的资源进行简单示范，或借助图片、视频演示给学生。除此之外，负责实验实训教学任务的教师不是专任实验教师，而是由专业课的教师兼任。目前，教育技术学专业的专任教师有 8 人，他们既承担教育教学任务，又负责实验教学任务。因此，教师不仅要与时俱进地学习专业知识，而且要不断提高个人的专业技术能力，以便更好地对实验设备进行使用、维护、保养和管理。

2.当前教学实践的效果

每次人才培养方案的调整，都是为了适应社会对教育技术学专业人才的需求，为了满足社会的需求，新的专业课程规划都会不同程度地提高实践学时的比例。研究者发现，每届学生的专业能力并不会因为实践学时的增加而有大幅度提高。导致这个结果有两方面的原因：一方面是教师的平时观察和考核，根据课程实施过程中的实时观察及课程结束之后教师对学生实践能力检测的结果，能够完全掌握课程目标中要求的专业技能的学生仅占班级总人数的 10%左右，能基本掌握专业技能的学生为 50%，而剩下的 40%学生是未达标的；另一方面是学生的自评，研究者设计了一份学生专业能力自评表，从学习资源和学习过程中的设计、开发、运用、管理、评价五个方面设定了指标，让教育技术学专业的往届毕业生（以 2012、2013 级 2 个毕业班为例）和在校生（以 2014、2015 级 2 个班为例），根据学生目前的专业技能掌握程度来打分。根据分值统计，其结果与教师的评价基本吻合，这也说明学生能客观地评价自己在专业课程理论学习和专业实践中

的表现，一部分学生对自己的专业技能掌握情况并不十分满意。

3.问题分析

结合实践教学效果及现状进行分析，导致学生专业能力不足的因素有以下几个方面：

（1）专业选修课程的跨方向设置

鞍山师范学院的教育技术学专业每届只有 1 个班级，平均学生数为 26 人。由于学生人数少，教师人员不足，在开设选修课程时，常采用跨方向设课的策略。学生所学的专业知识有一定的广度，但因为学生缺少内化、细化、补充、组织专业知识以建构自身专业知识体系的能力，导致学生掌握专业知识的深度不够。

（2）理论与实践学时的失衡

鞍山师范学院的教育技术学专业在培养目标、知识能力、课程体系等方面，不断修改、完善人才培养计划。在 2017 版教学计划修订前，教育技术学研究方法这门课程从原来的 48 学时减到 32 学时，直接取消了实践课。这门课程看似理论性很强，但却不能忽略其中的教学实践环节。如果单纯地只进行理论讲授，学生就只是掌握了课程中"是什么"的内容，而对于"怎么做"则不能完全掌握，也就不能达到教学目标所规定的能力要求。因此，既要保证理论知识的讲授，又要平衡实践课占课程总学时的比例。

（3）现有实验室设施设备有限

教育技术学专业课程的实验实训活动是通过与教师教育发展中心进行资源共享，才能得以完成的。现有的设施设备在种类、数量、配置、更新等方面，影响了专业课程实验实训教学的完成，因此也就达不到教学大纲要求的实验效果，不能满足提高学生学习能力的需求。

（4）专任教师缺乏行业经验

由于缺少实验教师，教育技术学专业教师除了负责专业课程的讲授外，还要承担专业的实验实训教学任务。大部分教师基本能完成教学任务，而对于一些与行业相关的教学实践任务，就显得力不从心。例如，在教学系统设计专业课程的"培训系统教学设计"这一实践模块，要求学生能够为企业培训工作进行设计，这需要分析培训需求、确定培训目标和培训内容，以及选定培训平台、培训形式、制定培训评估标准等。为完成这一任务，学生要具备专业知识和行业经验，才能规范地制定出培训设计方案，而专任教师恰恰因为缺少行业经历，在指导学生时就稍显得力不从心。

（二）教育技术学专业课程教学实践"三资"共享新模式

课程教学实践模式的更新转变是为了适应时代发展需要和社会对人才的需求，应积极培养学生的专业素养，整体提高学生的专业技能，打造高素质、高技能、高水平的专业技术型人才。

1."三资"共享教学实践模式的概念

教育技术学专业课程实践教学新模式，即"三资"共享模式，指的是平台数据资源共享、教学软硬件资源共享和行业培训师资共享。平台数据资源共享指的是借助鞍山市内各行业的公共数据平台，根据其更新的社会就业需求数据，可以为教育技术学专业学生的就业创业提供分析指导。教学软硬件资源共享平台指的是学校与鞍山市多家企业及民营机构合作，建设见习实习基地，借助他们强大的软硬件资源优势，解决学校教育技术学专业由于设备不足而导致的学生技能不扎实问题，从而更好地完成教学实践任务。行业培训师资共享指的是聘请行业内的专职人员作为学生专业实践的指导老师，与专业教师共商共谋，一起为在校学生进行实践实训，甚至为学生未来的就业、创业提供专业指导和帮助。

2.开展"三资"共享教学实践模式的必要性

（1）满足社会对人才的需求

在现代社会，人才竞争越来越激烈，一个岗位可能需要胜任者掌握多种技能。例如，信息技术教师不仅要能教授信息技术课程，而且要能辅助学科教师设计和开发教学课件，负责学校活动的摄影摄像，管理和维护学校的计算机等电教设备。这就需要在人才培养的过程中重视对实践学时的安排与组织，合理、高效地开展实践教学活动，培养适合社会上各种教育技术岗位的复合型人才。

（2）强化理论知识，提高专业技能

理论是实践的阶梯，实践是对理论的检验。学生将理论知识付诸教学实践，一是可以有效地检验其对理论知识的掌握情况；二是可以强化其对理论知识的理解，弥补课堂上理论学习较为抽象的不足；三是有理论知识做基础，通过教学实践，可以促进学生掌握专业技能，提升专业素养。

（3）开放学生思维，培养学生创新能力

教学实践过程是学生探索发现的过程。面对一个新的问题或任务，学生要通过查询资料、协作讨论、相互合作，找到最佳的解决方案，这样的过程需要学生发散思维、勇于挑战、大胆创新，在探索中不断思考、尝试，培养学生的创造精神和创新能力。

3."三资"共享教学实践模式的作用

"三资"共享教学实践模式有效解决了学生专业能力不足的问题，从根本上保证了专业课程教学实践的高效进行。

（1）提供社会需求信息，明确就业创业方向

借助鞍山市各行业的数据平台，了解当前社会热门专业及就业岗位，分析社会需求及人才培养方向，找准着眼点，明确教育技术学专业实践教学的方向，与时俱进地更新和补充课程内容。

（2）弥补学时不足，平衡理论与实践教学比例

近年来，专业教学计划重新调整、修订，专业课程总学时和学分数都按相关要求相应地减少，按照培养复合应用型人才的要求，在教学计划中增加了实践学时，减少了理论学时。考虑到理论学时不足会使得学生基础理论掌握不扎实，因此在实际教学过程中，鞍山师范学院借助平台资源，让学生在课前学习理论知识，在课中通过答疑解惑、教学实践等操作强化学生对理论知识的掌握，在课后布置合适的小组项目任务，从而实现对知识的迁移。

（3）拓宽学生的教学实践视野，提高专业技能

鞍山师范学院与各行业建立教学实践联盟，进行资源共享，为学生提供专业的实践平台，使学生的视野得到拓展，提高专业了技能，强化了理论基础。另外，学校聘请的企业专业技术人员指导学生完成创业实训项目，使学生在见习、实践的过程中得到了行业培训教师示范性的指导和专业化的建议，达到了事半功倍的效果。

（4）为专业教师提供机会

新模式中的师资共享不仅是指企业的专业技术人员为学生的教学实践提供指导，而且教育技术学专业教师也会参与企业的日常业务和项目研发，体验企业的各项工作，增长行业知识和经验。

（5）为学生择业就业、企业选人用人提供机遇

借助互联网第三方平台，可以更好地宣传教育技术学专业特色、展示学生个人风采和作品，为企业和毕业生的双向选择提供更多的途径。通过平台和教学实践，企业可以了解学生个人的学业情况及专业能力，为本单位寻觅人才；学生也可以了解心仪企业的相关信息，进行多方选择。

4."三资"共享教学实践模式在专业课程中的应用

以教学系统设计课程中的"培训系统教学设计"这一实践模块为例，说明"三资"

共享模式在课程教学实践中的具体应用。教学系统设计的应用不仅适合学校的课堂教学,事实上,在任何教与学的活动场合中,都存在如何设定教学目标、如何分析学习者、如何呈现教学内容、如何开展教学活动、如何组织学习者进行学习,以及如何对教学效果进行评估等问题。因此,在一些成人的培训系统中,需要进行教学系统设计,如师资培训和企业培训。在课程教学实践中,为学生设定了这一层级的实践任务,目的是既让学生了解教学设计的应用范围,又能培养学生针对不同领域、不同层级的系统,熟练地进行教学设计的能力。

若为企业设计一份合理的培训方案,学生应先知晓企业的培训是面向市场的,目的是提高员工的绩效,从而为企业创造出更多的产品和更高的价值;企业培训的内容更应侧重综合性、实践性知识与技能,培训最终以员工绩效、员工业务能力提高作为评价标准。在着手设计之初,学生应先从合作单位中选定目标企业,借助数据平台——"三资共享"中的数据共享,了解该企业的业务范围及近两年的业绩统计,结合该企业以往的培训案例、员工日常表现等,具体分析该企业的培训需求。通过数据平台,学生能够高效、准确地明确培训需求,合理规划培训的基本形式和培训内容,选择合适的培训平台。

在进行企业培训的过程中,学生可以通过网络资源平台——"三资共享"中的软硬件资源共享,观摩学习同类或其他类企业的培训案例,为自己的设计提供参考和借鉴;也可以到企业中进行实地考察学习,为教学设计做知识储备;还可以请教行业培训教师,虚心听取他们给出的意见和建议,不断完善自己的培训设计方案。

结合"三资共享"中的教学实践模式,学生在完成企业培训设计这项专题实践时,相较于以往有了很大的不同。首先,学生在合作单位的数据平台上检索业务案例,比以往在网络上检索要方便、快捷得多,而且资源丰富、多样,可用性强;其次,行业培训教师的参与指导以及学生的实地考察,为学生专业实践技能的提高提供助力。以往学生在进行系统培训设计时,设计方案往往在培训需求、培训内容或培训形式、培训评估等方面,分析、设计得不够全面、准确、专业、细致,而专任教师由于缺少企业一线经验,在细节指导上存在不足。师资共享不仅可以帮助学生更好地完成实践任务,而且可以为教育技术学专业教师提供行业锻炼的机会。学生通过锻炼,相关技能得到了提高,所学知识得到了内化,为今后继续学习和工作积累了宝贵的财富。

二、学前教育专业硕士研究生信息技术能力分析与培养对策

2020 年初，新冠肺炎疫情暴发，使线上教学成为全国大、中、小学校教师进行教学活动的主要方式。线上教学的开展，对教师的信息技术能力提出了较高的要求，熟练运用信息技术成为当时教师的重要任务之一。

在当前和未来的教学活动中，信息技术能力都是教师必须掌握和熟练使用的技能之一。在新冠肺炎疫情期间，幼儿园教师与其他各级教师一样，他们的工作常态也是通过信息技术手段，与幼儿进行线上交流、开展线上活动、掌握幼儿居家动态等，这使得幼儿教师的信息技术能力面临考验。作为幼儿教育发展的准教师，学前教育专业学生的信息技术能力成为本次研究的关注对象。在开展线上教学活动时，教师需要选用合适的在线平台，熟悉在线平台的操作功能，挑选或创建在线资源，合理组织在线教学，并能够迅速调整、改进在线教学中出现的问题等。从线上教学的各种失败案例中可以发现，教师们的信息技术能力是关键影响因素，这些失败案例反映出教师的信息技术能力水平有待提高，引发了研究者们对教师信息技术能力的关注。

（一）研究背景

2012 年，教育部正式发布了《教育信息化十年发展规划（2011—2020 年）》，同年颁布了《幼儿园教师专业标准（试行）》，2016 年印发了《教育信息化"十三五"规划》，2018 年印发了《中共中央 国务院关于学前教育深化改革规范发展的若干意见》，一系列文件都对幼儿园教师的信息技术能力提出进一步要求。但与中小学教师相对成熟的信息技术类培训相比，目前，针对幼儿园教师的培训较少，缺乏相对成熟的培训方案，导致学前教师的信息技术能力整体较低。完善教师培养体系，应从学前教育专业的学生着手。制订专业培养计划、创新培养模式、优化培养课程体系，是从根本上解决幼儿园教师信息技术能力问题的关键。

学前教育专业硕士研究生是未来幼儿教师队伍中的高学历群体，承担着学前教育发展的重任，该研究从文献分析入手，辅以访谈调查，了解学前教育专业硕士研究生现有的信息技术能力水平，找出他们在信息技术能力方面的问题，并提出培养对策，为学前教育专业人才培养提供参考依据，为幼儿园教师队伍建设培养复合型人才。

（二）幼儿园教师信息技术能力的内涵

信息技术能力可以看作运用信息技术解决实际问题的能力，即信息技术应用能力。在国外，信息技术能力最早出现在企业中，它是企业技术人员的专有能力。国内学者对信息技术能力的研究相对较晚，他们将信息技术与应用这种技术的群体相结合，赋予信息技术能力不同的内涵。华南师范大学的焦建利教授从两方面定义了信息技术能力：一方面是教师本身所具备的信息技术知识与素养，另一方面是教师能够将技术和学科教学与自身发展相融合的能力。这种定义很好地诠释了教师不仅要学会信息技术知识与技能，而且要能够在学科领域运用这些知识与技能。

2014 年，教育部发布了《中小学教师信息技术应用能力标准（试行）》（以下简称"《能力标准》"），将教师信息技术能力标准化、规范化、维度化，为开展教师信息技术能力培养、培训和测评等提供了依据。《能力标准》分为技术素养、计划与准备、组织与管理、评估与诊断、学习与发展的 5 个维度和 25 条细则，《能力标准》除了适用于中小学教师外，幼儿园和中等职业学校教师也可参照执行。《能力标准》中的前 4 个维度又从应用技术优化课堂教学和应用技术转变学习方式两方面，对教师的信息技术应用能力作出了基本性要求和发展性要求。应用技术优化课堂教学的基本性要求，主要指教师能够利用信息技术进行讲解、启发、示范、指导、评价等教学活动，可以认为是教师的课堂教学活动，简称"教"；应用技术转变学习方式的发展性要求，主要指教师在具备网络学习环境或相应设备条件下，利用信息技术支持学生开展自主、合作、探究等学习活动，可以认为是教师为学生创设学习活动应该具备的环境，简称"学"。因此，这两方面的活动可以统称为"教与学活动"。

综上，通过对《能力标准》的 5 个维度加以概括（见表 7-3），结合幼儿园教师工作的实际特点，可以得出，幼儿园教师的信息技术能力是指幼儿园教师具备一定的信息技术意识，掌握信息技术的基本原理与方法，能够利用信息技术设计、组织、管理、评估与诊断幼儿园的教与学活动，开发幼教资源，并且能利用信息技术进行反思，不断促进自身专业发展与自我成长的能力。

表 7-3　幼儿园教师信息技术能力

信息技术应用能力维度	具体描述
技术素养	具备信息技术意识，掌握信息技术基本原理与方法
计划与准备	能够利用信息技术设计幼儿园教与学活动，开发幼教资源
组织与管理	能够利用信息技术组织与管理幼儿园教与学活动
评估与诊断	能够利用信息技术评估与诊断幼儿园教与学活动
学习与发展	能够利用信息技术进行反思，不断促进自身专业发展与自我成长

（三）学前教育专业硕士研究生信息技术能力分析

研究者们在文献分析的基础上，通过访谈调查，发现有些学前教育专业的硕士研究生可以借助信息技术进行自主学习，具有检索与管理信息和操作网络多媒体设备的能力。他们具有较好的信息技术计划与准备能力和组织管理能力，且会根据实际情况进行评估判断，以提高自己的信息技术技能，这部分被调查者有些在高中阶段接受过信息技术课程学习，有些在本科阶段学习过类似于现代教育技术的教师教育类课程，因此他们具有一定的信息技术基础知识。还有些学生能够借助网络资源学习信息技术知识，进行自我提升。可见，在学前教育硕士研究生阶段，随着年龄的成熟和专业见识的拓宽，与本科生相比，硕士研究生的信息技术能力更好一些，个人发展的自我意识更强一些。但仍有学生的信息技术能力比较薄弱，可以从信息技术能力的 5 个维度进行剖析：

1.技术素养维度

调查发现，学前教育专业硕士研究生的技术素养处于一般水平，虽然有部分学生具备信息技术基础知识，会操作通用软件，但还不能达到熟练应用的程度，很多学生对多媒体、网络的硬件设备不够熟悉，对其基本原理与方法不了解，以至出现问题时难以独立解决，因此学校应该重点考虑这些方面，特别要注意到学生们的信息技术起点和能力有所差异，进而在信息技术知识掌握、分层教学等方面加以重点思考。

2.计划与准备维度

大多数学前教育专业的硕士研究生都能够利用信息技术下载和整理资料，他们会根据需要设计、制作教学资源，他们在这方面的信息技术能力是值得肯定的，在今后应该持续努力，但在某些资源创作方面还存在短板，如利用思维导图工具创作游戏活动，以此训练幼儿逻辑思维等，他们在工具运用方面的能力应该重点提高；从另一个角度来看，在设计这样的游戏活动时,除了思维导图工具,是否还可以选用其他的媒体资源?可见,学生在利用信息技术设计教与学活动时的综合能力还有待提高。

3.组织与管理维度

为提高专业技能,学前教育专业的硕士研究生不仅在平时的课程中有实践训练,而且要有专业见习、实习锻炼,进而能够胜任组织与管理课堂教学的工作。但在实际的在线教学中,幼儿天性好奇,活泼好动,又善于发现探索,线上与幼儿交流,幼儿会被这种新奇的方式吸引注意力而对教师失去"兴趣",因此平时线下5~10 min 的游戏活动在线上就难以按时完成,尤其是对教学经验不足的学前教育专业硕士研究生来说,更是难上加难。如何利用信息技术组织、管理线上、线下的教学活动,如何与幼儿及其家长进行沟通和交流,这些都是学前教育专业硕士研究生需要重点考虑的问题。

4.评估与判断维度

学前教育专业的硕士研究生能够利用信息技术工具评估自己与评价他人,通过调查发现,他们在这一维度的表现良好。在幼儿的教育过程中,需要教师多观察、收集幼儿在活动中的表现及行为变化,并及时与其家长进行沟通。

5.学习与发展维度

在学前教育专业硕士研究生的课程设置中,会开设信息技术类通识选修课程,如现代教育技术、幼儿园多媒体教学技术课程,但会有一半的学生没有选修过这类课程,可见,学生并没有认识到信息技术能力对自己未来职业发展的作用和影响,对自身的职业发展关注不够。因此,学前教育专业的硕士研究生欠缺学习与发展维度的信息技术能力。

(四)学前教育专业硕士研究生的信息技术能力培养策略

1.树立信息技术意识

学前教育专业硕士研究生缺乏专业教学的信息技术意识,一部分原因是学生对教育信息化的大背景认识不足,对信息技术的了解与知识的掌握不充分,因此学校应该开设信息技术类的培训和课程,强调教育信息化与信息化教育的关系,让学生认识到信息技术在时代背景下的地位和作用以及对其自身专业发展的影响等,以此帮助他们树立良好的信息技术观念和信息化意识。

2.强化信息技术知识的学习和掌握

2012 年,教育部发布《幼儿园教师专业标准(试行)》,该标准在专业知识维度的通识性知识领域,要求幼儿园教师具有一定的现代信息技术知识,从国家层面对幼儿园教师的综合素养进行了规范化要求。学校在课程设置中，应强化信息技术类通识课程的地位，将选修课程设置成选修中的必修课。另外，学校除了开设信息技术类通识课外，还应该加强信息技术拓展训练或开设信息技术拓展课程，如幼儿动画、儿童趣味数字图形课程等，培养学前教育专业硕士研究生的多媒体创作能力、图形图像处理能力及运用信息技术设计活动的能力。

3.促进信息技术与其他课程的有效融合

单纯地掌握信息技术能力并不是教师真正的能力，能将信息技术与其他学科和课程进行整合，才是信息时代下教师应具备的能力。在学前教育专业硕士研究生的专业课程教学中，应将信息技术融入其中，创设无意识教学情境，让学生体验信息技术与专业课程的融合，于无声处感受信息技术的魅力。这样的耳濡目染会帮助学生逐渐增强信息化意识，提高信息化教学的敏锐度，在未来走上工作岗位时，他们自然也就能够将自己的所学、所知、所看付诸实践了。

4.提供多元化的信息技术实践空间

学校要将实践的关注点更多地放在学前教育专业硕士研究生的信息技术能力上，即在专业课程的实践教学环节，设计一些能锻炼学生信息技术能力的实践内容，如利用信息技术创设故事情境、开发幼儿教学资源或游戏材料等；在教育见习和教育实习中，应将信息技术与幼儿园课程相整合；学校应提供信息渠道，支持学生积极参加各级机构举办的信息技术类专业大赛，对取得优异成绩的学生给予奖励；鼓励、支持学生利用互联网创建微博、微信公众号等，发挥专业优势，为幼儿及其家长提供志愿服务。

5.建立信息技术能力的多元考核评价体系

考核评价是衡量学生能否掌握专业知识、完成教学目标的一种手段。对学前教育专业硕士研究生的信息技术能力的评价，应呈现多元化，客观、公正地衡量他们的信息技术能力。首先，评价主体应多元化，学校、社会、同行都可以作为评价主体。其次，评价方式应多元化，在信息技术类课程考核中，应注重采用形成性评价与总结性评价相结合的方式，既要关注学生信息技术能力养成的过程，又要关注信息技术能力养成后的实力呈现。总之，随着信息时代的发展，对教师信息技术能力的要求也会发生变化，作为准教师的学前教育专业硕士研究生们应时刻准备着，不断充实自己，向更高的目标迈进。

三、信息技术类专业群的拓展与实践

（一）项目背景

新一代 IT 技术是信息技术发展和服务模式创新的集中体现，是承载各类运营的关键基础设施。特别是伴随着 5G 技术的发展，云计算与网络安全、人工智能、大数据等新兴技术组成了智能化基础设施，以"中国制造 2025"和"互联网+行动"为导向，推动制造业与互联网深度融合。运用新一代信息通信技术，改造传统产业，发展新兴产业，加快产业转型升级，不断催生新业态、新模式，已经成为现在中高等职业人才培养模式改革的重点。新一代信息技术产业需要大量精通 IT 技术、熟悉业务、了解装备、具有自主学习能力和全面素质的复合型技术技能人才。

中共中央办公厅、国务院办公厅印发的《关于深化教育体制机制改革的意见》指出，要完善、提高职业教育质量的体制机制，推动形成具有职业教育特色的人才培养模式。《现代职业教育体系建设规划（2014—2020 年）》明确提出，要培养一批能够支持产业转型升级、加速先进技术转化应用、对区域发展有重大支撑作用的高水平应用技术人才。2017 年 12 月，国务院办公厅印发的《关于深化产教融合的若干意见》指出，要深化产教融合，促进教育链、人才链与产业链、创新链的有机衔接。在教育部修订的《中等职业学校专业目录（2010）》中，确定增补 46 个新专业，以适应数字经济、人工智能产业的深入发展。2021 年 4 月，教育部印发了《职业教育专业目录（2021 年）》，旨在推动专业升级和数字化改造，提高职业教育的适应性。

鞍山市职教城是鞍山市委、市政府在"十一五"期间的重大民生工程。目前，鞍山市职教城入驻 11 所院校，共开设信息商贸、交通物流等 167 个专业，在校生 2 万余人，现已发展为全国规模最大、设备最好、专业最齐全、功能最完善的职教园区之一。2020 年 5 月，经教育部同意，鞍山职业技术学院备案设立。鞍山职业技术学院对鞍山地区深化职业教育改革、加快产教融合发展、深入实施"两翼一体化"经济发展战略、深化城市活力建设，起到了有力的推动作用。2020 年 7 月 23 日，鞍山职业技术学院举行了校企合作签约、客座教授聘任暨揭牌仪式，在仪式上，鞍山职业技术学院与鞍钢集团、东软教育科技集团等签订了校企合作协议。此次签约合作，双方将整合各自的优势资源，依托企业优势及教育积淀，在办学和产教融合两个层面进行深入合作，推进校园信息化建设，打造优势专业，围绕新一代信息技术产业和"互联网+医疗健康"等产业的发展需求，共建有特色的数字产业学院及医疗健康科技产业学院，培养大批高素质的应用型技能人才，为推动鞍山市产业转型升级、振兴东北老工业基地作出积极贡献。

（二）建设思路

本项目以鞍山职业技术学院为背景，在"统筹共建·产教融合·四链驱动"的模式下，研究在教育信息化 2.0 时代的背景下，通过产教融合，开展信息技术类专业群的教育教学改革、专业拓展与创新管理，以推动鞍山职业技术学院建设为抓手，助力加快构建中国特色职业教育的"鞍山新模式"。

该项目以校企合作为平台，交流教育改革与发展经验，并从两个层面推进工作：一是在办学层面建设有特色的专业骨干群，二是在产教融合层面建设有特色的产业学院。通过拓展信息技术专业群而引起集聚效应、规模效应，提高专业竞争力。以统筹共建的重点专业为龙头，对园区内服务于相同技术与服务领域、技术理论基础与核心能力要求相近的专业进行整合，实现共享实践场地、课程、师资等教学资源，提高教育投入的产出比，减少教育成本，促进学校专业建设由注重"规模"向注重"内涵"转变，形成核心竞争力，从而促进科技创新和知识流动，大力提高学校服务产业集群及区域经济的能力和水平。

该项目以新一代信息技术云计算、移动互联、大数据、物联网、人工智能、网络安全（云移大物公安）为核心，着眼于助力、提升辽宁省智能制造产业的转型升级与发展，促进两化融合；面向移动互联网、云计算、大数据、虚拟现实、网络空间安全、物联网、智能制造领域，聚焦新一代信息技术，以软件技术专业为核心，以移动应用开发、计算机网络技术、物联网应用技术、计算机应用技术、数字媒体应用技术专业为基础，拓展云计算、大数据、人工智能、网络空间等专业方向。

该项目依托东软教育科技集团，建设鞍山职业技术学院，整合鞍山信息工程学校、鞍山技师学院的核心专业群，涵盖硬件生产设计、软件开发应用等，形成一个庞大的信息产业链，兼顾软硬件开发设计、各生产环节技术工艺和操作技能等需求。该项目结合专业群的运行特征和结构特征，通过将专业群与专业群资源进行整合，以"双元制"为依托，构建"学历证书+若干职业技能等级证书制度（'1+X'证书制度）"，将鞍山市职教城内各学校的相关专业建大建强，形成具有鲜明特色的专业群，服务新一代 IT 信息产业。

（三）理论与实践意义

拓展专业群建设，有利于引导学校依据自身和地方经济的发展需要，确立专业发展方向和重点，突出优势，优化布局，错位发展，彰显特色，避免专业设置"同质化"，在整合优化与共享教育资源的同时，发挥优势专业的辐射作用，促进相关专业水平的提高，提高专业建设的整体效益。专业群建设有利于专业间形成合力，发挥专业的集群优势，提高专业服务能力，增强校企合作的广度与深度。在专业集群的视角下，通过"互联网+大平台"的建设与应用，可以发挥专业集群优势，打造特色品牌，优化课程设置。通过引进"现代学徒制"与"双元制"，可以优化顶岗实习评价体系，提高人才培养质量，强化专业建设，从而提高专业服务产业能力。通过产教深度融合，可以深化学校教育教学改革，促进教师专业成长，促进专业内涵建设，充分发挥名师的示范引领作用，形成一批以名师为核心的高层次教学团队和专家型教师群体；通过产教融合，打造集人才培养、实践研究、科技服务、企业经营于一体的办学模式。

该项目通过产教融合、校企合作，开展信息技术类专业群的教学改革，系统开展高技能人才培养、校企共建生产性实习基地、"双师型"教师培养、专业动态调整等工作，打通产教融合的"最后一公里"。通过创新思维，实施专业建设、课程建设及教学模式改革，在专业人才培养方案的制定、课程体系的设计、教学案例和教材的设计等方面，进行融合、创新，推进人力资源供给侧结构性改革，完善专业动态调整机制和教学标准，创新教学方式，提高实训条件，从而加快现代职业院校建设与发展的步伐，助推职业院校深化人才培养模式改革，对提高人才培养质量、提高职业院校核心竞争力、推进自身改革与发展具有重大的意义。

（四）建设内容

1.改革创新专业群人才培养模式，构建IT专业群课程体系

专业群是专业建设的"升级版"，专业群外部对接产业链或岗位群的需求，内部促进专业协作和资源共享。学校通过开设技能竞赛、创新创业、第二课堂等拓展模块的教育教学内容，探索基于不同层次、不同生源的灵活学制，制定专业群内学分积累或转换制度，通过"1+X"证书制度的运用，引导并帮助学生完成相应专业知识技能模块的学习，逐步完善高水平专业群人才培养特色方案。

高水平专业群面向高端产业，构建高水平技术技能人才培养体系，打造技术技能创新服务平台，是职业院校办学特色、办学水平和办学效益的集中体现。产业发展是专业

群建设的外驱力，是专业群组建的逻辑起点。高水平专业群紧贴区域产业结构调整规划，围绕区域经济发展战略规划的支柱产业和新兴产业，优化资源配置，动态调整专业结构，推动教育链、人才链和产业链、创新链的有机衔接，从而有效服务企业技术研发和产品升级，为增强产业核心竞争力提供有力支撑。

鞍山市职教城基于"云、移、物、工、大"建设的新一代信息技术专业群如图 7-2 所示。

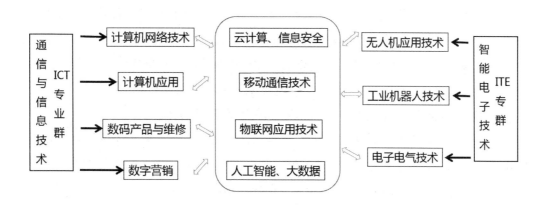

图 7-2　鞍山市职教城基于"云、移、物、工、大"新一代信息技术专业群示意图

学校以信息技术为主干，开设了 15 个专业共 58 个教学班，将计算机应用、电子商务、电子与信息技术三个专业有机整合，构建以服务网络电商产业链为特色的信息技术专业群。现有信息技术类专职教师 45 名，其中，教授级高级讲师 3 名，名师、专业带头人 5 名。信息技术实训基地现有建筑面积 11 595.5 m²，有工业机器人、物联网、软件编程、动漫制作等 33 个实训室，学生用计算机 1 000 余台。学校现有的校园网络为十万兆核心、千兆主干，防火墙、路由器、服务器 20 余台，学校实训设备、设施资产总值为 2 560 万元。学校通过以品牌专业计算机应用为核心，构建了信息技术与财经商贸专业群，由计算机网络技术（含云计算、信息安全方向）、计算机应用技术（含软件方向、大数据应用技术方向）、计算机数码产品与维修专业，组合成通信与信息技术专业群，即 ICT 专业群。

鞍山技师学院电气系现有专任教师 40 名，其中，教授级高级讲师 2 名、高级讲师 20 余名。在专任教师中，有省级专业带头人 2 名、国家级机电竞赛裁判员 2 名、国家职业技能鉴定考评员 8 名。学校通过招、聘、训、转、调等途径，加大专业师资队伍建设的力度，学校设置了电子焊接、单片机、电力电子、照明控制、电气控制等实训室，设施设备能满足教学需要。学校基于相关岗位群，以夯实学生可持续发展的基础和拓展就业、创业本领为目标，依据岗位技能需求及其相关性，把应用电子技术、工业机器人技术运用、无人机技术等专业组合成智能电子技术专业群，即 IET 专业群。

计算机应用专业及电子电气专业经过多年的建设，都成为省级品牌专业，各方面基础雄厚，办学力量强，社会认可度高，分别以这两个专业为重点组建了 ICT 专业群和 IET 专业群，而两个专业群的相关专业在技术领域和岗位设置上又有交叉性，因此结合专业群的运行特征和结构特征，可以将 IET 专业群与 ICT 专业群的资源进行整合建设和共享共用，将相关专业建大建强，形成具有鲜明特色的"云、移、大、物、工"专业群，服务新一代信息产业。专业群组建后，可以实现教学资源的共享和教学投入产出的最大化，包括教学团队、实训资源、课程资源、合作企业资源等的共享共用。

2.成立校企合作委员会，制定人才培养流程总体框架

学校依托东软教育科技集团、中国科学院自动化研究所、华三通信等企业，基于 OBE 教育模式，制定了人才培养方案，整合鞍山市信息工程学校、鞍山技师学院两所职业院校的核心专业群，涵盖 26 门主干专业课程，制定了人才培养流程的总体框架。

学校成立校企合作委员会，由学院领导、企业领导、学科带头人与企业技术专家等共同组成。该合作委员会的宗旨是实施产学研用相结合的校企合作总体规划，统一组织、管理、指导、协调、审核、监督校企合作工作的全过程；推进校企合作体制机制建设，建立健全相关制度，完善校企合作工作的运行和管理体系；组织制定校企合作中长期发展规划，探索多种形式的校企合作人才培养模式；加强与企业、行业及政府相关部门的联系，推动协调院（系）与企业、行业及政府间的合作。

校企合作委员会的主要职责如下：制定、通过校企合作发展规划，包括师资建设、课程改革、培训开发、产教结合、实习就业等内容；组织校企双方领导与各类专家召开校企合作会议，研究解决实施中的问题，总结成绩、经验与教训；组织、聘请专家教授与企业管理技术专家，进行人才培养诊断，提出改进意见与建议；组织企业家论坛学术报告会或校企合作联谊会、报告会等，加强校企合作的沟通与工作交流；整合校企合作资源，指导、协调校企合作工作的健康发展。

校企合作人才培养流程总体框架如图 7-3 所示。

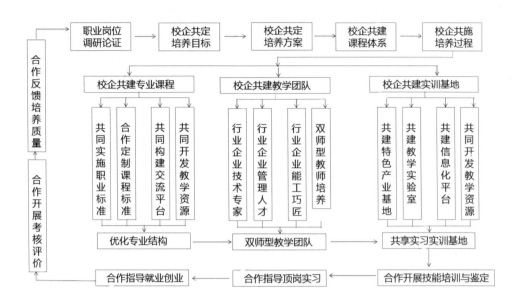

图 7-3　校企合作人才培养流程总体框架图

3.围绕品牌与基地开发教学资源、拓展实训基地建设

近年来，鞍山市职教城通过统筹管理、资源共享等方式，整合专业群建设，将鞍山地区的信息技术类专业统一划归到鞍山市信息工程学校，实现在资源、设备、人才方面的高度共享。集中各院校信息化资源、资金、人才、技术优势，开发电脑端、移动端平台，整合并系统集成鞍山市职教城原有各系统平台（教学资源、公共管理、监控平台等），避免重复建设。

鞍山市职教城实施专业群教材与教法的改革，依托"互联网+职业教育大平台"的创新模式，以专业群课程资源库为载体，全面推行教法改革与创新；通过在线教育的方式，针对某些课程的教学限制因素，创新开展了直播教学的模式；节约教学场地和校区运营人员等各类杂项成本支出，缩减在线教育师生出行的、成本，并把这部分支出用于聘请高水平专家与技能大师，与鞍山市职教城内的师生合作共建优质资源，创新开展"处处时时可学，处处时时能学"的在线教育培训新模式。同时，通过跟踪产业前沿，邀请企业专家开展专题案例教学；对接行业及职业标准，开设实践性课程，注重培养学生的职业能力，通过共聚校企优势，合力建设集实践教学、企业生产、社会培训、技术服务于一体的共享型产教融合实训基地，更好地服务于高素质、复合型人才的培养工作。针对实训基地运行过程中资源共享、远程协作、在线预约等需求，形成集校企主体互动、资源共享、科学管理等功能于一体的实践教学基地和信息化平台；通过校企共建校外实训基地，深化人才培养模式改革，确保复合型技术技能人才培养的质量，在校企共建、共育过程中，以真实环境、真实项目和真实压力为载体，创新生产性实训教学模式，构建基于岗位需求的实训实践中心，真正实现产教对接。

对于专业基础课程及"1+X"证书培训课程，鞍山市职教城实行实训项目统一编制，共享公用模式，有选择性地开展与校外企业的合作及实训基地建设，满足专业群多专业顶岗实习和实践活动的需求；与IT产业生态链各环节知名企业东软集团等开展合作，建立校外实习实训基地，建立与产业对接的实验实训基地。实训室要按照真实的企业开发流程、规范和标准设计，构建以实际项目为背景的实践教学体系，搭建面向企业真实开发环境的实训场景，培养、提高学生的实践能力，提升学生的职业素质。

4.打造"专兼一体"的"双师型"教学团队

学校应优化教师考核评聘机制，积极引导传统信息类专业教师向人工智能等新兴专业转型；建设数量充足、专兼结合、结构合理、德才兼备的高素质教学创新团队，通过聘请在业内有权威、在国际上有影响的专业群领军人才，支持专业群建设，培育校内专业带头人；通过选派专业群骨干师资研修访学、承担教研和科研项目等，充分发挥专业带头人的"龙头效应"。学校应遵循理论和技能同时发展的中高职教育师资成长规律，促进教师知识结构的更新和技能的提高；在实操实训课程中，尝试运用现代学徒制人才培养模式，引入企业技术工程师、和产品等辅助设备，建设真实的实训环境，由企业工程师对学生进行一对一的实践指导。

学校应依托专业群建设，实现产教协同育人，支撑服务创新驱动发展。学校应以计算机应用技术专业为核心，与计算机网络技术、云计算技术等专业组成人工智能专业群，以培育智能技术应用人才、大数据分析应用人才、云计算平台和Web前端开发人才为目标，创新"多平台融合"的人才培养模式，建设校企联盟；依托东软集团的教育平台、产业平台、科研平台的资源优势，对专业群教师进行全方位的师资培养，快速提高教师的管理、教学及技能水平。

专业主任、骨干教师是学校教学改革和人才培养的主力军，提高专业主任、骨干教师的技能水平，可以提高学校的专业质量和办学实力。学校应为教师定制与专业相关的前沿技术培训体系，以提高教师的专业技能水平，并按照专业，开展分阶段培训。除此之外，学校还应落实"双师型"教师队伍建设，选派专业教师脱产到企业进行挂职（岗）

实践，落实职业院校的专业课教师每年累计不少于1个月的企业实践制度；提高专业教师的实践教学能力，结合参训教师的个人知识、能力和素质情况，为每位教师制定个性化顶岗实训方案，保障顶岗实训效果，或进行一对一导师辅导，安排经验丰富的工程师作为工作导师，对所有参训的教师进行有计划、有步骤、有重点的培养。

5.资源整合，建设"互联网+职业教育"大平台

统筹规划建设鞍山智慧职业教育云平台，立足于鞍山职业技术学院的规划，对标"服务一市，示范本省，辐射全国"的总体要求及发展理念，打造鞍山市在线教育基地；围绕5G通信、养老医疗、智慧工厂、智慧旅游等专业方向，打造覆盖主要生产工种的精品技能线上与线下混合教学培训项目；开发满足混合式教学要求的模块化课程教学资源，构建基于"课程学习+能力拓展+员工进修+技能培训"的开放共享型课程教学资源库（如图7-4所示）。应着力开发以提高知识能力为目标的学历课程资源、对接工作岗位要求的职业技能提高培训课程、紧跟行业发展趋势的职业素质拓展课程、与国际职业标准接轨的创业孵化课程等，创新以专业群岗位工作能力为目标的课程学分与课程标准，促进专业教学资源库、在线开放课程等教学资源建设，及时融入行业新技术、新工艺和新规范，满足学生、企业员工和农民工等不同层次群体的学习需求。

图7-4 贯通课程群平台示意图

积极开展高水平、一体化教学资源建设。通过校企合作建设一体化课程资源（如图7-5所示），规划建设课程，其中包含计算机应用技术、软件技术、大数据技术与应用、人工智能技术服务专业的基础课程与专业核心课程共50门。

课程资源建设以成果为导向，将能力指标分解落实到课程、项目、专题和活动中，构建理论实践一体化、以实践能力培养为导向、以实际项目为牵引、内容动态持续更新的课程资源。每门课程资源都包含了课程标准、教学方案、课件、视频微课、作业、题库等内容。

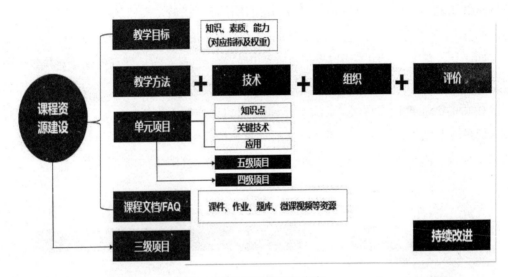

图7-5 课程资源建设内容

（五）项目建设进度与规划

项目建设进度与规划详见表7-4。

表 7-4 项目进度与规划

序号	项目名称	项目分项	2019 年	2020 年	2021 年	2022 年	2023 年
1	项目一:信息化校园建设	信息化校园建设	1.教务管理系统; 2.OA 办公平台; 3.人才培养方案管理平台; 4.毕业设计管理平台; 5.在线课程学习平台; 6.课程实践平台; 7.考试管理平台; 8.课堂勤系统; 9.素质教育与创新创业平台; 10.教学质量评价系统	1.统一身份认证平台; 2.数据服务平台; 3.专业技能测评平台	1.学生定位系统; 2.综合成绩管理平台; 3.智慧学工系统; 4.领导驾驶舱系统	信息化校园平台软件维护、更新	信息化校园平台软件维护、更新
2	项目二:数字产业学院建设	一体化人才培养体系建设	1.计算机应用技术专业人才培养方案建设; 2.专业标准、课程标准、项目标准、活动标准体系建设	软件技术专业人才培养方案建设	人工智能技术服务专业人才培养方案建设	大数据技术与应用专业人才培养方案建设	无
		课程资源建设	计算应用技术专业职业基础课程、职业岗位课程、职业延展课程资源建设	基础课程、职业岗位课程、职业延展课程资源建设	人工智能技术服务专业职业基础课程、职业岗位课程、职业延展课程资源建设	课程资源内容更新	课程资源内容更新
		实践项目资源建设	实践项类资源建设	无	无	实践项目资源内容更新	实践项目资源内容更新

续表

序号	项目名称	项目分项	2019年	2020年	2021年	2022年	2023年
2	项目二：数字产业学院建设	实训项目资源建设	无	软件项目开发实训实验室资源建设（软件测试）	大数据与人工智能实验室资源建设	实训项目资源内容与技术更新	实训项目资源内容与技术更新
		实验实训基地建设	无	软件项目开发实训室建设	1.大数据人工智能云实验室建设；2.智能网联汽车实训基地建设	实验室平台软件模块更新	实验室平台软件模块更新
		师资队伍建设	1.职业素养类培训；2.教学能力培训	专业技能培训（计算机应用技术、软件技术）	1.专业技能培训；2.产业联盟企业顶岗实践	东软产业联盟企业顶岗实践	东软产业联盟企业顶岗实践
		讲座与竞赛活动	创新创业讲座活动（2场）技能竞赛活动组织（1场）	创新创业讲座活动（4场）技能竞赛活动组织（2场）	创新创业讲座活动（4场）技能竞赛活动组织（2场）	创新创业讲座活动（4场）技能竞赛活动组织（2场）	创新创业讲座活动（4场）技能竞赛活动组织（2场）
		东软数字工场实训教学	无	无	学生到东软数字工场集中实训教学（计算机应用技术专业）	学生到东软数字工场集中实训教学（计算机应用技术专业、软件技术专业）	学生到东软数字工场集中实训教学

（六）建设成果

2019—2021 年，通过学校内部数据治理体系，学校的专业群质量建设持续推进。2019 年 12 月，鞍山市信息工程学校通过了教育部中央电教馆"国家职业院校数字校园实验校"的终期评审，标志着学校在专业人才培养方案制定、实训基地建设，教材和数字资源等方面，迈入全国一流院校的行列。信息技术类专业群建设通过融合创新，助力鞍山职业教育"新模式"，提高了人才培养的质量和职业院校的核心竞争力。其具体的措施有如下几个方面：一是围绕产业链和职业岗位，以核心专业为主，构建专业群；二是名师引领，构建新型课程体系与技能人才培养模式；三是围绕专业群，开发教学资源，拓展实训基地，教学成效显著提高；四是持续优化专业群布局，构建智慧教育新生态。具体的建设成果详见表 7-5。

表 7-5　建设成果一览表

奖项＼年份	2019 年	2020 年	2021 年
新增专业（方向）	人工智能计算机应用（网络安全方向）	工业机器人（3+2）电子商务	软件技术（3+2）现代通信技术（3+2）
教学成果奖	省级教学成果奖二等奖 3 项	无	省级教学成果奖二等奖 6 项
实训基地建设	省级 VR 虚拟仿真实训基础	电子商务应用等"1+X"实训室 3 个	无
网络课程及教学资源	通过"国家职业院校数字校园实验校"终期评审	网络课程 75 门	省级精品课 1 门教学资源 3 万个
学生技能大赛	国赛二等奖 1 项省赛一等奖 2 项	国赛三等奖 1 项省赛一等奖 2 项	无
教师教学能力比赛	市赛一等奖 3 项	省赛三等奖 1 项	无
教师发展	正高级 2 人	正高级 1 人省教学名师 2 人	正高级 1 人

1.围绕产业链和职业岗位，以核心专业构建专业群

通过深入调研和科学论证，学校形成了"学校—系部—专业（群）"三级规划体系

（见表7-6），积极响应国家战略部署，主动对接鞍山市的支柱产业，动态调整专业或专门化方向，近几年，新增了计算机数码产品与维修、工业机器人等专业，新增网络安全、云计算、大数据方向的企业订单班，建成了3个省级品牌专业（计算机应用、平面设计、电子商务）和3个省级创新型实训基地（计算机网络技术实训基地、计算机与数码产品维修实训基地、网站建设与管理实训基地）。通过集团化运作，对地区经济的发展现状及存在的问题、从业人员的岗位分类及知识结构、企业服务的主要岗位等做了详细调研与分析，吸取以往校企合作办学的经验，树立了明确的高质量发展目标。学校连续多年承办辽宁省中等职业院校技能大赛，获得了较好的成绩。2018—2021年，学校共荣获省级教学成果奖9项，根据学校2018—2020年毕业生的就业数据，学生的就业率达到95%以上，学生的满意率达到98%以上。

表7-6 "双核"专业群一览表

教学模块	教学任务		教师培养目标
	IET专业群	ICT专业群	
专业基础平台课程任课教师	电路基础、模拟电子、数字电子等电子电路技术课程等教学及实训	计算机网络技术、算法基础、软件工程等课程教学及实训	了解专业群各专业总体发展方向、技术发展现状、专业技术基础应用情况；开展专业群基础平台课程教学、实训及共享教学资源建设；专业群基础平台课程实训项目开发及实训室建设；结合专业方向开展教学、科研及技能大赛指导等工作
	编程语言基础、嵌入式开发、网络基础、通信基础、数字营销等课程教学及实训		
专业方向模块课程任课教师	电子电气技术 人工智能 机器人应用技术 无人机应用技术	计算机应用技术 计算机网络技术 计算机数码产品与维修技术 数字营销技术	了解专业技术发展的现状；开展专业核心课程的教学及实训；开展专业核心课程资源建设；专业实训室建设规划及实训项目开发；开展毕业顶岗实习指导及毕业设计等教学工作；深入开展专业教学、科研及职业技能大赛指导工作
核心课程模块任课教师	了解发展前沿技术，具有专业技术交叉应用的知识和技能；掌握云计算、移动通信技术、大数据、物联网、人工智能、信息安全等新一代IT技术		开展专业拓展课程教学、实训及专业拓展课程资源建设；专业群拓展课程实训室建设规划及实训项目开发；全国技能大赛、创新创业课程教学及创新创业指导

教学模块	教学任务		教师培养目标
	IET 专业群	ICT 专业群	
"1+X"证书培训模块课程教师	面向专业群不同岗位的职业技能等级认证开展培训课程，并能开展相应的培训并制定培训标准、课程教学资源、实训室建设、实训项目开发；深度参与职业技能大赛指导工作		根据 IT 产业链及产业生态链的不同岗位需求，确定专业群各专业所需获取的职业技能等级证书

2. "1+X"证书制度融通，构建新型课程体系与技能人才培养模式

围绕智能制造产业转型升级和"两化融合"对新一代信息技术人才的需求，相关部门提出了知识传授、技能训练、创新实践、素质养成、价值积累"五位一体"的技术技能人才培养体系，构建基于"平台+方向+项目实战"的课程体系和"基地+工作室"的教师能力提高平台的新型人才培养模式。

推动移动互联网、云计算、大数据、物联网等与现代制造业结合。学校根据目前的人才培养模式，结合新一代信息技术产业结构调整方向，及时发现并提炼出相关产业的新岗位、新技术、新要求，并据此调整专业设置。运用信息化手段，在对数据进行统计、分析的基础上，检测专业建设状态，采用"项目载体"人才培养模式，引入企业真实项目到学校，企业工程师与学院教师、在校学生共同完成项目开发，进而把企业项目转化为教学项目，实施项目化教学，强化综合实训教学环节，保证教学理论与实践有机融合，合力打造复合型技术技能人才。

学校通过了教育部职业技术教育中心研究所及辽宁省教育行政部门的确认，成为"1+X"电子商务数据分析、网店运营推广、云计算平台运维与开发等职业技能等级证书的试点院校，并通过教育部教育技术与资源发展中心发布的"职业院校学生信息化职业能力提升和认证"项目，拥有初级/高级文书处理、咨询安全等项目的国际 ICDL 培训与认证资格。

学校完善了内部质量保证体系的诊断与改进，运用技术提高教师的信息素养，利用大数据技术，为教学改进和专业群建设提供评价依据和决策参考。学校制定经费多元投入保障机制，通过对合作平台数据的采集、分析、重组、再利用，重新构建教与学之间

的组织流程；通过校企合作建设的信息化诊断平台，加速中职信息技术类专业教学管理模式改革，构建区域一体化的"互联网+教育"大平台，探索"平台+教育"服务新模式；借助校企合作平台，完善内部质量保证体系的诊断与改进。其主要措施有以下几个方面：

一是产教协同。学校推动服务区域产业的转型升级，深化与产业园区、行业协会、企业的合作，推进实体化运作的职业教育集团化办学，与地方"走出去"企业深度合作，利用集群优势开展职业教育服务。

二是教研互促。学校强化应用导向，围绕生产生活中的实际问题，打造跨专业的师生技术服务团队，推动中小企业的技术研发和产品升级，提高服务行业的技术附加值，成为区域性技术技能积累中心；构建科研反哺教学机制，把科研项目成果转化为课堂教学案例，实现教学内容与技术进步的同步更新，在技术研发中提高师生的实践能力和创新能力。

三是育训结合。学校对接行业企业需求，大力开展高技能人才培训，积极开展职工继续教育，服务企业员工职业生涯，使得学校成为企业的重要的继续教育基地。

3.围绕专业群开发教学资源、拓展实训基地

（1）校企共建教学资源

学校从学科专业集群的数字化、智能化建设出发，逐步推进建设覆盖整个学校乃至区域的数字化、智能化平台，促进不同类型的合作企业互相融合，共同努力，协同发展，实现更高质量、高水平的创新；共建区域数字创新中心，一手为学校服务，一手为企业和社区服务，并逐步引导建设更具创新性、更富有规模价值的智慧学习园区。

校企合作的实践教学项目资源可以解决理论教学与实践教学脱节的问题。目前，有项目案例近1 500个，涵盖9门课程，每个案例按照"项目说明、任务要求、教学目标、覆盖知识点情况"进行设计，并注重案例的实用性、趣味性和知识性。

综合实训项目资源为1～2级项目，每个项目的资源包括项目标准、教学日历、项目指导书、项目文档、项目代码、项目导学、教案、教学课件、教学案例、参考资料、考核相关材料等。

（2）实训基地建设

①软件项目开发"1+X"实训室

软件项目开发实训室面向主流软件开发岗位，按照企业软件开发的流程、规范和标准，构建以实际项目为背景的实践教学体系，搭建面向企业真实开发环境的实训场景，训练和提高学生的工程实践能力和职业素质。实训室可覆盖多种开发方向和软件测试方

向，进行综合实训教学。实训基地由东软软件项目开发实训系统和硬件平台（服务器、PC 等）组成。

②大数据人工智能云实验室

大数据人工智能云实验实训基地按照企业软件开发流程、规范和标准，构建以实际项目为背景的实践教学体系，搭建面向企业真实开发环境的实训场景，训练、提高学生的工程实践能力，提升学生的职业素质。实验室可满足移动应用开发、大数据技术与应用、人工智能技术与服务、移动互联应用技术等专业的相关实践教学要求，支持机器学习、大数据算法、大数据分析等实验。实训室由东软大数据云实验平台和硬件平台（服务器、PC 等）组成。

（3）校企合作，共建数字产业学院

数字产业学院整合了校企合作企业上下游的生态企业资源，为院校赋能。企业与院校开展深度合作，打造深度产教融合平台，致力建设高水平的数字产业专业群，服务其他专业群与数字产业的融合、创新、升级，促进教育链与人才链、产业链与创新链的有机衔接。

产业学院的专业建设分为三个阶段，以第一阶段的计算机应用技术专业为基础，陆续进行软件技术、大数据技术与应用、人工智能技术服务专业的申报和建设工作，计划在 3～5 年内完成所有计划专业的申报，建成具有鞍山特色的数字产业专业群。同时，聚焦产业学院重点建设专业，完成本科层次的职业教育试点专业申报，迈向应用型本科层次教育，开展高层次技术技能人才培养；建设中等职业教育、专科层次职业教育、本科层次职业教育纵向贯通、有机衔接和一体化设计的鞍山职业教育体系。

数字产业学院结合技术技能人才培养的特点，突出以岗位为导向、以项目为牵引的理实一体化教学，采取"2+1"的人才培养模式，使得校企优势互补，引导企业深度参与人才培养的关键环节。东软集团通过课程资源输出、师资培训等形式，为学校教师赋能，学生在学校学习专业理论知识，对专业所需的能力进行训练，每个学期，企业教师到学校举办行业技术发展讲座、创新创业讲座，组织技能竞赛等活动；在第 5、6 学期，学校通过岗位实训、顶岗实习、毕业设计等环节，对毕业生进行专业实训，使学生将所学的理论知识与实践相结合，培养复合型、应用型人才，并由相关企业进行就业工作推荐。数字产业学院的建设内容如图 7-6 所示。

图 7-6　数字产业学院建设内容

4.混合式教学模式改革

2019—2021 年，学校利用超星学习通平台，开展校内教学、校外培训混合式教改实验，建成混合教学改革课程 75 门，新增教学资源 3.3 万件，其中，教学视频数 2 540 个，教学题库的题量达到 16.7 万道，平台共注册职工及教师数 1.7 万余人。

（1）在线教学

学校开发"线上、线下、职场化"的现代职业教育课程，实施混合式教学模式改革，培养学生的自主学习能力；充分利用信息技术，实现信息技术与教育教学的深度融合；将在线教学与面对面课堂进行一体化设计，教师提前录制教学微视频等课程资源，并上传到教学平台，学生在线上利用现代职业教育课程平台学习。学生在学习的过程中可以根据自身需求和学习进度自主学习，满足个性化培养需求。在线下授课时，以学生为主，开展分组讨论、项目实战、任务学习、展示交流、作业及评价等活动，教师主要负责答疑解惑、组织活动；采用"项目引领、任务驱动"的教学模式组织教学，设计和组织教学过程。

教师将"职场化"特色融入线上与线下各环节，在线上主要体现在教学内容上，选取企业最先进的技术，真实的项目、案例，以及行业企业标准等，作为知识点；在线下选取企业工作站、校内工作坊、校外实训基地等职场化环境，根据企业的真实项目案例，设计课堂任务，实施行动导向教学，引导学生独立完成任务或以小组形式完成任务，并按照企业标准，对学生作业的完成情况进行评价。

①广泛动员部署，集中攻坚克难

学校发挥信息化专业的教学优势，结合企业需要和职工技能学习需求，制定教学与培训方案，进一步明确教学任务和培训内容。在数字媒体资源制作中心，分别成功测试了固定、移动两种云直播方式，分别支持 1 000 人同时在线学习，教学直播后可回放。

②选优配强师资，突出实践教学

学校选派优秀骨干专业教师担任培训教师，根据教学方案，精心设计授课内容并开发制作教学课件；培训教师利用课余时间制作课件，有效解决线上教学直观性不强的问题，进一步激发学生的学习兴趣。

③突出培训质量，实行"双师"课堂考核督导

采用"双师型"即"授课教师+班主任"网上辅导相结合的方式，实施教学。按照鞍山市职教城管委会要求的上午直播、下午"直播+互动"的模式，开展培训，对互动内容做好记录并截屏；教师严格按照教学计划授课，及时上传教学资源，上传录播视频，保质保量完成授课任务。学校要求教师有教学培训计划，在教学平台要有课程、有资源，每节课要有录像，视频由授课教师下载至硬盘或云盘保存。

教师在线下备好课，做好录播内容。对学生进行线上培训时，网络平台有注册签到功能，要求学生上午在移动平台签到、下午在学习通签到。教师应及时统计签到情况，线上布置、批改作业均有记录，做到学生的学习过程可查询、可追溯。教师在学习通布置作业与考试，在学习通课程内设置任务点，安排学生自主学习，对于学习记录与过程，可通过"统计"功能查询、追溯。

④全程跟踪监管，利用大数据技术比对分析

保证学校教学与培训过程真实、完整，并做好对教学过程的跟踪、评估和监管，平台有检查、调研、监管记录。学校安排专人实时跟进教学过程，每日通过"一平三端"，对课程数据、教师数据、学生数据进行数据挖掘与分析，通过第一手数据及问卷调研，进一步规范网上教学模式，提高教学效果，确保培训质量。

教师根据实际需要，灵活选用教学内容，依托校园网络及鞍山市职教城云数据中心的服务器资源，构建教育"云"资源池数据，通过外网映射，完成本地直播，用户在电脑与手机端输入地址即可观看。考虑到网络安全及直播视频的稳定性，学校在新冠肺炎疫情期间使用免费云直播服务。学校与超星集团合作，免费为学生开通线上课程，供学生在线选修；免费为教师开通线上课程，供教师在线研修。

（2）企业职工在线技能培训

2020 年，鞍山市委实施一号工程"春风行动"，在新冠肺炎疫情防控的特殊时期，坚持"一手抓防控，一手抓培训"，帮助处于停工期、恢复期的中小微企业稳岗脱困，

扎实开展职工带薪技能培训。学校成立专家技术组，在保障全城网络与信息安全管理的同时，集中人员和技术优势，在学习通平台上通过二次开发，制作企业职工在线培训平台，并为鞍山市职教城各直属院校提供技术支撑和后台运维管理服务，帮助各院校建立在线培训课程，先后解决了一些技术问题。自 2 月 17 日起，鞍山市职教城实施线上培训与教学，有 5 所院校的 24 个专业（工种）参与培训；累计培训企业员工 14 551 人，涉及平面设计、服装设计、电子商务、网络营销和计算机应用等专业。

通过分析鞍山市职教城 280 名各院校教师、信息工程学校 5 类专业 699 名在职培训员工的调查问卷数据，可以得出，参与问卷的教师和员工对本次"春风行动"线上培训的认可度很高。

5.持续优化专业群布局，构建智慧教育新生态

按照统筹管理、模块布局的方式，设计总体框架，确立高中等职业教育与职业技能培训"双轮驱动"的发展战略。设鞍山职业技术学院为一级单位，各直属院校为二级单位综合性门户网站，兼顾在校师生与在职职工的培训，通过移动互联网、大数据、人工智能、虚拟现实技术等现代技术，构建智慧教学管理与教学诊断平台，形成"互联网+职业教育"新形态。

利用该项目建设，大幅提升智慧园区的基础设施建设水平，升级鞍山市职教城云数据中心，实现资源本地化混合部署，避免应用服务程序卡顿。在原有云录播教室的基础上，建设智慧教室和校园电视台，实现备课、授课一体化，完成教学资源的再加工与处理。融合云计算、大数据、人工智能等现代信息技术，使在线教育模式更加完善，资源和服务更加丰富。

"大平台"分为软件平台、硬件平台、智慧管理平台建设三部分，实现了基于新媒体技术的课堂教学、基于移动互联技术的教学互动、基于云计算的教学监管和基于大数据的网络教学云平台，形成了智慧教育的新生态。

学校选用教育部教育 APP 备案名单中的优质教育课程资源平台，促进职业技能培训线上、线下融合发展，为各类劳动者学习理论知识和职业技能提供了便捷化、多样化、个性化的培训服务。

学校以开放精神、"四链驱动"汇聚资源，通过专业拓展与实践，建设高质量的以企业岗位方向为引导的课程体系，促进学校专业课程改革，提高教师的教学能力；通过参赛、服务等方式，开展专项培训，将新专业课程引入竞赛和比赛培训过程中，培养了学生的实践能力，提高了专业课程的教学效果和教学质量；建立信息技术类专家委员会，

培养一批高素质的实践教师队伍，采用集中培训、示范教学、外出培训和自身学习等多种方式，提高教师的创新实践能力；坚持信息技术与教育教学的深度融合，充分发挥学校教研团队或名师的教学科研能力。

依托信息技术类专业群的拓展实践，统筹建设园区的统一数据中心，夯实园区内各院校的信息化基础设施建设，以建设统一公共管理平台、教学资源平台、"人人通"空间、质量监控平台为抓手，以工作"流程 E"化为重点，创建智慧生活环境，开展数据平台在内部管理运行中的状态分析和监控，基本实现学校管理及教育的现代化，为学校实现全面的质量管理提供技术支撑与服务。

通过以上举措，可以形成新的智慧载体，呈现新的数字形态，全面提升师生的信息素养，充分发掘数据价值，形成"资源共享、知识共享、经验共享、快乐共享"的教学理念。通过统筹管理、"一校牵头，多校共进"的模式，可以实现专业资源共享的应用体制和教学管理运行机制的创新。

（七）总结与展望

在专业建设中，还需进一步对接区域经济发展的产业链，发挥政府在专业群建设中的主导作用。相关部门应积极建设二级产业学院，创新职业院校人才培养组织形态变革模式，探索实现学校企业双主体治理结构改革的途径，将课程育人理念融入整个课程体系，践行从"思政课程"到"课程思政"的理念，强化所有课程的教育性，把价值引领贯穿于专业课、实践课及教育活动中，形成课程教学"大思政"的新格局。

1.对接区域经济发展的产业链，发挥政府在专业群建设中的主导作用

积极推动政府出台的促进产教融合的相关政策，使校企真正成为休戚相关、紧密联系的命运共同体，最大限度地利用好现有的政策红利，积极利用政策驱动效应，充分发挥市场导向作用，构建"政、行、校、企"多元合作的协同利益链；以政府为平台，形成产教常态对话机制，通过信息共享、产业发展预判、设备资源共享、人才培养方案共建、教育教学共研等方面的交流，携手促进专业群的建设。

2.职教围绕企业而发展，企业围绕职教而壮大

专业群建设的外驱力是产业发展，内驱力是资源共享与整合，最终实现对优质技能型人才的培养。在专业群设置与优化上，要充分发挥政府的主导作用、行业产业的协同作用和院校的主体作用。院校专业群的设置及优化，只有密切协同区域产业集群发展，才能获得专业群发展的不竭动力和强大后援。专业群要准确对接区域主导产业、支柱产业和战略性新兴产业的重点领域,最大限度地服务区域地方经济,充分发挥行业企业在专业群建设中的协同作用。地方产业行业的人才需求结构决定了职业院校毕业生的就业结构,而就业结构也会促使院校调整与优化专业群布局。要把握产业发展趋势,推进教学改革,通过校企合作,真正实现产教深度融合。

根据行业与产业的需求,建立专业群,建立动态调整机制。立足传统优势专业,对应产业结构,遴选核心专业及支撑性专业,依随产业的调整升级,动态自主调整专业的设置,淘汰与产业发展不吻合、与社会需求相脱节的专业,局部调整专业群的专业结构,不断完善教育资源布局,进一步促进专业群专业结构的优化。

联合地区行业领军企业,共建通信技术、云计算技术、大数据技术应用等专业,推动产业、教育和技术的跨界融合,并应用于智能制造、智慧物流、智慧城市等领域的教学。学校应从企业人才培养的目标出发,设计教学方法,注重学生专业技能的提高和综合素质的提升,使学生能更快地适应未来的工作岗位。

3.发挥职业院校主体能动性,创新体制机制建设

职业院校要根据区域产业发展和教育本身的规律,构建专业群建设的制度基础;树立专业群建设理念,推进专业建设的管理创新,优化师资团队,对专业进行优化和重组,建立专业群建设的动态调整机制和专业群建设委员会,统筹专业群与产业集群的协同建设。

学校应推进管理模式创新,破解各专业间的壁垒,推进专业群内信息、资金、师资等教学资源的共享;优化专业群建设的师资团队,通过"内部培训+外聘兼职"等多种手段,依托校企合作和产教融合机制,组建专业群基础师资团队、专业师资团队和兼职师资团队,充分适应专业群的教学需求;激励专职教师参加产业考察和行业展会等活动,邀请兼职教师参加人才培养交流和学术会议等活动。高水平专业群应充分发挥集群效应,有机整合课程资源、教师资源与实训资源,实现资源整合和共享效益的最大化,使原本"小"而"散"的单体专业相互支撑,形成人才培养合力。

人才培养是专业群建设的根本任务,是评价专业群成效的根本标准,"群"是专业建设的手段,而不是目的,专业建设的根本在于实现更高水平的人才培养,形成具有国际竞争力的人才培养高地,为中国产业走向全球产业中高端提供高素质的人才;探索形成一系列的理念、标准、模式、资源、课程、教材,为全国职业院校的人才培养提供指引和借鉴,提高职业教育的学生满意度、服务贡献度。

专业群建设促进了资源配备和教学组织的系统优化和重构，通过构建"项目平台+专业方向+项目实战"的专业群课程体系，立足典型工作岗位，科学选择典型工作项目，从岗位需求和人的全面发展要求出发，构建专业群课程体系，将课程育人的理念融入整个课程体系构建，把价值引领贯穿于专业课、实践课及教育活动中，形成了课程教学"大思政"的新格局。

参 考 文 献

[1]王姝莉，黄漫婷，胡小勇. 美国、欧盟、德国、法国和俄罗斯教育数字化转型分析[J]. 中国教育信息化，2022，28（6）：13-19.

[2]陈晓. 高职院校治理现代化助力中国式现代化——2022高等职业院校治理体系建设交流研讨会暨高等职业教育治理体系建设发展联盟年会综述[J]. 北京财贸职业学院学报，2023，7（3）：69-72.

[3]肖凤翔，贾旻. 行业协会参与现代职业教育治理的机理、困境和思路[J]. 西南大学学报（社会科学版），2016（4）：84-91+190.

[4]甘容辉，袁智秦，何高大. 国外智慧校园建设的最新发展及启示[J]. 现代教育技术，2019（2）：19-25.

[5]余鹏，李艳. 智慧校园视域下高等教育数据生态治理体系研究[J]. 中国电化教育，2020（5）：88-100.

[6]汪禹，吕戎. 新时代高校统战工作的实践探索[J].学校党建与思想教育,2019(10)：87-89.

[7]唐良虎，李彦晶. 大数据赋能高校统战工作：意蕴、场景及路径[J]. 四川省社会主义学院学报，2022（3）：13-26.

[8]马翠轩. 新媒体语境下高校统战工作平台建设研究[J]. 内蒙古统战理论研究，2021（3）：45-49.

[9]胡显峰. "微时代"高校学生统战工作之创新[J]. 学校党建与思想教育,2019(12)：80-82.

[10]杨卫敏. 简论新的社会阶层人士统战工作的溢出效应——基于系统观念和浙江省的实践探索[J]. 广州社会主义学院学报，2021（1）：9-17.

[11]孙强，毛瑞雪. 大数据时代统战工作信息化建设：意涵、机遇和路径[J].河北省社会主义学院学报，2021（3）：77.

[12]习近平. 高举中国特色社会主义伟大旗帜，为全面建设社会主义现代化国家而

团结奋斗——在中国共产党第二十次全国代表大会上的报告[R/OL].（2022-10-16）[2022-10-25]https://www.gov.cn/gongbao/content/2022/content_5722378.htm.

[13]孙杰. 全球数字经济白皮书出炉[N]. 北京日报，2023-07-06（3）.

[14]王殿复. 英国开放大学办学模式对我国地方电大转型发展的启示[J]. 继续教育研究，2020（3）：21-25.

[15]张建国. 数字化场域下开放大学综合改革与终身教育创新发展[J]. 远程教育杂志，2021，39（6）：6.

[16]教育部. 教育部关于印发《国家开放大学综合改革方案》的通知[J]. 中华人民共和国教育部公报，2020（9）：44-49.

[17]张影. 高校教育数字化引领学习型社会建设[J].教书育人（高教论坛），2023（6）：1-1.

[18]刘逸楠. 新时期老年教育高质量发展——成就、问题、路径[J]. 继续教育研究，2024（1）：73-77.

[19]田莺，宫海斌. 基于 MOODLE 平台开展项目教学法的应用研究[J]. 黑龙江科技信息，2010（06）：152.

[20]黄建军，郭绍青. 论微课程的设计与开发[J]. 现代教育技术，2013，23（5）：31-35.

[21]张屹，周平红. 教育技术学研究方法（第 2 版）[M]. 北京：北京大学出版社，2013.

[22]钟绍春，张琢，唐烨伟. 微课设计和应用的关键问题思考[J]. 中国电化教育，2014（12）：85-88.

[23]秦宏. 以数字化教育模式推动老年教育发展的思考——以鞍山开放大学为例[J]. 辽宁开放大学学报，2023（4）：20-23.

[24]宫海斌. 基于云存储的教学资源平台的建设与应用研究[J]. 中小学电教，2015（2）：124-126.

[25]宫海斌. 职业院校大数据治理中信息安全问题及对策探析[J]. 沈阳工程学院学报（社会科学版），2022，18（2）：21-25.

[26]宫海斌. 职业院校专业升级与数字化改造的应用研究[J]. 辽宁高职学报，2024，26（4）：32-36.

[27]秦宏. 试论以内涵建设助力开放大学转型发展——以鞍山开放大学为例[J]. 辽

宁开放大学学报，2024（1）：8-11.

[28]宫海斌，田莺.MCAI 课件的评价反馈与应用实践[J]. 现代教育科学，2006（10）：78-80.

[29]赵晓妮. 高职院校内部治理结构的内涵、实践迷思及变革趋向[J]. 教育与职业，2016（12）：12-16.

[30]杨旸. 浅析大数据背景下高校智慧校园建设[J]. 现代信息科技，2019，3（16）：133-134.

[31]田莺. 教育技术学专业课程教学实践模式探索[J]. 鞍山师范学院学报，2018，20（6）：57-60.

[32]何克抗，林君芬，张文兰. 教学系统设计（第 2 版）[M]. 北京：高等教育出版社，2016.

[33]田莺. 学前教育专业硕士生信息技术能力分析及培养对策[J]. 鞍山师范学院学报，2020，22（4）：49-53.